JN494062

한국철학의 맥

이화학술총서

한국철학의 맥

| 개정판 |

한자경 지음

이화여자대학교출판문화원

한국철학의 맥 (개정판)

펴낸날 1판 1쇄 2008년 8월 6일
2판 1쇄 2024년 9월 25일
지은이 한자경
펴낸이 주소현
펴낸곳 이화여자대학교출판문화원
주소 서울특별시 서대문구 이화여대길 52 (우03760)
등록 1954년 7월 6일 제9-61호
전화 02) 3277-2965 (편집), 362-6076 (마케팅)
팩스 02) 312-4312
전자우편 press@ewha.ac.kr
홈페이지 www.ewhapress.com
디자인 정혜진

© 한자경, 2024

ISBN 979-11-5890-529-3 93150
값 25,000원

* 잘못된 책은 구입처에서 바꾸어 드립니다.

지은이의 말

다른 분야에서와 마찬가지로 한국철학에서도 내가 관심을 갖고 공부한 것은 주로 각 철학자들이 인간 내지 자아를 어떤 존재로 이해하는가 하는 것이었다. 고려에서 조선으로 넘이가면서 불교에서 유교로 국교가 바뀔 때 인간의 자기이해는 어떻게 달라졌는가(정도전)? 조선 성리학의 대표적 논쟁거리인 사단칠정론에서 주리론과 주기론의 인간이해는 어떤 차이를 보이는가(이황과 기대승)? 17 · 18세기 조선에 도입된 서양 천주교의 인간관 내지 신관에 대해 조선 성리학자들은 어떻게 반응했는가(이익 · 신후담 · 안정복)? 천주교의 인간관과 성리학의 인간관은 어떻게 서로 다른가(정약용)? 조선말 동학은 인간을 어떤 존재로 이해했는가(최제우)? 현대 서양철학의 수용 과정에서 우리의 전통사상은 어떻게 작용했는가(박종홍)? 이런 문제들에 대해서는 이미 논문 형식으로 생각을 정리해 본 적이 있다. 이렇게 하나의 관심으로 생각을 이어나가다 보니 글들 전체에서 하나의 흐름이 느껴지면서, 문득 그것이 한국철학의 기본 정신과 그 흐름을 말해 줄지도 모른다는 생각이 들었다.

한국철학의 기본 정신과 그 역사적 전개를 하나의 흐름으로 이해하고 싶은 것은 나의 오래된 소망이었다. 불교를 공부할 때도 인도불교나 중국불교와 다른 한국불교의 특징은 무엇인가를 물었었고, 유학을 공부할 때도 중국의 정주성리학과 구별되는 한국 성리학이 갖는 특징은 무엇인가를 물어왔었다. 이는 곧 불교든 유교든 그것을 한국의 사상 흐름 안에서 한국철학의 기본 정신에 따라 이해하고 싶기 때문이었다. 그리고 이런 바람은 서양 기독교나 서양철학을 공부하는 데도 마찬가지였다.

한국철학의 기본 정신이 무엇인가를 묻는 물음은 결국 한국인의 기본 정신이 무엇인가에 대한 물음이며, 이는 곧 한국인의 정체성에 대한 물음일 것이다. 긴 역사를 두고 한국 고유의 언어와 문화가 있는 만큼 한국인의 사유방식이나 철학체계에 분명 일관된 흐름이 있으리라는 것이 나의 기본 신념이며, 그 흐름을 발견하고 그 맥을 잇는 것이 오늘날 우리 철학하는 사람들의 과제라고 생각해 왔다.

그 흐름의 시원을 찾으려다 보니 한국철학의 시작으로 거슬러 올라가 단군신화를 비롯한 한국의 무교문화를 논하지 않을 수 없었으며, 이어 원효, 의상, 지눌 등 불교철학자들도 그 맥락에서 재조명하게 되었다. 나아가 조선 유학자 중에서 한국철학의 맥에 더 충실하다고 여겨지는 권근, 그리고 이황과 대비되는 이이 및 율곡학파의 사상을 덧붙여서 논함으로써 앞서 언급한 정도전과 이황에 대한 글에 짝을 맞추었다. 그리고 끝으로 유학과 천주교의 갈등, 동학의 등장, 서양철학의 도입에 관하여 쓴 글을 가져와서 한국철학을 하나의 흐름으로 소통시켜 한 권의 책으로 정리해 본 것이 바로 이것이다.

가끔 나는 왜 이렇게 시공을 넘어서는 보편의 관점에서 사유하지 못하고 한국이라는 것에 매여 있는 것일까, 한국철학이 보편의 철학일 수 있으려면 한국이라는 특수성은 오히려 극복되어야 하는 것이 아닐까, 이런 물음을 던지기도 한다. 전 세계를 하나로 통합하는 세계화의 물결 속에서, 국어나 국사보다는 영어가 더 중시되는 실용주의의 한가운데에서, 나는 왜 보편을 따라가지 않고 특수의 한국에 매달려 있는 것일까?

그러나 그 물음의 추상성에 머물러 있지 않고 한국철학의 내용으로 들어오면 이 문제는 저절로 해결된다. 한국철학의 기본 정신 자체가 바로 진정한 보편의 추구, 절대적 하나의 추구이기 때문이다. 나는 한국철학의 기본 정신을 하나의 큰 마음, 한마음, 일심(一心)으로 이해하며, 바로 이것이 한국철학의 기본 줄기를 형성한다고 생각한다. 한마음의 '한'은 '크다'는 뜻과 '하나'라는 뜻이 합한 '한'이고, 그것은 곧 '일(一)'과 '대(大)'를 합한 '천(天)'이다. 이 무한의 하나를 유한한 개별자들 바깥의 외적 실재가 아닌 유한한 개별자 내면의 무한, 상대적 개체들 내면의 절대로 이해하는 것, 즉 절대의 무한을 개별 생명체의 핵인 마음으로 파악하는 것이 바로 한국철학의 기본 특징이라고 생각한다. 이 무한의 마음이 바로 불교의 '일심'이고, 유교의 '심위태극(心爲太極)'의 '심'이며, 동학의 '오심즉여심(吾心卽汝心)'의 '심'이라고 본다. 무한과 절대를 유한하고 상대적인 개체 내면에서 구하므로, 일심사상은 곧 '내적 초월주의'다. 상대적인 개체의 내면에서 초월적 하나, 초월적 보편을 발견하고, 그 하나를 통해 만물의 평등과 자유를 확인하는 것이다.

이 책에서 나는 절대 무한의 한마음의 의미를 단군신화와 바리데기 신화를 통해 밝혔고, 그 신화 안에 나타나는 무교(巫敎)적 특성을 한국적 일심사상으로 해석했다. 그리고 그러한 사상이 이후 한국에 불교와 유교 그리고 천주교나 서양철학을 수용할 때도 항상 기본 정신으로 작용하면서 한국적 불교와 한국적 유교 및 한국 현대철학을 형성해 왔다고 논했다. 그렇게 해서 한국철학에서의 하나의 맥을 드러내 보이고자 했다.

나는 늘 한국에서 동양철학이나 한국철학보다 서양철학이 더 많이 읽히고 연구된다는 것을 아쉽게 생각해 왔다. 물론 한국철학에 대한 연구도 적지는 않지만, 주로 불교는 불교대로 유교는 유교대로 각각 연구될 뿐이라고 생각한다. 원효나 퇴계 또는 다산에 대한 각각의 연구서들은 있지만, 전체를 아우르면서 한국철학 전체를 하나의 흐름으로 읽어내는 책은 별로 없는 것 같다. 단적으로 우리에게는 아직도 '한국철학사'가 없는 실정이다. 한국의 사상 흐름을 하나로 읽어내자면, 하나의 철학사가 가능하자면, 전체 사상을 관통하여 흐르는 하나의 맥을 잡는 것이 필수적이라고 생각한다.

이 책은 물론 한국철학의 깊이와 폭을 다 드러내는 그런 수준의 저술은 아니다. 사실 이 책은 내가 한국철학을 공부하면서 오랫동안 마음에 두고 있었고 또 언젠간 쓰고 싶어했던 그 '한국철학사'가 아니다. 제대로 된 '한국철학사'가 되려면 몇몇 대표적 철학자들의 사상체계를 논하는 것으로 그쳐서는 안 되고, 주요 사상들의 통사적 흐름뿐 아니라 각 사상의 시대적 배경과 영향력까지도 함께 다루어야 할 것이다. 그리고 그러기 위해서는 철학 이외에 역사나 문학, 미학 등 한국사상사와 문화 전반에 대한 고찰도 포함해야 할 것이다. 이 책에는 그런 많은 내용들이 빠져 있다. 다만 내 나름대로 한국철학에서의 그 기본 정신과 그것의 흐름을 하나로 엮어본 것이기에 『한국철학의 맥』이라는 제목을 달아보았지만, 어쩌면 이 제목조차 이 글의 실상에 비해 너무 거창한 것인지도 모르겠다. 부족한 것은 앞으로의 공부를 통해 계속 보완하고 개선해 가리라 다짐해 본다.

2008년 5월

한자경

차례

제1부

한국철학의 기본 정신

1장

한국사상의 원형: 단군신화

단군신화는 고조선의 건국에 관한 신화로서 일연(一然, 1206-1289)의 『삼국유사(三國遺事)』에 다음과 같이 기록되어 있다.

『위서』에 말하기를 지난 2천 년 전에 단군 왕검(壇君 王儉)이 있어 아사달에 도읍을 정하고 나라를 세워 이름을 조선이라고 하니, 요임금과 같은 시기였다.

『고기(古記)』에 말하기를 옛날에 환국(桓國)이 있었다. 서자 환웅이 자주 천하에 뜻을 두고 인간세를 구하고자 하니, 그 아버지가 아들의 뜻을 알고 아래로 삼위태백(三危太伯)을 바라보니 홍익인간(弘益人間)할 만했다. 이에 천부인(天符印) 세 개를 주고 가서 다스리게 했다.

환웅(桓雄)이 3천 명을 이끌고 태백산 꼭대기 신단수 아래 내려오니 이를 신시(神市)라 하고, 그를 환웅천왕이라고 한다. 풍백 · 우사 · 운사를 가지고 농사, 생명, 질병, 형벌, 선악을 주관하고 인간의 360여 가지 일을 두루 주관하여 세상을 다스려 교화했다.

그 때 곰 한 마리와 범 한 마리가 있어 같은 동굴에 기거하며 항상 신령한 환웅에게 사람 되기를 원한다고 기도했다. 그 때 환웅이 영험한 쑥 한 다발과 마늘 스무 개를 주면서 말하기를 "너희가 이것을 먹고 태양빛을 백 일 동안 보지 않으면 그대로 사람의 형상을 얻으리라"고 했다. 곰과 범이 그것을 얻어서 먹으며 21일을 참으니 곰은 여자의 몸을 얻었지만, 범은 참지 못해 사람의 몸을 얻지 못했다. 웅녀가 함께 혼인할 자가 없어 매번 신단수 아래에서 임신하기를 원하여 비니, 이에 환웅이 임시로 변해 웅녀와 혼인하고 임신시켜 아들을 낳았다. 그를 단군 왕검이라고 이름한다.

요임금이 즉위한 지 50년인 경인년에 평양성에 도읍을 정하고 조선이라고 칭하기 시작했다. 다시 도읍을 백악산 아사달로 옮기니, 그곳을 궁홀산이라고도 하고 또 금미달이라고도 한다. 1500년 동안 나라를 다스렸다.……[1]

---

1 일연, 『삼국유사』(『한국불교전서』, 권6, 269상중), "魏書云, 乃往二千載, 有壇君王儉. 立都阿斯達, 開國號朝鮮, 與堯同時. 古記云, 昔有桓國. 庶子桓雄, 數意天下, 貪求人世, 父知子意, 下視三危大伯, 可以弘益人間, 乃授天符印三箇. 遣往理之, 雄率徒三千, 降於太伯山頂, 神壇樹下, 謂之神市, 是謂桓雄天王也. 將風伯雨師雲師, 而主穀主命, 主病主刑, 主善惡. 凡主人間三百六十餘事, 在世理化. 時有一熊一虎, 同穴而居. 常祈于神雄, 願化爲人. 時神遺靈艾一炷, 蒜二十枚, 曰爾輩食之, 不見日光百日, 便得人形. 熊虎得而食之, 忌三七日, 熊得女身, 虎不能忌, 而不得人身. 熊女者, 無與爲婚, 故每於壇樹下, 呪願有孕. 雄乃假化而婚之, 孕生子. 號曰壇君王儉. 以唐堯卽位五十年庚寅. 都平壤城. 始稱朝鮮. 又移都於白岳山阿斯達, 又名弓忽山, 又今旀達, 御國一千五百年.……" 『삼국유사』는 고려시대 일연의 작품으로 단군을 언급하는 가장 오래된 문헌이다. 이외에 李承休(1224-1300)의 『帝王韻紀』에서도 단군을 언급하는데, 여기서는 단군이 『삼국유사』에서의 '壇君'과 달리 '檀君'으로 표기되고 있다. 또 신화의 구체적 내용에서도 적지 않은 차이를 보이는데, 예를 들어 『제왕운기』는 단군을 환웅의 손녀와 박달나무신이 혼인해서 얻은 아들로 이야기하여, 단군과 천신과의 연결을 부계가 아닌 모계로 놓고 있다. 이에 대해 서영대는 "『삼국유사』가 원형에 가까운 것이며, 『제왕운기』는 곰이 시조의 어머니라는 것을 꺼려서 만들어 낸 변형이라는 견해가 유

1. 고조선 건립에 관한 역사 · 문화적 분석

고조선은 기원전 108년 한나라에 의해 멸망하기까지 요동과 한반도 서북부에 존재했던 나라인데, 그 시작이 언제인가는 아직 역사학적으로 확정되지 않았다. 단군신화에 따르면 요임금 즉위 50년인 기원전 2333년이 건국의 해가 된다.[2]

그런데 단군신화에서 환웅이 풍백, 우사, 운사를 거느리고 농사를 주관했다는 것은 고조선이 수렵 채집 단계에서 농경사회로 이행했음을 보여 주며, 환웅과 더불어 그와 결합하고 싶어하는 곰과 호랑이가 등장하는 것은 불평등한 계급의 출현 및 정치 권력의 등장을 보여 준다. 이는 고조선의 성립 시기가 신석기를 지나 청동기시대로 넘어가는 시기였음을 말해 준다. 한국에서 청동기시대는 기원전 10세기 전후 시작된 것으로 여겨지므로, 학자들은 단군신화의 배경을 기원전 10세기 전후로 추정한다.[3]

려하다"고 설명한다. 그 외 내용상의 차이는 『삼국유사』가 『고기』를 인용하고 『제왕운기』는 『본기』를 인용한 것으로 보아 『고기』와 『본기』의 차이일 것이라고 추정한다(서영대, 「한국사상의 원천, 단군신화」, 한국사상사학회 편, 『한국사상사입문』, 서문문화사, 2006, 14쪽).

2 고조선의 건국 시기를 『삼국유사』는 요임금 50년이라고 하고 『동국통감』은 요임금 25년이라고 하는데, 단기 원년을 2333으로 보는 것은 『동국통감』에 따른 것이라고 한다(서영대, 「한국사상의 원천, 단군신화」, 『한국사상사입문』, 2006, 19쪽). 역사서에서 고조선의 존재를 확인해 볼 수 있는 최고 시기는 기원전 7세기라고 한다. 그 당시 쓰여진 『관자』에 "발조선"이 제나라와 교역한다고 기록되어 있다고 한다. 이 발을 밝음의 의미로 읽기도 한다.

3 기원전 4세기 무렵에는 강력한 부족국가 체제를 갖춰 전국시대의 燕과 대립하기도 했으나, 그 후 중국의 秦 · 漢에 밀린 연의 위만이 고조선으로 망명 와서 준왕을 몰아내고 기원전 194년에 위만조선을 세웠다. 그러다가 기원전 108년 漢이 고조선을 멸하고 그 땅에 4군을 설치했는데, 그 무렵 한반도에는 이미 부여, 고구려, 옥저, 동예, 삼한 등 여러 부족국가들이 세워져 있었다.

단군신화의 내용을 근거로 하여 고조선은 신석기문화의 토착민과 거기에 새로 유입된 청동기문화의 유이민 사이의 갈등과 결합을 통해 성립된 부족국가로 해석된다.[4] 천관우는 이를 천신족인 환웅족과 지신족인 웅족의 결합으로 해석한다.[5]

김두진도 단군신화를 웅족 · 호족 등 토템적인 토착사회에 우세한 청동기문화를 가지고 들어온 유이민 집단인 환웅족의 등장과 그의 지배 과정으로 해석한다.[6] 그는 단군신화와 고주몽신화를 비교 분석하여 그 둘이 유이민에 의한 토착민 지배라는 공통적 구조를 가지고 있음을 논한다. 웅과 호는 토착 부족집단으로서 모계사회의 유풍인 대우혼(對偶婚)적 혼인을 한다. 즉 웅은 호와 혼인 관계였으며, 나중에 다시 환웅과 혼인했는데, 그녀가 낳은 단군은 환웅의 아들로 간주된다. 이는 주몽신화에서 하백의 딸 유화가 해모수(북부여, 천제의 아들)와 혼인했다가 집에서 쫓겨나 다시 금와왕(동부여의 왕)과 혼인했지만, 알로부터 탄생한 자식인 주몽은 유이민인 해모수의 아들로 간주되고, 그가 북부여를 이어 고구려의 시조가 됨과 유사하다. 이는 곧 토착민이 지배권을 상실하

4 한국민족은 대개 다음과 같이 설명된다. 가장 크게는 백인종(코카시아종)과 황인종(몽고종)과 흑인종(니그로종) 중 황인종인 몽고종에 해당한다. 이 몽고종의 특징은 시베리아 바이칼 호 부근에서 형성되었으며, 이 시베리아 몽고종은 다시 어느 시기인가부터 고시베리아족(고아시아족)과 신시베리아족(신몽고족)으로 구분되었다. 고시베리아족이 북방 아시아에 살고 있다가 신시베리아족에 쫓겨 불모의 땅으로 밀려가게 되었는데, 북극의 축치족, 사할린 남부와 북해도의 아이누족, 동쪽 베링 해협의 에스키모인 등이 고시베리아족이며, 그들을 밀어낸 신시베리아족은 위그루족, 핀족, 터키족, 몽고족, 퉁구스족 등이다. 한반도의 신석기문화는 고시베리아족에 의한 것으로, 그들은 주로 수렵을 하며 즐문토기를 사용한 것으로 여겨진다. 거기에 청동기문화를 갖고 새로 유입된 사람들, 주로 농경을 하며 무문토기를 사용한 사람들을 신몽고족이라고 부른다. 중국 기록에서 우리는 넓게는 동이족, 좁게는 맥족 · 예맥족이라고 불려왔는데, 예맥족은 고조선을 세운 신몽고족이며, 언어상으로 알타이어족에 속한다.

5 천관우, 「환웅족의 등장」, 『신동아』, 1972, 6쪽 이하 참조.

6 김두진, 『한국 고대의 건국신화와 제의』, 일조각, 1999, 14쪽 이하 참조.

고, 유이민이 지배 세력을 갖게 됨을 보여 준다. 이 둘의 공통 구조는 다음과 같이 정리될 수 있다.[7]

[환웅 + 웅(熊)] + 호(虎)	[해모수 + 유화] + 금와
↓	↓
단군	주몽

『삼국유사』의 단군신화는 고조선의 시작을 기원전 2333년으로 잡고 있지만, 그 책이 실제 쓰여진 시기는 고려 후반 1270년 무렵이다. 이에 단군신화가 일연의 창작이 아니냐는 의심도 없지 않은 상황에서 김재원은 단군신화의 내용이 중국 후한 147년경에 건설된 산동성 무씨사당의 석실의 내용과 거의 완전히 일치한다는 점을 들어, 단군신화가 이미 오래 전부터 우리에게 전해져 오던 신화임을 논증하고 있다.[8] 그는 또한 곰에서 인간이 되는 식으로 동물에서 인간이 나온다는 것은 중국 은대(기원전 18세기~기원전 11세기)의 창세신화와 상통하는 면이 있다고 설명한다. 상말 주초의 청동기 유물에 괴물 도철(饕餮), 범, 올빼미 등으로부터 사람이 나오는 조각들이 있는데, 올빼미로부터 사람이 나오는 것은 밤의 어둠에서 아침의 광명이 나오는 것을 보여 준다.[9]

---

7 이 혼인 관계나 계통 방식 이외에도 환웅과 해모수 간에는 그 이름에서도 다음과 같은 유사점이 보인다.

환웅의 환=밝다.	해모수의 해모=해, 밝음.
雄=남성	漱, 叔=남성

8 자세한 것은 金載元, 『단군신화의 신연구』, 탐구당, 1947 참조.

9 이 밖에도 김재원은 단군신화에 등장하는 사물들의 명칭이나 개념들을 통해 단군신화가 당시의 어떤 사상으로부터 영향을 받아 형성되었는가를 설명한다. 예를 들어 단군신화가 중국 先秦의 민간신앙과 진한 이후의 도교 신선사상에서 영향을 받았다는 것은 단군신화에 3,000무리와 더불어 風伯 · 雨師 · 雲師를 내려 보냈다는 것에서 보여진다. 屈原의 『楚辭』에

이는 최남선(六堂 崔南善, 1890-1957)의 붉 사상과도 상통하는 것으로 일광(日光)과 생명의 연관성을 보여 주는 것이다. 주몽도 알에서부터 빛을 받고 태어나고, 웅녀가 일광을 피해 굴에 있다가 사람이 된 것도 어둠에서 빛으로의 이행을 보여 준다.

최남선은 단군조선에 이르기까지의 국가 형태를 단군신화에 따라 세 단계로 구분한다.[10] 제1단계는 단군신화에서 "옛날에 환국이 있었다[昔有桓國]"의 '환국시기'로서 그는 환국을 한국(韓國)으로 읽는다. 환(桓)은 우리말 '한'의 한자 표기로서 '한'은 큰, 하나, 하늘의 의미를 가지며, 이 '한'이 한자로 '한(韓)'으로 표기되기도 하고 '환(桓)'으로 표기되기도 했다고 보는 것이다. 환을 큰 하나이며 하늘 천의 의미로 보면, 환국은 한국이며 곧 천국이 된다.[11]

제2단계는 '신시(神市)시기'로서 환웅천왕 시대다. 단군신화에서 "환웅은 3천 명의 무리를 거느리고 태백산(太白山) 꼭대기 신단수(神壇樹) 아래로 내려왔으니, 이것이 곧 신시요, 이분이 환웅천왕이다"로 표현되는 시기다. 이 때 이족(異族) 동화에 주력해, 그 중의 일족인 신웅씨(神熊氏)와 혼인해서 아들을 낳으니, 그가 왕검이다.

제3시기는 '단군조선시기'로서 단군 왕검으로 시작되는 시대다. 단

도 운신 · 우신 · 풍신 · 뇌신 또는 전신 등이 등장하고 있다. 그리고 곰이 쑥과 마늘을 먹었다는 것도 도교의 신선사상과 비교될 수 있다. 이는 도교의 약과 금단 사상과 상통하며, 『포박자』에 나오는 약 제조법과도 통하는 바가 있다. 나아가 거울, 칼, 방울인 천부인 세 개도 도교의 符와 통하는 것이다.

10 최남선, 「稽古箚存」(1918), 「불함문화론」(1925), 「단군론」(1926), 『한국사 II』(『육당 최남선 전집』, 권2), 현암사, 1974 참조.

11 '한'이 뜻하는 하나[一], 큼[大], 하늘[天]은 모두 다 상대적인 待對 관계를 넘어선 절대의 의미를 가진다. 天을 파자하면 一과 大가 되는 것이 의미 연관성을 선명하게 보여 준다. 유동식은 桓因에 대해 "우리말의 '환'이 광명을 나타내는 데서 '환임', 곧 광명한 하늘의 신을 표시하기 위해 그 음에 가까운 환인을 사용한 것이 아닌가 생각되기도 한다"라고 말한다(유동식, 『한국무교의 역사와 구조』(1975), 연세대출판부, 1997, 30쪽).

군신화에서 "요임금이 즉위한 지 50년인 경인년에 평양성에 도읍을 정하고 조선이라고 칭하기 시작했다. 다시 도읍을 백악산 아사달로 옮기니, 그곳을 궁홀산이라고도 하고 또 금미달이라고도 한다"에 해당하는 시기다.

단군(檀君)에 대해서도 최남선은 새로운 해석을 제시했다.[12] 그에 따르면 단(檀)은 인명이 아니고 국명이다. 국호를 지명을 따라 정한 것이며, 단군은 역대 임금의 총명이다. 단군의 단(檀)은 '박달나무 단'이라는 훈(訓)대로 박달을 뜻하는데, 여기서 '박달'은 곧 붉(밝다=天의 의미)과 달(산악)을 합한 것으로 밝은 산, 천산을 뜻한다. 한국어와 마찬가지로 퉁구스어족에 속하는 만주어에서 천(天)은 압카, 보아, 부카인데, 박달의 박과 부카는 같은 어원인 천을 뜻하며, 부카(천)의 한자 표기가 곧 불함(不咸)이기에, 단군신화에 등장하는 태백산은 바로 『산해경』의 불함신과 같은 산이다. 태백산은 곧 불함산이며, 이것이 지금의 백두산, 장백산이라고 본다.

단군의 군(君)은 높은 존재인 주상(主上)으로서 '임검'을 뜻한다. 임검의 임은 곧 주(主)이고, 검은 곧 신(神)의 의미다. 임검을 뜻을 따라 한자로 표기하면 군(君)이 되고, 음을 따라 한자로 표기하면 임검(任儉)이다. 최남선은 임검이 왕검(王儉)으로 전해진 것으로 해석한다.[13] 이상의 분석을 바탕으로 최남선은 고조선에 뿌리를 두고 내려온 한국의 문

12 단군의 한자어 표기는 앞서 언급했듯이 『삼국유사』에서는 '壇君'이고 『제왕운기』에서는 '檀君'이다. 여기서 최남선이 '박달나무 단'으로 풀이하는 단은 檀에 해당한다.

13 유동식은 '단군'을 하늘을 뜻하는 알타이어 텡글(tengri)의 음을 딴 표기이고, 왕검의 '검'은 신령을 뜻하는 캄(kam)의 음역이라고 주장한다. 결국 단군 왕검은 天神을 뜻한다는 것이다. "삼한 시대 사제를 불러 천군이라 했고, 지금도 호남 지방에서 세습무를 불러 '단골' 또는 '단굴'이라 하는 것은 모두 그 어원을 같이하고 있는 듯"하다고 덧붙인다(유동식, 『한국 무교의 역사와 구조』, 34쪽).

화를 '불함문화'로 정리한다.

> 밝을 법인(法印)으로 하는 텡글의 관념은 꽤 오랜 옛날부터 종교적 형체를 갖추고 널리 분포하여 마침내 이 교리를 중심으로 하는 특수한 일대 문화권이 생겼다. …… 나는 이 일대 문화 계통에 불함문화의 이름을 붙여서 종종의 고찰을 시도하고 있는데, 이 문화의 중심임과 동시에 거의 전부면을 이루는 것이 밝이요, 불함은 그 가장 오랜 자형(字形)임에서 취한 것이다. 이 문화의 전내용을 이루는 종교가 조선에서 밝의 이름으로 호칭되었음이 명백하므로 이 문화권의 명칭으로 본구적인 것이라 생각한다.[14]

2. 신과 인간의 관계에 관한 철학적 분석

1) 서양의 외적 초월주의

(1) 고대 그리스철학에서 신의 역할: 제작

플라톤(Platon, BC 428?~BC 348?)에 따르면 태초부터 정신적인 영원한 이데아가 존재하고, 물질적인 영원한 질료가 존재한다. 데미우르구스라고 불리는 신은 항구적 질서의 이데아에 따라 물질을 재료로 삼아 만물을 만들어낸다. 그렇게 해서 가시적이고 생멸하는 현상세계가 만들어진다. 신은 현상세계 일체를 이미 주어진 재료로부터 만들어 내는 제작자의 역할을 할 뿐이다.

---

14 최남선, 「불함문화론」, 61쪽.

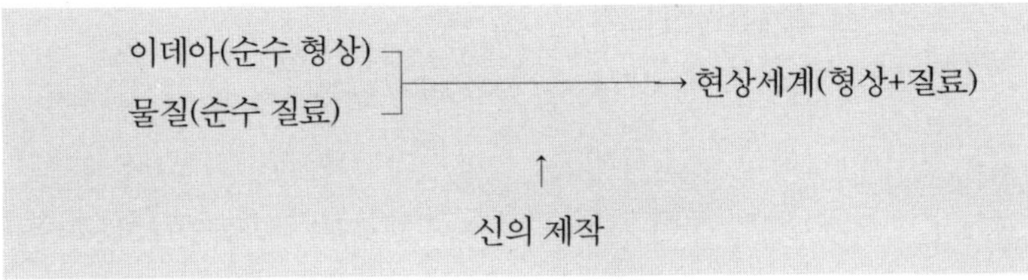

(2) 중세 기독교의 창조설에서 신의 역할: 창조

기독교에서는 신 이외에 선재하는 이데아나 질료의 존재를 인정하지 않는다. 이데아는 신의 말씀에 해당하고, 질료는 신이 무(無)로부터 만들어 낸 것이다. 중세 교부철학자 아우구스티누스(Aurelius Augustinus, 354-430)가 강조하듯 일체 현상세계는 이미 있는 어떤 것으로부터 만들어진 것도 아니고 신으로부터 만들어진 것도 아니며 오직 무로부터 만들어진 것이다. 그러므로 기독교에서 신의 세계 창조는 곧 '무로부터의 창조'다.

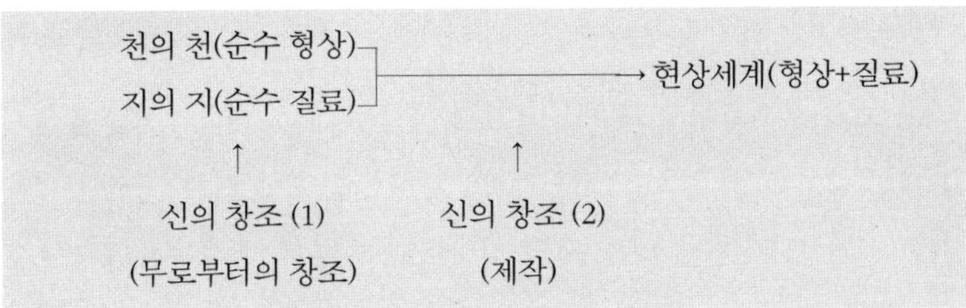

제작설에서든 창조설에서든 신은 신에 의해 만들어진 현상세계의 개체적 사물들과 질적으로 서로 다른 것으로 간주된다. 아우구스티누스가 신의 세계 창조를 신 자신으로부터가 아닌 무로부터의 창조라고 강조하는 것은 신으로부터의 창조라고 할 경우 만들어진 현상 사물이 신과 다른 것이 아니게 될 것이기 때문이다. 그만큼 교부철학이 중시한 것은 창조자와 피조물의 질적 차이다. 무한한 절대자로서의 신은 유한하고 상대적인 피조물들 저편의 외적 초월자로 간주된다.

(3) 서양의 내재주의: 신비주의

아우구스티누스는 신이 세상을 무로부터 만들었지 신 자신으로부터 만든 것이 아니라고 강조하지만, 신비주의자 에크하르트(Meister J. Eckhart, 1260-1327)는 신이 세상을 신 자신으로부터 만들었다고 주장한다. '무로부터의 창조'에서의 무가 진정한 순수 무라면, 그 창조는 곧 신 자신으로부터의 창조와 다를 바 없기 때문이다. 일체 만물은 신으로부터 그 존재가 흘러 넘쳐 있게 된 것이다. 이것이 곧 일(一)로부터 다(多)가 유출된다는 유출설이다. 신이 개별 사물을 신 자신으로부터 만든다는 것은 결국 신이 개별 사물을 자신과 동류의 것으로서 낳는다는 말이다.

신 ——————————→ 현상 사물

↑

신의 낳음

현상세계 만물이 신 자신으로부터 만들어진 것이라면, 그렇게 형성된 개별 사물과 그 근원이 되는 신은 질적으로 서로 다른 것이 아니게 된다. 신과 사물, 일과 다는 서로 질적으로 다르지 않은 동류의 것으로 간주된다. 그러나 이러한 신비주의는 서양의 정통 기독교에 의해서는 이단으로 배척되었다. 서양사상이 동양사상과 상통하는 부분이 있다면, 그건 바로 이 신비주의를 통해서다.

제작/창조	낳음
일이 다 밖에 있음 〈외적 초월〉	일이 다 안에 있음 〈내적 초월〉

2) 동양의 내적 초월주의

(1) 인도 『우파니샤드』의 '범아일여(梵我一如)'

창조자(브라만)는 일체 존재를 만들고 그 만물 안으로 들어가 개체의 본질(아트만)로 존재한다. 따라서 절대의 신을 찾는 각각의 개체에 대해 '그것이 바로 너이니라!'를 말하게 된다.

> 처음에는 오직 이 존재밖에 없었다. 바로 이 하나 이외에 다른 것은 없었다. 어떤 사람들은 "처음에 비존재만이 있었고, 그 비존재에서 존재가 생겨났다"고 말한다. 그러나 비존재에서 어떻게 존재가 생겨날 수 있겠는가? 틀림없이 존재하는 '이것'만이 최초에 있었고 그 이외에는 다른 아무것도 없었다. 그 유일한 존재는 "내가 여럿이 될까, 내가 태어나 볼까" 하고 원했고, 그리히여 불로 태어났다. …… 물, 불, 음식, 알 …… 등등으로 태어났다. …… 그 유일한 존재는 "내가 이들 존재가 될까" 하고 원했고, 그는 각각의 생물들 안으로 들어가 하나하나의 아트만이 되었다. 그리고 그는 "내가 각각의 이름과 형태로서 밖으로 드러나야겠다"고 생각했다. …… 아주 미세한 존재, 그것을 세상 모든 것들은 아트만으로 삼고 있다. 그 존재가 곧 진리이다. 그 존재가 곧 아트만이다. 그것이 바로 너이니라![15]

초월적인 절대 보편의 신이 각각의 개체 안에 내재한다고 보는 이런 관점을 '내적 초월주의'라고 할 수 있다. 동양사상은 기본적으로 절대와 보편의 초월자를 각각의 개별 존재에 내재된 일자로 간주한다는

15 이재숙 역, 『우파니샤드』, 한길사, 1996, 356쪽 이하.

점에서 내적 초월주의다.

(2) 중국 반고(盤古)신화의 '자연주의'

반고신화에 따르면 일(一)이 스스로 의식화하면서 우주 만물로 확장되고 그 일로부터 현상세계 만물인 다(多)가 형성되었다.

> 태초에 이 세상은 알처럼 생겼고, 그 안에는 혼돈만이 존재하고 있었다. 거기서 거신(巨神) 반고(盤古)가 태어나 오랫동안 잠을 자다가 세상의 껍질을 도끼로 깨뜨렸고, 세상은 하늘과 땅으로 나눠지기 시작했다. 여기서 무거운 기운은 가라앉아 땅이 되었고, 가벼운 기운은 위로 올라가 하늘이 되었다. 이렇게 하늘과 땅이 갈라졌지만 하늘과 땅이 다시 붙을지도 모른다고 생각한 반고는 하늘을 떠받쳤다. 이렇게 18,000년 동안 반고는 하늘을 떠받치며 성장했다. 이러는 동안 하늘은 더욱 올라갔으며, 땅은 굳어져 마침내 둘 사이가 멀어졌다. 하지만 이로 인해 반고는 지쳐버렸고 쓰러져 죽어버렸다. 하지만 그의 몸은 세계를 이루는 데 필요한 많은 것들을 만들었다. 반고의 두 눈은 각각 해와 달이 되었으며, 숨결은 바람, 구름, 안개가 되었고, 그의 목소리는 천둥이 되었다. 반고의 몸뚱이는 산이 되고, 피는 강물과 바다가 되었다. 살과 지방은 기름진 논과 밭이 되었다. 솜털은 세상의 초목이 되었고 뼈와 이빨은 광물과 보석이 되었다. 이렇게 반고는 온몸을 바쳐 이 세상을 창조한 것이다.[16]

여기서는 자연 만물이 신 그 자체로 간주된다. 신의 이런저런 부분들이 그대로 자연의 모습으로 다시 드러난다고 보는 것이다.

---

16 네이버, '세계의 창세신화'에서 따옴.

(3) 한국 단군신화의 '천지인 일체'

단군신화에 등장하는 첫 인물인 환인은 천신(天神)이다. 이는 인간세계 외부인 하늘에 존재하는 외적 초월신이라고 볼 수 있다. 지상 너머의 천에 대한 숭배와 신앙은 외적 초월신에 기반한 것이다. 단군신화가 지상 너머의 천신인 환인으로부터 시작한다는 것은 한국인에게 외적 초월신에 대한 관념과 그에 대한 신앙이 있었음을 보여 준다.

그런데 환인의 아들 환웅은 인간세계로 와서 인간세계에 살고 싶어 하며, 결국 인간계로 내려온다. 이것은 하늘의 신이 지상으로 내려온다는 '천신강림 사상'을 나타낸다. 지상에 내려온 환웅은 지상에서 홍익인간의 이념을 실현하고자 한다. 신의 이념에 따라 인간계를 다스리고자 하는 의지를 보여 주는 것이다.

그렇게 인간세계를 다스리던 환웅은 웅녀와 결혼해서 단군을 낳게 된다. 이렇게 해서 환웅의 신성은 단군의 인간성 안에 내재화되며, 신과 인간의 관계는 낳음이라는 내적 관계가 된다. 초월적 신성의 내재화로서 '내적 초월주의'라고 할 수 있다. 이것은 일자인 브라만이 개별자 안으로 들어갔다고 보는 인도의 범아일여 사상이나 신(神) 반고가 천지 만물로 전개되었다고 보는 중국의 자연주의 사상과 서로 상통하는 부분이다.

환인	: 외재주의/ 외적 초월신
환웅	: 천신강림
환웅(신) → 단군(인간)	: 내재주의/ 내적 초월신

그렇다면 단군신화에서 웅녀가 갖는 의미는 무엇인가? 단군신화에서 웅녀가 차지하는 역할에 대해 유동식은 다음과 같이 말한다.

> 북방의 유목민 문화를 배경으로 한 천신강림 신앙과는 대립되는 남방적인 농민문화를 배경으로 한 지모신 신앙이다.[17]

한국의 시조 단군을 가능하게 한 환웅과 웅녀에서 환웅은 부계적 천신 신앙 내지 천신강림 신앙을, 웅녀는 모계적 지모신 신앙을 나타낸다고 보는 것이다. 인간이 하늘과 땅 사이의 존재, 신과 동물의 중간적 존재라면, 인간 단군을 중심으로 환웅이 하늘 내지 신의 위치에 있고, 웅녀가 땅 내지 동물의 위치에 있게 된다.

환웅(천신)) ┐
　　　　　　 ├──────→ 단군(인간): 내재주의/ 내적 초월신
웅녀(지신) ┘

단군신화에서 주목할 만한 것은 하늘의 존재 환웅뿐 아니라 지상의 곰과 호랑이라는 자연 존재까지도 모두 인간과 함께하고 싶어하고 인간이 되고 싶어한다는 것이다. 그런 바람이 성취되어 결국 환웅이 웅녀와 결혼해서 단군을 낳는다는 것은 환웅의 신성과 곰의 동물성이 단군의 인간성 안에서 하나로 융합된다는 것을 보여 준다. 인간성을 신성이나 동물성과 분리된 단절적인 것으로 보지 않고, 인간성 안에 일체가 하나로 융합되어 있는 것으로 간주하는 것이다.

환웅	+	웅녀	=	단군
천신/천		지신/지		인간/인
신성		동물성		인간성

---

17 유동식, 『한국무교의 역사와 구조』, 31쪽.

3. 단군신화의 이중 구조: 단군의 탄생과 웅녀의 탄생

신화는 인간과 세계가 어떻게 해서 존재하게 되었는가를 말해 주는 이야기다. 신화에서 우리는 인간의 자기이해 및 세계이해를 읽어낼 수 있다.[18] 그런데 단군신화에서 인간의 기원에 대한 설명은 이중적이다. 표면적으로 단군신화는 우리가 우리의 시조라고 여기는 단군이라는 인간이 어떻게 해서 탄생하게 되는지를 말해 주고 있다. 인간 단군을 천신 환웅과 지신 웅녀의 결합의 산물로 설명하는 것이 그것이다. 단군신화에 대한 지금까지의 분석은 대개 이 구조를 밝히는 데에서 그친다. 그러나 단군 이야기로 나아가기 전에 또 한 번 인간의 탄생에 대한 이야기가 전개된다. 인간 단군을 낳을 수 있는 인간, 최초의 인간으로서의 웅녀의 탄생이 그것이다. 웅녀는 어떻게 해서 인간이 되었는가?

일반적으로 신화는 신이 세계 만물을 만들고 그 안에 다시 인간을 만들어 내는 과정을 담고 있다. 인간은 자연 사물과 마찬가지로 신에 의해 만들어지거나 신으로부터 태어난 존재다. 신에 의한 제작이든 창조이든 아니면 낳음이라고 해도, 그 모든 경우가 다 신의 능동적 활동에 의해 생겨난 수동적 존재일 뿐이다.

그런데 단군신화에 등장하는 웅녀는 분명 사람이 아니었다가 사람으로 되지만, 그것이 신에 의해 그렇게 된다거나 자연적으로 그렇게 된

18 물론 단군신화가 문자적으로 인간 내지 인간세계의 최초 기원을 밝히고 있는 신화는 아니다. 환웅이 하늘에서 내려다본 세계가 이미 인간 세계라는 것은 인간 존재를 전제로 한 것임을 말해 주기 때문이다. 그러나 단군신화를 한국(고조선)의 시작과 한민족의 시작에 대한 신화로 받아들인다는 것은 한국인이 자기정체성으로 파악하는 최초의 인간에 대한 관점을 보여 주는 것이라고 볼 수 있다.

것이 아니다. 창조론도 아니고 자연주의적인 진화론도 아니다. 웅녀는 어떻게 하여 사람이 되었는가? 웅녀 자신이 스스로를 사람으로 만든다. 물론 사람이 되기 위해 어떻게 해야 하는가에 대해서는 환웅으로부터 말을 듣지만, 실질적으로 자신을 사람으로 만들어 낸 것은 바로 웅녀 자신이다. 인간이 신에 의해 피동적으로 만들어진다거나 자연으로부터 저절로 만들어지는 것이 아니라, 인간 자신이 스스로를 인간으로 만드는 것이라는 의식이 표출되고 있는 것이다. 인간은 남이 만들어 주는 것이 아니라, 스스로 되어야 하는 존재다.

이처럼 단군신화에 담긴 인간의 자기이해에 따르면 인간은 철저하게 능동적이고 주체적인 존재다. 인간 존재 자체가 다른 누군가에 의해 만들어진 결과물이 아니라, 그 스스로 자신을 인간으로 만들기 때문이다. 그런데 인간이 되기 위해 중요한 것은 바로 마음이다. 인간이 아닌 것을 서러워하는 분(憤)과 인간이 되고자 하는 원(願)과 결국은 그렇게 될 수 있다는 신(信)을 가지고 스스로를 인간으로 만들어 나가는 것이다. 스스로 만들어 나간다는 것은 스스로의 실천 수행을 의미한다. 곰은 인간이 되고자 하는 간절한 마음으로 수행을 계속해서 인간이 된 반면, 그 수행을 끝까지 밀고 나가지 못한 호랑이는 결국 인간이 되지 못했다. 이는 인간이냐 인간이 아니냐의 차이, 인간답냐 인간답지 못하냐의 차이는 결국 자기 자신에게 달려 있으며, 그것도 자기 자신의 마음 한자리와 그에 따른 수행에 달려 있다는 것을 말해 주는 것이다.

유한한 인간 존재를 만들어 내는 자를 무한한 신이라고 한다면, 웅녀가 스스로 자기 자신을 인간으로 만든다는 것은 결국 인간 자신 안에 무한한 신적 능력이 잠재되어 있다는 것을 의미한다. 나아가 그 능력은 단지 잠재력으로만 존재하는 것이 아니라, 그 자신이 인간이 되는 순간 그 신적 능력이 발휘되었다는 것을 뜻한다. 그러므로 유한한 인간은 곧 무한한 신적 능력의 발현이다. 모든 개체는 무한성의 발현이며 실현인 것이다. 이 점에서 인간은 표면적으로는 유한하고 제한된 개별 인간이지만, 그 심층에서는 인간 자신을 인간으로 형성해 내는 신적 힘을 지닌 존재, 무한한 신적 존재다.

표층:	인간(유한 존재)		
	↑		
심층:	신(무한 존재)	:	내재된 신성

〈인간의 심층적 이해〉

이와 같이 단군신화는 표면적으로는 환웅(천신)과 웅녀(지신)의 결합으로 단군(인간)이 탄생했다는 것을 보여 주지만, 심층적으로는 단군을 낳을 수 있는 최초의 인간으로서의 웅녀가 어떻게 탄생하게 되었는가를 보여 주는 신화다. 웅녀는 곰(동물)이 웅녀(인간)로 변화한 것인데, 그 변화는 외재적 신이나 절대 타자에 의해서가 아니라 웅녀 자신에 의해 일어난 것이다. 곰을 웅녀로 변경시킬 수 있는 웅녀 안에 내재된 힘은 내적 초월성 또는 내적 신성이라고 할 수 있다. 이것이 웅녀 안에서 천지인 삼재의 일체를 형성하는데, 이는 단군에게서 보이던 천지인 삼재의 일체와 다음과 같이 비교될 수 있다.

웅녀(지) ——→ 단군(인)	곰(지/자연성) ——→ 웅녀(인)
↑	↑
환웅(천)	웅녀(천/신성)
단군의 탄생: 천지인 일체 유형 (1)	웅녀의 탄생: 천지인 일체 유형 (2)

〈단군신화에서 인간 탄생 설명의 이중 구조〉

첫 번째 유형에서는 천지인 일체가 서로 다른 세 개체의 관계 안에서 성립하는 것이라면, 두 번째 유형에서는 천지인 일체가 이미 각 개체 안에서 성립한다. 따라서 첫 번째 유형에서 논해지는 천지인 일체는 인 안에 지와 천이 함께한다는 말이지, 천이 곧 지이고 지가 곧 인이라는 말은 아니다. 소금물 안에 물과 소금이 섞여 있듯이, 인 안에 천과 지가 섞여 있을 뿐이다. 다시 말해 환웅과 웅녀와 단군이 모여 천지인 일체를 이루지만, 단군은 웅녀가 아니고 웅녀는 환웅이 아니다. 각각의 개체는 일체를 이루는 한 부분으로만 존재할 뿐이다. 반면 두 번째 유형에서의 천지인 일체는 개체 각각 안에서 이미 실현되고 있다. 각각이 그 자체 하나의 전체로서 존재하는 것이다. 지가 천으로 인해 인이 되는데, 그 각각이 따로 있는 것이 아니다. 마치 우유가 발효해서 야쿠르트가 되듯이, 인이 곧 천이고 천이 곧 지다. 곰이 곧 웅녀가 되고, 인간 웅녀가 곧 신적 웅녀와 다름 아니다. 각 개체가 이미 전체인 것이다.

전자는 셋이 더해져서 하나가 되는 그 조화를 강조하는 것이라면, 후자는 셋 각각을 전체의 하나로 파악하는 것이다. 전자에서는 하나 속에서 조화를 이루어야 할 셋의 차이가 곧 개체의 차이로 남겨지며 개체는 조화로운 전체의 일부분으로만 간주된다. 반면 후자에서는 각 개체가 세 요소를 자체 안에 지닌 하나의 전체로 간주되며, 각각이 개체로서 전체이기에 모두 동일한 평등한 존재라는 것이 강조된다.

이 두 유형이 우리의 현실 사회에 적용될 경우 상당한 차이를 보이게 된다. 전자는 인을 아들로 두고 천을 부로 여기고 지를 모로 여기는 가부장적 질서의 기반이 된다. 반면 후자는 인간 각각을 자신의 심층에 천 내지 신성을 지닌 평등한 존재로 간주하며, 그 심층의 신성을 실현하는 내면적 자기 수행을 강조하게 된다. 전자에서 천지인의 관계는 각 개체 간의 차이를 통해 성립하는 외적 관계인데 반해, 후자에서는 천지인의 관계가 각 개체 내면의 관계이며 각자가 자신 안에서 실현시켜야 할 관계인 것이다.

모(지) ⟶ 자(인) 　　　 표층 자아(지/자연성) ⟶ 자아(인)

↑ 　　　　　　　　　　 ↑

부(천) 　　　　　　　　 심층 자아(천/신성)

〈부계적 사유〉 　　　　 〈모계적 사유〉

인간 상호간의 계층적 이해 　　 인간 각 개체의 심층적 이해

단군신화 속에 웅녀의 이야기를 남겨 놓은 것은 부계적 질서로 정치권력화해서 부족국가를 건립한 유이민인 환웅족에 대한 원주민들의 계략인지도 모른다. 아니면 어떠한 부권적 정치권력적 질서로도 결코 근절될 수 없는 모계적인 인간 평등 내지 인간 주체성의 이념이 지절로 드러난 것인지도 모른다.

모(지) ⟶ 자(인) 　　　 표층 자아(지/자연성) ⟶ 자아(인)

↑ 　　　　　　　　　　 ↑

부(천) 　　　　　　　　 심층 자아(천/신성)

= 군(임금) 　　　　　　 = 신(神)

〈부계적 속(俗)의 영역: 가족과 국가〉 〈모계적 성(聖)의 영역: 무(巫)의 세계〉

인간으로 태어난 인간 웅녀와 그런 인간이 되게끔 한 웅녀 안의 신적 힘, 이 둘은 곧 개체 안에서의 유한과 무한, 인간과 신, 다와 일의 관계가 된다. 단군신화에서 말하고 있는 것은 유한과 무한, 인간과 신이 서로 별개의 것으로 이원화되지 않은 채, 하나의 개체 안에 함께 한다는

것이다.[19]

신성을 개체 밖에 놓든 안에 놓든 유한한 인간 개체를 개체성을 넘어서는 무한한 신성과의 관계 안에서 이해하는 것, 인간을 하늘과 땅을 매개하고 그 합일을 경험하는 존재로 이해하는 것은 무교(巫敎)적이다. 단군에게서 그리고 웅녀에게서 우리는 무교적 인간인 무당의 모습을 읽을 수 있다. 단군신화에 전제된 신앙은 무교, 즉 샤머니즘이다.

> 단군신화의 밑바탕을 이루고 있는 신앙은 샤머니즘이라고 한다. 그것은 신석기시대 씨족사회의 산물로서 기원전 3000년 이상으로 올려잡을 수 있는 신앙이다. 그렇지만 그것의 맥은 현재까지 서민 대중의 생활 속에 면면히 이어지고 있다.[20]

샤머니즘, 즉 무교는 어떤 방식으로 우리의 사상 흐름의 저변에 깔려 있는 것일까?

19 인도의 우파니샤드이든 중국의 반고신화이든 한국의 단군신화이든 모두 무한과 유한, 신과 인간, 일과 다의 관계를 밝히고 있는 신화다. 그런데 인도의 범아일여에서는 유한한 개체가 자신의 유한성을 버리고 하나의 무한으로 돌아간다는 점에서 유한이 부정된다면, 반고신화에서는 무한이 무수한 유한한 개체로 화함으로써 무한이 개체 속에 상실되어 버린다고 말할 수 있다. 전자에서는 무한만 남고 유한이 부정되는데 반해, 후자에서는 유한만 남고 무한이 부정되는 측면이 있다. 반면 단군신화에서는 각각의 개체 안에 이미 무한이 내재해 있고 또 그 유한한 개체 안에서 무한이 이미 실현된 것으로 이해되고 있다. 유한 안에서 무한이 반복됨으로써, 유한이나 무한 어느 하나도 부정되지 않은 채, 유한이 그 자체 무한으로 여겨지는 것이다. 인간 자체를 무한으로 인정하는 것은 곧 인간 자신의 주체성과 자각성의 강조라고 볼 수 있다.

20 김두진, 『한국 고대의 건국신화와 제의』, 일조각, 1999, 11쪽.

2장

한국의 무교문화

1. 단군신화 대 웅녀신화

한국철학 내지 한국정신의 시작을 무엇으로 볼 것인가? 불교는 인도에서 유입되고, 유교와 도교는 중국에서 유입된 것이며, 기독교도 서구에서 들어온 것이다. 그러면 그런 것들을 제외하고 한국적인 것으로 남겨지는 것은 무엇인가? 어떤 한국적 정신이 바탕이 되서 그런 외래 문명을 받아들이게 된 것일까? 유동식은 한국문화의 지층(地層)을 불교 · 유교 · 기독교의 세 층이라고 설명하면서, 그런 지층을 이루는 지핵(地核)을 무교라고 단언한다.

> 지구의 속 한가운데에는 지핵이 들어 있다. 실은 이것이 있어 이것을 바탕으로 지각의 각층을 형성할 수 있다. …… 한국문화의 지핵은 무교다. 외래 문명을 받아들이기 전 한국에는 억압 없이 무교가 노출되어

있던 때가 있었다. 이것이 바탕이 되어 외래 문명을 받아들이고 문화 지층을 형성하게 했다.[1]

한국문화의 핵을 이루는 심층 종교인 무교가 신석기문화 씨족사회부터 있었던 종교라면, 그건 단군에 의한 부족국가 고조선의 형성 이전부터 이미 있었던 종교다. 단군신화 내에서 단군 이전과 단군 이후의 무교의 두 양상을 웅녀와 단군을 통해 구분해 볼 수 있다.

무당은 한자 무(巫)가 말해 주듯이, 하늘과 땅을 연결하여 천인합일의 경지에 이른 자, 그리고 그 경지에서 옷깃을 날리며 춤을 추는 자다. 무당은 천과 지, 신과 인간을 매개한다. 그 매개는 신의 뜻을 인간에게 전해주는 것이며, 따라서 신의 뜻을 좇고자 하는 자는 마땅히 무당의 말을 따라야 한다. 이와 같이 고대에 제사장은 곧 정치 권력자였으며, 고대국가 고조선의 시조 단군은 제사장으로서 무당이며 국가 권력가인 왕이었다.

천/신
↓　　무당: 단군
인간

이것은 부계적 권력형의 무당이며 무교다. 단군신화에서 또 다른 방식으로 천지인 일체를 실현한 웅녀에게서는 이런 권력적 계층구조가 보이지 않는다. 그녀는 왕도 아니고 제사장도 아니다. 그녀는 왕이 되고자 하지도 않고, 제사장이 되고자 하지도 않는다. 그녀는 자기 바깥에서 자신이 좇아갈 신(神)을 구하지도 않고 자신이 지배할 민(民)을 구하지

1 유동식, 『한국무교의 역사와 구조』, 연세대출판부, 1997, 14-15쪽.

도 않는다. 그녀가 되고자 하는 것은 오직 인간일 뿐이다. 그리고 그녀를 인간이 되게 할 수 있는 자는 오직 그녀 자신일 뿐이다. 인간을 만든 자가 신이라면, 신은 그녀 자신 안에 있다. 그녀는 인간이 되기 위해 스스로 신이 되어야 하는 것이다.

단군신화에서 웅녀가 스스로 인간이 되었다는 것은 그녀가 자신 안에서 신성을 발견하고 그 신성이 발현되도록 자신을 철저하게 비웠다는 것을 의미한다. 동굴 안에 머물며 햇빛을 보지 않는다는 것은 지상에서의 세속적 분별심을 일으키지 않는다는 것을 뜻한다. 의식적 사려분별을 멈춰 마음을 비우는 것이다. 그러면서 마늘과 쑥만 먹는다는 것은 신체적 오감작용의 정지 및 그것과 얽힌 욕망의 통제를 뜻한다. 이처럼 오감과 의식의 작용을 멈춘다는 것은 마음의 내용을 비워 마음을 빈 공간으로 만드는 것이다. 마음의 빈 공간은 의식내용이 사라진 세계의 빈 공간이며, 이것이 곧 동굴로 비유된다. 동굴의 어두움은 오감과 의식작용이 멈춰진 상태에서 남겨지는 마음의 빈 공간, 그 빈 공간의 어두움이다. 그것은 세속세계와의 단절을 의미하며, 세속적 삶의 정지, 죽음을 의미한다. 그렇게 어둠만이 남도록 마음을 텅 비우고 그 어둠을 견뎌내는 것, 그것이 웅녀가 인간이 되기 위해 겪은 자기초극의 길이다. 동굴의 어둠 속에서 웅녀는 자고 있는 것이 아니다. 빈 마음의 고요와 어둠을 직시하며 성성하게 깨어 있어야 한다. 그녀는 어둠 속에서 인간이 되기를 기도했다. 인간이 되기 위해 그녀는 신이 되어야만 한다. 드디어 그녀를 인간으로 변화시키는 내면의 신성이 빛을 발하게 된다. 죽음을 뚫고 생명의 빛이 발한다.

그와 같이 마음을 온전히 비워 사적인 분별심 내지 사적 자아의 경계를 완전히 없애면, 그 빈 마음의 어두움은 어느 한 순간 빛으로 바뀐다. 자기초극이 완성되어 웅녀가 인간이 되는 순간이다. 인간이 된 웅녀는 동굴 밖으로 나선다. 그리고 그 순간 웅녀가 발견한 것은 온 천하를 뒤덮은 햇빛의 밝음이다. 그 밝음은 동굴의 어둠, 마음의 어둠을 교체하는 하늘의 빛, 마음의 빛이다. 동굴의 어둠을 아는 인간만이 태양 빛의 밝음을 진정한 밝음으로 알 수 있다. 동굴 안에서 웅녀가 행한 자기초극의 수행과 그 결과는 다음과 같이 정리될 수 있다.

〈수행 과정〉	→	〈수행 결과〉
동굴의 어둠 속에 깨어 있기		인간이 되어 동굴 밖으로 나가기
① 마음 비우기		
오감의 정지(마늘과 쑥만 먹음)		인간의 완성
의식 작용의 정지(어둠)		= 신성의 발현
② 깨어 있기[2]		

웅녀를 인간으로 만든 내적 신성 내지 천은 누구에게나 보편적인 하나의 신성이다. 웅녀가 극복하고자 한 사적 개체성은 이 보편적 하나를 구획짓고 경계지으며 분별을 통해 형성된 것이다. 따라서 보편적 신성이 발현되자면, 천과 합일하자면, 그 신성을 가리고 방해하는 개체적 사적 경계를 넘어서야 한다. 개인적 자아의 경계를 허물면, 개인적인 사려분별과 욕망을 덜어내어 마음을 비우면, 그 경계 없이 텅 빈 마음, 큰 한 마음이 바로 우주적 마음이다. 그것은 하나의 큰 마음, 일(一) 대(大)의 마음이며 바로 천(天)의 마음이다. 그래서 일심은 곧 인간의 마음인 인심이고 천심이다. 이 경지에 이르러 춤추는 자가 무당이다. 웅녀가 되고자 한 인간은 특수한 개별자로서의 인간이 아니라, 보편적 마음으로

---

2 이렇게 보면 마음 비우기는 산람함을 멈추는 寂寂에, 깨어 있기는 혼침을 막는 惺惺에 비교될 수 있다. 결국 웅녀가 동굴 안에서 인간이 되기 위해 또는 신이 되기 위해 행한 수행은 곧 불교의 적성등지법의 수행 그리고 유교의 계신공구의 미발공부에 해당한다고 볼 수 있다.

서의 인간이며 곧 신이다. 웅녀가 보여 주는 무교에서의 특수와 보편, 개체와 전체의 관계는 다음과 같이 그려질 수 있다.

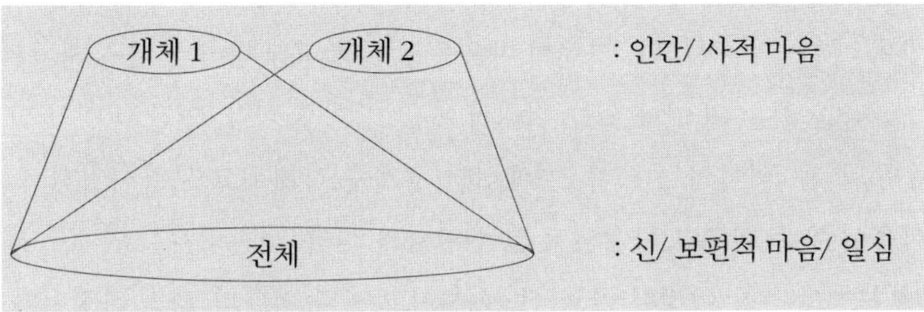

〈심층적 인간 이해에서 인간과 신의 관계〉

무교의식 중에는 신과 하나가 되는 과정이 있는데, 여기에서 한국의 무교는 시베리아 샤머니즘과 구분된다. 그 차이는 흔히 빙의(憑依, possession)와 탈혼(脫魂, ecstasy)의 차이로 서술된다. 탈혼은 무당의 혼이 능동적으로 신으로 나아가 신과 하나되는 것이고, 빙의는 무당의 혼이 수동적으로 신의 혼에 의해 사로잡히게 되는 과정으로 풀이된다.[3] 개체가 능동적으로 나아가서 신과 하나되는 것과 개체가 자신을 비우고 그 자리에서 신과 하나되는 것의 차이다.[4]

---

3 탈혼과 빙의 두 유형의 무당에 대해 김태곤은 다음과 같이 말한다. "엑스타시 타이프의 샤먼은 주로 시베리아를 중심으로 한 동북아시아 지역에서 집중적인 분포를 보이고 있으며 포제션 타이프는 남아시아를 비롯한 동북아프리카 등지에서 집중적인 분포를 보이고 있다. 한편 한국에 분포되어 있는 강신무 계통이 그 초기의 신비적 종교 체험인 神病 체험으로부터 굿의 모든 과정이 강신이나 빙의에 의한 영력을 기반으로 하고 있기 때문에 위에 말한 포제션 타이프의 샤먼에 해당되는 것이라고 생각된다"(김태곤, 『무속과 영의 세계』, 한울, 1993, 36쪽).

4 무교에서 말하는 神은 곧 靈이며, 영은 크게 생령과 사령 둘로 구분된다. 산 자의 몸 안에 깃든 영이 생령이고, 몸이 죽어 떠나간 영이 사령이다. 사령은 다시 선한 조상령과 원한을 품고 나타난 악한 원령 또는 원귀로 구분된다. 조상령 중에는 일반 사람들의 조상인 조상신 이외에 무당이 조상으로 섬기는 무조신(대신, 말명이라고도 함)이 있다(김태곤, 『무속과 영

한국무교의 특징은 자신을 비운 상태에서 신과 하나 되는 것이다. 그러나 곰을 사람이 되게 한 신적 힘이 웅녀 자신 안에 있었던 것처럼, 나를 비운 상태에서 나와 하나 되는 신은 내 안의 본래적 나이지, 내 바깥의 어떤 것이 아니다. 자신의 마음을 온전히 비워 망아가 된 상태에서 드러나는 신은 내 안에 있는 절대의 마음, 신의 혼이다. 인간 내면의 신, 우주의 신, 일자의 신이다. 개체적인 경계를 잠재우고 무화시키면, 그 마음이 우주 전체로 확대되고 결국 일자의 신의 정신이 자신 안에서 깨어나는 것이다. 이것이 곧 접신(接神)이고 신과 하나가 되는 과정이다. 이 하나의 신의 세계는 우리 주위에 이미 도래해 있다. 표면에 떠 있는 의식적 사려 분별의 세계, 개체성의 세계, 분별의 경계를 지우기만 하면, 무경계의 전체, 무분별의 하나가 드러나게 된다. 이 무분별 무경계의 하나는 그다지 멀리가 아니라 바로 우리 주위에 편재해 있는 것이다.[5]

천지인 삼재의 일체를 자신 안에서 실현한 웅녀의 자기 수행 과정과 유사한 자기초극의 길을 보여 주는 또 다른 신화가 한국무교의 바리

의 세계』, 한울, 1993, 44쪽 이하 참조). 그런데 빙의 상태에서 나를 사로잡은 신이 어떤 특정한 조상신이라든가 어떤 악귀라고 한다면, 그건 내 몸을 차지하려는 기싸움에서 나의 영이 밀려났다는 것을 뜻할 뿐일 것이다. 본문에서 말하는 신과의 하나 됨이란 바로 내 안에 작용하는 나의 생령을 생령으로서 자각하는 것을 뜻한다.

5 무당은 눈에 보이는 현상세계만을 지각하는 것이 아니라 눈에 보이지 않는 영의 세계에 대한 감각을 가지게 된다. 무당의 이러한 특별한 능력 때문에 일반인들은 무당에게 가서 점을 치기도 하고, 무당에게 굿을 부탁하기도 한다. 눈에 보이는 세계가 시간 공간적으로 질서잡힌 코스모스라면, 비가시적인 영의 세계는 세속의 시간과 공간을 초월하는 무공간 · 무시간의 세계라는 점에서 김태곤은 이를 '카오스'라고 부른다. 그는 무당의 강신 체험을 다음과 같이 해석한다. "강신 체험은 신병을 통해서 신의 능력을 체험, 전수하는 것이지만 그러나 코스모스에서 카오스를 통해 신과 접촉하게 되는 신병 과정을 거치는 것이라 생각된다. 그러면 신병자가 살아온 세속의 삶은 끝이 나서 세속의 죽음을 의미하게 되고 그 죽음은 존재의 근원인 카오스로 되돌아가 여기서 다시 영속 존재의 실재 능력(신력)을 얻어가지고 코스모스인 현실로 돌아온다" (김태곤, 『무속과 영의 세계』, 한울, 1993, 26쪽).

데기신화다. 한국무교에서의 생과 사, 성과 속의 이해를 바리데기신화를 통해 확인해 볼 수 있다.

2. 바리데기신화

바리데기신화는 오구굿에서 사용되는 무가(巫歌)로서 전해진다. 바리데기는 오구왕의 딸로서 바리공주라고도 하는데, 그 전체 내용은 다음과 같다.

> 아주 오랜 옛날이었다. 오구님은 14세 정도의 부인을 맞이했다. 신부는 첫날밤에 보니 웃음에 꽃이 피고 목소리는 향내 나는 듯 아름다웠다. 결혼해서 오구대왕 부부는 애를 낳았는데, 첫딸이었다. 둘째도 딸을 낳고 셋째, 넷째, 다섯째, 여섯째, 일곱째도 계속 딸만 낳았다. 그러자 오구대왕은 화가 나서 일곱째 막내딸 바리데기를 들에다 갖다 버렸다. 삼칠일도 못된 채로 들에 버려진 바리데기에게 하늘에서 학이 날아와 밤에는 이슬에 젖지 않게 날개로 덮어 주고 낮이면 먹이를 구해다 주었다. 그렇게 해서 바리데기는 16세가 되었다.
>
> 이 때 오구대왕 부부가 한날 병이 들었으나 백약이 무효라서 점을 쳐보니 한날 한시에 죽을 괘였다. 그래 만조 백관을 다 불러놓고 상의를 했으나 고칠 길은 전혀 없었다. 다시 용타는 하늘의 옥녀 무당에게 점을 쳐보니, 수양산 약수를 먹어야 살 수 있다는 것이었다.
>
> 첫째딸을 시켜 약수를 구해 오라 하니 이 핑계 저 핑계로 못간다는 것이었다. 둘째딸도 셋째딸도 넷째딸도 다섯째딸도 여섯째딸도 마찬가지로 핑계를 대고 못간다는 것이었다. 하는 수 없이 바리데기를 찾아 오

기로 했다.

버린 비딤발에 가서 "바리데기야" 하고 부르니, 온달 같은 새아씨가 반달같이 나오며 "날 부를 리 전혀 없건만 누가 날 찾노?" 하며 나타났다. 오구대왕 부부가 병이 들어 한날 한시에 죽을 괘라는 사실을 전하니 바리데기는 부모 없는 자식이 어디 있겠느냐고 허둥지둥 달려가서 부모 앞에 절을 하고 수양산 약수를 길어와 부모를 살리겠노라고 했다.

바리데기는 남장을 하고 얼굴에 먹칠을 한 다음 병을 들고 수양산을 향해 떠났다. 그러나 수양산은 저승이었다. 길을 물어 온갖 고생을 다 한 끝에 겨우 한 곳에 도달하니 미륵이 불쑥 내달으며 약값과 길값을 가져왔느냐는 것이다. 가지고 오지 않았다고 하니 약값과 길값으로 석삼 년 아홉 해를 살아서 아들 셋을 낳아 주어야 수양산 약수를 준다는 것이었다.

그날부터 바리데기는 하는 수 없이 미륵과 살아 주어야 했다. 약속한 기간인 9년을 살아서 아들 삼형제를 낳았다. 하루 밤 아버지 어머니가 드시는 은수저의 허리가 두 동강이 나는 꿈을 꾸었다. 바리데기는 벌떡 일어나 이제는 아버지 어머니가 죽었나 보다고 울며 미륵에게 약수를 가르쳐 달라고 하니, 여기서 먹고 쓰고 손발 닦는 물이 전부 약수라는 것이었다.

바리데기는 약수를 한 병 담아 이고 미륵과 아들 삼형제를 데리고 집으로 향했다. 얼마를 오느라니 어디서 상여 나가는 소리가 들리고 나뭇꾼 하나가 지게 목발을 두드리며 "오구대왕 부부 죽어 나가도 약수 길으러 간 바리데기는 돌아오지 않네" 하고 노래를 부르는 것이었다. 이 노래를 듣고서야 저기 나오는 상여가 부모의 상여인 줄을 알고 바리데기는 길 위에 상여를 내려놓고 관을 열어 오구대왕 부부의 입에 약수를 흘려 넣으니, "아, 잠 참 곤히 잤다" 하며 일어나는 것이었다.

오구대왕은 바리데기에게 천하를 줄까 지하를 줄까 하고 물었으나,

천하 지하 재물이 다 싫고 죽은 사람 저승길 인도하고 다시 살리는 오구신이 되겠다고 했다. 바리데기는 오구신이 되어 죽은 사람의 혼을 천도하는 신이 되었고 미륵과 아들은 각각 지신과 삼석제석이 되었다.[6]

이상의 바리데기신화 안에 포함되어 있는 생과 사, 성과 속의 관계를 살펴봄으로써 생사와 성속에 관한 한국인의 이해를 밝혀보기로 한다.

1) 생과 사의 관계

바리데기신화는 죽은 자의 평안한 천도를 기원하는 오구굿에 등장하는 무가다. 이 현실 세계의 산 사람이 아니라 이 세계를 떠나가는 죽은 자의 영혼을 저 세상으로 이끌어 주는 자가 바리데기다. 바리데기가 어떻게 이승과 저승, 생과 사를 넘나들며 죽은 자를 인도하는 오구신이 되었는지를 보여 주는 것이 바리데기신화다.

웅녀신화에서는 웅녀가 어떻게 인간이 되는가를 보여 주는 데 반해, 바리데기신화에서는 바리데기가 어떻게 신이 되는가를 보여 준다. 그러나 그 두 과정 안에 함축된 의미는 동일하다. 그것은 웅녀와 바리데기 둘 다 죽음에 해당하는 자기초극의 과정을 거쳐 다시 태어난다는 것이다. 생사의 경계를 넘어 새로 탄생한 자는 인간이기도 하고 신이기도 하다. 자신 안의 신성을 자각하고 실현시킨 인간이기도 하고, 인간의 모습으로 현현한 신이기도 한 것이다. 웅녀가 동굴 안에서 행한 자기초극의 과정이 바리데기신화에서는 좀더 구체적으로 풀이된다.

바리데기는 생명을 받아 태어났지만 여자라는 이유 때문에 사회 및

6 유동식, 『한국무교의 역사와 구조』, 연세대출판부, 1997, 31쪽.

가정의 가부장적 질서, 부권적 권력에 따라 무용한 인물로 판단되어 죽음으로 버려진다. 그런데 바리데기는 죽지 않는다. 그녀를 살게 한 것은 인간 사회의 힘이 아니라 그 바깥의 자연 세계의 힘이다. 인간의 분별력이 아닌 자연의 생명력을 통해 그녀는 생명을 유지한다. 인간 사회로부터 축출됨으로써 그녀의 영혼은 더 넓은 자연세계로 열려지게 된 것이다.

인간 사회 밖으로 버려짐 = 사 → 자연 세계에서 삶 = 생

그러다가 바리데기를 버린 부모가 병이 나서 죽어가게 된다. 그런데 이 죽음은 저승의 약수만 마시면 극복될 수 있다. 죽어서 갈 저승의 물을 이 세상에서 마시면 이승의 삶을 좀더 연장할 수 있다는 것이다. 문제는 과연 누가 죽어가는 자를 살리기 위해 이승을 떠나 저승으로 가는가 하는 것이다. 이승이 삶의 영역이고 저승이 죽음의 영역이라면, 과연 누가 타인의 목숨을 구하기 위해 자기 목숨을 내거는가 하는 것이다. 이 일을 감행하는 자가 바리데기다. 이미 생사의 경계를 넘어선 적이 있는 그녀에게는 이승과 저승의 경계선을 넘는 것이 두려운 일이 아니다. 그녀는 자기를 내다버린 부모를 구하기 위해 이번에는 자진해서 자기 목숨을 걸고 저승으로 간다. 그런데 그녀에게 저승은 또 다른 삶이다. 그녀는 그곳에서 약수를 얻기 위해 미륵과 결혼하여 아이 낳고 그렇게 삶을 산다. 그러다가 마침내 약수를 가지고 이승으로 와서 이미 죽은 부모를 다시 살려낸다. 바리데기에게 이승과 저승은 단절이 없으며, 생과 사는 이미 하나다.

저승으로 향함 = 사 → 저승에서의 삶, 이승으로의 귀환 = 생

다시 살아난 부모는 바리데기에게 고마움의 표현으로 재물을 주려고 한다. 그러나 이미 인간 사회와 자연의 분별을 넘어서고 생과 사의 분별을 넘어선 자에게 재물의 있고 없음이 무슨 의미가 있겠는가? 바리데기는 두 번의 죽음을 통과하면서 일체의 분별심을 넘어선 것이다. 궁극적으로 도달한 생사불이의 관점에서 보면 모든 분별, 이승과 저승의 분별, 인간과 자연의 분별, 재물의 유무의 분별이 모두 다 허망분별이 된다.

인간적 분별심과 사적 욕망이 극복된 상태에서 바리데기가 원하는 것은 생사의 분별, 이승과 저승의 깊은 골에 빠져 헤매는 자를 안전하게 저승으로 인도해 주는 것이다. 이렇게 해서 바리데기는 죽은 자를 저승으로 이끄는 오구신이 된다. 부모에 의해 죽음에 내몰리고 다시 부모를 위해 스스로 죽음의 길을 택함으로써 그녀는 생사의 분별, 이승과 저승의 경계를 자유자재로 오갈 수 있는 오구신이 된 것이다.

웅녀가 동굴 속에서 행한 수행이 인간으로 태어나기 위해 죽음을 통과하는 자기초극의 의례였다면, 바리데기가 인간 사회에서 자연의 숲으로 버려지는 것 그리고 다시 이승을 떠나 저승으로 향하는 것 역시 자기초극의 수행이라고 볼 수 있다. 동굴 속 수행을 통해 인간으로 태어난 웅녀의 딸, 그리고 그 딸의 딸이 어느 날 바리데기가 되어 생사불이(生死不二)의 신이 되었을 것이다.

	자기초극의 수행 → 수행 결과
웅녀	동굴 속 어둠에 머묾 → 인간이 됨
바리데기	자연에 버려짐, 저승으로 떠남 → 신이 됨

바리데기가 오구신이 되었기에, 죽은 자의 혼이 저승으로 편안하게

가기를 기원하는 오구굿에서 바리데기가 불러내진다. 오구굿에서 무당은 바리데기처럼 공주의 궁중 옷을 입는다. 그리고 노래와 춤으로 풀이하면서 바리데기와 접신하려고 한다.

> 무당이 바리데기로 그리고 바리데기가 무당으로 하나가 되는 순간 접신하는 것이며 이 때부터 바리데기가 굿판에 서서 공수를 하고 짚배에 혼령을 싣고 길베를 가르며 서천으로 인도하는 것이다.[7]

2) 성과 속의 관계

바리데기신화에서 읽을 수 있는 또 하나의 대립은 성(聖)과 속(俗)의 이원성, 그 사이의 갈등과 융합이다.

> 부권(父權)과의 갈등에서 뒤처진 부정(父情)의 회복은 세속사회, 특히 왕조사회가 부계적이라는 것과 무당사회가 모계적이라는 것을 생각할 때, 또 다른 의의를 드러내게 된다. 세속사회의 원리와 무속사회의 원리가 갈등을 빚다가 양자가 타협하게 되는 것이 이 작품이 지닌 초언어의 하나다.[8]

바리데기를 내다버린 것은 부계적 질서의 가정이며 그 부권적 질서에 입각한 국가와 사회다. 부권적 질서에 따라 남성이 아닌 여성이라는 이유만으로 바리데기는 가정으로부터도 버림받고 결국 인간 사회로부

---

7 김영일, 『한국무속과 신화의 연구』, 세종출판사, 2005, 167쪽.

8 김열규, 「한국 무속신양과 민속」, 고대 민족문화연구소 편, 『한국무속의 종합적 고찰』, 1982, 77쪽.

터도 버림받게 된다. 그렇게 내몰린 바리데기를 돌보아 준 것은 인간 사회 아닌 숲이며, 인간 아닌 학이었다.

부권이 작용하면서 차별이 있는 곳은 세속의 사회다. 그 세속사회에서 밀려난 바리데기는 그렇다고 죽음을 맞이하지는 않는다. 세속 너머의 곳에서 죽음에 이르지 않고 다시 일어날 때, 그 영역은 삶과 죽음의 이원성을 넘어선 영역, 성(聖)의 영역이다. 땅과 하늘, 이승과 저승을 마음대로 오가는 무(巫)의 세계가 그것이다. 무의 세계에서는 모계 질서가 이어진다.

속(俗)의 영역	성(聖)의 영역
부계 질서	모계 질서
가족 + 국가	무(巫)의 세계
삶/이승의 영역	죽음/저승의 영역

여기에서 오구대왕이 머무는 속세와 바리데기가 머무는 성의 영역의 차이는 곧 단군신화에서의 단군과 웅녀의 차이가 된다. 단군신화에서의 웅녀가 곧 바리데기일 수가 있다. 그리고 이는 부권적 질서 속에서 억압받고 사는 모든 인간의 삶을 대변하는 것일 수도 있다. 그런데 웅녀는 단군을 낳고, 바리데기 또한 자식을 낳는다. 이는 지상에서 자식을 낳는 모든 여인을 뜻한다.

속(俗)의 영역	성(聖)의 영역
부계 질서 가족 + 국가	모계 질서 무(巫)의 세계
오구대왕 부부 단군	바리데기 웅녀

바리데기가 대변하고 있는 성의 영역은 속의 영역 너머에 있지만 그렇다고 속과 대립하는 것이 아니라 속을 포괄하는 것이다. 속의 부계적 권력에 의해 버림받았으면서도 성의 마음으로 부모를 저버리지 않은 것, 이승의 병이 저승의 약수를 통해 나을 수 있는 것, 오구대왕이 제안하는 속세의 재물을 모두 마다하고 이승과 저승을 잇는 오구신이 되기로 한 것 등은 속이 성으로써 치료되고 포용된다는 것을 보여 준다.

이처럼 바리데기신화가 보여 주는 것은 삶과 죽음, 성과 속이 서로 별개의 것으로 이원화되지 않고, 그 둘이 하나로 융합된다는 것이다. 죽음은 삶의 대립이 아니라 삶을 포괄하는 지평이며, 마찬가지로 성은 속의 대립이 아니라 속을 그 안에 내포하는 더 넓은 지평인 것이다.

한국인은 이승의 생을 살면서도 이 삶이 그 너머의 죽음과 저승에 의해 포용되고 있다는 것, 그 지평을 의식하며 산다. 현실에서 속세의 삶을 살면서도 그 속세의 의미가 성의 영역을 통해 의미 부여된다는 것을 안다. 생 너머의 사로써 일체가 포용되고, 속 너머의 성으로써 일체가 포용된다. 생에서 그 너머의 전체의 하나인 사(死)의 관점을 가지는 것, 속(俗)에 살면서 그 너머의 전체의 하나인 성(聖)으로 나아가는 것, 그것은 현실 너머의 초월의 의지이며, 하나에의 추구다.

이처럼 한국인은 삶과 죽음을 달리 생각하지 않고 이승과 저승을 떨어져 있는 것으로 여기지 않는다. 이것은 삶 속에서도 죽음의 시선을 의식하고, 속세 속에서도 성스러움을 지향하며, 전체의 하나를 실현하고자 하는 것이다. 인간과 자연과 동물과 신을 하나의 존재로 여기며, 그 하나가 인간을 포함한 모든 존재 안에 내재되어 있는 것으로 본다. 그 하나를 스스로 실현시키고 확인하고 싶어한다. 개별자의 경계를 뛰어넘어 망아(忘我)의 경지에 들고 싶어하며, 하나됨의 황홀의 경지에 이르고 싶어한다.

3. 무교적 심성과 풍류도

1) '하나'의 추구

단군신화나 바리데기신화에서 그 사상의 핵심은 전체를 하나로 감싸안는 포괄적 '하나'의 정신이다. 천지인 일체로서 표현되는 이 '하나'의 정신이 현상세계에서의 모든 차이와 분별의 의식을 넘어서서 일체를 평등한 하나로 포용하고 융합하는 한국인의 기본 심성과 한국의 문화를 형성했다고 볼 수 있다. 보이는 현상세계의 모든 것은 각각 서로 다른 것으로서 저마다의 독특함과 차이를 드러낼 뿐이지만, 그 차이나는 것들의 바탕에는 보이지 않는 하나가 각각의 존재의 핵으로 또는 개체의 혼으로 존재하면서 각각의 개체의 경계를 넘어 서로를 하나로 소통시킨다. 고운 최치원(孤雲 崔致遠, 857-?)은 한국인의 심성에 존재하는 이 '하나'의 도(道)가 한국 고유의 도로서 '풍류(風流)'라고 불려왔다고 말한다.

> 나라에 깊고 오묘한 도가 있는데, 이를 풍류라고 한다. 그 가르침의 근원은 『선(仙)의 역사』에 상세히 구비되어 있다. 풍류도는 실제로 삼교[유불도]를 포함하고 있으며 백성들을 직접 교화한다.[9]

9 최치원, 「鸞郎碑序」, 『삼국사기』, "國有玄妙之道, 曰風流. 設教之源, 備詳仙史. 實乃包含三教, 接化群生." 최치원은 이어 여기서의 삼교가 곧 유교, 도교, 불교라는 것을 다음과 같이 설명한다. "들어와서는 집안에 효도하고 나가서는 국가에 충성하는 것은 노나라 사구[공자]의 종지이고, 무위에 처하는 일과 말없이 행하는 가르침은 주나라 주사[노자]의 종지이며, 악을 짓지 않고 선을 행하는 것은 축건 태자[석가]의 가르침이다(且如入卽孝於家, 出卽忠於國, 魯司寇之旨也. 處無爲之事, 行不言之教, 周柱史之宗也. 諸惡莫作, 諸善奉行, 竺乾太子之化也)."

풍(風)은 보이는 것들 이면을 흐르고 있는 보이지 않는 기운의 흐름이다. 그것은 만물의 존재를 형성하는 기(氣)이기도 하고, 만물의 생명과 온기의 근원이 되는 숨이기도 하며, 만물의 움직임이 일으키는 파장이기도 하다. 바람은 만물의 변화를 따라 일어나면서 또다시 만물을 움직이게 하는 힘이다. 만물을 관통하여 일체를 하나의 기운, 하나의 분위기, 하나의 운동으로 엮어내는 것이 바로 바람이다. 이 바람에 따라 일체가 하나로 움직이며 하나로 융합된다. 개체 각각의 확고한 경계가 흔들리고 무너지고 사라지면서 일체가 자기 경계를 넘나들며 서로 소통하는 유동적 하나가 된다. '류(流)'는 바로 이러한 탈경계의 유동성을 표현한다. 현상적 속(俗)을 넘어서는 초월적 성(聖)의 관점에서 일체를 하나로 포괄하여 이해하는 한국인의 '하나'의 정신이 한국 고유의 현묘한 도로서 '풍류'라고 불린 것이다. 한국인은 이러한 풍류도에 입각해서 유불도 삼교를 수용하여 한국의 철학으로 발전시켜 왔다.

그렇다면 '하나'의 정신 내지 풍류는 왜 현상적 세속적 차이를 넘어서서 '하나'에 이르고자 하는 것일까? 바람은 왜 불고 일체는 왜 유동하며 우리는 왜 하나를 추구하는 것일까?

우리가 일상적으로 감지하는 특징들은 차이를 통해 알려지는 것들이다. 우리는 흰색 책상 위의 까만 종이는 금방 알아채지만, 흰색 책상 위에 놓인 그것과 똑같은 색깔의 흰색 종이는 알아채지 못한다. 주변과 다르지 않은 것, 차이나지 않는 것, 그것은 마치 없는 것처럼, 마치 아무것도 아닌 것처럼 우리 의식에 포착되지 않는다. 그래서 우리는 나와 너와의 관계에서도 그 차이에만 주목하고 그 같음을 알지 못한다. 인간과 동물, 동물과 식물에 대해서도 서로간의 차이만을 분별해 내지 그 같은 점, 공통점은 알아채지 못한다. 그래서 우리는 모든 개체에 대해 그것이 서로 다 다르다는 것만을 안다.

우리가 인간 서로간의 차이로 알아내는 것은 서로를 구분짓는 특징이며, 세속적 인간 관계는 그 차이를 통해 성립한다. 그리고 차이를 통해 성립하는 관계는 언제나 상하의 위계질서를 이루면서 그 안에 권력이 작용하게 된다. 군과 신, 부모와 자식, 스승과 제자, 고용인과 피고용인, 이들은 서로가 서로를 필요로 하며 상부상조해야 할 관계이지만 결코 평등한 관계는 아니다. 단군신화가 그리는 천지인 일체의 첫 번째 유형은 바로 이와 같은 가족 또는 국가에서의 권력 관계를 보여 주고 있으며, 바리데기신화는 그러한 권력 관계에서 억압받는 자가 겪게 되는 고통을 그려내고 있다.

천: 환웅/신성	군(君)	부(父)	부(夫)	장(長)	오구대왕
↓ 인: 단군/인간성	↓	↓	↓	↓	↓
지: 웅녀/동물성	신(臣)	자(子)	부(婦)	유(幼)	바리데기

〈속(俗)의 영역(가족 및 국가)에서의 위계질서〉

이러한 차별적 위계질서 대신 평등하고 대등한 관계가 가능하려면 개별자들 간의 차이와 다름뿐 아니라 동일성과 같음이 감지되고 확보되어야 한다. 그러나 우리의 일상적 의식은 동일성이 아니라 차이에만 민감하다. 차이의 바탕에 놓여 있는 동일성과 같음은 의식에 포착되지 않고 마치 없는 것처럼, 마치 아무것도 아닌 것처럼 간과되는 것이다.

무교적 사유는 표면적으로 드러나는 일체의 차이를 뛰어넘어 그 안에서 하나를 감지하려는 사유라고 할 수 있다. 나와 너가 하나이고, 여자와 남자가 하나라는 것, 인간과 동물이 하나이고, 하늘과 땅이 하나라는 것, 생과 사가 하나이고, 이승과 저승이 하나라는 것, 이 하나의 사유가 무교적 사유다. 구분되는 둘 사이의 경계를 뛰어넘어 그 안에 감추어져 있는 하나를 발견하려는 것이다.

이 '하나'의 사유가 단군신화에서 천지인 일체의 두 번째 유형으로 표현되고 있다. 여기서는 각각의 개별자를 서로간의 차이에 따르는 위계질서적 상호관계 안에서 파악하는 것이 아니라, 오히려 그 각각을 자체 안에서 천지인 일체를 실현하고 있는 동등한 존재로 파악한다. 인간은 누구나, 아니 인간뿐 아니라 동물까지도 모든 생명체는 그 안에 천 내지 신성을 갖고 있다. 자체 안에 신성을 갖고 있다는 점에서 모든 생명체는 다 동일하며 하나다. 모든 생명체 안에서 이 하나의 신성을 발견하는 것, 그래서 모든 것이 다 하나라는 것을 깨닫는 것이 중요하다.

천 = 지 = 인:　　웅녀 = 환웅 = 단군,　　오구대왕 = 바리데기

〈성(聖)의 영역에서의 평등 사상〉

그러나 동일성은 차이를 떠나 있는 것이 아니고, 성은 속을 떠나 있는 것이 아니다. 차이가 동일성에 기반한 차이이기에, 차이나는 것들의 근저에 동일적인 같음이 감추어져 있다. 속은 성에 기반한 것이므로, 속세의 다양함은 그 안에 성스러움을 간직하고 있다. 그러므로 동일성과 차이, 성과 속의 관계는 일체 존재의 심층과 표층의 관계가 된다.

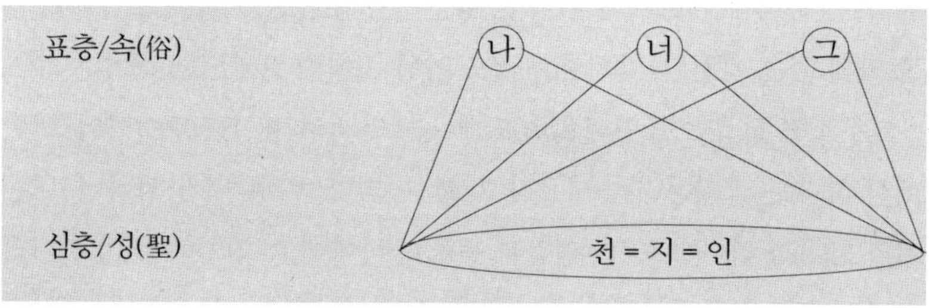

〈표층과 심층, 속과 성의 관계〉

한국무교는 표층적으로 존재하는 개별자들의 차이를 넘어 그 심층에 항존하는 모든 개별자들의 하나됨을 안다. 그 하나는 일체의 차이를 포괄하는 심층의 하나이기에 모든 유한을 넘어선 무한의 하나이며, 모든 경계를 넘어선 무경계의 하나다. 한마디로 무한히 큰 하나다. 한국의 '한'은 이와 같이 하나와 크다의 의미를 포함하며, '한'은 한 일(一)과 큰 대(大)를 더한 천(天)의 의미를 가진다. 이 천이 모든 개별자 각각 안에 내재한다는 것, 모든 개별자 안에 이 천이 내재하여 우리가 모두 하나라는 것이 한국인의 기본 심성을 이룬다.

2) '하나'의 향연

인간이 서로 관계를 맺게 되는 사회적 관계는 서로간의 차이를 통해 성립하므로, 그 관계 자체는 완전히 대등한 것이 아니라, 상·하, 귀·천의 차이와 그로 인한 서열화가 발생하기 마련이다. 한쪽이 말을 하면 다른 한쪽은 듣게 되고, 한쪽이 명령을 하면 다른 한쪽은 따르게 된다. 한쪽이 이득을 취하면 다른 한쪽은 손해를 보게 된다. 이것이 현실 사회에서의 현실적 인간 관계다.

그러나 현실적으로 차등적인 인간 관계 속에 살고 있다고 해도 인간이 지향하는 사회는 모두가 평등한 인격체로서 대등한 관계를 유지하며 사는 대동(大同)사회다. 너와 나의 차이를 본질적이고 결정적인 차이로 보지 않고, 모두가 동일한 인간이고 동일한 인격이라는 것을 느끼고 그렇게 관계하고 싶어한다. 모든 차이는 지상에서의 한판 놀이를 위한 역할 분담이고 게임이며, 가상이고 환상일 뿐이라는 의식을 갖는 것이다.

이처럼 차이성과 동일성은 상반되는 것이면서도 우리 안에서 현실과 이상으로, 속과 성으로 얽혀 있다. 각자의 현실적 삶의 차이를 보면서도 본질적으로는 누구나 같다는 것을 알고 있고, 그렇게 동일성을 의식하면서도 차이에 입각한 사회적 삶을 멈출 수 없는 것이다. 『예기(禮記)』「악기편」에서는 동일성과 차이성을 각각 악과 예로 설명한다.

> 악(樂)은 같게 하고 예(禮)는 다르게 한다. 같게 되면 서로 친해지고, 다르게 되면 서로 공경하게 된다.[10]

'악(樂)'은 음악이며 '즐거울 락(樂)'이기도 하다. 동일성의 추구 속에는 즐거움과 기쁨, 희열에의 추구가 들어 있다. 우리가 진정으로 즐겁고 친해질 수 있는 것은 같음 속에서다. 다름은 거리이고 분별이기에, 서로 거리를 두고 존중할 수는 있지만, 친해진다거나 즐겁게 되기는 힘들다. 동일성을 추구하는 악이 즐거움을 주고, 차이성을 추구하는 예는 그렇지 못한 까닭은 무엇일까?

> 악은 마음으로부터 나오고, 예는 밖으로부터 만들어진다.[11]

마음으로부터 나온 악이 동일성을 추구하는 것은 마음 자체가 동일성이기 때문이다. 사회 속에서 인간의 마음이 외화되어 사는 방식에서는 차이가 있고 분별이 있고 예를 따를 수밖에 없지만, 내면의 마음 자체는 동일성이다. 그러므로 대동사회의 추구는 곧 동일한 인간, 동일한 마음을 가진 인간에 대한 의식, 우리가 결국 하나라는 의식에 기반한 것

---

10 『예기』, 「악기」, "樂者爲同, 禮者爲異. 同則相親, 異則相敬."

11 『예기』, 「악기」, "樂由中出, 禮自外作."

이다.

한국인이 하나의 마음의 경지를 추구하고 즐겼다는 것은 한국의 고대국가에서 행해지던 제천의식을 통해서도 확인할 수 있다. 제천의식의 기록은 『위지(魏志)』「동이전」에 실려 있다. 부여, 고구려, 예(濊), 진한에서 행해지던 제천의식은 각기 다음과 같이 묘사된다.[12]

> 은력(殷曆) 정월에 천신에게 제사를 드리는데 국민들이 대회를 열어 며칠씩 음식과 노래와 춤을 계속했다. 이를 영고(迎鼓)라고 한다.

> 시월에는 천신에게 제사를 지내는데 온 나라가 대회를 열고 그 이름을 동맹(東盟)이라고 했다. 그 때의 의복은 모두 비단과 금은으로 장식했다.

> 언제나 시월에는 천신에게 제사했는데, 밤낮을 헤아리지 않고 술 마시고 노래하고 춤을 추니 그것을 무천(舞天)이라고 했다. 또 호랑이를 신으로 제사했다.

> 5월에 파종을 마치면 귀신에게 제사했는데 군중이 모여 노래하고 춤추며 밤낮을 가리지 아니했다. 춤을 출 때는 수십 명이 함께 일어서서 서로 따르면서 땅을 디디며 손발을 낮추었다 높였다 하며 서로 장단을 맞추는 것이 탁무(鐸舞)와 비슷했다. 10월에 농사가 끝나면 또 이렇게 했다. 귀신을 믿되 나라마다 각기 한 사람을 뽑아 천신에게 제사지내는 것을 주관케 하고 그 이름을 천군(天君)이라고 했다. 또 모든 나라에 각기 별읍

12 『魏志』「東夷傳」은 3세기경 晋나라의 史家 陳壽(233-297)가 펴낸 『三國志』의 일부다. 본문 이하에서 인용하는 제천의식에 대한 글은 유동식의 『한국무교의 역사와 구조』(연세대출판부, 1997) 47쪽 이하에서 재인용한다.

을 두고 이름을 소도(蘇塗)라 하며, 긴 장대에다 방울과 북을 달아 귀신을 받들었다. 모든 망명인이 이에 이르면, 이를 반환시키지 아니했다.

모두 다 천(天) 내지 천신(天神)에게 제사를 지내는데, 이 때의 제의는 제사장이 혼자 엄숙하게 진행하는 방식이 아니라 참여자 모두가 먹고 마시고 노래하고 춤추는 축제와도 같은 행사였다. 먹고 마시고 노래하고 춤추면서 참여자 모두가 집단적으로 하나가 되는 제의라고 볼 수 있다.

이와 같은 제천의식은 한국인의 '하나'의 정신에 내재된 풍류의 멋을 보여 준다. 각자가 자기 경계 속에 갇혀 서로 격리되고 소외된 채 살아가는 삶은 결국 허망하고 무의미하고 고통스럽다. 따라서 우리는 경계에 매이지 않는 삶, 어디에도 걸리지 않는 바람처럼 자유로운 삶, 그런 삶을 지향하게 된다. 바람처럼 자유롭게 서로가 서로에게 침투해 하나의 마음이 되는 그 기쁨을 추구한다.

이 풍류의 정신에 따라 한국인은 예나 지금이나 음주가무를 즐기는 멋을 아는 민족이다. 한 물결의 붉은 악마가 되어 '우리는 하나'를 외치는 것은 우리 안에 내재되어 있는 '하나'의 의식, 하나에의 추구와 하나에의 열망의 표현이며, 풍류의 정신의 표출이다. 이는 곧 가무로써 인생을 한판 놀이처럼 즐기고 싶어하는 것이다. 차별화되고 위계화된 사회적 삶을 벗어나 우리가 모두 하나라는 의식 속에서 그 하나를 느끼고 그 하나를 즐기고 싶어하는 것이다.

우리가 하나라는 것은 결국 하나의 마음이라는 말이다. 우리의 마음이 개별적인 신체의 영역에 국한되어 경계지어진 제한된 마음이 아니라 그런 영역과 경계를 넘어선 마음이라는 것이다. 우리는 일상적으로 마음을 몸 안에 있는 것으로 생각하지만, 본래 마음이란 몸 바깥에 우주 전체만큼의 큰 크기로 존재하며 그 안에 각자의 몸이 있는 것이다. 이 무한한 마음은 커다란 하나의 마음이란 의미에서 한 마음, 즉 일심이라고 불린다.

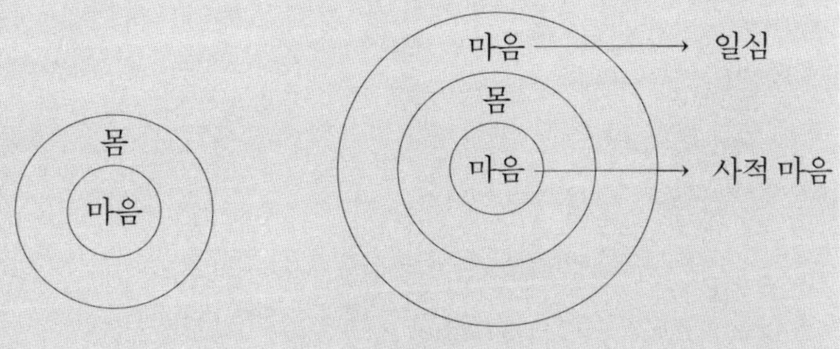

〈일상의식에서 몸과 마음의 이해〉 〈초월의식에서 몸과 마음의 이해〉

3장

한국인의 심성과 철학적 지향

1. 일심의 자각

일심은 한마음이다. 한은 하나라는 뜻과 크다는 뜻을 동시에 내포한 단어로서 일과 대를 합해 천이 되므로 일심은 곧 천심이다. 한국이 곧 천국이라는 말이 의미하는 바도 이것이다. 그러면서 일심은 개별자 각각의 마음이다. 각각의 개별자 안에서 개별자를 생명체로 유지하는 그 힘이 곧 무한한 일심인 것이다. 모든 생명체가 개별적 신체로서는 각각 구획지어지고 경계지어진 유한한 존재로 살아가지만, 그 생명체 안에서 개체를 개체이게 하며 생명을 생명으로 유지시키는 힘은 무한한 일심이다. 이 일심을 통해 각각의 개체는 자기 경계를 넘어 다른 개체와 하나로 숨쉬고 하나로 느낄 수 있다.

일심은 우리 마음에서 구체적인 감각작용이나 의식적 사려분별 작용을 멈추었을 때, 우리 안에 남겨지는 마음 자체를 뜻한다. 웅녀의 자기초극이 동굴 안 어둠 속에서 진행되었다는 것은 감각작용을 멈추고 사려분별 작용을 멈춤으로써 남겨지는 의식의 어둠을 직시했다는 것을 뜻한다. 마음에서 상을 떠올리는 일체의 마음작용을 멈추면, 상이 사라지면, 상에 매여 있던 우리의 일상의 의식은 정지하게 된다. 자신의 마음이 일상의 의식으로만 깨어 있던 자는 일상의 의식이 정지하면 더불어 잠들게 된다. 그래도 심층의 마음 활동이 계속되면 의식은 꿈으로 빠져들게 된다. 그러다가 꿈도 멎으면 다시 더 깊은 잠에 빠져들게 된다.

그러나 상으로부터 자유로워지되 잠들지 않고 깨어 있기를 시도한다면, 그건 무념무상(無念無想)의 마음을 유지하며 성성하게 깨어 있는 것을 뜻한다. 의식적 사려분별과 감각 내지 상상작용을 멈추고서도 마음이 깨어 있는 것이다. 그것이 동굴의 어둠을 직시하는 것이다. 그것은 마치 극장에서 영화가 끝나 스크린 위의 상이 모두 지워지는 것과 같다. 영화의 끝, 표상적 의식활동의 끝, 그건 일상 의식의 끝을 뜻하며 잠 또는 죽음을 뜻한다. 웅녀와 바리데기는 이런 식으로 동굴에서 또는 숲이나 저승에서 일상적 표층 의식이 정지하는 죽음을 통과했다. 그러면서 죽지 않고 살아 있다면, 잠들지 않고 깨어 있다면, 마음은 일상 의식의 경계 너머로 나아가게 된다. 스크린 위의 영상이 다 지워진 뒤 그래도 남아 있는 것, 그건 스크린 위에 영상을 그려내는 필름 뒤에서 내비치는 빛이다. 영상이 사라져도 남아 있는 빛, 영상으로 분산되기 이전의 순수한 빛, 그것이 바로 마음 자체의 빛이다.

마음작용이 멈춰도, 표층적인 의식활동이 정지해도, 그 무념무상의 상태에서 마음이 잠들지 않고 깨어 있다면, 그 때 비로소 마음은 자기 자신을 발견하게 된다. 자기가 영상을 비추는 빛이라는 것을, 내가 본 모든 영상이 내 마음의 빛이 분산되고 반사되어 드러난 마음의 상이라는 것을 알게 된다. 마음은 영상 너머, 의식 너머, 언제나 거기 그렇게 있다는 것을 알게 된다.

그 빛은 영상의 시작과 끝 너머에 있지만, 영상을 떠나 있는 것은 아니다. 내가 영상만을 보는 때에도 사실은 언제나 거기 있으며, 내가 본 영상이 사실은 그 빛인 것이다. 그러면서도 그 빛은 모든 영상들 뒤에서 언제나 동일한 하나로 존재한다. 내 마음의 빛이 네 마음의 빛과 다르지 않으며, 그래서 우리는 모두 동일한 하나의 세계를 보고 있는 것이다. 그것은 언제나 동일한 하나로 머물러 있으며, 모든 유한한 것을 포함하되 그 자체는 무한한 하나이기에 경계가 없는 무경계의 것이다.

마음은 그 자체 무한하고 한계가 없어 그 바깥이 없으므로, 나는 나의 마음 바깥으로 나가볼 수가 없다. 내 마음의 빛의 경계 밖으로 나가 본 적이 없기에, 언제나 그 안에 머물러 있기에, 나는 그것이 있다는 것 자체를 알아채지 못한다. 그것과 그것 아닌 것과의 차이를 알지 못하기에, 그것 안과 밖을 나눌 수가 없기에, 그것은 마치 없는 것처럼, 마치 아무것도 아닌 것처럼 의식에 포착되지 않는 것이다. 언제나 물 안에 살고 물 바깥을 경험해 본 적이 없는 물고기가 물을 알지 못하듯이, 언제나 함께하는 것, 잠시도 떠날 수 없는 것, 나 자신인 것, 그것이 오히려 나 자신에게 가려져 있는 것이다.

언제나 물 안에 있기에 물을 모르는 물고기가 물을 알기 위해서는 물 바깥으로 나가봐야 하듯, 언제 어디에나 편재하는 마음의 빛을 알기 위해서는 어떻게 해야 하는가? 물고기가 물 밖에 나가는 것이 물고기의 죽음이듯, 마음의 빛을 알기 위해 내가 겪어야 하는 것 또한 일종의 죽음이다. 웅녀가 빛 없는 동굴 안에서 어둠을 직시한 것, 바리데기가 인간 세계 바깥으로 내던져지고 저승으로 찾아갔던 것은 일종의 죽음의 경험이다. 마음의 내용을 사라지게 하면서도 마음으로 깨어 있는 것, 스크린 위의 영상을 지우면서도 눈을 뜨고 있는 것, 그것은 곧 세속 마음의 죽음을 통과하는 것을 뜻한다. 일상적인 표층 의식의 죽음을 경험하는 것이다. 그리고나면 비로소 심층 마음의 빛을 자각하게 된다.

일심은 표층의 의식과 구분되되 표층 의식의 작용을 가능하게 하는 마음 심층의 작용, 빛의 활동이다. 스크린 위의 영상의 차이처럼 표층 의식에서 우리는 서로 다른 존재이지만, 그 영상 세계를 가능하게 하는 하나의 빛처럼 우리는 심층 마음에서 모두 하나다. 차이성과 동일성, 일상의 표층 의식과 마음 심층의 활동은 다음과 같이 그려질 수 있다.

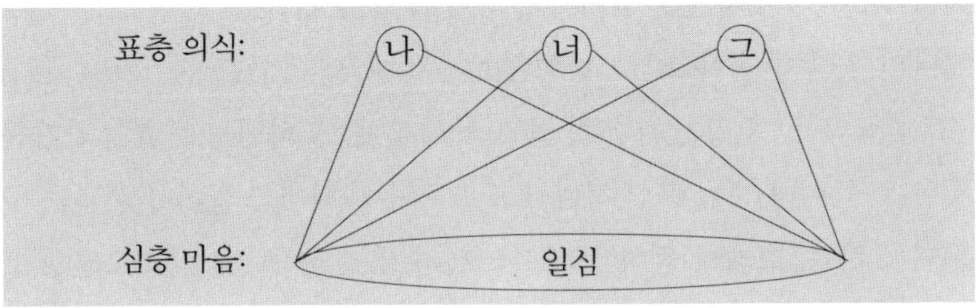

〈심층적 인간 이해 = 일심의 인간관〉

일심은 바로 이 심층 마음을 뜻한다. 그것은 나의 마음이면서 곧 너의 마음이고, 하나의 큰 마음, 우주의 마음, 천지의 마음이다. 한국인의 심성은 늘 이 하나에 머물러 있다. 이 한마음의 하나를 추구하고 표층 의식에는 포착되지 않는 이 하나를 마음 깊이에서 느끼면서 그 하나를 노래하고 싶어하는 것이다. 이 하나의 마음, 일심이 우리의 하나의 마음이라는 자각은 한울사상으로 표현된다.

2. 일심과 한울

'한'은 하나라는 의미도 있고 크다는 의미도 있다. 작은 것, 유한한 것은 각각을 경계짓는 그 경계선에 따라 이것과 저것이 구분되고 분별이 있게 되지만, 큰 것, 무한하게 큰 것은 한계가 없으므로 그것 바깥에 다른 것이 있지 않게 되며, 결국 절대적 의미의 하나다. 한국의 한은 이런 의미의 한이다. 큰 하나인 것이다.

큰 하나의 한은 곧 하늘이다. 그래서 한은 곧 천이며, 한국은 곧 천국이다. 하늘에 존칭 '님'을 붙이면 하늘님, 곧 하느님이 된다. 그러나 하느님은 내 밖의 존재가 아니라, 각자의 마음 속 존재, 마음 속의 무한자다. 나와 너의 차별을 넘어서서 하나로 연결시키는 소통의 근거가 곧 하나의 우리, 한울이고 하느님이다.

한국인이 "우리는 하나다"라고 의식할 때, 그 하나는 무한의 하나를 뜻한다. 둘이나 셋이 아닌 하나라고 할 경우의 하나는 둘이나 셋과는 구분되는 하나, 그래서 둘이나 셋으로 달라질 수 있는 하나다. 그러나 무한의 하나는 모든 차이를 포괄하면서 그들 너머의 하나다. 표면적인 차이들 중에서 그 중 하나를 취해 그 하나에 고착되는 것이 아니라, 그 차이들 너머에서 그것들을 다 포괄하면서 그들을 같은 하나이게 하는 무한의 하나, 심층의 하나를 뜻한다.

한국인은 인간 자신의 본질을 그 하나로 의식한다. 그래서 우리가 사는 세계가 하나이듯이, 그 세계를 사는 우리가 모두 하나라는 그런 의식을 가진다. 한이 큰 하나로서 하늘이고 천이지만, 너와 나를 포함하는 우리 또한 하나의 우리인 한+울이다. 하늘과 한울은 같은 말이다. 하늘이 곧 무한한 하나다. 현상적이고 지상적인 모든 차이를 담고 있는 하늘, 한울이 인간 심성의 핵이 된다. 천인 하늘이 한울이고, 인간인 우리도 하나의 우리인 한울이며, 우리가 사는 지상세계 또한 만물이 그 안에 머무르는 하나의 처소, 우리, 한울이다. 그래서 천지인 모든 것이 그 근원적 하나, 무한한 하나, 한울로 통한다. 이 한울을 의식하고 자각하고,

한울을 살리고 노래하고 춤추고 싶어하는 것이 한국인의 기본 정서가 아닐까?

한울 ① 천(天): 하늘 일(一) + 대(大) = 천(天), 하늘님, 하느님
② 지(地): 한+우리, 하나의 울타리
③ 인(人): 한+우리, 나와 너

이 하나를 찾는 것, 자기 자신 안에서 그리고 타인 안에서 나아가 우리 모두 안에서 이 하나를 찾고 확인하고 사랑하고 싶어하는 것이 한국인의 기본 심성이다. 이 하나에 이르자면, 일체의 경계를 넘어서야 한다. 그래서 한국인은 경계를 넘어서서 무한에 이르고자 한다. 세계를 마음 바깥의 자체 존재라고 생각하는 한, 그 세계의 경계가 곧 마음의 경계가 되어, 세계를 포괄하는 전체 의식으로 마음이 확장되지 않는다. 전체로 확장되지 않은 마음은 경계지어진 마음이며, 그 경계를 따라 분별을 일으키는 마음, 즉 분별심이다. 이에 반해 무한의 하나의 마음, 한울의 마음은 모든 경계와 그로 인한 분별을 넘어선 마음인 무분별심이다. 이 무분별심 안에서 나와 너, 나와 세계의 경계를 넘어서고 분별을 넘어서게 된다. 모든 경계를 넘어선 마음, 일체를 포괄하는 마음은 그 자체 경계지어지지 않은 마음, 한계가 없는 마음, 무한한 마음이다. 일체를 포괄하는 하나이면서 무한히 큰 마음, 한마디로 한마음인 일심이다.

3. 일심사상의 전개

우리가 추구하는 것은 한마음인 일심이다. 그러나 일심은 단지 이

상이 아니라 구체적인 현실이다. 인간은 누구나 일심을 갖고 살아간다. 우리가 사는 세계를 우리가 하나의 세계라고 인식할 수 있는 것은 그렇게 세계를 인식하는 마음이 이미 하나의 마음이기 때문이다. 우리의 마음이 표면적으로는 상이하게 분별되는 사적 마음으로 여겨지지만, 우리는 그런 개별적인 사적 마음조차도 실은 그 일체를 포괄하는 무한의 한 마음의 지평 위에서 감지해 낸다. 나와 너, 나와 세계의 분별을 포괄하는 전체 지평의 무분별의 마음이 바로 일심이다.

이 무한의 마음은 스스로 자기 자신을 자각하고 있으며, 자신에 대한 신령한 앎을 가지고 있다. 그래서 원효는 무한한 마음의 '성자신해(性自神解)'를 논하고, 지눌은 이를 '공적영지(空寂靈知)' 또는 '보광명지(寶光明知)'라고 칭한다. 이러한 마음의 각성은 부처나 선사만 갖고 있는 것이 아니라, '나는 누구인가?'를 묻거나 '나는 나다'라는 자기의식을 가진 일반 범부 누구나가 이미 갖추고 있는 마음의 각성이다. 한국의 불교학자나 수행자들은 언제나 이 일심과 영지의 관점에서 수행을 논하고 해탈을 논했다. 인간 내지 모든 개체적 생명체의 본성을 보편적인 하나로 여긴 것이다.

이 보편적 일자, 무한자가 유학에서는 태극(太極) 내지 리(理)로 칭해진다. 유교에서도 중국의 유학자들이 주로 자연주의적 관점에서 인간과 자연 만물을 차별적인 기(氣)를 통해 설명하고자 했다면, 한국의 유학자들은 주로 일체를 보편적 태극이나 리일(理一)의 관점에서 논했다. 그러면서 한국의 성리학이 중국의 정주성리학과 달리 리(理)보다는 심(心)을 더 강조하는 심학적 경향을 띠게 된 것도 그 '하나'를 구체적 생명체의 마음과 연관하여 논했기 때문이라고 본다. 인간 각자의 심성 안에서 보편적 하나가 그 자체로 자각된다는 것, 그것이 곧 천리와 태극의 자각으로서 '허령불매'의 '허령지각' 또는 '미발지각'이라는 것을 논했다. 나아가 인간 본성이 움직이는 정(情)에서 그러한 보편적 하나가 일상적인 사적 감정과는 달리 보편적인 공적 감정으로 느껴진다는 것을 논하는 사단칠정 논의가 있어 왔다.

서학, 특히 서양의 천주교가 한국에 들어왔을 때, 천주교에서 일자는 개체들 바깥의 존재이고 신앙의 대상이었다. 이는 무한과 절대를 인간 개체의 심성 안에서 확인하는 불교나 유교의 사상과는 상이한 것으로서 유학자들은 그 차이를 의식하면서, 서양 기술문명을 타고 도전적으로 공격해 들어오는 천주교의 핵심을 비판했다. 한국의 내재주의적 일심사상에 기반해서 새롭게 전파되는 서양의 천주교를 이해하고 비판한 것이다. 천주교 내지 서학에 대한 비판의 절정에서 우리는 동학을 만나게 된다.

전통적인 일심의 관점에서 개체 안에서 무한과 절대를 확인하는 사상은 '내 마음이 곧 네 마음'이라는 동학의 '인내천(人乃天)'에서 극명히게 제시된다. 동학의 창시자 최제우는 한울사상과 인내천사상으로써 외래 사상인 서학에 대해 민족 주체성과 자주성을 살려내고자 노력했다.

제2부

불교적 전개

개관

한국에 불교가 도입된 것은 삼국시대 후반이다. 불교는 멀리 인도에서 기원전 5세기경 석가의 깨달음과 더불어 창시된 후 수 세기에 걸쳐 수많은 경전과 율전과 논전을 생산해 내면서 원시근본불교, 부파불교(소승불교), 대승불교, 밀교 등으로 변천해 왔지만, 결국은 인생과 우주 전반에 관한 궁극적 깨달음과 수행을 중시하는 종교다. 중국을 거쳐 한국으로 전래된 불교는 대승불교로서 중관(中觀), 유식(唯識), 화엄(華嚴), 천태(天台), 선(禪) 등 여러 학파와 종파의 사상들이다.

한국인에게는 불교가 수입되기 이전부터 이미 마음의 자각성과 하나에의 추구 등 주체주의적 심성과 하느님에 대한 신앙 그리고 그 하느님이 각각의 개체의 영혼에 내재한다는 내적 초월주의의 정신이 갖추어져 있어, 이것이 불교 수용의 정신적 기반이 되었을 것이다.

삼국에서 고려시대에 이르기까지 수많은 불교학자 및 수행자들이 있었지만, 여기에서는 한국불교의 최고 거장으로 간주되는 원효와 의상, 그리고 현재까지도 이어지는 한국 선(禪)의 대표자 지눌의 사상을 살펴본다. 그들이 모두 한국적인 '큰 하나', 즉 '한'의 정신을 불교의 '일심'으로 해석하여 한마음의 자각성과 주체성 그리고 보편성과 평등성을 강조했다는 것을 살펴볼 것이다. 나아가 일심에 기반하여 부처와 중생, 열반과 생사, 진과 속의 불이(不二)뿐 아니라, 불교의 여러 단계의 사상들을 하나로 회통하여 이해하는 회통불교를 확립하려 했다는 것, 그리고 그 점에서 불교의 모든 단계를 차별화하여 교상판석을 시도한 중국식 불교와 구분된다는 것을 밝혀볼 것이다.

1장

원효: 일심의 원융성과 자각성

원효(元曉, 617-686)는 신라 후기 사람으로 한국 최고의 뛰어난 불교학자일 뿐 아니라 불교사상을 일반 민중들의 일상적 삶과 접속시키고자 노력한 실천가였다. 이는 우리에게 전래된 학문 체계 내지는 수행 체계로서의 불교사상이 우리 일반 한국 사람들의 인생관 내지 세계관을 잘 반영해 주고 있다고 원효가 판단했기 때문일 것이다. 한국인의 '큰 하나'에 대한 추구, 세계를 마음의 반영으로 보는 유심론적 성향이 그것이다.

일체 현상세계가 각자의 마음이 그린 세계라면, 그런데도 그 세계가 우리 모두에 의해 하나의 세계로 경험되는 것은 어떻게 가능할까? 이는 세계를 그리는 마음이 각자의 마음이면서 또 동시에 모두 하나의 마음이라는 것을 의미한다. 각자의 마음 심층에 그 각자의 개별성과 차이성을 넘어서는 보편적이고 초월적인 하나의 마음이 존재하는 것이다. 이 초월적이고 보편적인 하나의 마음을 원효는 '일심'이라고 부른다.

일심은 세계를 그려내고 세계는 그 일심에 의해 그려진 세계다. 그런데 그 하나의 일심이 그려낸 하나의 세계 속에 다양한 무수한 개체들이 존재하게 된다. 그리고 그 각각의 개체들은 자기 자신을 세계 속에 던져진 제한된 자아로만 여기면서, 그 경계 너머를 자신 밖의 타자이고 자신 밖의 객관 실재로 간주하게 된다.

그렇다면 일심이 세계를 그린다는 것은 구체적으로 어떤 의미인가? 마음과 세계, 정신과 물질은 서로 어떤 관계에 있는가? 세계를 그리는 주체인 무한의 일심과 그 일심에 의해 그려진 세계 속에 등장하는 유한한 나의 마음은 서로 어떤 관계에 있는가? 무한과 절대의 진여심과 인연에 따라 세계 속에 등장하는 생멸심은 서로 어떤 관계에 있는가? 불교의 여러 교설들 중 원효가 지대한 관심을 갖고 해명하고자 한 것은 바로 이와 같은 일심을 둘러싼 문제들이다.

이하에서는 원효의 일심사상이 의거한 『대승기신론』을 따라 일심으로부터 대상적 현상세계가 발현하게 되는 과정을 살펴보고(1절), 그러한 일심에 대해 원효가 강조하는 원융성과 자각성의 의미를 살펴본다(2절). 이를 바탕으로 원효의 회통 사상이 중국의 화엄논사 법장의 교상판석의 정신과 어떤 점에서 다른지를 밝힘으로써 한국의 대표적 불교철학자 원효의 한국적 면모를 논해 보도록 한다(3절).

1. 『대승기신론』의 현상론

『대승기신론』에서는 경계 없는 무한한 전체 의식을 심(心)이라고 부른다. 심은 그 자체는 불생불멸이면서 자신 안에 생멸하는 일체의 유한한 개별 자아나 개별 사물들을 다 포괄하는 것이다. 이 불생불멸의 절대적 심을 경계 없는 하나의 심이라는 의미에서 '일심(一心)'이라고 하며, 참된 존재라는 의미에서 '진여(眞如)'라고도 한다.

> 심진여는 일법계의 대총상이며 법문의 체다. 이른바 심성은 불생불멸인데, 일체 제법이 오직 망념에 의해 차별이 있게 된다. 만약 망념을 떠난다면, 일체의 경계의 모습이 없게 될 것이다. 그러므로 일체법은 본래 언설상을 떠나고 명자상을 떠나며 심연상을 떠난 것이기에 결국 평등하며 변이가 없고 파괴될 수도 없다. 이는 오직 일심일 뿐이며, 진여라고 이름한다.[1]

이 불생불멸의 진여가 자신의 본성에 머물러 있지 않고 생멸의 경계상을 만들어 내는데, 이는 망념에 의한 것이다. 그렇게 형성되는 생멸상을 『대승기신론』은 세 가지 미세한 모습과 다시 여섯 가지 거친 모습으로 설명하고 있다. 세 가지 미세한 모습은 다음과 같다.

> 불각(不覺)에 의하기 때문에 세 가지 상이 생겨서 저 불각과 더불어 상응하여 여의지 않으니, 무엇이 세 가지인가? 첫째는 무명업상(無明業相)이니, 불각에 의하기 때문에 마음이 움직이는 것을 업이라고 이름하는 것이다. 깨달으면 움직이지 않으며 움직이면 고통이 있게 되니, 결과가 원인을 여의지 않기 때문이다. 두 번째는 능견상(能見相)이니, 움직임에 의하기 때문에 볼 수 있게 된 것이니, 움직이지 않는다면 볼 것이 없을

1 馬鳴 저, 眞諦 역, 『大乘起信論』, 권1(『대정신수대장경』, 권32, 576상), "心眞如者, 卽是一法界大總相法門體. 所謂心性不生不滅, 一切諸法唯依妄念而有差別. 若離妄念則無一切境界之相. 是故一切法從本已來, 離言說相, 離名字相, 離心緣相, 畢竟平等無有變異不可破壞. 唯是一心故名眞如." 『대승기신론』의 우리말 번역은 은정희 역주, 『원효의 대승기신론소 · 별기』, 일지사, 1991를 참조.

것이다. 세 번째는 경계상(境界相)이니, 능견에 의하기 때문에 경계가 거짓되이 나타나는 것이니 견을 여읜다면 경계가 없어질 것이다.[2]

생멸상을 그려내게 되는 기본 망념은 바로 자기 자신의 본성을 자각하지 못하는 불각(不覺)이다. 불각은 곧 자기 자신을 알지 못하는 무명(無明)이다. 본래 모든 차별상을 떠난 불생불멸의 마음이 이 무명으로 인해 움직이기 시작하여 그려낸 상이 무명업상이다. 불생불멸의 진여가 무명으로 인해 움직이면서 생멸상을 그려내게 된다는 것은 유식에 따르면 아뢰야식 자체분이 자아와 세계, 주관과 객관, 견분과 상분으로 이원화된다는 것, 전변한다는 것을 의미한다. 그렇게 이원화하는 활동 결과로 산출된 둘 중에서 능히 움직이는 자로서의 상이 능견상이고, 그 능견에 의해 드러나는 소견으로서의 상이 경계상이다. 이는 곧 아뢰야식의 전변이 보는 자의 견분과 보여지는 경계의 상분으로 나눠는 것과 일치한다. 이상이 불생불멸의 진여가 무명에 따라 능견상(견분)과 경계상(상분)으로 이원화되는 과정에 해당한다. 이렇게 그려진 세 가지 상은 우리 의식에 잘 포착될 수 없게끔 심층의 미세한 상이라는 의미에서 삼세상이라고 한다.

능견상 경계상	견분 상분	주관 객관
무명업상	자체분	이원화
〈대승기신론의 3세상〉	〈유식의 식전변〉	〈주 · 객 이원화〉

2 『대승기신론』, 권1(『대정신수대장경』, 권32, 577상), "依不覺故生三種相, 與彼不覺相應不離 云何爲三. 一者無明業相, 以依不覺故心動說名爲業. 覺則不動, 動則有苦, 果不離因故. 二者能見相, 以依動故能見, 不動則無見. 三者境界相, 以依能見故境界妄現, 離見則無境界."

이렇게 견분과 상분, 주관과 객관의 상이 그려지면, 그것을 자아와 세계로 실체화하고 집착하는 식의 활동이 일어나게 된다. 그것이 다음과 같은 여섯 가지 거친 모습이다.

> 경계의 연이 있기 때문에 다시 여섯 가지의 상을 내는 것이니, 무엇이 여섯 가지인가? 첫째는 지상(智相)이니 경계에 의거하여 마음이 일어나 좋아하고 좋아하지 않음을 분별하기 때문이다. 둘째는 상속상(相續相)이니 지상에 의거하여 고락의 감각을 내어, 마음이 망념을 일으켜 상응하여 끊어지지 않기 때문이다. 셋째는 집취상(執取相)이니 상속에 의해 경계를 반연하고 생각해서 고락을 지켜 머물러 마음이 집착을 일으키기 때문이다. 넷째는 계명자상(計名字相)이니 잘못된 집착에 의거하여 거짓된 명칭과 언설의 상을 분별하기 때문이다. 다섯째는 기업상(起業相)이니 명자에 의거해 이름을 따라가면서 집착하여 여러 가지의 업을 짓기 때문이다. 여섯째는 업계고상(業繫苦相)이니 업에 의거하여 과보를 받아서 자재하지 못하기 때문이다.[3]

아뢰야식에 의해 형성된 견분과 상분, 능견상과 경계상, 곧 자아와 세계에 대해 좋고 싫음의 분별을 일으키는 지상은 집착의 식인 제7말나식의 작용이다. 이러한 말나식의 집착에 입각해서 다시 제6의식의 작용이 일어나는데, 허망 분별을 유지시키는 상속상, 경계를 의식적으로 집착하는 집취상, 문자에 따라 집착하는 계명자상, 그 집착에 따라 업을

3 『대승기신론』, 권1(『대정신수대장경』, 권32, 577상), "以有境界緣故, 復生六種相, 云何爲六. 一者智相, 依於境界心起分別愛與不愛故. 二者相續相, 依於智故生其苦樂覺, 心起念相應不斷故. 三者執取相, 依於相續緣念境界, 住持苦樂, 心起著故. 四者計名字相, 依於妄執分別假名言相故. 五者起業相, 依於名字尋名, 取著造種種業故. 六者業繫苦相, 以依業受果, 不自在故."

짓는 기업상, 그리고 그 업의 결과로 고통의 보를 받는 업계고상이 그것이다. 이와 같이 『대승기신론』의 3세(細)를 유식의 아뢰야식의 작용으로, 그리고 6추(麤)를 유식의 말나식과 의식의 작용으로 해석하여 유식과 기신론사상을 회통하고자 시도한 사람이 바로 원효다.[4] 이상을 간략히 도표화해 보면 다음과 같다.

〈3세(三細)〉		〈유식의 8식(八識)〉
① 무명업상	=	아뢰야식의 전변 활동하는 자체분
② 능견상	=	아뢰야식의 전변 결과의 견분
③ 경계상	=	아뢰야식의 전변 결과의 상분
〈6추(六麤)〉		〈유식의 말나식과 의식〉
① 지상	=	말나식의 아 · 법집
② 상속상	┐	
③ 집취상	│	의식의 생기식(生起識)
④ 계명자상	│	
⑤ 기업상	┘	
⑥ 업계고상	=	의식의 소생과(所生果)

〈『대승기신론』의 3세 6추와 유식의 8식의 비교〉

진여가 그 자신의 본성을 자각하지 못하고 망념을 일으켜 견 · 상분으로 이원화하는 것이 마음의 세 가지 미세한 생멸상이고, 다시 그것을

4 『대승기신론』의 삼세를 유식에서의 아뢰야식의 식전변 작용으로 해석한 최초의 학자가 바로 원효라고 한다. 『대승기신론』 주석의 삼인자는 혜원, 원효, 법장이다. 혜원 이전에 담연도 해설서를 냈는데, 담연이나 혜원은 기신론에서의 삼세를 유식의 제7말나식의 작용으로 해석하고 있다. 원효가 처음으로 삼세를 아뢰야식으로 해석했으며, 법장 또한 『기신론의기』에서 삼세를 아뢰야식으로 풀이하고 있는데, 법장의 기신론 이해는 상당 부분 원효의 『別記』와 『疏』의 영향을 받았다고 연구가들은 말한다.

자아와 세계로 실체화하여 집착하고 분별하는 것이 마음의 여섯 가지 거친 생멸상이다. 전자가 아뢰야식의 전변활동이라면, 후자는 그 전변된 결과를 다시 각각의 실체로 여기는 말나식과 의식의 분별활동이다. 이와 같이 진여는 무명으로 인해 생멸심으로 작용하게 되는데, 결국 불생불멸의 진여와 생멸상을 그리는 아뢰야식은 하나의 마음이되 두 양상으로 드러나는 불일불이의 존재다.

2. 일심과 성자신해

1) 일심의 원융성

진여에 따르면 심진여문이 전개되고 생멸심에 따르면 심생멸문이 전개되는데, 『대승기신론』은 이 두 문이 궁극적으로 둘이 아니라 하나라는 것을 강조한다. 이 두 문을 통합하는 것이 일심이다.

> 일심법에 의하면 두 문이 있는데, 무엇이 그 둘인가? 첫째는 심진여문이고, 둘째는 심생멸문이니, 이 두 문이 모두 각각 일체의 법을 총괄하고 있다. 무슨 의미인가? 이 두 문이 서로를 여의지 않기 때문이다.[5]

불생불멸로서 일체의 차별상을 떠나 있는 진여와 차별적 모습으로 생멸 변화하는 생멸심이 서로를 여의지 않고 하나를 이루기에, 그 둘을

5 『대승기신론』, 권1(『대정신수대장경』, 권32, 576상), "依一心法, 有二種門, 云何爲二. 一者心眞如門, 二者心生滅門, 是二種門皆各總攝一切法. 此義云何, 以是二門不相離故."

포괄하여 일심이라고 한다. 진여가 그 자신의 본성을 자각하면, 마치 꿈 깬 의식처럼 더 이상 꿈의 세계를 형성하지 않아 불생불멸에 머무르게 되지만, 그 본성을 자각하지 못하면, 즉 자신이 꿈꾸고 있다는 사실을 알지 못하면, 계속 꿈의 세계를 형성하여 능연상과 경계상, 견분과 상분, 자아와 세계를 그려내게 된다. 꿈을 꾸는 생멸문이나 꿈을 깨는 진여문이 일심 하나로 통한다는 것은 꿈을 꾸는 마음과 꿈을 깨는 마음이 두 개의 마음이 아니라 결국 하나의 마음이라는 것이다. 꿈을 꾸는 마음이 있어야 그 꿈에서 깨어나는 마음이 있고, 꿈에서 깨어나는 마음이 결국 다시 꿈을 꾸는 마음이 되는 것이다. 이처럼 진여와 생멸심은 서로를 여의지 않는 하나다.

이는 결국 진여문이 곧 생멸문이고, 진여심이 곧 생멸심이고 중생심이라는 것을 말해 준다. 이 점에서 불이법문이다. 생멸심과 중생심이 곧 진여심이고 일심일 수 있는 근거는 무엇인가? 이는 중생 누구나 이미 일심으로 존재하며 또 누구나 이미 일심의 자각을 갖고 있기 때문이다. 『대승기신론』은 이 일심의 자각을 중생 누구나가 이미 가지고 있는 마음의 본래적 각성이란 의미에서 '본각(本覺)'이라고 한다. 본각은 곧 마음이 신령스럽게 자기 본성을 자각하여 아는 '성자신해(性自神解)'다.

2) 일심의 자각성: 성자신해

진여문과 생멸문을 포괄하는 일심에 대해 원효가 강조하는 것은 그러한 일심의 자각성이다. 우리 일상의 마음에서 생멸상이 모두 사라지면, 즉 감각 표상이나 지각이나 사유의 표상, 의지적 표상 등 모든 표상이 다 사라지면, 남겨지는 것은 텅 빈 허공일 뿐이다. 표상들의 바탕은 아무것도 남아 있지 않은 텅 빈 공간이다. 바탕은 생멸의 상을 모두 여원 불생불멸이며 부증불감이다. 이처럼 공을 통해 드러나는 불생불멸의 존재가 곧 진여다.

그런데 진여라 불리는 이 텅 빈 허공, 즉 생멸상이 사라진 빈 바탕에 드러나는 공은 추상적인 빈 공간, 무정의 물리적 공간이 아니라, 바로 우리 자신의 마음이다. 그것은 현상세계의 무수한 차별적 표상들의 빈 바탕인 공으로서 그 자체 모든 경계를 넘어선 무한의 것이기에 '하나'라고 하고, 다시 그 하나가 무정물처럼 의식이 없는 것이 아니라 그 스스로 자신의 본성을 신비롭게 알고 있으므로 '마음'이라고 한다. 이 무한한 공의 의식이 바로 하나의 마음, 즉 '일심'이다.

> 무엇을 일심이라고 하는가? 염정의 모든 법은 그 본성이 둘이 없어 진망의 이문이 다름이 있을 수 없기 때문에 일(一)이라고 이름하며, 이 둘이 없는 곳이 모든 법 중의 실질로서 허공과 달리 그 본성이 스스로를 신비스럽게 알기에[성자신해] 이를 심(心)이라고 이름한다.[6]

이와 같이 일심의 일은 모든 차이를 포괄하는 무차별자, 모든 유한한 경계를 넘어선 무경계의 무한자를 뜻한다. 일은 절대적 무한이다. 이러한 절대적 무한, 무차별적 전체를 불교는 처음부터 공(空)이라고 불러왔다. 유한한 개별자의 본성이 공이라는 것은 모든 개별자가 공으로서 하나이며, 하나로서 경계가 없다는 것, 무한하다는 것을 뜻한다.

원효가 확립한 일심사상의 특징은 바로 그 무한의 일자를 마음이라고 부르는 것이다. 둘이 없는 하나, 일체 제법의 실상인 하나, 그것은 일체의 차별성을 포괄하는 무한자로서 공 또는 허공과 같다. 그러나 단순

6 원효, 『대승기신론소기회본』, 권1(『韓國佛教全書』, 권1, 741상), "何爲一心. 謂染淨諸法其性無二, 眞妄二門不得有異, 故名爲一. 此無二處, 諸法中實, 不同虛空, 性自神解, 故名爲心."

한 허공과 달리 그것은 자기 스스로를 신비스럽게 안다. 공이 그 자신의 본성을 스스로 신비스럽게 아는 것을 '성자신해(性自神解)'라고 한다. 공이 심인 것은 공이 스스로를 신령스럽게 알기 때문이다. 이 성자신해로 인해 일자가 마음으로 불리게 되며, 이로써 '일심'이 성립하게 된다.

유한한 생멸의 현상세계를 포괄하고 있는 무한한 일자는 단순한 추상적 개념이나 추상적 허공이 아니라, 바로 그 자체가 스스로를 자각하는 마음이다. 공과 같이 일체를 포괄하는 무차별적 절대 평등의 일자가 그 자체 성자신해를 가지므로 심이다. 무명에 휩싸인 생멸문의 중생심도 결국은 공의 자기자각인 성자신해를 갖춘 일심이다. 이 마음 본성의 자기자각인 성자신해가 곧 공의 깨달음인 '본각(本覺)'에 해당한다. 『대승기신론』을 통해 원효가 강조하는 것은 인간은 누구나 공의 자각인 성자신해, 즉 본각을 갖고 있다는 것이다. 따라서 부처와 범부의 차이는 본각에서의 차이가 아니라, 자신이 그 본각을 갖고 있다는 사실을 아는가 모르는가의 차이, 시각(始覺)이 있는가 없는가의 차이일 뿐이다. 시각을 갖게 되면, 누구나 본각을 갖고 있다는 것, 누구나 이미 자기 본성을 자각한 부처라는 것을 알게 된다.

3. 원효의 회통사상과 법장의 화엄교판

원효가 일심으로 회통하고자 한 것은 불생불멸의 진여와 생멸의 아뢰야식이다. 이는 곧 윤회를 벗어 열반에 이르는 해탈의 마음과 업에 따라 끊임없이 육도를 윤회하는 마음을 불이(不二)의 존재로 파악하는 것이다. 진여와 생멸심을 아우르는 마음이 바로 일심이다.

아뢰야식이 생멸심인 것은 아뢰야식 안에 훈습되어 있던 유루종자가 중연을 따라 현행화하면서 견분과 상분으로 이원화하여 자아와 세계, 주관과 객관 등 생멸하는 현상세계를 형성해 내기 때문이다. 이처럼 자아와 세계가 식소변이라는 유식성을 모르고 아(我)와 법(法)을 각각의 존재로 실체화하고 집착하는 것이 우리의 일상적 마음인 말나식과 의식의 작용이다. 그렇다면 이러한 유식성을 자각하는 마음은 어떤 마음인가?

유식은 그 마음 또한 아뢰야식이라고 본다. 생멸의 현상세계를 형성하는 것이 아뢰야식이라면, 그러한 자신의 본성을 자각하고 생멸을 넘어서는 식도 바로 동일한 식이어야 하기 때문이다. 넘어진 자가 일어날 수 있는 것처럼, 잠든 자가 깨어날 수 있는 것처럼, 윤회하는 식과 윤회를 벗어 해탈하는 식은 동일한 식이어야 한다. 유식에서는 생멸상을 그리는 종자를 번뇌가 있는 유루종자라고 하고, 유식성을 자각하여 해탈로 이끄는 종자를 번뇌가 없는 무루종자라고 한다. 유루종자가 무명과 번뇌에 싸인 업의 결과, 경험의 산물로서 마음에 훈습되는 신훈종자라면, 무루종자는 그러한 유루종자가 그려놓은 자아와 세계가 업의 산물이며 식의 전변 결과라는 것을 스스로 자각할 수 있게 하는 종자이며 마음 자체에 본래 구비되어 있는 본유종자다. 아뢰야식 안에 갖추어진 이 무루종자가 바로 윤회하는 아뢰야식이 자신의 본성을 자각하여 무명을 벗고 해탈에 이를 수 있게끔 하는 깨달음의 종자다. 그래서 유식은 아뢰야식을 염오분과 청정분으로 나누어, 아뢰야식의 염오분은 생멸하는 윤회의 식이고, 아뢰야식의 청정분은 윤회를 넘어 해탈에 이르는 식이라고 논한다. 그러면서 윤회식과 해탈식, 염오심과 청정심이 하나의 심이라는 것을 강조하는 것이다.

이에 반해 『섭대승론』에 기반한 섭론종에서는 제8 아뢰야식을 염오의 생멸심일 뿐이라고 간주하며, 청정식을 더 이상 아뢰야식이 아닌 새로운 식으로 간주하여 이를 번뇌가 없는 식이란 의미에서 제9 아말라식이라고 부른다. 중국의 화엄 논사들도 이런 문맥에서 유식의 아뢰야식을 생멸심일 뿐이라고 간주하며, 청정심을 그것과 구분하여 진여라고 부른다.

	〈유식〉	〈섭론종〉	〈화엄〉	
진여문:	아뢰야식의 청정분 (무루종자의 현행)	제9 아말라식	진여	: 해탈의 식
생멸문:	아뢰야식의 염오분 (유루종자의 현행)	제8 아뢰야식	아뢰야식	: 윤회의 식

그러나 원효는 진여와 생멸심, 아뢰야식의 청정분과 아뢰야식의 염오분을 하나로 아우르는 일심에서 출발하면서 일체를 이 일심 아래 융합하기 때문에, 유식과 섭론종과 기신론과 화엄의 진리가 모두 하나로 융합된다. 이는 원효가 불교의 핵심을 일심 하나로 회통하여 이해하기 때문이다.

이에 반해 중국의 화엄 논사인 법장(法藏, 643-712)에 따르면 유식은 생멸심으로서의 아뢰야식과 불생불멸의 진여를 서로 별개의 것으로 구분했으며, 그 둘의 융합은 『대승기신론』의 여래장사상에 와서 비로소 행해진다. 여래장사상에 이르러서야 진여와 생멸상, 불변과 수연이 불이의 관계로 이해되었다고 보는 것이다. 그러면서도 『대승기신론』에서의 여래장은 아직 현실적으로 실현된 현실태가 아니라 단지 불성의 잠재성만을 뜻할 뿐이라고 간주한다. 다시 말해 법장은 『대승기신론』의 핵심을 원효처럼 '일심'으로 파악하지 않고 아직 현실화되지 않은 '여래장'으로만 간주한다. 즉 『대승기신론』에 따르면 청정심은 무명에 의해 가려지고 인간 마음 안의 불성은 실현되지 않은 가능태인 여래장만으로 존재한다는 것이다. 이에 반해 현실 자체를 여래성의 구체적 발현인 여래성기로 이해하는 것은 화엄에 이르러서라고 해석한다. 이렇게 해서 법장은 불교의 여러 교설들을 서로 차별적인 단계로 파악하여 화엄 특유의 다음과 같은 교상판석을 해낸다.[7]

① 소승교:		소승사상
② 대승시교:	상시교:	유식사상
	공시교:	중관사상
③ 대승종교:		여래장사상
④ 돈교:		(선사상)
⑤ 원교:	동교:	천태사상
	별교:	화엄사상

〈법장의 화엄교판〉

불교의 각 종파나 그 소의 경전을 하나의 원리로서 회통하여 이해하지 않고 점진적인 발전 단계의 것으로 파악하며 교상판석을 짜는 것은 중국불교의 특징이라고 볼 수 있다. 이는 유식사상과 여래장사상 그리고 화엄사상 등 불교의 사상들을 점진적으로 발전해 가는 이행 단계로 위계질서지으려는 시도이며, 이는 또한 인도의 유식학파나 중관학파와 구분되는 중국의 화엄종파를 불교의 최종 발전 단계로 놓음으로써 민족적 자존심을 살리고자 한 시도인지도 모른다.

이에 반해 한국의 원효는 각 종파나 경전상의 핵심이 결국은 일체 현상과 법체를 하나로 꿰뚫는 일심에 있음을 발견하고, 그 일심의 관점에서 일체를 회통하여 설명한다. 그래서 우리는 원효의 불교를 회통불교 또는 통불교라고 부른다.

---

7 법장의 화엄교판은 법장의 『華嚴一乘教義分齊章』(『대정신수대장경』, 권45)에 상술되어 있나. 이 글은 『華嚴五教章』으로 불리며, 한글 번역은 김무득 역주의 『화엄학체계』(우리출판사, 1990)에서 읽을 수 있다.

2장

의상:
존재의 평등성

의상(義湘, 625-702)은 원효와 함께 당나라 유학을 계획하고 실행하던 중 원효가 '일체유심조'의 진리를 깨닫고 돌아선 후 혼자 중국으로 가서 오랜 기간 동안 화엄 논사 법장을 포함한 여러 중국 학자들과 직접 교류하며 정진하다가 다시 고국 신라로 되돌아온 불교인이다. 주로 화엄을 연구하고 설법한 학자이며 수행자다.

유식이 현상세계를 가유(假有)로 간주하면서 그러한 가의 세계를 그려내는 식의 활동성을 세밀하게 논하고 있다면, 화엄은 그처럼 식이 그려내는 현상세계 사물의 존재를 이미 깨달은 자의 관점에서 다시 설명한다. 일심의 보편성과 원융성이 일심에서 비롯되는 현상세계 사물들 하나하나마다에 모두 실현되어 있다는 것을 강조한다고 볼 수 있다.

원효가 일심으로써 일체 존재의 근원을 초월적 하나됨으로 밝힌다면, 의상은 일심을 핵으로 갖는 모든 존재가 '일즉다 다즉일', '일중다 다중일'로서 그 각각 또한 근원적으로 전체를 포함하는 하나라는 것, 그 점에서 모두가 평등한 존재라는 것을 논하고 있다.

이하에서는 의상의 『화엄일승법계도』의 경지에 이르기까지의 단계를 화엄의 사법계설을 따라 살펴보고(1절), 그 최종 단계인 사사무애법계에서의 즉문과 중문의 의미를 밝혀본다(2절). 그런데 같은 화엄사상에 기반하면서도 각 개체들 간의 관계를 이해하는 데에는 의상과 법장이 적지 않은 차이를 보이는데, 균여(均如, 923-973)는 이 차이를 '횡진법계관'과 '수진법계관'의 차이로 논하고 있다. 전자의 의상은 개체들 간의 보편적 동일성에 주목하고, 후자의 법장은 개체적 차이성에 주목하고 있음이 밝혀질 것이다(3절). 이로써 우리는 다시 만물에 내재된 보편적 일인 '하나'를 강조하는 한국적 사유의 특징을 재확인할 수 있을 것이다.

1. 의상의 『화엄일승법계도』와 화엄의 사법계설

의상은 화엄사상의 핵심을 210자로 간략히 정리하여 다음과 같은 『화엄일승법계도』를 작성했다.[1]

그런데 의상의 『화엄일승법계도』가 논하는 '일중일체다중일', '일미진중함시방'의 경지는 우리 일상의 범부가 이미 알고 있고 살고 있는 경지가 아니다. 이 화엄의 경지에 이르기까지의 단계를 화엄은 사법계설(四法界說)로 설명하는데, 그 각각의 법계가 곧 세계에 대한 우리의 일상적 사유에서 화엄적 세계이해에 이르기까지의 과정을 단계적으로 보여 준다. 현상세계의 개별적 사물들인 사(事)에서 출발해서 그 현상사물들 안에 내재된 원리인 리(理)를 밝힌 후, 다시 그 리와의 관계에서

1 의상의 『華嚴一乘法界圖』의 도표는 『韓國佛敎全書』, 권2, 1상에 수록되어 있다.

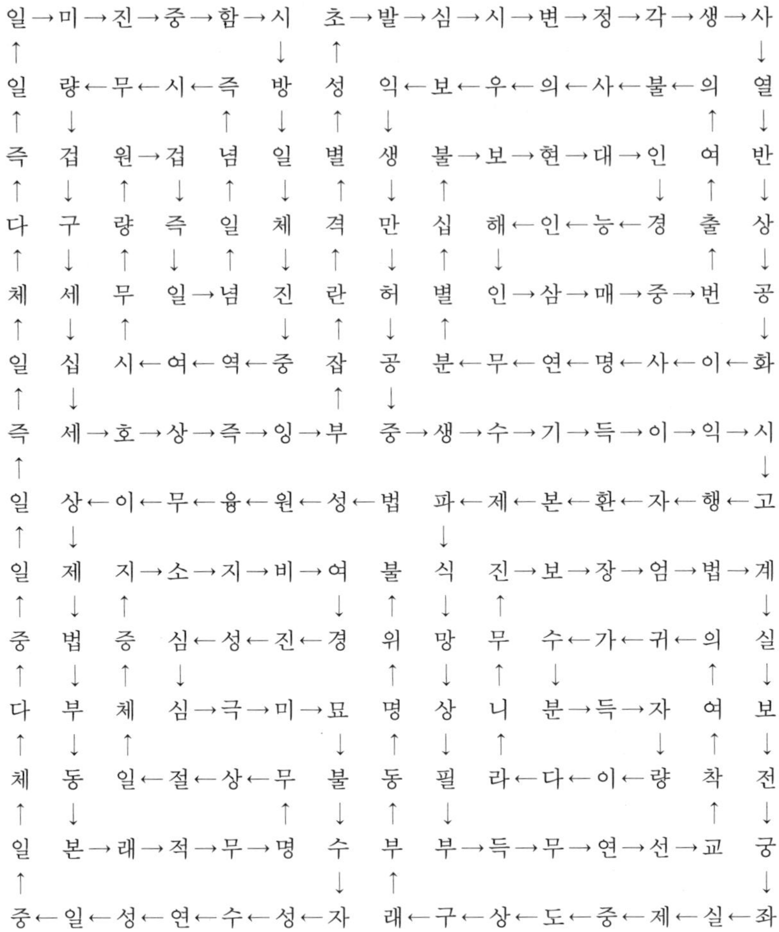

〈화엄일승법계도〉

사를 바라봄으로써 현상세계 자체의 이해가 달라지게 된다. 현상계 자체가 리의 실현으로서 이사무애법계로 이해되면, 다시 현상적 사물들 간의 관계 또한 서로가 서로를 포함하여 장애가 없는 사사무애법계로 나아가게 된다. 이렇게 해서 현상의 일체 존재가 여래 법성의 현현으로,

여래성기로 이해된다.

화엄은 4법계를 우리의 의식의 단계로만 간주하지 않고, 불교 교리상의 발전 단계라고 간주하면서 이에 근거해서 화엄의 교판을 짠다. 화엄의 교판을 이하에서 논할 사법계설과 연관하여 정리하면 다음과 같다.

① 소승교:		소승사상	사법계의 해명
② 대승시교:	상시교:	유식사상	상에 따른 이법계의 해명
	공시교:	중관사상	공성에 따른 이법계의 해명
③ 대승종교:		여래장사상	이사무애법계의 해명
④ 돈교:		(선사상)	
⑤ 원교:	동교:	천태사상	성구적 사사무애법계의 해명
	별교:	화엄사상	성기적 사사무애법계의 해명

1) 사법계(事法界)

현상으로 나타나는 각각의 개별적 사물을 사(事)라고 한다. 일상적으로 사는 각기 독립적이며 서로 무관하게 분산되어 있는 개별자로서 인식된다. 그러나 현상 사물들의 실상은 연기성이다. 개체들은 각자 독립적인 자기자성을 가지는 항존하는 실체가 아니라, 모두 중연화합의 결과로서 나타나는 연기의 산물이다. 일체는 연기에 따라 인연화합으로 생성된 것으로서 무자성(無自性)의 존재이며 따라서 공(空)이다. 이것을 모르고 사에 미혹하여 전도된 생각을 일으켜 집착하는 것이 일반 범부다. 범부는 망념에 따라 제법을 실체적 유로 간주하여 집착과 번뇌에 빠지지만, 제법의 실상은 필경 공(空)이다. 불교는 처음부터 사가 곧 공임을 밝히며, 그 사에의 집착을 버려 그것의 바른 이치, 즉 연기성과 공성을 깨달을 것을 강조한다. 사물 안의 공성의 이치를 리(理)라고 한다. 따라서 사법계의 공성을 자각한 의식은 이법계로 나아가게 된다.

2) 이법계(理法界)

개체들의 현상세계를 가시적으로 드러나는 차별상만으로 이해하지 않고 그들 개체를 총괄하는 그들의 무자성 내지 공성으로 이해하면, 그렇게 이해된 세계는 더 이상 사법계가 아니고 이법계다. 차별적 개체로서의 세계이해가 속제(俗諦)라면, 공으로서의 세계이해는 진제(眞諦)에 해당한다. 그러나 여기에서는 아직도 리와 사, 본체와 현상, 진제와 속제가 분리되어 서로 대립되는 것이 문제다. 화엄교판에 따르면 생멸 변화하는 현상을 부정하고 사물의 진면목만을 공으로 강조하는 중관사상이나, 현상을 가(假)로만 보고 진실성을 진여로 보면서 현상 분석에 치중하는 법상종의 유식이 바로 이러한 이법계의 차원에 머물러 진과 망을 이원론적으로 구분하는 대승시교에 해당한다. 사법계를 떠나 이법계에서 사법계의 본질을 찾되, 그 둘을 통합시키지 못하고 이원론적으로 분별하는 한계를 가진다는 것이다. 그러나 리가 결국 사의 리이고 사는 리의 드러남이기에 리와 사는 분리될 수 없는 하나다.

> 리(理)와 사(事)가 명연하여 하나로 무분별적이고, 체와 용이 원융하여 항상 중도에 있으니, 사로부터가 아니라면 어디에서 리를 얻겠는가?[2]

2 의상, 『華嚴一乘法界圖』(『韓國佛敎全書』, 권2, 6상), "理事冥然, 一無分別, 體用圓融, 常在中道, 自事以外, 何處得理."

이렇게 해서 이법계에서 다시 이사무애법계로 나아가게 된다.

3) 이사무애법계(理事無礙法界)

리와 사가 서로 분리될 수 없는 것으로 이해되는 세계가 이사무애법계다. 사가 생멸하는 현상성이라면, 리는 곧 그러한 현상의 원리인 공에 의해 드러나는 진여 불성을 의미한다.

> 불성은 아공과 법공에 의해 드러나는 진여다.[3]

공을 자각하는 마음이 곧 불성이고 일심이며 진여심이다. 그러므로 리와 사의 관계는 곧 진여심과 생멸심, 진식과 망식의 관계가 된다. 여래장사상은 불변하는 청정 주체와 연을 따라 변화하는 주체가 둘이 아니라 결국 하나라는 것을 주장한다. 생멸심을 떠나 진여심이 따로 없고 진여심을 떠나 생멸심이 따로 없다는 것이다. 그러므로 리는 사로 통하고 사는 리로 통한다. 이것이 곧 리와 사, 진과 속을 둘로 나누지 않는 불이법문(不二法門)이다. 바깥의 현상세계와 안의 진여세계는 결국 하나의 문으로 통하는 것이다. 그러므로 불성 내지 진여성은 현상 속의 중생심을 떠나 다른 곳에서 찾을 수가 없다. 바로 중생심 안에 그 본질로서 여래장이 들어 있다. 결국 진여는 응연불변의 존재가 아니라 연을 따라 현상적인 사의 세계로 자신을 실현하는 존재다. 이처럼 연기 속에서 진여를 발견하고, 중생심 안에서 불성을 찾는 사고가 바로 여래장사상이며, 그 안에서 실현되는 세계가 바로 이사무애법계다.

---

3 세친 저, 현장 역, 『불성론』(『대정신수대장경』, 권31, 787중), "佛性則人法二空所顯眞如."

4) 사사무애법계(事事無礙法界)

일체의 존재인 사가 동일한 보편적 리의 실현이고, 그 리와 사가 서로 무애이므로, 보편적 리의 실현으로서의 사들이 서로 무애의 관계에 있다는 것이 사사무애법계다. 이것은 현상계를 더 이상 고통스러운 무상의 존재로 이해하는 것이 아니라, 오히려 상락아정(常樂我淨)의 법성의 실현으로, 진여의 현현으로 이해하는 것이다. 인간 안의 불성은 단지 가능태의 여래장 상태로 머물러 있는 것이 아니다. 우리의 현실은 가능태가 무명번뇌에 덮여 제대로 실현되지 않은 채 사장되어 버린 그런 전도된 현실이 아니다. 현상적 연기로 나아가는 문과 영원한 진여로 나아가는 문, 그 두 문만이 하나인 것이 아니라, 하나의 문으로 통하는 두 세계 역시 하나인 것이다. 윤회 주체와 해탈 주체, 그 두 주체만이 하나인 것이 아니라, 그 주체가 이루는 두 세계, 생사의 현상계와 열반의 진여세계 역시 하나인 것이다. 그러므로 생사가 곧 열반이고, 열반이 곧 생사다. 현상은 '법성의 일어남'인 '성기(性起)'다. 이러한 성기에 따르면 각각의 개체인 사가 이미 법성의 현현이므로, 일은 일체를 포함하고 일체는 다시 일을 포함한다. 이렇게 이해된 현상세계가 바로 사사무애법계다.

이상과 같은 네 가지 법계의 단계를 다음 비유로 생각해 보자. 형제들은 한 집에 살고 있어도 각자 자기의식을 갖고 각자의 인격체로 살아간다. 누구나 '나는 나고, 너는 너다', '나의 것은 나의 것이고, 너의 것은 너의 것이다'라는 생각을 갖고 살아간다. 그래서 형제끼리는 아무리 친해도 서로 경계하고 경쟁하는 갈등이 없을 수 없다. 이런 세계가 각자가 각자의 삶을 사는 사법계다. 그런데 그 형제들을 낳은 부모의 관점에서 보면 자식들은 다 자신으로부터 태어난 동등한 존재다. 그래서 모두가 하나처럼 여겨진다. 하나에게서 넘치는 것이 다른 하나에게로 흘러가는 것도 자연스럽게 보인다. 이런 세계가 개별자들을 하나의 동일한 근원에서 파악하는 이법계다. 그러나 자식과 부모가 각각 자기 영역에만 있으면 이제는 그 둘 간의 관계가 다시 갈등이 된다. 사법계와 이법계가 상충하는 모습이다. 그런데 자식이 부모의 마음을 이해하고 부모가 자식의 마음을 이해해서, 각각의 개체가 개체이면서도 동일한 근원을 공유하고 있고, 또 동일한 근원을 갖고 있어도 결국은 각각의 개체로서의 삶을 살아간다는 것을 받아들이면, 이법계와 사법계가 서로 무애의 관계가 된다. 자식들은 부모를 통해 자신의 동근원성을 자각하면서 좀더 대등하고 화목한 관계를 유지하게 될 것이다. 이것이 이사무애법계다. 그런데 그 관계가 좀더 발전하여 내면화되면, 자식들은 굳이 부모의 매개를 통하지 않더라도 자신들의 하나됨을 의식하면서 서로 대등하고 조화로운 관계를 유지하게 될 것이다. 이것이 사사무애법계다. 이 단계에서 비로소 각각의 개체는 보편을 실현한다.

2. 화엄적 개체 이해

1) 여래성기(如來性起)

화엄이 보여 주는 궁극의 세계는 개체를 통해 보편성이 실현되는 여래성기의 세계다. 여래성기에서 성기란 일견 서로 대립되는 것처럼 여겨지는 여래법성의 성(性)과 연기의 기(起)를 통합한 개념이다. 여래법성은 인연화합의 무상성을 떠난 불생불멸의 것이며, 연기는 인연화합에 따라 생성소멸하는 무상한 존재성을 뜻하기 때문이다. 이 둘을 결합한 '여래성기'는 불생불멸의 여래법성과 생성소멸의 연기세계를 비록 동일한 하나는 아닐지라도 그럼에도 불구하고 그 둘을 이원적으로 서로 분리된 별개의 것이 아닌 것으로 간주한다. 진제와 속제, 열반과 생사, 부처와 중생을 하나도 아니고 둘도 아닌 불일불이의 관계로 이해하는 것이다. 그러나 일견 서로 대립하는 것처럼 보이는 이 두 존재, 이 두 세계가 어떻게 불이의 것으로 간주될 수 있는 것인가?

이 물음은 불변의 법칙적 본체계와 가변적인 현상계, 비가시적인 형이상의 도와 가시적인 형이하의 기, 이성적 사유 대상인 이데아와 감성적인 경험 대상의 사물, 보편과 개별이 어떻게 서로 분리된 별개의 것이 아니라 하나로 연결될 수 있는가의 물음이다. 그 둘이 서로 분리된 것이 아니라는 것, 서로가 서로를 포함하고 있다는 것, 이런 불이(不二)의 포함관계가 어떻게 가능한가?

의상은 그것을 석가의 기본 통찰인 공성에서 발견한다. 현상의 본질을 공이라고 할 때, 그 공은 철저하게 그 자체 공으로서 이해되어야 한다. 현상적 드러남인 상(相)만이 공인 것이 아니라, 그 현상의 본원 자체인 성(性)도 공이다. 현상이 연기법에 따른 공이듯이, 법성 역시 공이다. 법성이 현상적 존재 너머 불변하는 개별 실체가 아니라 그 자체 공이기에, 그 공 안에 일체의 현상세계가 담길 수 있는 것이다.

> 궁극적으로 증득된 법성에는 근본적 기반이 있지 않으므로, 구경청정하고 담연명백하여 삼종 세간이 그 가운데에 현현한다.[4]

---

4 『華嚴一乘法界圖』(『韓國佛敎全書』, 권2, 3하), "窮證法性, 無有源底, 以究竟淸淨, 湛然明白, 三種世間, 於中顯現."

법성에 기반이 있지 않다는 것은 법성인 공에 경계가 없다는 말이다. 공은 무나 유처럼 상대적으로 경계지어진 것이 아니라 그 자체가 무한이며 절대다. 한계와 경계가 없는 무한이므로, 일체가 그 안에 포함될 수 있다. 유한한 현상세계의 사물들까지도 모두 그 무한 속에 포섭되는 것이다. 예를 들어 개별적 사물을 담고 있는 그릇을 생각해 보자. 그 그릇이 경계지어진 것, 바닥이 있는 것이면, 그것이 담아낼 수 있는 것에는 한계가 있게 된다. 만일 그 그릇의 바닥에 끝이 없다면, 즉 그것이 바닥 없는 심연, 기반 없는 깊은 심연이라면, 그것은 그야말로 공이며, 공이기에 그 안에 일체가 담길 수 있다. 현상의 기반인 법성은 바로 이처럼 궁극 기반이 없는 무한의 공이다. 그러므로 그 공 안에 일체의 현상세계가 담길 수 있다. 현상세계 개별 사물의 본성이 공이므로 사물 안에 공이, 유한 안에 무한이 담기고, 또 그 본성인 공이 그 자체 공이므로 무한 안에 유한이 담기게 된다. 이와 같이 생사와 열반은 그 본질적 공성으로 인해 자신 안에 자신 아닌 것을 지니게 된다.

> 생사가 성(性)이 없으므로 열반을 그 성으로 삼고, 열반이 성이 없으므로 생사를 그 성으로 삼는다. 그리하여 생사열반이 성을 가지지 않는다는 것이 리(理)이며, 성이 없는 생사열반이 곧 사(事)다.[5]

공으로서 증득되는 법성 내지 열반은 본래 불가설의 자증(自證)의 세계인 데 반해, 그 법성의 현현 결과인 생사 연기의 세계는 우리가 언어로 포착하고 언어로 기술할 수 있는 세계, 언어로 가설된 세계다. 따

---

5 『法界圖記叢隨錄』 卷 上之一 (『韓國佛敎全書』, 권6, 785상), "生死無性, 以涅槃爲性. 涅槃無性, 以生死爲性. 則生死涅槃之無性爲理, 無性之生死涅槃爲事."

라서 열반과 생사의 불일불이의 관계는 곧 증분과 연기분, 무분별의 불(佛)의 경계와 분별교설의 중생의 경계의 불일불이의 관계다. 증분의 법이 본(本)이고 연기분의 법이 말(末)인데, 연기분의 법은 그 자체 자성이 없기에 그것이 본과 다르지 않게 된다.

> 설과 불설이 평등하여 차별이 없다.[6]

> 본과 말이 상즉하고 원융하여 중도를 드러낸다. …… 밝혀진 도리와 그것을 밝히는 방편[언설]이 다르지 않다.[7]

이처럼 불가설의 증분이 언어로 가설된 곳에서 연기분이 성립한다. 연기세계는 바로 여래성 내지 법성 자체의 자기 현현인 것이다. 이것이 바로 여래성기가 의미하는 바다.

2) 즉문(卽門)과 중문(中門)

사물들의 세계를 사법계로서 고찰하면 각각의 사물은 서로 분리된 별개의 것으로 존재한다. 사물의 드러난 모습인 상은 서로 다른 시공간 안에 각각 자체적으로 존재하기 때문이다. 그러나 그렇게 드러난 상의 근거로서의 성(性), 사의 근거로서의 리(理)로써 고찰하면 사물들은 서로 분리되어 있는 것이 아니라, 상호의존적인 연관관계 안에 있다. 각각의 존재는 연기법에 따라 형성된 존재이기 때문이다. 연기의 이치에 따

6 『華嚴一乘法界圖』(『韓國佛教全書』, 권2, 5상), "說與不說, 等無差別."

7 『華嚴一乘法界圖』(『韓國佛教全書』, 권2, 5상중), "以本末相卽. 相卽相融顯中道…… 所顯道理不異能詮方便別."

라 일체는 서로 연관되어 있으며, 그들을 연관짓는 원리가 바로 이법계의 리(理)다. 연기법은 개별적 사(事)를 상호연관짓는 보편의 리다.

그러나 연기에 따라 각 개체를 상호연관된 존재로 이해한다고 해도, 각 개체를 연기로 이어지는 전체의 한 부분으로서만 간주한다면, 즉 전체 사슬고리 안에서 이전 항과 그 다음의 항을 연결하는 하나의 항으로서만 고찰할 뿐이라면, 개체들은 아직 사사무애의 존재, 여래성기로 이해된 것이 아니다. 사사무애로서 보면 개체는 단지 다른 개체들의 인연 소생인 연기의 산물에 그치는 것이 아니다. 개체는 전체의 상호연관성에 의해 규정되는 일부분에 그치는 것이 아니라, 그 자체가 전체를 품고 있는 절대적 하나이기 때문이다. 예를 들어 법망에서 하나의 구슬은 전체에 의해 규정되는 측면도 있지만, 사실은 그 하나를 들면 그 하나로 인해 다른 전체가 함께 움직이게 된다는 점에서, 어느 것이든지 그 하나로써 전체를 움직이게 하는 중심이 될 수 있는 것이다. 이 점에서 개체는 단지 전체의 일부분에 그치는 것이 아니라, 그 자체가 전체이며 또 전체를 담고 있는 것이다. 이러한 사사무애법계에서의 일(一)과 다(多)의 관계를 화엄은 상즉과 상입의 관계로 이해하는데, 상즉과 상입은 다시 다음과 같은 점에서 구분된다.

각각의 개체는 단지 서로 연관되는 전체를 이루는 하나의 부분, 이전 항들의 인연화합의 연기 결과로서의 한 항에 그치는 것이 아니라, 그 각각이 하나의 리의 발현이라는 점에서 모두 하나다. 현상적 차이에도 불구하고 개체들은 그것이 발현하고 있는 리가 동일하다는 점에서 서로 동일하며, 이 점에서 서로 상즉(相卽)한다. 이것이 사사무애의 개체들이 갖는 '일즉다 다즉일'의 특징이다. 이는 바다 물방울 하나가 바다 전체의 물과 다를 바가 없는 것과 같다. 바다의 물맛을 알기 위해 우리는 바다 전체를 마실 필요 없이 바닷물 한 모금만 마셔보면 되는 것이다. 바다의 물방울이 곧 바다이고, 바다는 그런 물방울들 이외의 다른 것이 아닌 것이다.

나아가 각 개체는 서로가 리로서 동일하다는 점에서 서로 같은 상즉일 뿐 아니라, 자신 안에 자신 이외의 다른 것을 이미 다 담고 있다는 점에서 서로가 서로를 포함하는 상입(相入)의 관계에 있다. 하나 안에 일체가 포함되어 있는 것이다. 하나 안에 다가 포함되고, 다 안에 일이 포함되어, '일중다 다중일'이 성립한다. 이는 마치 세포 하나의 DNA 안에 개체 전체의 정보가 다 담겨 있어 그로부터 개체 전체가 다시 복제될 수 있는 것과 같다. 우주 전체의 질서가 일 개체 안에 다 담겨 있고, 일 개체의 신비가 한 세포 안에 다 담겨 있다. 수억 겁의 시간 흐름이 한순간 안에 다 담겨 있고, 우주 전체의 진리가 먼지 하나에 다 담겨 있다. 이런 의미에서 일중다이고 다중일이다.[8] 이와 같은 여래성기에 근거한 중

---

8 이상 즉문과 중문의 차이, 상즉과 상입의 차이를 『화엄일승법계도기총수록』은 다음과 같이 비유적으로 설명한다. "서풍파는 동풍파가 아니요, 동풍파는 서풍파가 아니다. 다만 이 두 파의 물의 체로 말하자면 둘이 아니니, 그 점에서 卽門이라고 할 수 있다. …… 여기서 이 물결의 물과 저 물결의 물 자체는 하나다. 그러므로 물결이 비록 피할 수 없이 많다고 해도, 그 체가 하나라고 말하는 것은 三乘의 뜻일 뿐이다. 만약 이 물결이 아니라면 저 물결이 없고, 저 물결이 아니라면 이 물결이 없으니, 이는 곧 중문이다. 이 물결은 변하지 않는 자성이 아닌 까닭에 저 물결이 있고, 저 물결도 변하지 않는 자성이 아닌 까닭에 이 물결이 있다. 중문이란 一乘이다"(『法界圖記叢隨錄』 권上之一, 『韓國佛教全書』, 권6, 780상중).

바다 한가운데에 바람이 불어 파도가 일 때, 서풍파와 동풍파는 현상적으로 서로 다른 파도다. 그러나 그 두 파도는 결국 물이라는 그 체에 있어 둘이 아니고 하나다. 이런 의미에서 우리는 '동풍파가 곧 서풍파다'라고 말할 수 있으며, 이것이 즉문이다. 이처럼 즉문은 상과 체를 구분하고, 상이 달라도 그 체가 같다는 의미에서 성립한다. 『법계도기총수록』은 즉문이 상과 체, 사와 리의 구분에 입각한 관점이라는 점에서 삼승의 견해라고 해석한 것이다. 나아가 동풍파와 서풍파는 그 체가 같다는 점에서 상즉할 뿐만 아니라, 동이 없으면 서가 없고 서가 없으면 동이 없다는 점에서 하나가 다른 하나의 존재를 자신의 존재 근거로 삼고 있다. 그런 식으로 서로가 서로를 포함하고 서로가 서로 안에 들어가 있는 관계를 상입이라고 하며, 이로써 중문이 성립한다. 이러한 상입의 관계를 사사무애의 화엄인 일승의 견해라고 해석하는 것이다.

문을 가장 잘 보여 주는 것이 여래성기의 종종상에서 여래지(如來智)의 열 가지 비유 중 제 10비유에 해당하는 경권 비유다.

> 삼천대천세계와 같은 경권이 일 미진 속에 있듯이, …… 여래의 지혜는 무상지혜, 무애지혜로서 중생신 중에 다 갖추어져 있다. 다만 어리석은 중생이 전도되어 그것을 알지 못하고 보지 못하여 신심(信心)을 내지 않을 뿐이다.[9]

이처럼 화엄은 삼천대천세계의 진리가 일 미진 중에 다 포함되어 있음을 강조한다. 이는 곧 여래의 지혜가 중생신 안에 다 갖추어져 있음을 뜻한다. 이 점에서 인간 각자의 몸이 곧 법신과 다를 바가 없는 것이다.

> 부동오신이 곧 법신 자체다.[10]

그러므로 화엄에 따르면 개체들의 현상세계가 곧 여래성기의 세계다. 개체는 전체 진리를 다 담고 있어 전체와 상즉상입하며, 개체들 상호간에는 서로 무애의 관계를 이루는 것이다. 일체 현상세계가 여래법성의 현현인 것이다.

즉문은 事나 相이 달라도 理나 體가 같다는 점에서 이법계 내지 이사무애법계를 주장하는 데 반해, 중문은 각 事가 다시 전체 事를 포함한다는 점에서 사사무애법계를 주장한다. 이 점에서 즉문은 소승, 대승, 돈교를 포함하는 삼승의 설이고, 중문은 화엄에 해당하는 일승 별교의 설이다.

9 이 비유는 『60화엄경』, 32품, 「보왕여래성기품」에서 전개된다.

10 『法界圖記叢隨錄』 권上之一 (『韓國佛敎全書』, 권6, 775중), "不動吾身, 卽是法身自體."

3. 의상의 횡진법계관과 법장의 수진법계관

화엄이 사법계에서 이법계로 나아가는 것은 개체가 전체와의 연관성 없이 그 자체로서 존재하는 고립적 실체가 아니라는 것을 강조하는 것이다. 이는 개체 안에 내재된 보편을 강조하는 것이다. 그러나 개체성과 보편성이 서로 배타적 관계로 분리되어 있으면, 이사무애의 단계로 나아갈 수가 없다. 그 두 세계를 무애의 관계로 이해하는 것은 각 사물에 대해 그것이 개체이면서도 보편이고, 보편을 담고 있으면서도 개체임을 인정하는 것이다. 이것이 이사무애의 단계다. 이처럼 리의 보편성을 갖춘 개체 간의 관계는 사사무애가 된다.

사사무애법계로서 현상세계 사물들의 '일중다 다중일'을 강조하는 것은 각 존재에 있어 개체성과 보편성의 양 측면을 동시에 고려하는 것이다. 그런데 그러면서도 개체와 보편의 관계에서 그 주안점을 보편을 지닌 개체라는 점에서 개체성에 둘 것인지, 아니면 개체화되는 보편이라는 점에서 보편성에 둘 것인지는 미세한 차이를 보인다. 일이 전체를 포함한다고 해도, 그 각각이 전체를 각자의 관점에서 포함한다는 차별적 측면을 강조하는 것이 '수진법계관(竪盡法界觀)'이라면, 그 각각을 통해 드러나는 전체가 결국은 하나의 전체라는 의미에서 전체적인 동일성의 측면을 강조하는 것이 '횡진법계관(橫盡法界觀)'이다.[11] 모든 개체들은 동일 차원에서 나란히 횡으로 나열될 수 있을 것이다. 이 개체들을 횡으로 관통해 보면, 결국 어느 개체나 서로 상즉상입하는 것으로서 동

---

11 본문 아래에서 논할 십층 탑의 비유를 포함하여 이 두 법계관의 차이에 대한 상세한 설명은 김두진, 『의상, 그의 생애와 화엄사상』, 민음사, 1995, 185쪽 이하; 정병삼, 『의상화엄사상연구』, 서울대학교출판부, 1998, 174쪽 이하 참조.

일한 보편성의 존재가 된다. 반면 각 개체들을 수직으로 내려다보면 각각은 보편을 실현하는 개체로서 개체적 차별성이 드러나게 되며, 이 점에서 개체들은 상즉상입하되 각각의 차별적 위치에서 보편을 실현하는 것으로서 결국 개체성의 존재로 간주될 것이다.

중국에서 화엄을 완성한 사람은 중국 화엄종의 5대 논사인 법장이고, 한국에서 화엄사상을 체계적으로 논한 사람은 의상이다. 중국의 화엄이든 한국의 화엄이든 둘 다 화엄사상이라는 점에서는 공통점을 가지며 크게 다를 바가 없지만, 그래도 중국의 화엄과 한국의 화엄의 미세한 차이가 존재한다면, 그것은 법장과 의상의 화엄사상의 차이에서 찾을 수 있을 것이다. 균여는 의상의 화엄을 일(一), 즉 하나와 보편을 강조하는 횡진법계관으로 이해하고, 법장의 화엄을 다(多), 즉 차별성을 강조하는 수진법계관으로 이해한다. 그리고 이 둘의 차이를 10층 탑의 비유로써 설명한다.

10층 탑에서 각각의 층은 그 전체를 이루는 중심이 된다. 어느 하나도 그것이 없으면 전체 10층은 가능하지 않기 때문이다. 따라서 각 층이 이미 10층을 내포한다고 말할 수 있으며, 이 점에서 어느 층이나 10층의 중심이 되며, 각각이 모두 기본 층으로서 제1층이라고 할 수 있다. 그래서 1층이 "나는 1층이다"라고 말하면, 2층도 곧 "나도 1층이다"라고 하고, 3층도 곧 "나도 1층이다"라고 말함으로써 전체가 1층이 열 개 쌓인 10층이 되게 된다. 어느 것이나 10층을 이루는 기본이고 출발이며 중심이 된다는 점에서 모두 동일한 존재이며, 평등한 보편성의 존재다.

그러나 전체 10층을 이루는 방식을 이와 달리 설명할 수도 있다. 1층이 "나는 1층이다"라고 말하면, 2층은 그 위에 있는 것으로서 "나는 2층이다"라고 말하고, 3층은 다시 그 위에 있는 것으로서 "나는 3층이다"라고 말하는 것이다. 이렇게 해서 전체가 10층을 이루게 된다. 물론 맨 아래의 1층만이 제1층이 될 수 있는 것은 아니다. 만일 3층이 "내가 1층이다"라고 말하면, 그 바로 위의 층이 "나는 2층이다"라고 말하고, 다시 그 위의 층이 "나는 3층이다"라고 말함으로써 전체가 10층을 이루게 된다.

이 두 비유에서 차이는 무엇인가? 전자에서 한 층이 자신을 1층이라고 표현했는데 그 다음 층도 자신을 1층이라고 말하는 것은, 그 다음 층이 자기 자신을 앞의 층과 본질적으로 동일한 것으로 인식한다는 것을 뜻한다. 앞의 층과 자신과의 공간적 차이, 현상적 차이를 비본질적인 것으로 생각하며 내재된 보편성과 동일성을 강조하는 것이다. 반면 후자에서 1층 다음에 그 다음 층이 자신을 2층이라고 말하는 것은 자신을 앞의 것과 다른 것으로서 구별하여 인식한다는 것을 뜻한다. 자신을 다른 것과의 동일성이 아니라 차이성으로 의식하는 것이다.

이와 같이 전자에서는 각 개체에 있어 그들을 모두 같은 하나이게끔 하는 동일성과 보편성이 강조되는데 반해, 후자에서는 전체 안에서도 남겨지는 각 개체의 차이성이 주목되고 있음을 볼 수 있다. 전자가 의상 식의 횡진법계관이라면, 후자는 법장 식의 수진법계관이다.

이렇게 보면 한국적 화엄에서 강조되는 것은 개체적 차별성 너머의 보편성과 동일성이며 일체 존재의 평등성이다. 중국이 개체성을 강조하며 개인주의적 성향이 강하다면, 한국은 개체 내면의 또는 마음 심층의 보편성을 강조하는 보편주의적 내지 평등주의적 성향이 강하다고 말할 수 있을 것이다.

3장

지눌:
주체의 자각성

지눌(知訥, 1158-1210)은 고려시대 선사(禪師)로서 한국에서의 선불교 전통을 확립하는 데에 그 이론적 실천적 기반을 다진 사람이라고 할 수 있다.

오늘날 소위 대승 북방불교 국가 중에서 불교의 수행 전통이 그대로 유지되는 곳은 중국도 아니고 일본도 아니고 오직 한국뿐이라고 말해진다. 중국은 전통적으로 '외유내도(外儒內道)'라고 이야기될 만큼 외적으로는 유교적 사유 체계가 강하게 지배하고 내적으로는 좀더 현실적인 도교적 성향이 강하게 뿌리내리고 있었다. 게다가 공산혁명 이후 일체 종교에 대한 탄압으로 인해 불교적 사유나 수행은 진지하게 추구되기 힘들었을 것이다. 일본은 일찍이 서양화되고 근대화된 때문인지, 그들 전통의 신교든 불교든 일체의 종교는 관혼상제에서나 활용되는 일종의 생활양식 정도로만 작용할 뿐이다. 생사를 건 깨달음의 추구, 인생을 다 바치는 구도와 수행, 이런 것들은 종교적 성향이 유달리 강한 한국인들의 심성에는 결코 낯선 것이 아니며, 불교는 바로 이런 정신의 발현으로서 그 수행의 전통이 면면히 유지되며 또 그 안에서 늘 새롭게 부흥되고 발전되고 있다.

한국에서 불교 수행이라고 하면 누구나 선(禪)을 떠올린다. 선은 인도의 달마(達磨, ?-528?)가 중국으로 건너온 이후 성립한 하나의 종파인데, 선종 이전의 모든 불교 종파를 이론적 탐구라는 의미에서 교종(敎宗)이라고 칭하고, 자신만을 실천적 수행인 선종(禪宗)으로 구분한다. 그러나 선은 이미 중국에서부터 다시 여러 분파들로 갈리게 되며, 각 분파마다 수행방식이나 깨달음의 추구에 있어 차이를 보이고 있다. 한국에서는 신라시대 선종이 전파된 이후 선종과 교종이 양립하여 계승되면서 끊임없이 선과 교를 융합하고 회통하려는 시도가 있어 왔다. 선교융합의 노력은 곧 이론과 실천의 통합 노력이라고도 볼 수 있다.

이하에서는 선에서 인간 마음을 어떻게 이해하는지를 지눌의 공적영지와 보광명지를 따라 밝혀본 후(1절), 그러한 본성을 자각하고 실현하는 실천수행론을 살펴본다. 중국의 북점선과 남돈선의 구분 위에서 지눌이 주장하는 돈오점수의 의미를 논해 보겠다(2절). 그리고 지눌에게서 보이는 일심회통사상을 살펴봄으로써 다시금 한국적 일심사상을 확인해 보도록 한다(3절).

1. 선(禪)에서 심성의 이해

1) 마음의 자성본용과 수연응용의 구분

불교는 언제나 인간 마음은 본래 청정하다는 것을 강조한다. 이 청정한 본성의 마음을 청정심(清淨心)이라고 한다. 마음 자체가 청정하다는 것은 곧 마음의 체(體)가 청정심이라는 말이다. 체로서의 청정한 마음이 구체적으로 활동하는 것이 마음의 용(用)이다. 마음의 작용은 시간과 장소와 상황에 따라, 한 마디로 인연에 따라 달라지기 마련이다. 배가 고파지면 먹고 싶은 마음이 생기고, 아름다운 사람을 보면 가까이 다가가고 싶은 마음이 생긴다. 이런 마음의 활용을 연에 따라 대상에 응해서 일어나는 마음의 작용이란 의미에서 '수연응용(隨緣應用)'이라고 한다.

마음이 본래 청정한 것이라면, 그 청정심 자체뿐만 아니라 그 마음의 모든 작용까지도 청정한 본성의 실현으로서 긍정하게 된다. 본성은 그 자체에 머무르는 고정 불변의 것이 아니라, 연에 따라 여러 모습으로 드러나는 것이기 때문이다. 따라서 인간의 모든 행위가 인간 본성인 청정한 불성의 발현이며 실현으로 간주된다. 앉고 서는 것, 먹고 마시는 것 등 모든 일상적 활동이 다 불성의 드러남으로 간주되고, 좌선뿐 아니라 행주좌와(行住坐臥)의 보든 순간 모든 행동이 다 수행이며 선으로 간주된다. 본성은 행위와 작용을 통해 실현되는 것이므로, 작용 자체가 곧 본성이라는 '작용시성(作用是性)'이 주장된다. 중국에서 혜능(慧能, 638-713)의 제자 남악 회양(南岳 懷讓, 677-744)을 거쳐 마조 도일(馬祖道一, 701-788)에 이르면, 일체가 불성의 실현이며 여래의 현현이란 의미에서 '똥 막대기에도 불성이 있다'가 주장되며, 이런 관점은 다시 황벽 희운(黃檗 希運, ?-850?)의 홍주종(洪州宗)을 거쳐 임제 의현(臨濟 義玄, ?-866?)의 임제종(臨濟宗)으로 완성된다.

그런데 혜능의 또 다른 제자인 하택 신회(荷澤 神會, 668-760)는 마음의 작용 중에서 상황에 따라 다양하게 전개되는 수연응용 이외의 다른 작용에 주목한다. 즉 연에 따라 시시각각으로 변화하는 마음의 활용의 근저에서 마음의 본성 자체로부터 발하는 마음의 본래적 활용을 본 것이다. 이를 마음 자체의 본성의 본래적 작용이란 의미에서 '자성본용(自性本用)'이라고 한다.

마음의 체:	청정심	— 체
마음의 용	자성본용 = 영지	— 성
	수연응용	— 상

마음의 자성본용은 어떤 작용인가? 마음을 거울로 비유하자면, 거울에 어떤 상이 생기는가는 거울 앞에 무엇이 놓여 있는가에 따라 달라진다. 거울이 그 앞에 주어진 대상에 따라 상이한 상을 그려내는 작용은 마치 마음이 연에 따라 여러가지 방식으로 활동하는 수연응용의 작용과 같다. 우리가 거울의 작용을 무엇인가를 비추는 것으로 여길 때 그리고 그와 마찬가지로 마음의 작용을 무엇인가를 인식하거나 의욕하는 것으로 여길 때, 우리가 생각하는 것은 바로 이 수연응용이다. 그러나 이 수연응용만으로써 마음이나 거울의 작용이 다 설명되는 것은 아니다. 거울 또는 마음의 본래적 활용은 특정한 상의 비춤에서 또는 비추어진 특정한 상에서 찾아지는 것이 아니다. 그보다는 오히려 어떤 대상이 그 앞에 놓이든 상관없이 거울 자체가 본래 가지고 있는 비춤의 활동, 마음이 무엇을 인식하거나 의지하거나와 상관없이 마음 자체가 본래 가지고 있는 깨어 있는 활동성이 있는데, 그것이 바로 자성본용에 해당한다. 이 자성본용은 대상에 따라 생기는 것이 아니라, 마음 자체가 본래 가지고 있고 마음 자체가 본래적으로 활용하고 있는 작용이다.[1] 거울이 대상을

1 자성본용과 수연응용을 서양 형이상학의 용어대로 말하자면 사물 자체(실체)가 가지는 본질적 속성과 우연적 속성(양태)에 해당한다. 예를 들어 물질적 실체에서 크기, 모양, 형태 등이 우연적 속성이라면 그 본질적 속성은 연장성이고, 정신적 실체에서 지각, 의심, 상상,

비출 수 있는 것은 거울 앞에 놓인 대상 때문에 발생하는 것이 아니라, 거울 자체가 이미 스스로 비추는 작용을 하고 있기 때문이다. 거울이 기와나 돌조각과 달리 스스로 비추는 성질을 갖고 있듯이, 마음은 추상적인 빈 공간이나 무정의 사물과 달리 스스로 깨어 있는 자기의식성을 갖고 있는 것이다. 이것이 마음의 본래적 작용이다. 마음의 이러한 자성본용에 입각해서 비로소 마음의 수연응용도 가능해진다. 혜능의 제자 신회는 이러한 마음의 본래적인 깨어 있음을 마음의 본래적인 각성으로 파악하여 이를 '지(知)'라고 했고, 종밀은 다시 이를 신령한 지라는 의미에서 '영지(靈知)'라고 칭했다. 마음은 스스로 신령한 지를 갖고 있다는 것이다. 이 지 또는 영지를 마음의 본래적 작용으로 강조하는 것이 홍주종이나 임제종과 구분되는 하택종(荷澤宗)의 특징이다.[2]

『법집별행록절요병입사기(法集別行錄節要幷入私記)』에서 지눌은 자성본용의 영지적 관점에 서서, 홍주종, 북종, 우두종에 대한 종밀(宗密, 780-840)의 비판을 제시한다.

> 만일 [구슬의] 밝은 빛깔이 모든 것을 능히 나타내는 본체로서 영원히 변하지 않는 것임을 확실히 알지 못하고, 다만 검은 빛깔 등이 바로 구슬이라고 하거나, 검은 빛깔 등을 떠나서 구슬을 찾거나, 또는 밝은 빛이나 검은 빛이 모두 없는 것이라고 한다면, 그들은 모두 밝은 구슬을 보지 못한 것이다.[3]

의향 등이 우연적 속성이라면 그 본질적 속성은 사유성이 된다.

2 한국불교는 일심의 구체적 자각을 강조한다는 점에서 하택종과 더 가까운 측면이 있다. 반면 현실주의적 성향이 강한 중국에서는 '作用是性'을 주장하는 임제종이 더 유행했다. 주희를 비롯한 송대 성리학자들이 불교를 '작용시성'의 종교라고 비판할 때, 그 비판 대상은 주로 임제종이다.

3 知訥, 『法集別行錄節要幷入私記』(『韓國佛敎全書』, 권4, 745상), "若不認得明, 是能現之體,

원래 밝고 투명한 빛깔의 구슬은 밖에 놓인 사물의 색에 따라 검거나 붉거나 푸른색으로 달리 보일 것이다. 이 때 대상에 따라 비춰지는 검은 색 등이 바로 구슬이라고 하는 것은 수연응용의 작용을 성으로 이해하는 홍주종에 해당하고, 구슬이 보여 주는 모든 색 또는 모든 작용을 떠나 구슬 자체를 찾으려 하는 것은 작용과 성을 이원화시킨 북종에 해당하며, 검은 빛이든 밝은 빛이든 모두 공이라고 하여 작용도 성도 모두 부정하려는 것은 우두종(牛頭宗)에 해당한다.[4] 성과 작용 등 일체를 긍정하는 홍주종, 성과 작용 등 일체를 부정하는 우두종, 나아가 작용을 떠나 성을 찾으려는 북종을 비판하는 것이다. 여기서 종밀이 강조하고자 하는 것은 구슬의 본래적 작용에 해당하는 밝은 빛이다. 그것이 마음의 본래적 작용, 자성본용의 영지에 해당한다. 지눌이 인간의 본성으로서 강조하는 것 또한 바로 이 영지 이외의 다른 것이 아니다. 그렇다면 이 영지를 우리는 어떻게 확인할 수 있는가?

2) 심의 자각성: 공적영지(空寂靈知)

마음의 본성은 무엇인가? 어떻게 해야 자신의 본성을 깨달을 수 있는가? 이 물음에 대해 지눌은 다음과 같이 답한다.

> 문: 어떤 방편을 써야 한 생각에 기틀을 돌려 문득 제 성을 깨닫겠는가?
>
> 답: 다만 그대 자신의 마음인데, 다시 무슨 방편을 쓰겠는가? 만일 방

永無變易, 但云黑等是珠, 或擬離黑覓珠, 或明黑都無者, 皆是未見珠也." 한글 번역은 김달진 역주, 『보조국사전서』, 고려원, 1988, 234쪽.

4 우두종은 선종에서 제4대 道信의 제자 法融에서 출발하는 종파다. 공에 치중한 종이다.

편을 써서 다시 알기를 구한다면 그것은 마치 어떤 사람이 제 눈을 보지 못하므로 눈이 없다 하여 다시 보려고 하는 것과 같다. 이미 제 눈인데 왜 다시 보려 하는가? 만일 잃지 않았음을 알면 그것이 곧 눈을 보는 것이다. 다시 보려는 마음이 없는데 어찌 보지 못했다는 생각이 있겠는가? 자기의 신령한 앎도 그와 같아 이미 제 마음인데 어찌 다시 알려 하는가? 만일 알려고 하면 얻을 수 없음을 알게 되리니, 다만 알 수 없는 것임을 알면, 그것이 곧 성을 보는 것이다.[5]

세계를 보는 눈이 그 자체는 보여지지 않은 채 단지 눈으로 작용하는 것처럼, 마음은 마음으로서 작용하되 그 마음을 다시 대상화해서 파악할 수 있는 것이 아니다. 대상화할 경우에도 마음은 어디까지나 대상화하는 활동의 주체이지 대상화에 의해 포착되는 대상이 아니기 때문이다. 일체 세계를 보는 눈은 그 자체 보여지는 것이 아니라 다만 그 활동성을 스스로 자각해야 할 뿐이다. 그러나 자신이 이미 눈으로서 보고 있다는 깨달음, 자신이 이미 마음으로서 영지를 갖췄다는 깨달음, 그 자각에 이르는 길은 무엇인가? 지눌은 『목우자수심결(牧牛子修心訣)』에서 그 한 가지 길을 다음과 같이 제시한다.

진리에 들어가는 길이 많으나 그대에게 한 문을 가리켜, 그대로 하여금 근원에 들어가게 하리라. 그대는 까마귀의 우는 소리나 까치의 우는 소리를 듣는가?

들리오.

그대는 그대의 듣는 성을 돌이켜 들어보시오. 거기에도 과연 많은

5 지눌, 『牧牛子修心訣』(『韓國佛敎全書』, 권4, 710상), 김달진 역, 『보조국사전서』, 81쪽.

소리가 있는가?

그 속에 들어가서는 어떤 소리도 어떤 분별도 얻을 수 없소.

그렇소. 그것이 관음보살이 이치에 들어간 문이오. 나는 다시 그대에게 묻소. 그대는 그 속에 들어가서는 어떤 소리도 어떤 분별도 얻을 수 없다고 했으니, 이미 얻을 수 없다면, 그 경우 그건 허공이 아니오?

원래 공이 아니라, 맑고 밝아 어둡지 않소.

어떤 것이 공 아닌 것의 본체인가?

모양이 없으므로 말로 나타낼 수 없소.

그것이 모든 부처와 조사의 명맥이니 다시는 의심하지 마시오. 이미 모양이 없는데 어찌 크고 작음이 있겠으며, 크고 작음이 없는데 어찌 한계가 있겠소? 한계가 없으므로, 안팎이 없고, 안팎이 없으므로 원근이 없고, 원근이 없으므로 저것과 이것이 없소. …… 모두가 다 없어지되, 모든 감관과 대상과 일체의 망념과 나아가 갖가지 모양과 갖가지 이름과 말이 다 있을 수 없으니, 이것이 어찌 본래부터 비고 고요하며 본래부터 아무것도 없는 것이 아니겠소?[6]

우선 보여진 세계와 그 세계를 보는 마음작용의 여러가지 모습과 분별로부터 그 마음의 본성으로 돌아가게 한다. 까마귀의 울음소리와 그 소리의 들음 너머 그렇게 듣고 있는 마음 자체로 의식을 돌리는 것이다. 들리는 소리와 듣는 마음작용은 서로 분리될 수 없이 결합되어 있다. 그들로부터 돌아가게 하는 '듣는 성'은 듣는 마음 자체다. 마음작용으로부터 마음의 본성으로 시선을 돌리는 것은 곧 마음의 수연응용에서부터 마음의 자성본용에로 주의를 전환하는 것을 뜻한다.

6 『牧牛子修心訣』(『韓國佛敎全書』, 권4, 710중하), 김달진 역, 『보조국사전서』, 82-83쪽.

텅 빈 마음에는 소리도 없고 모양도 없고 그래서 아무런 분별도 없다. 그 모든 분별과 경계 너머에서 무경계의 빈 허공으로 자각되는 것이 바로 마음이다. 무경계의 것이기에 경계지어진 분별적 의식에게는 그것은 없는 것과 같다. 그래서 그 빈 고요의 공적을 '본래무일물'이라고 한 것이다. 그렇지만 본성을 찾고자 하는 깨어 있는 구도자에게 그것은 단지 없음의 공이 아니다. 그것은 단지 추상적인 빈 공간이 아니라, 그 자체가 맑고 밝아 어둡지 않기 때문이다.

> 모든 법이 다 공한 곳에 신령스러운 앎이 어둡지 않으므로, 무정한 것과는 달리 성이 스스로 신령스럽게 안다[성자신해]. 이것이 바로 그대의 비고 고요하며 신령스럽게 아는[공적영지] 청정한 마음의 본체다. 이러한 청정한 공적의 마음이 곧 삼세 제불의 수승하게 맑고 밝은 마음이며, 중생이 본원에서 깨닫는 성이다. 그것을 깨달아 지키면 앉아서 진여가 되어 움식이지 않고도 해탈하며, 그것에 미혹(迷惑)하여 등지면 육도를 왕래하며 윤회할 것이다.[7]

이 맑고 밝아 어둡지 않은 것이 바로 마음의 본래적 작용이며, 역대의 제불과 선사들이 강조한 마음의 본성이다. 지눌은 이러한 무분별과 무경계의 마음의 밝음을 공적의 신령한 앎, '공적영지'라고 칭하며, 그것이 곧 원효가 주장한 일심의 '성자신해' 이외의 다른 것이 아니라고 밝힌다. 이는 모든 중생들의 마음의 본성이고 불성이며 마음의 본래적

---

7 『牧牛子修心訣』(『韓國佛教全書』, 권4, 710하), "然諸法皆空之處, 靈知不昧, 不同無情, 性自神解. 此是汝空寂靈知清淨心體, 而此清淨空寂之心, 是三世諸佛勝淨明心, 亦是衆生本源覺性. 悟此而守之者, 坐一如而不動解脫; 迷此而背之者, 往六趣而長劫輪廻."(김달진 역, 『보조국사전서』, 83-84쪽).

자각인 본각(本覺)이다. 마음을 가진 자는 누구나 부처든 범부든 구별 없이 모두 이 본각인 공적영지를 갖고 있다.

그러나 공적영지가 중생 누구나가 가지고 있는 본각이라고 해도, 이미 미혹에 빠진 중생은 그것이 무엇인지를 알지 못한다. 그래서 그것이 무엇인가를 거듭 묻게 된다.

> 문: 내 근기에 맞게 설명하자면, 어떤 것이 공적영지의 마음인가?
>
> 답: 그대가 지금 내게 묻고 있는 바로 그것이 곧 그대의 공적영지의 마음인데, 왜 돌이켜보지 않고 아직도 밖에서 찾는가?[8]

공적영지가 무엇인지를 모른다고 생각하며 묻고 있는 그 마음 자체가 바로 공적영지의 마음이라는 것이다. 불교는 일체의 분별과 집착을 넘어서고자 한다. 그런데 내 마음이 나와 너, 나와 세계를 분별하면서 애증의 관계 속에서 갈등하고 집착하게 되는 것은 그 분별된 나와 세간의 법을 자립적이며 고립적인 실체로 여기기 때문이다. 본성을 자각하고 본각을 깨닫자면, 그러한 분별과 집착을 넘어서야 한다. 분별된 모든 것이 사실은 마음이 그린 허망분별이라는 것을 깨달으면 그에 대한 집착이 사라진다. 그러면 거기에 무엇이 남는가? 허망분별이 꿈처럼 사라지고나면, 나와 너, 나와 세계를 포괄하던 빈 공간만이 남겨진다. 일체를 포괄하고 있던 텅 빈 공간, 바로 그 빈 공간이 그 안에 일체분별과 경계를 그려내는 나의 마음인 것이다. 이처럼 마음의 공성과 그 공의 자기자각성은 언제나 거기 그렇게 있는 것이다. 다만 분별과 집착으로 인해

---

8 『牧牛子修心訣』(『韓國佛敎全書』, 권4, 710중), "問據吾分上, 何者是空寂靈知之心耶. 答汝今問我者, 是汝空寂靈知之心. 何不返照, 猶爲外覓."(김달진 역, 『보조국사전서』, 82쪽).

가려져 있을 뿐이며, 분별과 집착을 덜어내기만 하면 바로 그 자리에서 발견할 수 있는 것이다.

3) 심의 보편성: 보광명지(普光明知)

빈 허공의 공적이 바로 마음 자체이고, 그 공적의 맑고 밝게 빛나는 신령한 앎이 마음의 본래적 작용이다. 분별과 집착을 넘어선 마음의 본성에서는 부처와 범부가 다를 바가 없다. 마치 공간을 채우는 사물들은 서로 다 달라도, 공간 자체는 그런 사물들을 포괄하는 것으로서 사물들의 차이와 무관하게 언제 어디서나 동일한 것이듯이, 중생의 마음 자체는 그 안에 그려지는 사물들이나 그에 대한 분별이나 집착과 무관하게 일체를 포괄하면서 그 일체를 넘어서는 것으로서 동일한 것이다. 마음은 사물이나 사물의 상 또는 상에 대한 심적 작용이 아니라, 그 일체가 그 안에 떠오르게 되는 빈 공간과 같은 것이다. 따라서 부처의 지혜나 범부의 무명이 모두 그 안에 자리하게 된다. 그래서 공적영지는 언제 어디에서나 널리 비추는 밝은 지혜로서 '보광명지'라고 불린다.

공적영지나 보광명지에서 강조되는 것은 마음의 본성에 있어 부처와 중생이 둘이 아니라 하나라는 것이다. 지눌은 '중생과 부처가 서로 융합한다'에 대해 두 가지 이해가 가능하다고 보며, 『원돈성불론(圓頓成佛論)』에서 이를 성기문과 연기문으로 구분한다.

> 부처와 중생은 본래 근본보광명지의 성품의 바다에서 허깨비로 나타났기 때문에, 중생과 부처의 모양과 작용에 차별이 있는 듯하지만, 그것은 완전히 근본보광명지의 모양과 작용인 것이다. 그러므로 본래 한 가지이지만, 일으키는 작용은 겹겹이니 이것은 성기문에 해당한다. 또

> 다른 곳에서 중생과 부처가 서로 융합한다는 이치를 논한 것이 있다. …… 중생과 부처의 본체는 다르지만, 이치에 따라 두루 미치는 것은 마치 인드라 그물 속의 구슬들이 그 체는 서로 다르지만 그 빛은 서로 어울리는 것과 같다. 이것은 사사가 서로 융합하는 연기문에 해당하는 것이다.[9]

이 부분은 화엄의 사사무애법계가 두 가지 측면에서 고찰될 수 있다는 것을 보여 준다. 사사무애법계는 현상세계 내의 사물들이 서로 인(因)이 되고 과(果)가 되는 상호의존적 연기관계 안에서 하나로 연결되어 있음을 의미한다. 개체적 사(事)로서는 각각 별개의 것이지만, 그들을 연결짓는 리(理)가 하나이기에 사물들은 서로 상호의존관계에 있게 된다. 보편적 리를 통해 개별적 사물들이 서로 무애의 관계에 있다는 것이 사사무애법계가 뜻하는 바다. 그런데 이런 상호의존성과 무애의 개별 사물들을 어떤 존재로 이해하는가에 따라 연기문과 성기문이 구분된다.

연기문에 따르면 개별 사물들은 서로가 공통의 리를 통해 하나로 연결되어 있어도 그 각각은 개체적 차이성을 가지는 것, 즉 서로 다른 것으로 간주된다. 연기는 그러한 현상세계 사물들이 시간성 안에서 갖게 되는 상호의존관계를 뜻할 뿐이다. 반면 성기문은 그러한 현상적인 연기관계 속의 사물들이 그 본체에서 개체적 차이성이 없다는 것, 사물의 본성은 하나의 공이며 진여라는 것, 따라서 만물은 모두가 하나의 빛, 하나의 지혜의 발현이라는 것, 근본 보광명지의 드러남이라는 것을

9 지눌, 『圓頓成佛論』(『韓國佛敎全書』, 권4, 725하-726상), "此則佛及衆生, 本從根本普光明智, 性海幻現故, 生佛相用, 似有差殊, 全是根本普光明智之相用也. 故本是一體而起用重重, 此當性起門也. 他處所論生佛互融之義. …… 此則生佛, 體殊而髓理普遍, 如因陀羅網中, 珠珠體別, 而影影交羅也. 此當緣起門, 事事融攝也."(김달진 역, 『보조국사전서』, 157-158쪽).

강조한다. 개체 사물의 실체성이 부정되므로, 모든 현상적인 차이성은 허상이고 허깨비로 밝혀진다. 결국 연기가 시간성을 따라 성립하는 현상세계의 질서를 나타낸다면, 성기는 현상세계 전체를 가능하게 하는 진여의 탈시간적 작용을 뜻한다고 볼 수 있다. 연기가 현상적 사물세계를 형이하의 질서로 설명하는 것이라면, 성기는 현상세계 자체를 여래성의 발현이라는 형이상의 질서로부터 설명하는 것이라고 볼 수 있다.

연기문은 개체를 현상적 차이에 따라 이해하므로 중생과 부처가 그 체에 있어 서로 다른 존재로 간주되는데 반해, 성기문은 개체를 그 실체 없음 내지 공성의 동일함에 따라 이해하므로 중생과 부처는 하나의 존재로 간주된다. 연기는 개별 사물에서의 개체성과 차이성을 통해 인과과가 성립하는 시간적 상호의존관계라면, 성기는 개별 사물들의 근저에서 발견되는 보편적 동일성의 작용을 뜻한다. 따라서 연기문에서 강조되는 것은 개체성과 차이성인데 반해, 성기문에서는 그 본체의 공성과 더불어 만물의 동일성과 보편성이 상조된다.

보광명지로서 일반 범부와 부처가 둘이 아니라는 것은 결국 일반 범부의 무명이 부처의 지혜와 동일한 존재론적 지위를 갖는다는 것을 뜻한다. 범부의 무명은 지혜가 가려진 밝지 않음의 무명이긴 하지만, 그 무명의 근거가 바로 명이기에, 무명의 자리가 그대로 명의 자리인 것이다. 즉 무명의 마음이 자신의 무명을 자각하기만 하면 그것이 곧 명인 것이다. 보광명지는 바로 그 자리에 있는 것이다. 이미 있는 그 보광명지를 바로 그런 것으로서 자각하기만 하면 되는 것이다.

2. 선의 수행 방식

1) 중국의 북점선과 남돈선

선은 중관이나 유식, 화엄이나 천태 등의 불교 종파가 인간과 세계 존재, 윤회와 해탈 등에 대한 방대한 이론체계를 전개해 나가면서 지나치게 번잡한 이론과 문자적 분별에 치우침으로써 정작 중요한 구체적 수행이나 깨달음의 증득에는 소홀하게 되는 한계가 있다고 생각했다. 따라서 선은 문자와 이론을 내세우지 않는 '불립문자', 석가가 전하고자 한 가르침의 핵심은 문자적 교설을 통해서가 아니라 그 이외에 다른 방식으로 특별하게 전해진다는 '교외별전', 직접적으로 인간의 마음을 지적한다는 '직지인심', 그리고 인간의 본성을 통찰하면 그로써 부처가 된다는 '견성성불'을 주장한다.

그렇다면 부처가 되기 위해 우리는 어떤 방식으로 수행해야 하는가? 문자를 세우지 않고, 교설의 번잡함을 떠나 석가가 전하고자 한 것은 과연 무엇인가? 직접적으로 지시하고자 한 인간의 마음이란 과연 어떤 마음인가? 마음이란 무엇인가? 뜰 앞의 잣나무나 기와 조각은 눈앞에 널려 있어 직접 지시가 가능하지만, 눈에 보이지도 손으로 만질 수도 없는 마음을 어떻게 직접 지시할 수 있단 말인가? 마음의 본성을 깨달음으로써 부처가 된다는 것은 무슨 의미인가?

불교에 따르면 인간의 심성은 본래 청정무구한데 무명에 가려져 있어 범부는 그 맑음을 그대로 드러내지 못하고, 번뇌와 집착의 업을 지음으로써 결국 그 청정함을 잃고 더럽게 때가 낀 마음을 갖게 된다. 그러므로 본래의 청정함을 확인하고 실현하자면, 우선 마음에 낀 때를 닦아

내는 작업, 지난 업으로 인해 훈습된 습기를 제거하는 작업이 필요하다. 이것이 견성을 위해 점진적 수행을 강조하는 신수(神秀, 606-706)의 다음 게송이 뜻하는 바다.

몸은 보리수이고	身是菩提樹
마음은 밝은 거울과 같다.	心如明鏡臺
수시로 부지런히 닦아	時時勤拂拭
먼지가 끼지 않도록 해야 한다.	勿使惹塵埃

그러나 본성의 청정함이 과연 업으로 인해 더럽혀질 수 있는 것인가? 그리고 본성의 깨달음이 과연 지난 습기를 제거하는 행위의 연속성상에서 발생하는 것일까? 본성의 깨달음이 과연 점진적 수행의 결과라는 인과의 연기과정으로 이해될 수 있는 것일까?

인간의 본성, 마음의 청정성은 업으로 인해 가려지거나 더러워질 수 있는 것이 아니라는 것, 따라서 본성의 자각은 업의 습기를 제거하는 점진적인 수행과정의 결과가 아니라, 어느 순간 불현듯 발생하는 탈시간적이며 탈연기적인 사건이라는 것을 강조하다 보면, 견성을 위해 요구되는 것은 점수가 아니라 갑작스런 깨달음인 돈오라고 주장하게 된다. 혜능의 다음 게송은 신수의 점수와 대비적으로 돈오를 강조하고 있다.

보리는 본래 나무가 없고	菩提本無樹
밝은 거울 역시 대가 아니다.	明鏡亦非臺
본래 한 물건도 없는데	本來無一物
어디에 먼지가 낄 수 있겠는가?	何處惹塵埃

본성의 깨달음인 견성이 점진적 수행의 결과가 아니라는 말은 결국 마음 본성의 자각은 거기 드리워진 업의 습기나 그 습기를 제거하려는 수행과정과 상관 없이 이미 모든 중생에게 다 갖추어져 있음을 의미한다. 마음의 밝음은 일반 범부의 미망과 번뇌 속에서도 언제나 마음의 근본 각성, 본각(本覺)으로서 이미 작용하고 있다는 말이다.

이로써 중국의 선에서는 본성의 깨달음인 견성에 대해 두 가지 상이한 입장이 생겨났다. 하나는 견성에 이르기 위해서는 우선 지난 업의 때를 닦아내는 점진적 수행이 요구된다는 것으로, 이것이 신수를 잇는 북점선(北漸禪)의 관점이다. 다른 하나는 지난 업의 때와 상관없이 불현듯 자신의 본성을 자각하는 순간적 돈오가 가능하다는 것으로, 이것은 혜능을 잇는 남돈선(南頓禪)의 입장이다.

2) 지눌의 돈오점수론

돈오는 마음의 본성의 깨달음, 즉 견성에 해당한다. 혜능의 남돈선이 강조하는 것은 마음의 본성은 마음의 때를 다 닦아내야, 즉 지난 업의 습기가 다 제거되어야 비로소 드러나게 되는 것이 아니라는 것이다. 인간 마음의 본성인 공적영지는 이미 중생 누구에게서나 작용하고 있으므로 업의 습기와 무관하게 언제라도 그 자각이 가능하기 때문이다. 그러므로 견성은 지난 업의 습기와 무관하게 얻을 수 있다.

자신의 본성을 자각하게 되는 방식을 지눌은 '적성등지법(寂惺等持法)' 또는 '무심법(無心法)'으로 제시한다. 적성에서 적(寂)은 마음에서 이런저런 마음의 작용들을 정지시켜 고요함을 유지하는 것이다. 감각이나 사유 또는 의지 등 대상지향적 마음작용을 멈추는 것이다. 그러면 마음의 작용대상인 마음의 내용이 사라지게 되므로, 마음은 텅 비어 빈 마음인 무심이 된다. 그런데 우리의 일상적 의식은 마음에서 그 대상이 사라지면 의식 자체도 사라져 혼미한 상태인 혼침, 즉 잠에 빠져들게 된다. 반면 고요함을 유지하되 마음이 잠들지 않고 깨어 있는 것이 성(惺)이다. 이처럼 고요하되 성성히 깨어 있으면, 그 때 마음은 무엇을 의식하게 되는가? 바로 공적의 마음 자체를 의식하게 된다. 공적의 마음이 본래부터 가지고 있던 자기자각성, 즉 공적영지를 깨닫게 된다. 이렇게 해서 자신이 본래 가지고 있는 마음의 공적영지를 바로 그런 것으로서 깨닫게 되는 것이다. 이것이 곧 본각을 바로 그런 것으로서 깨닫기 시작하는 시각(始覺)이다. 바로 자신의 본성을 자각하는 견성(見性)인 것이다.

그러나 견성이 지난 업의 습기와 무관하게 얻어질 수 있다는 것은 곧 자신의 본성을 깨닫는 견성이 있다고 해서 그로써 당장 불과(佛果)에 이르러 성불(成佛)하는 것은 아님을 말해 준다. 나의 본성이 부처의 본성과 근본적으로 다르지 않다는 것을 깨달았다고 해도 그 동안의 나의 삶이 부처의 삶과 달리 무명과 미혹에 휩싸이고 탐심과 진심에 이끌려 온갖 업을 짓는 그런 삶이었다면, 그 업이 남긴 번뇌의 습기인 유루종자는 본성의 자각에도 불구하고 그대로 남아 있는 것이다. 그러므로 성불에 이르기 위해서는 견성 이후에 번뇌의 습기, 유루종자를 없애 나가는 수행이 요구된다. 이 수행은 본성의 자각인 견성처럼 불현듯 순간적으로 일어나는 것이 아니라, 유루종자가 시간의 흐름 안에서 점진적으로 쌓여 왔듯이 그렇게 점진적으로 닦여 나가야 한다. 그래서 이를 '점수'라고 하며, 깨달음 이후의 수행인 '오후수(悟後修)'라고 한다.

본성의 깨달음 이후 그 청정한 본성을 매 순간마다 실현시켜 나가는 것, 그렇게 해서 탐심과 진심에서 비롯된 지난 업의 습기들을 모두 닦아 나가는 것이 점수의 과정이다. 업의 습기인 유루종자들이 다 닦여

나가면, 청정한 본성이 거침없이 펴져 나가게 될 것이다. 그러면 자성본용뿐 아니라 수연응용에서도 모든 마음의 작용이 다 청정한 작용이 되며, 이 때가 돈오와 점수가 모두 완성된 경지가 된다.

3. 지눌의 일심에 입각한 화엄교판 비판

지눌은 일심에 따라 부처와 중생뿐 아니라, 불교 내의 여러 교리들 역시 결국 하나라는 것을 주장한다. 원효와 마찬가지로 일심에 입각한 회통을 보여 주는 것이다.

> 『화엄론』과 『기신론』의 일심 삼대의 이치의 자세하고 간략하기와 벌리고 합침이 근기를 따라 다르지만, 다 현재 범부들의 마음 속에 포섭되는 이치다. 그런데 다만 말의 가르침을 따라 날이 다하도록 논쟁하면서, 교만과 승부의 마음만 늘리어 일생을 허송하고 마음을 비추어 깨끗한 행(行)을 부지런히 닦을 줄을 모르니 어찌 부끄럽지 않겠는가?[10]

이는 화엄에서의 사사무애적 일심사상과 『대승기신론』에서의 일심사상이 그 핵심에서는 다를 바가 없다는 것이다. 이는 결국 부처나 조사(祖師)뿐 아니라 일반 범부의 마음도 모두 다 일심으로서 다를 바가 없는 것과 같다. 그러므로 그 마음의 하나됨에 입각해서 그 하나의 마음, 일심의 깨침이 중요한 것이지, 사려분별로써 차이를 내세워 서로 논쟁하며 교설을 서열화하는 것은 오히려 어리석다는 것이다. 여기에서는

10 지눌, 『원돈성불론』(『韓國佛教全書』, 권4, 727하), 김달진 역, 『보조국사전서』, 164쪽.

『대승기신론』을 여래장사상으로 해석하여 대승종교로 규정하고, 화엄을 그보다 완성된 단계의 원교로 규정하는 화엄교판을 비판한 것이라고 볼 수 있다. 나아가 지눌은 화엄교판에서 선을 돈교로 해석하면서 화엄을 그 다음 단계로 놓는 것에 대해서도 비판적이다.

> 화엄교문에서 이치를 다 설명하지 못한 것이 아니라 다만 학자들이 말로 표시된 의리의 한계에 걸리어 뜻을 잊고 마음을 깨달아 보리를 빨리 증득하지 못하기 때문에, 달마스님이 서방에서 와서 "달은 손가락에 있는 것이 아니며, 법이 곧 내 마음이라는 것"을 알게 하려 했기에 문자를 세우지 않고 마음으로 마음을 전한 것이다. 그러므로 선문에서는 다만 집착을 부수고 종지(宗旨)를 나타내는 것을 귀히 여기고, 번거로운 말로 뜻을 나열하는 것을 귀히 여기지 않는다. 그러므로 집착을 부수는 모든 언구(言句)가 일분의 이치의 성품이 말을 떠나고 생각이 끊어진 이치에 어느 정도 가깝지만, 우매한 사람들은 그 이치를 알지 못하고, 그저 비슷한 말의 예를 가지고 선문을 돈교와 같다고 말한다. 그러나 그것은 큰 잘못이다. 설사 화엄의 다함이 없는 법계의 겹치고 오묘한 법문에 대해서도 그 법에 애착하여 앎의 분별[지해]을 버리지 못하면, 그것도 타파해야 할 것이다.[11]

이는 선이든 화엄이든 기신론이든 다 마음을 드러내고자 하고 그 마음의 본성을 깨닫게 하고자 하는 것이 목적일 뿐이라는 회통사상을 보여 준다. 그러면서 지눌은 특히 선을 마음의 본성의 자각만 내세우고 법계와의 연관성은 해명하지 못하는 것으로 판단하는 것에 대해 비판적이다. 지눌에 따르면 선 또한 법계의 근원, 현상세계의 근원을 밝힌 것

11 지눌, 『원돈성불론』(『韓國佛教全書』, 권4, 728상중), 김달진 역, 『보조국사전서』, 165-166쪽.

이다. 지눌이 강조하는 일심은 그냥 청정심만을 지시하는 것이 아니라, 수연하여 형성되는 법계의 근원이기 때문이다. 이를 보지 못하고, 선을 단지 인간 심성만의 문제로 간주하는 것은 선의 핵심을 놓친 것이 된다. 일체 현상세계 사물들이 모두 그 자체 본체가 없으므로 공하고 허깨비와 같으며, 따라서 일체 법계가 모두 청정심의 발현이라는 것을 지눌은 강조한다. 그러므로 선은 단지 본심을 깨치는 것에 그치는 것이 아니라, 마음 안에서 법계의 존재 근원을 확인하는 것이다.

> 본심을 깨치고 제 마음 거울 속에 제망처럼 겹겹한 다함이 없는 법계를 본 이런 일들은 선문의 기록 가운데 이루 다 셀 수 없을 만큼 있다.[12]

이렇게 해서 선이나 화엄이나 기신론 등이 모두 하나의 사상으로 회통된다. 근기에 따라 교설의 내용이 상세하거나 간략할 수 있어도 핵심은 하나라는 것이다. 그리고 일체의 불교 교설을 하나의 가르침으로 회통하게 해 주는 그 하나의 핵심 내지 하나의 근원은 결국 일심이다.

> 근기를 따라 가르침을 펼 때에 자세하고 간략한 것은 조금 다르지만, 그 근원은 하나임을 알아야 할 것이다.[13]

> 이것[선에 대한 화엄적 비판]은 다 말로 가르친 자취에 집착하고 걸리어, 옛 성인이 근기를 따라 가르침을 펼 때에 자세하고 간략함은 다르

12 지눌, 『원돈성불론』(『韓國佛敎全書』, 권4, 728상), "開悟本心, 得見自心鏡內, 帝網重重無盡法界者, 禪門傳記中, 不可勝數." (김달진 역, 『보조국사전서』, 165쪽).

13 지눌, 『원돈성불론』(『韓國佛敎全書』, 권4, 729상), "知隨機設敎, 廣略稍異, 其源一也." (김달진 역, 『보조국사전서』, 169쪽).

나 모두 일심을 가리켜 돌아가게 한 것임을 알지 못하는 것이다.[14]

불교의 모든 교설들을 마음의 본성과 그 자각으로 회통하여 이해할 때, 그 중심이 되는 것은 결국 일심이다. 일심은 한국불교에 있어 원효에서부터 이미 강조된 것이며, 지눌 또한 그것을 불교의 핵심으로 주목하고 있다. 이 일심이 바로 모든 중생의 마음이며, 이 일심의 본성이 바로 공적영지이고 보광명지다.

14 지눌, 『원돈성불론』(『韓國佛教全書』, 권4, 729중), "皆是執滯言教之跡, 不知先聖隨機設教, 廣略雖異, 無不指歸一心耳."(김달진 역, 『보조국사전서』, 170쪽).

제3부

유교적 전개

개관

유교는 중국 춘추전국시대 공맹의 인본주의 정신에 기반하되 한나라 동중서에 이르러 중국의 국교로 화할 만큼 사회윤리 및 정치질서 그리고 교육제도 등을 포함하는 포괄적 사유체계다. 지역적 근접성 때문에 유교는 한국에 불교가 전래되기 이전부터 이미 전파되었으며, 삼국시대부터 한국의 정치제도나 교육제도는 유교적으로 정비되었었다. 그러나 이것은 어디까지나 교육이나 정치 등 외적 제도상의 문제였고, 내적 수행이나 종교적 차원에서는 불교가 신봉되었고, 신라나 고려는 불교를 국교로 삼았었다.

중국에서는 당말부터 송대에 이르러서 유교를 새롭게 재정립하려는 시도가 있었으며 이를 공맹의 원시유학과 구분하여 신유학 또는 성리학이라고 부른다. 북송의 정이와 정호 이정(二程)에 이어 이를 완성한 사람이 남송의 주희(朱熹, 1130-1200)다.

정주의 성리학 체계는 고려 말부터 한국에 수용되었으며, 조선 건국과 더불어 배불숭유 정책을 따라 정주성리학의 유교가 국교로 채택되었다. 조선의 정치이념을 새롭게 확립하고자 한 정도전은 유교로써 불교를 비판했기에 유불 간의 공통점보다는 그 차이점이 더 크게 부각되고 있다. 반면 정치가가 아닌 학자로서의 권근은 유교를 마음의 자각성과 영명성에 입각한 내적 초월주의의 천인합일사상으로 전개함으로써 다시 한국적 일심사상의 맥을 이어가고 있다. 한국에서의 성리학이 중국의 주희성리학과 달리 객관적 리(理)보다는 오히려 주체적 심(心)을 더 강조하고 중시하는 것은 본래 한국의 정신에 내재되어 있던 심성의 허령한 자각성 및 주체성의 의식과 일맥상통한다고 본다. 조선시대 이황과 기대승의 논쟁을 기점으로 하여 사단칠정론, 인물성동이론, 미발지각설 등이 수백 년에 걸쳐 끊임없이 논쟁 주제로 부각되었던 것도 이런 맥락에서 이해될 수 있을 것이다.

여기에서는 정도전과 권근의 사상을 논한 후, 이황과 기대승의 사단칠정 논쟁과 그 이후 이이, 송시열, 김창협 등이 전개한 미발지각설을 살펴봄으써 한국의 일심사상, 심의 자각성과 주체성과 평등성에 대한 사유가 유교에서는 어떤 방식으로 전개되고 있는지를 밝혀본다.

1장

정도전: 불교와 유교의 갈등

삼봉 정도전(三峰 鄭道傳, 1337-1398)은 조선 건국 당시 태조를 도와 새로운 국가 건립의 이념 및 그 실현 방안을 제시한 사람이다. 그는 여말에 도입된 주희성리학의 유교로써 기존의 불교를 비판했는데, 그가 유교와 불교의 근본적 차이로 강조한 것은 인간과 우주 존재의 근본으로서의 리(理)를 종(宗)으로 삼는가 아니면 심(心)을 종으로 삼는가의 차이다. 그는 심보다는 리를 우선시하는 객관주의적 본질론의 유교를 채택했다.

이하에서는 우선 유교적 리 중심의 객관주의와 불교적 심 중심의 주체주의를 대립시켜 보고(1절), 이어 정도전의 불교 비판의 토대가 되는 유교적 세계관이 어떤 의미에서 객관주의적 본질론인가를 상술한 후(2절), 그러한 세계관에 입각하여 정도전이 행하는 불교 비판의 구체적 내용을 살펴보기로 한다(3절). 그리고는 다시 불교적 유심론의 관점에서 유교의 객관주의적 본질론을 비판적으로 검토함으로써 정도전의 불교 비판이 갖는 한계를 밝혀보기로 한다(4절). 이어 유교적 객관주의와 불교적 유심론의 관점 차이의 의미를 재음미하면서, 일심사상으로 면면히 이어지는 한국철학의 기본 정신을 부각시켜 본다(5절).

1. 유교의 리(理)와 불교의 심(心)

우주는 우리가 감각기관을 통해 보고 들으며 사유로써 측량해 알 수 있는 가시적 현상세계의 총체다. 이 현상세계는 그 자체의 원리와 법칙에 따라 운행되며, 인간 역시 우주적 현상세계의 일원으로 존재한다. 현상세계의 일원으로서 인간은 시간 흐름에 따라 생멸하며 자연의 인과 필연성에 지배받는 유한한 존재다.

그런데 인간은 현상세계의 일원이기만 한 것일까? 인간에게 현상세계를 초월하여 필연성으로부터 자유로울 수 있는 그런 무한의 능력은 없는가? 현상세계 안에서 인간의 존재론적 위상은 무엇인가? 이러한 물음은 인간 존재뿐 아니라 현상세계 존재를 함께 논하는 형이상학적 물음으로 이어진다. 즉 인간 개체 및 현상세계를 형성하는 근본 원리는 무엇인가? 그 원리에 대한 인간 마음의 존재론적 위상은 무엇인가? 비가시적 마음과 가시적 현상세계는 어떤 관계에 있는가?

인간이 경험하는 현상세계가 인간 마음 독립적으로 존재하는 객관적 실재라면, 그 안의 인간은 그 현상세계의 질서와 법칙에 의해 규정되는 유한한 존재일 수밖에 없을 것이다. 반면 우리의 현상세계가 그것을 경험하는 우리의 마음을 떠난 객관적 실재가 아니라 오히려 우리 자신의 마음에 의해 그런 모습으로 현현하고 그런 원리로 질서지어진 가상적 존재일 뿐이라면, 그러한 현상구성적 마음은 현상초월적 능력을 가진 것으로 간주될 수 있을 것이다. 전자의 관점이 현상세계와 그 세계의 원리를 객관적 존재 및 원리로 인정한다는 점에서 '객관주의적 본질론'이라면, 후자의 관점은 마음 너머 객관 실재를 인정하지 않고 현상세계 및 그 원리를 마음이 그린 가상으로만 간주한다는 점에서 '주체주의적 유심론'이라고 할 수 있겠다.

조선 초 정도전의 불교 비판에서 유교와 불교의 대립은 객관주의적 본질론과 주체주의적 유심론의 대립으로 드러난다. 정도전에게서 그 둘의 차이는 단적으로 객관적 원리인 리(理)와 주체적 심(心) 중 어느 것을 더 근원적 존재로 간주하는가의 차이가 된다. 유교에서의 심과 기(氣)와 리의 관계를 정도전은 다음과 같이 정리한다.

> 심(心)이란 것은 사람이 하늘에서 얻어서 태어난 기(氣)로서 허령불매하여 한 몸의 주인이 된다. 성(性)이란 것은 사람이 하늘에서 얻어서 태어난 리(理)로서 순수하고 지선하여 한 마음에 갖추어져 있다.[1]

심은 기의 산물이며 그 심에는 선천적 리가 성으로서 갖추어져 있다는 것이다. 마음에 구비된 이 리는 일체 존재가 따라야 할 바의 객관적 이치 내지 도리로서 만사의 규범 내지 기준의 역할을 맡게 된다. 따라서 인간이 인간다워지는 것, 천지만물이 그 각각의 본성을 다하게 되는 것도 다 이 객관적 리로 말미암는 것이다. 반면 불교의 핵심을 정도전은 리보다 심을 앞세우는 것으로 요약한다.

---

1 鄭道傳, 『佛氏雜辨』, 제3「佛氏心性之辨」, 449하, "心者, 人所得於天以生之氣, 虛靈不昧, 以主於一身者也. 性者, 人所得於天以生之理, 純粹至善, 以具於一心者也." 『불씨잡변』의 원문은 민족문화추진회 편, 『韓國文集叢刊』, 권5, 446-463쪽, 번역은 민족문화추진회 편, 『고전국역총서』, 제120권, 『국역 삼봉집』, 306-356쪽을 참고할 수 있다. 본문에서 정도전 유교사상 및 불교 비판은 그의 저서 『불씨잡변』, 『심기리편』, 『심문과 천답』에서 읽어내기로 한다.

석씨는 리(理)가 심(心)에 갖추어져 있음을 알지 못하고 심으로써 종(宗)을 삼는다.[2]

리보다 심을 앞세움으로써 리의 객관성과 우주 현상의 실재성을 간과했다는 것이 정도전의 불교 비판의 요지다. 심에 주어지는 리를 알지 못하고 오히려 심을 궁극적인 것으로 간주한다면, 리의 객관성과 보편타당성, 인간의 도덕성과 세계의 실재성이 부정되며 결국은 일체가 환(幻)이나 가(假)로 화하고 말기 때문이다.

이런 방식으로 정도전의 불교 비판은 리를 중심으로 하는 유교적인 객관주의적 본질론과 심을 중심으로 하는 불교적 유심론과의 대립이 된다. 그리고 이는 곧 정주성리학과 불교가 정면으로 대립하는 점이기도 하다.[3]

---

2 鄭道傳, 『心氣理篇』, 「理諭心氣편」, 468하, "釋不知理具於心, 而以心爲宗." 『심기리편』은 정도전의 글에다 권근이 본문보다 훨씬 많은 양의 주를 달아 간행한 것이다. 『심기리편』 원문은 민족문화추진회 편, 『韓國文集叢刊』, 권5, 464-470쪽, 번역은 민족문화추진회 편, 『고전국역총서』, 제120권, 『국역 삼봉집』, 357-371쪽을 참조할 수 있다.

3 여말 선초 어떠한 시대적 상황에서 불교가 유학자들로부터 비판받게 되었는가에 대한 논의는 여기에서는 생략하며 다음만 언급하기로 한다. 대세가 유교로 기울고 불교가 설 자리가 없어지자 불교인들은 유불도 삼교가 근본적으로 서로 다른 것이 아니라는 삼교일치론 내지는 불교는 내적 정신수양, 유교는 외적 통치이념이라는 서로 다른 역할을 담당하며 병존해야 한다는 유불조화론을 제시하기도 했다. 이러한 시도의 대표적 책으로 己和의 『현정론(顯正論)』(『韓國佛敎全書』, 권7, 217-225쪽), 작자 미상의 『유석질의론(儒釋質疑論)』(『韓國佛敎全書』, 권7, 252-279쪽; 송재운 역, 『유석질의론』, 동국대 역경원, 현대불교신서 51, 1984)을 들 수 있다. 그러나 강세를 점한 유학자들은 신국가 체제 정비를 위한 새로운 이념 확립을 위해 구 이념인 불교를 철저히 부정해야 할 필요성을 느꼈으며 따라서 그들의 불교 비판은 더욱 철저해졌다. 비판을 구체적 현실에서의 불교의 사회윤리적 실천 방면에 국한하여 제기한 온건한 비판자들도 있었지만, 좀더 철저하게 불교의 존재론과 인간관 등 그 사상적 핵심 자체를 문제삼는 강력한 비판자들도 있었다. 전자에는 李穡, 李齊賢 등이 속하고, 후자에는 金貂, 朴礎, 정도전 등이 속한다. 정도전은 후자의 대표적 인물이라고 할 수 있다. 즉 유교사상가로서의 정도전이 행한 불교 비판은 당시 불교가 사회에 끼친 좋지 않은 영향들, 즉 사회윤리적 또는 정치경제적 측면들에만 국한된 것이 아니다. 그는 인간의 사회윤리적 또는 정치경제적

2. 유교의 객관주의적 본질론

1) 기: 개체의 우연성과 전체주의적 결정론

정도전의 유교사상에 따르면 일체 존재는 모두 기의 화합 결과물이다. 무생물에서부터 동식물을 거쳐 인간에 이르기까지 모든 개체가 다 기(氣)의 산물이다.

행태들은 특정한 세계관 내지 인간관의 형이상학에서 비롯된다는 것을 간파했으며, 따라서 그보다 근본적인 비판은 바로 그 사상의 핵심인 형이상학적 명제들에 대한 비판이어야 한다는 것을 알고 있었던 것이다. 이영춘의 다음 구절은 이를 잘 말해 준다. "그[정도전]의 비판은 단순히 불교의 사회적 폐단을 지적하는 데 그치지 않고 불교 교리에 대한 본격적인 철학적 비판을 제기했다는 점에서도 주목된다"(이영춘, 「정도전의 배불론과 그 성격」, 『한국사상과 문화』, 창간호, 167-168쪽). 반면 한형조는 출가나 자비 등 불교의 비인륜성 비판에 대해 주희와 정도전을 비교하면서 다음과 같이 주를 단다. "두 사람 사이에 미묘한 차이가 있다. 주희가 이 문제를 철학적이고 형이상학적인 배경과 연계해서 체계적으로 비판해 나가는 데 비해, 정도전은 불교의 '사회적 측면'에 더 깊이 주의한다. 윤회와 인과를 『불씨잡변』의 첫머리에 배치하고, 훼기인륜, 자비, 지옥, 화복, 걸식 등의 논점에 주력한 것으로 짐작할 수 있다. 이들 문제를 다루는 그의 글은 힘있고 절실하다. 이에 비해 철학적·형이상학적 논제를 다룰 때는 내용도 소략하고, 분량도 적으며, 주희의 언설을 인용하는 데 그친다"(한형조, 「주희와 정도전의 배불론」, 한국철학회 편, 『철학』, 제61집, 1999, 31쪽). 그러나 정도전이 윤회나 인과를 논할 때 뿐 아니라 인륜이나 자비를 논할 때에도 그것을 단지 사회적 측면에서 다루는 것이 아니다. 정도전은 불교를 그 철학적 형이상학적 문맥에서 비판하고 있는 것이다. 이 점에서 한영우 역시 정도전의 불교 비판에 대해 "성리학의 입장에서 불교를 이렇듯 철저하게 비판한 것은 동아시아 세계를 통틀어 전무후무한 것으로 사상사적으로 매우 중요한 의미를 갖는 것"이라고 말할 수 있었던 것이다(한영우, 『정도전 사상의 연구』, 서울대출판부, 1983, 47쪽). 이처럼 유교적 관점에서는 정도전의 불교 비판이 철저하고 결정적인 것으로 간주되었지만, 불교인들이 그 비판을 진지하게 받아들이고 심각하게 고려하여 재반론한 흔적은 찾아보기 힘들다. 『유석질의론』은 내용적으로 보아 당시 유교식의 불교 비판에 대한 불교적 관점의 재반론이라고 볼 수 있지만, 다만 그 저술이나 간행 연도가 정확치 않아 불씨잡변과의 직접적 연관 관계를 단정하기는 힘들다. 이하 본문 중 정도전의 불교 비판에 대한 반론을 펴는 제4절에서는 『유석질의론』을 인용할 것이다.

사람과 만물은 모두 천지의 기에 의해서 생한다.[4]

만물은 기가 화합하여 개체로 생성된 것이다. 자연의 일체 존재를 연속성으로 이해하는 정도전에 따르면 개체적 형태와 생명 작용뿐 아니라 지각의 심리 작용도 다 기의 화합 결과 발생하는 기의 작용일 뿐이다.

기가 응취하면 형질이 되고 신기가 된다.[5]

기가 응취하면 개체적 몸인 형(形)이 형성되고 그로부터 마음작용인 신(神)이 발생한다는 것이다. 이처럼 개체적 마음작용을 기가 취합하면서 자연적 방식으로 형성되는 것으로 보며, 마찬가지로 그 개체를 이루던 기가 흩어져 버리는 죽음에 이르면 다시 자연적 방식으로 그 마음작용도 동시에 소멸하는 것으로 간주한다.[6]

---

4 『불씨잡변』, 제1「불씨윤회지변」, 447하, "人與萬物, 皆爲天地之氣所生."

5 『불씨잡변』, 제4「불씨작용시성지변」, 450하, "氣之凝聚者爲形質爲神氣."

6 이는 정도전이 수용하고 있는 유교사상의 기본 특징이다. 개체적 신체뿐 아니라 생명작용이나 마음 활동까지도 모두 기를 통해 설명하는 것이다. 주돈이는 『태극도설』에서 "형태가 생겨나면 신이 지각을 발한다(形既生矣, 神發知矣)" 고 말한다. 마음은 기가 화합해서 생긴 신체의 작용일 뿐이다.

유교는 근본적으로 동일한 기이기는 하지만 형태화하여 신체를 형성하는 기와 그 신체상에서 정신작용을 일으키는 기를 다시 구분해서 개념화하기도 하는데, 그것이 곧 魄과 魂이다. 맑고 통하는 기가 천기이고 탁하고 막힌 기가 지기라면, 혼기는 천기에 속하는 것이고 백기는 지기에 속하는 것이다. 인간을 몸과 마음의 결합체로 말하고자 할 때는 백기와 혼기의 결합체로 논해진다. 이 경우 인간의 죽음은 곧 두 기인 혼기와 백기의 흩어짐으로 간주된다. 분리되고 흩어진 혼기는 하늘로, 백기는 땅으로 돌아간다고 보는 것이다.

그러나 이 경우에도 심신일원론의 관점에 있는 정도전은 혼기를 사후에 하늘로 올라가 그 자체만으로 떠도는 '游魂'과 같은 것으로 오해해서는 안 된다고 강조한다. 오히려 혼기는 신체적 백기 안에 가능태로서 잠재해 있다가 구체화되는 것이며 또한 백기가 다하면 더불어 사라지는 것으로 간주한다. 이러한 혼백의 관계를 정도전은 『불씨잡변』, 제1「불씨윤회지변」에서 불과 나무의 관계에 비유한다. 즉 나무를 부딪쳐 불을 일으킬 수 있는 것은 나무 여기에서 정도전은 죽음이란 기가 흩어져 개체 생명이 끝나는 것일 뿐 아니라 나아가 그렇게 흩어진 기 자체마저도 남김 없이 소멸하고 마는 것이라고 주장한다. 기 안에 개체의 흔적이 남아 있을 수 있는 가능성, 따라서 그 기의 재화합을 통해 개체의 연속성이 유지될 수 있는 가능성마저도 철저히 배제하는 것이다.[7]

> 하늘과 땅 사이는 용광로와 같아 비록 생물이라고 할지라도 모두 다 녹아 없어진다. 어찌 이미 흩어진 것이 다시 합해지며, 이미 간 것이 다시 올 수 있겠는가.[8]

기가 흩어지면 생명은 멸한다. 그리고 일단 흩어진 기는 다시 모일 수 없다. 흩어진 기는 그로써 소멸하며, 새로운 개체를 형성하는 기는

안에 본래 불이 있기 때문이며 따라서 나무가 열이 나면 저절로 불이 생하게 된다. 이렇듯 혼은 백 너머에 따로 존재하는 것이 아니라 '백 중에 원래 혼이 있어' '백이 따뜻해지면 혼이 되는' 것이고 결국 백이 사라지면 혼도 사라지게 된다는 것이다. 나무가 다 타서 연기가 위로 오르고 재가 땅에 남듯이, 인간의 생명이 다하면 혼기는 위로 백기는 아래로 흩어지는데, 위로 오른 연기가 결국 흩어져 사라지고 말 듯 혼기는 그렇게 멸한다는 것이다. 합해짐으로써 개체를 형성했던 기가 때가 되어 다시 흩어지게 되면 그것이 곧 그 개체의 죽음이며, 죽음에서 몸과 마음, 형과 신은 함께 멸한다는 것이다.

7 개체를 형성하다가 흩어진 기가 그로써 소멸하는가 아니면 존속하다가 다시 새로운 개체를 형성하게 되는가의 문제는 송대 성리학 내에서도 논쟁거리였다고 볼 수 있다. 기철학자 張載(1020-1077)는 현상계의 동질성의 근거로서 기의 불멸성을 주장하며 기는 취산을 반복하되 소멸하지는 않는다고 보았다. 그렇지만 기의 흩어짐이 곧 죽음을 뜻하며 흩어진 기에 영혼이 있을 수는 없다고 봄으로써 불교 윤회설을 부정했다. 그런데 흩어진 기가 다시 모일 수 있다는 장재의 주장이 윤회와 통할 수 있다는 점을 간파한 정이는 불생불멸하는 것은 리이지 기가 아니라고 강조하며 기의 불멸성을 부정하고 흩어진 기는 다시 결합하지 않고 소멸한다고 주장했다. 주희 역시 정이와 마찬가지로 흩어진 기는 소멸한다고 보았으며, 이 점은 정도전도 마찬가지다.

8 『불씨잡변』, 제1「불씨윤회지변」, 447上下, "天地間如烘爐, 雖生物皆銷爍已盡, 安有已散者復合, 而已往者復來乎."

새롭게 생성된 기다. 이것이 곧 유교의 생생(生生)의 원리다. 그렇다면 기는 어떻게 생성되는 것인가?

기가 생성되게끔 하는 것은 태극(太極)으로서의 리(理)이며, 기의 자연 세계를 질서 있게 운행시키는 것 역시 리다. 리에 의해 생성되는 기에는 음양 이기(二氣)와 목화토금수 오행(五行)의 구분이 있으며 이들이 서로 결합하여 개체를 생성하게 된다. 그런데 리에 의해 규정되는 기의 운행 방식은 그 전체적 측면에서는 조화와 질서가 있지만, 각 개체의 관점에서 보면 특정 개체가 왜 특별히 그 기를 받아 그런 모습의 존재가 되었는가에 대한 답이 될 만한 의도된 예지나 계획 또는 필연성은 없다. 각 개체를 구성하는 기의 트임이나 맑음, 두터움이나 높음이나 길이의 정도는 생성 내지 탄생 순간 일월성신과 천지를 포함한 전체 주위 환경의 상황에 의해 결정되므로 결국 개체의 관점에서 보면 일체는 우연이 되는 것이다.[9] 정도전은 개체 존재의 다양성이 함축하는 우연성을 누룩과 엿기름으로 만든 술의 온갖 차별적 맛의 우연성에 비유한다.

> 이 모두[다양한 맛의 술]가 다 일시적으로 마침 그렇게 되어 그럴 뿐이지 술을 만드는 데에 무슨 인과의 보응이 있어 그렇다고 하겠는가? …… 이른바 음양오행의 기는 서로 엇바뀌어 운행되며 서로 들쭉날쭉하여 가지런하지 않다. 그러므로 사람과 만물도 만 가지로 변하여 태어나는 것이니 이치가 또한 이와 같다.[10]

---

9 각 개체가 인간이 되는가 그 밖의 생물이 되는가 또는 인간 중에서도 智者인가 愚者인가, 富者인가 貧者인가 등의 차이를 모두 개체의 기의 차이로 설명한다. "기의 통함과 막힘, 치우침과 바름, 맑음과 탁함, 두꺼움과 엷음, 높고 낮음, 길고 짧음의 차이가 있다. 그리하여 사람과 만물이 생겨날 때 그 때를 만나 바름과 통함을 얻은 것은 사람이 되고 치우치고 막힘을 얻은 것은 물이 된다." (『불씨잡변』, 제2「불씨인과지변」).

10 『불씨잡변』, 제2「불씨인과지변」, 449상, "此固適然而爲之耳. 亦有所作因果之報應歟. ……

그러나 이 우연성은 개체의 관점에서만 성립하는 것이지, 개체 상황을 결정짓는 전체 기의 운행의 관점에서 보면 일체는 이미 결정되어 있다. 전체적 기의 배치상황에 따라 개체의 운명이 결정되는 것이다. 이는 곧 개체의 존재는 개체 자체에 의해 규정되지 않고 오히려 그 개체를 포괄하는 전체 기의 상황에 의해 규정된다는 전체적 결정성 및 개체적 우연성을 말해 주는 것이다. 그러한 기의 전체적 운행을 결정짓는 것이 바로 리(理)다.

2) 리: 객관적 인륜법칙과 자연법칙으로서의 리

유교가 현상 차원의 기일원론에 그치지 않는 것은 기의 생성 근거를 형이상학적 리로 보기 때문이다.[11] 즉 유교에서 기는 태극 내지 무극의 리로부터 생한 것이다. 리는 개체로 형태화할 기의 구체적 운동에 앞서 존재하면서 그 운동을 가능하게 하는 이치다. 이것은 우주를 관장하는 하나의 포괄적이고 보편적인 리다. 그 리에 따라 기가 응취하고 형질화되어 개체가 형성되게 되는데, 이 개체에 내화된 리가 곧 그 개체의 성(性)이 된다. 따라서 리는 각 개체에 있어 각 사물의 그 다움을 유지시켜 주는 각각의 성이 되며, 그것을 각각의 도(道)라고 한다.[12]

所謂陰陽五行之氣, 相推迭運參差不齊, 而人物之萬變生焉. 其理亦猶是也." 여기서 정도전은 술을 담글 때 그 맛이 누룩과 엿기름과 물의 배합 비율뿐 아니라 항아리의 상태, 담가 놓는 시간, 그 때의 온도와 습도 등 일체 여건에 따라 달라진다는 것을 말한다.

11 "천지만물이 있기 전에 필경 태극이 먼저 있어 천지만물의 이치가 그 가운데에 이미 혼연히 갖추어져 있다. 그러므로 '태극이 양의를 생하고 양의가 사상을 생한다'고 했으니 천만 가지 변화가 모두 이로부터 나온다(蓋未有天地萬物之前, 畢竟先有太極, 而天地萬物之理, 已渾然具於其中. 故曰太極生兩儀, 兩儀生四象, 千變萬化皆從此出.)" (『불씨잡변』, 제9「불씨진가지변」, 452하).

심신에는 심신의 도가 있어 가까이는 부자, 군신, 부부, 장유, 붕우에서부터 멀리는 천지만물에 이르기까지 각각 그 도가 있지 않음이 없다.[13]

이처럼 정도전은 기의 화합으로 성립하는 개체들의 존재 방식에 대해서는 우연론을 주장하지만 개체를 통합하는 전체의 관점에서는 각각의 개체가 실현시켜야 할 본성 내지 도가 존재한다고 보는 본질론을 주장한다. 각 개체의 본질은 개체를 형성하는 개별적 기로부터가 아니라 그런 기의 운행의 근원으로서의 보편적 리로부터 부여되는 것이다. 따라서 리는 형이하의 기로부터 발생하는 개체 내재적 원리가 아니라 형이상의 태극으로부터 개체에 부여되는 외적 원리라고 볼 수 있다. 리는 각 개체에 그 개체의 성으로서 부여되는 것으로 개체를 통해 장차 실현되어야 할 가능성일 뿐이다.

개체 안에 내재된 보편적 리 내지 성으로서의 가능성을 현실성으로 실현시키는 것이 인간의 사명이다. 즉 인간이 인간다운 것은 다른 존재들과 달리 오직 인간만이 기의 통합과 바름으로 인해 우주의 리, 자신의 성을 인식하고 그것을 의도적으로 실현할 수 있다는 것이다. 리를 인식할 수 있는 것은 인간 심에 리가 부여되어 있기 때문이다.

---

12 일체의 개체적 존재는 한편으로는 우주 보편적 리를 가지고 있고 또 다른 한편으로는 그 각각의 특수 존재를 규정하는 개체적 리를 자신의 성으로 가지고 있다. 전자가 태극의 리, 하나의 리, 理一에 해당하고, 후자가 개체의 리, 分殊된 리에 해당한다. 모든 개체는 자기 자신의 성을 갖고 존재하는 것이며 그 성을 곧 도라고 한다. 도는 형이상의 원리로서 기로 형성된 형이하의 개체들이 따라야 할 기준과 준칙의 역할을 하는 것이다. "道란 것은 理이니 형이상의 것이요, 器란 것은 物이니 형이하의 것이다. 대개 도의 근원은 하늘에서 나와서 물마다 있지 않음이 없고 언제나 그에 해당되지 않음이 없다"(『불씨잡변』, 제6「불씨매어도기지변」).

13 『불씨잡변』, 제6「불씨매어도기지변」, 451상, "身心而有身心之道, 近而卽於父子君臣夫婦長幼朋友; 遠而卽於天地萬物, 莫不各有其道焉."

리는 개체에 부여된 본성이란 점에서는 소이연지리(所以然之理)이지만 장차 실현되어야 할 본질이라는 점에서는 소당연지리(所當然之理)다. 그것은 각 개체가 되어야 할 바의 도리이고 기준과 척도의 역할을 하는 것이다. 그것은 인간에게는 실현되어야 할 도덕원리이며, 천지만물에게는 실현되어야 할 본질인 당연지칙이 된다. 이와 같이 형이상의 리를 개체의 성으로 인정함으로써 유교는 인간 사회의 도덕규범이나 자연세계의 객관적 질서를 주장하게 된다. 천리로부터 인간에 부여된 인간의 성, 인간이 인간인 한 실현시켜야 할 인간의 도는 곧 인의예지의 도덕성이다.

> 지각과 운동의 움직임은 사람이 동물과 같으나 인의예지의 순수한 것은 사람이 동물과 다르다.[14]

나아가 인간 마음에는 인간 자신의 성뿐만 아니라 우주 전체의 보편적 리가 주어져 있으므로 자신 바깥의 사물 각각의 성도 인식할 수 있다. 구체적 사물에 접해서 사물을 인식하는 것과 그 사물의 당연지리의 도를 아는 것은 서로 구분된다. 구체적 사실인식은 사물로부터 오지만, 그것을 넘어서는 당연지리로서의 기준은 인간 마음 안에 이미 구비되어 있다. 그러므로 정도전은 사물 인식에서도 심 안에 리가 구비되어 있어 인간이 능동적이고 주체적으로 사물의 당연성을 얻음을 강조한다.

> 오직 이 마음이 리를 구비하고 있으므로 사물이 오면 거기 응해서 그

14 『심기리편』, 「리유심기편」, 467하, "知覺運動之蠢然者, 人與物同; 仁義禮智之粹然者, 人與物異."

당연성을 얻지 못함이 없으니, 그것으로 사물의 마땅하고 마땅하지 않음을 처리하면 모든 사물이 다 나의 명령을 듣는 것이다.[15]

마음 안에 구비되어 있는 리는 사물과의 관계에서 마땅히 어떻게 관계해야 하는가의 기준으로 작용한다. 대응방식을 제시하는 것이다. 따라서 마음 안의 리는 마치 저울에서 눈금과 마찬가지의 역할을 하며, 나머지 개별 사물들은 그 눈금에 따라 평가되고 측량되기 위해 저울에 올려지는 사물과 같다. 인간은 사물과 관계할 때에도 항상 스스로 그 기준이 되며, 사물은 모두 나로부터 그 명을 들어야 하는 것으로 간주된다. 이처럼 정도전은 인간의 심에 부여된 리를 통해 인간의 도덕성뿐 아니라 천지사물과의 관계에서의 능동성까지 주장하고 있다.[16]

3) 심: 기의 산물로서의 유한자

인간은 기의 취합 결과물로서 존재한다. 개체의 발생은 전체적인 기의 운행을 통해 규정되고, 기의 운행은 천지자연의 전체 리에 의해 결

---

15 『불씨잡변』, 제3「불씨심성지변」, 450상, "惟其此心具衆理, 故於事物之來, 應之無不各得其當, 所以處事物之當否, 而事物皆聽命於我也." 정도전은 유교에서의 심과 성과 정의 관계를 다음과 같이 강조한다. "허령불매한 것은 마음이고, 모든 이치를 다 갖춘 것은 성이며 만사에 응하는 것은 정이다(虛靈不昧者心也, 具衆理者性也, 應萬事者情也.)" (『불씨잡변』, 제3「불씨심성지변」, 450상). 이는 물론 주희의 『대학장구』 중의 한 구절 "明德者, 人之所得乎天, 而虛靈不昧, 以具衆理而應萬事者也."를 부연 설명한 것이다. 여기서도 중요한 것은 마음에 구비되어 있는 성으로서의 리다. 만사에 응하는 정은 이미 마음 안에 갖추어진 성의 발현으로 간주되는 것이다.

16 인간 자신 안의 도덕성을 발견하려는 것과 사물과의 관계에서 그 당연성을 얻으려는 이 두 가지 측면이 유교의 수양공부 방법을 결정한다. 하나는 자신의 심의 바름을 얻으려는 내적 공부인 함양의 敬공부이며, 다른 하나는 자신 바깥 세계의 질서와 이치를 밝혀 알고자 하는 격물치지의 窮理공부다.

정된다. 이처럼 개체는 전체적 리와 그 리에 따르는 기에 의해 규정되는 존재이므로 각각의 규정된 위치를 넘어서는 초월이란 불가능하다. 전체 틀을 알고 따르며 수용하는 것 이외에 개체가 이룰 수 있는 것은 없다. 전체의 질서는 이미 정해져 있고, 인간은 그것을 알고 따르고 실현시킴으로써 자신의 삶을 다할 뿐이다.

결국 인간이 인간다운 것은 인간을 형성한 바르고 트인 기로 인해 자기 자신과 천지만물의 성을 인식하고 그것을 실현할 수 있다는 것이다. 이처럼 천지의 리를 자각할 수 있는 능력을 갖춘 것이 곧 마음이다. 그러나 정도전에게 마음 그 자체는 기의 산물일 뿐이다. 그래도 마음에 특별히 의미가 부여된다면, 그것은 오직 그 마음에 구비된 리 때문이다. 만약 인간 심은 있되 그 안에 리가 성으로서 구비되어 있지 않다면 인간의 심 역시 동물과 마찬가지로 욕망에 따라 움직일 뿐 사욕을 규제할 규범을 결한 것이 될 것이다. 마음이 신명의 집이 될 수 있는 것도 거기 갖추어진 리 때문이다.

> 마음은 신명의 집이며, 성은 거기 갖추어진 리다.[17]

이처럼 리는 마음에 구비된 성으로 주어지기는 하지만, 그 성이 곧 심성으로서 심과 동일시될 수 있는 것은 아니다.[18] 심이 성과 정을 통섭한다고 해도, 성은 심에 부과되고 심은 그것을 인식하고 실현해야 하는 것이므로, 성은 어디까지나 심과 구분되는 심 밖의 객관 실재인 것이다.

---

17 『불씨잡변』, 제3 「불씨심성지변」, 449하, "心者神明之舍, 性則其所具之理."

18 이 점에서 주희성리학은 기본적으로 '心卽氣, 性卽理'다. 이런 관점에서 유교는 불교의 '心卽性'을 비판하며, 불교의 영향을 받은 양명학의 '心卽理' 역시 비판하는 것이다.

3. 유교적 관점에서의 불교 비판

1) 개체적 업력의 규정성 비판

(1) 윤회설 비판

정도전의 『불씨잡변』은 불교의 윤회사상에 대한 비판으로 시작한다. 인간이 죽어도 그 정신만은 멸하지 않고 남아 다시 다른 몸을 받고 이 세상에 태어난다는 윤회설은 맞지 않다는 것이다.

> 불씨는 말하기를 사람이 죽어도 정신은 불멸하고 다시 돌아와서 몸을 받게 된다고 한다. 이로부터 윤회설이 흥하게 되었다.[19]

유교에 따르면 정신은 신체적 형태가 갖추어지면서 발생하는 신체의 한 가지 기능이지 존재론적으로 신체와 다른 위상을 가지는 것이 아니다. 그러므로 기가 흩어지면 정신작용도 따라서 멸하게 되므로 다시 다른 몸을 받고 태어날 수 있는 것이 아니라고 한다. 불교 역시 불멸적 자아동일성에 입각한 영혼불멸설을 주장하는 것은 아니다. 그러나 한 오온(五蘊)의 개체가 행한 업의 세력은 그 오온이 멸해도 남겨져서 그 다음의 개체적 오온을 형성하게 된다. 이 점에서 업력을 매개로 한 연속성은 인정되는 것이다. 반면 정도전은 자기동일적인 실체적 자아는 말할 것도 없고, 나아가 각 개체를 형성했다가 죽음의 순간 흩어지는 기에

---

19 『불씨잡변』, 제1 「불씨윤회지변」, 447상, "佛之言曰, 人死精神不滅, 隨復受形, 於是輪廻之說興焉."

대해서도 그 작용력을 부정한다. 즉 죽음에 있어 자기동일적 정신이 살아남지 않을 뿐 아니라 그 개체를 형성했던 기 자체도 흩어지면서 동시에 멸한다고 보는 것이다.[20] 그러므로 다음 개체를 이루는 기는 앞서 흩어진 기와는 완전히 다른 새로운 기라는 것이다. 이처럼 정도전은 업력(業力)에 의한 불교적 윤회설을 반박하기 위해 개체를 형성하는 기의 단멸성을 주장한다. 개체를 형성하던 기는 흩어지면서 동시에 멸하므로 절대로 다시 화합해 그 다음의 개체를 이루는 일은 있을 수 없다고 보는 것이다. 겨울에 나뭇잎이 떨어지고 다음해에 거기에 새 잎이 돋아나도 새 잎은 새로 생성된 기에 의해 새롭게 생한 것이지 떨어진 잎의 기가 멸하지 않고 남아 본원으로 갔다가 다시 새 잎을 살아나게 하는 것은 아니라고 말한다.

> 이미 떨어진 잎이 본원으로 돌아갔다가 다시 생하는 것이 아니다.[21]

---

20 일반적으로 윤회설은 두 가지 방식으로 이해될 수 있다. 하나는 자기동일적인 자아 내지 정신이 존재하여 몸(형)을 바꿔가면서 생을 거듭하여 존재한다는 것이고(유아윤회론), 다른 하나는 자기동일적 자아는 없지만 전생의 오온이 지은 업력으로 인해 현생의 오온이 발생하게 되므로 업력으로 인한 오온 간의 연속성이 존재한다는 것이다(무아윤회론). 불교의 윤회설은 후자에 해당한다. 그런데 정도전은 이 두 가지 가능성을 다 비판하는 것이라고 볼 수 있다. 그러므로 정도전의 불교 윤회 비판에 대해, 불교는 기본적으로 인간 사망 시 몸은 멸하고 정신은 살아남아 다시 태어난다는 영혼불멸설을 주장하는 것이 아니라 오히려 그런 불멸의 영혼 존재를 부정하는 무아설을 주장하므로 정도전의 비판은 불교의 기본 원리도 모르고 한 것이라고 일축해 버리는 것은 문제가 있다. 정도전이 문제로 삼는 것은 영원히 불멸하는 자기동일적 영혼이 있는가 아닌가가 아니라, 육체가 멸하는 죽음과 더불어 일체가 함께 멸하는가 아니면 무엇인가가 멸하지 않고 남겨지는가이기 때문이다. 그리고 불교는 분명히 몸은 죽어도 그로써 일체가 끝나는 것이 아니라, 무엇인가가 죽지 않고 남아 내생을 이끈다는 윤회를 설하고 있다. 이에 반해 유교의 정도전은 자연의 생생성을 강조하기 위해 기의 불멸성이 아닌 단멸성을 주장한다. 개체의 죽음과 더불어 남겨지는 것은 아무것도 없게 되는 것이다.

21 『불씨잡변』, 제1「불씨윤회지변」, 447하, "非已落之葉, 反本歸源而復生也."

그러므로 옛것과 새것 간에는 어떠한 연관성도 없고 따라서 새것과 옛것 간에 업력으로 인한 연속성을 주장하는 불교적 윤회는 옳지 않다는 것이다. 유교는 부모와 자식의 기를 같은 기로 간주하므로 기의 연속성은 오히려 부모 자식 간에서 찾을 수 있을 것이다. 그러나 그것은 기의 종류가 같다는 것이지 동일한 기라든가 기 자체의 연속성이 있다는 말은 아니다. 왜냐하면 부모를 형성한 그 기는 부모가 죽을 때 흩어져 없어지게 되지 그것이 자식으로 연결되는 것은 아니기 때문이다. 단지 같은 종류의 기이므로 부모의 사후에도 완전히 흩어지기 전에는 자식이 제사를 드리면 그 기를 다시 잠깐 불러 모을 수 있다고 논한다.

(2) 인과응보설 비판

불교에서 업력에 따른 윤회를 설하는 것은 업(業)과 보(報)의 인과성을 주장하는 것이다. 불교에 따르면 새로 형성되는 오온은 그 이전 오온이 지은 업력의 선악에 따라 어떤 근(根)을 가진 존재인지, 즉 천인, 인간, 수라, 축생, 아귀, 지옥 중 어떤 존재인지가 결정되며, 또 인간 중에서도 낙과(樂果)의 삶인가 고과(苦果)의 삶인가가 결정된다.

따라서 정도전의 윤회설 비판은 인과응보설 비판으로 이어지게 된다. 정도전에 따르면 각 개체는 새로 생한 기에 의해 새롭게 생성되는 것이지 이미 있던 기, 그것도 전생의 흔적을 담은 기로부터 생성되는 것이 아니다. 따라서 전생의 업으로부터 현생의 오온이 형성된다는 것은 있을 수가 없다. 개체를 형성하는 기의 화합은 새로 생한 천지 기운의 우연적 조합에 따라 발생하는 것이지 어떤 인과필연성에 따라 발생하는 것이 아닌 것이다. 이에 업에 따라 그 발생이 규정된다는 인과응보설이 비판된다.

> 불씨는 전생에 지은 선악에 따라 보응이 있다고 본다. …… 그러나 사람과 만물은 생할 때에 그 시기를 당해 바르고 트인 기를 얻으면 사람이 되고 치우치고 막힌 기를 얻으면 물이 된다. 사람과 만물의 귀천도 여기에서 나뉘게 된다. …… 그러나 이는 모두 뜻이 있어서 그렇게 되는 것은 아니다.[22]

개체의 차별성, 인간과 동물의 차이, 인간 중에서도 지자와 우자, 부자와 빈자 등의 차별성은 모두 그 개체를 형성한 기의 차별성에 기인하지만 한 개체가 왜 그런 기로써 생성되었는가를 설명해 줄 수 있는 의도나 원리는 있지 않다는 것이다. 개체의 발생은 개체 차원에서 보면 근본적으로 우연적이며 개체는 단지 전체 기의 운행으로부터 귀결되는 산물일 뿐이다. 그러므로 현생의 나의 존재 조건이 전생의 내가 지은 선악의 업에 따른 보응이라는 것은 있을 수 없는 것이 된다.

2) 리(理)의 상대화 비판

정도전에 따르면 유교는 마음에 구비된 리에 근거하여 인간의 도덕성이나 천지사물의 원리를 주장한다. 마음에 리가 구비되어 있어 그 리에 따라 각각의 성을 인식할 수 있고 실현할 수 있다고 보는 것이다. 반면 불교는 마음 안에 주어지되 마음과 구분되는 리 내지 성을 인정하지 않고 마음 자체를 성으로 간주한다.

---

22 『불씨잡변』, 제2 「불씨인과지변」, 448상하, "釋氏所謂生時所作善惡, 皆有報應 …… 而人物之生, 適當其時, 得其正且通者爲人, 得其偏且塞者爲物, 人與物之貴賤於此分焉 …… 然皆非有意而爲之."

불교는 마음을 관해 본성을 보아야 한다고 말한다. 마음이 곧 성이라고 하는 것이다.[23]

불교는 마음을 성으로 본다. …… 그러면서 미혹하면 심이고 깨달으면 성이라고 말한다. 또 마음은 성의 다른 이름이라고 말한다.[24]

그러나 유교적 관점에서 보면 객관 보편적 리가 부여되지 않은 심은 비어 있는 공적(空寂)의 심일 뿐이다. 정도전은 불교가 공적의 심만 강조하고 그 빈 마음의 직관만을 강조할 뿐, 그 심 안에 구비되는 리를 부정함으로써 인간의 도덕성이나 객관세계 원리 등을 제대로 밝힐 수 없다고 보며 이를 불교의 가장 심각한 폐단으로 간주한다.[25] 유교가 가장 중시하는 인륜지도와 천지만물과의 관계에서의 당연지도가 부정되고 있다고 보기 때문이다.

(1) 인륜 폐기 비판

유교가 불교에 대해 가장 문제로 삼는 것은 불교가 인륜을 저버린다는 것이다. 정도전이 보기에 불교가 인륜을 폐기한다고 한 것은 세 가지 의미로 구분될 수 있다. 하나는 마음에 구비된 성을 부정함으로써 인의예지신(仁義禮智信)의 오상(五常)의 성을 부정한다는 것이다. 유교적

---

23 『불씨잡변』, 제3 「불씨심성지변」, 449하, "佛氏之說曰, 觀心見性, 心卽性也."

24 『불씨잡변』, 제3 「불씨심성지변」, 449하, "彼佛氏以心爲性 …… 曰迷之則心, 悟之則性. 又曰心性之異名."

25 정도전에 따르면 리는 형이상자이고 기로 이루어진 심은 형이하자인데 불교가 성을 심과 다르지 않은 것으로 이해하는 것은 형이상의 리를 간과한 탓이라고 평한다. "리는 형이상자, 기는 형이하자다. 불교는 스스로 높은 무상의 것이라고 하면서 형이하만을 갖고 설하니 가소로울 뿐이다(理形而上者也, 氣形以下者也. 佛氏自以爲高妙無上, 而反以形而下者爲說, 可笑也已.)"(『불씨잡변』, 제4 「불씨작용시성지변」, 450하).

인 윤리체계 자체를 부정한다는 의미다. 다른 하나는 추상적 윤리체계를 구체적 인간 각자의 상황에 적용하여 각자의 위치 및 관계를 규정짓는 것을 부정한다는 것이다. 각자에게 부여된 고정적 본성에 대한 비판이라고 볼 수 있다. 각각의 성, 즉 각 상황의 인간 관계 안에서 각 개체가 실현해야 할 성을 부정한다는 의미다. 이는 불교가 인간 관계인 부자, 군신 등의 관계를 본질적이 아닌 가합(假合)의 관계로 보기 때문이다. 인간관계를 인연 따라 형성된 것이지 절대적인 것이 아니라고 보는 것이다. 따라서 불교는 유교식의 윤리관, 즉 각자의 위치에서 자기 본분, 자신의 천명 내지 성을 다해야 한다는 윤리관을 받아들이지 않는데, 이것이 유교의 정도전에게는 심각한 인륜의 폐기로 여겨지는 것이다.

> 불씨는 인륜을 가합으로 보고 자식이 아버지를 아버지로 보지 않고 신하가 임금을 임금으로 보지 않는다.[26]

윤리적 관점에서 정도전이 불교를 비판하는 또 다른 한 측면은 인륜 실천 면에서 불교의 보편적 자비는 유가적 인(仁)이 가지는 친친(親親)의 원리에 어긋난다는 것이다.[27] 인은 가까이 부모 형제로부터 시작해서 타인에게 그리고 만물에로 확대해야 한다는 것이 친친의 원리다. 그런데 불교는 이를 부정하고 보편적 자비를 주장하면서 도리어 출가함

---

26 『불씨잡변』, 제8 「불씨자비지변」, 452상, "佛氏以人倫爲假合, 子不父其父, 臣不君其君."

27 정도전은 "무릇 부모는 나와 같은 기이고 타인은 나와 같은 類이며 사물은 나와 같은 생명이다. 그러므로 인의 마음을 베풀 때에는 부모로부터 타인에게로 그리고 사물에게로 나아가야 한다(蓋親與我同氣者也, 人與我同類者也, 物與我同生者也. 故仁心之所施, 自親而人而物.)"(『불씨잡변』, 제8 「불씨자비지변」, 452상)라고 하여 친친의 원리를 정당화한다. 그런데 불교는 보편적 자비를 주장하면서 도리어 부모 형제에의 사랑은 끊으려고 하니 이는 인의 근원을 부정하는 것과 마찬가지라고 보는 것이다. 마치 나무의 뿌리나 물의 원천을 부정하는 것과 같다는 것이다.

으로써 부모에의 애정은 끊어버리려 하는 모순을 보인다고 비판한다.

> 부자와 같은 지친(至親)이나 군신과 같은 지경(至敬)에 대해서는 반드시 [사랑을] 끊어버리려고 하니 이는 무슨 뜻인가.[28]

이는 유교적 친친의 원리에서 보면 사랑이나 자비의 출발점이 되는 근본과 원류를 잃어버린 잘못된 실천 방식이라고 정도전은 비판한다.

(2) 천지만물 상대화 비판

정도전은 불교가 마음에 부여된 리를 부정함으로써 인륜 폐기의 문제뿐 아니라 객관 세계의 실재성 및 그 원리 인식에서도 타당성을 확보하지 못하는 문제를 야기한다고 본다. 불교는 인륜뿐 아니라 천지만물도 모두 가합(假合)으로 간주하기 때문이다.

> 불씨는 마음과 성(性)을 진상이라고 하고, 천지만물을 가합이라고 한다.[29]

천지만물을 가합 내지 허상이라고 간주하는 것이 문제가 되는 것은 그렇게 함으로써 마음에 주어진 리에 따라 세상 이치를 탐구하려 하지

---

28 『불씨잡변』, 제8 「불씨자비지변」, 452상, "若夫至親如父子, 至敬如君臣, 必欲絶而去之, 果何意歟."

29 『불씨잡변』, 제9 「불씨진가지변」, 452하, "佛氏以心性爲眞常, 以天地萬物爲假合." 불교가 객관세계를 가합이라고 보는 것은 그것을 마음을 떠난 객관적 실재성으로 인정하지 않고 마음에 또는 空에 기반한 가상으로만 인정한다는 것을 의미한다. 정도전은 불교의 이런 관점을 드러내기 위해 불교 경전 『능엄경』을 인용한다. "공이 대각 가운데서 생겨난 것은 바다에 물거품이 하나 일어나는 것과 같아 유루와 미진국이 모두 공에 의해 세워진 것이다(空生大覺中, 如海一漚發, 有漏微塵國, 皆依空所立.)" (『불씨잡변』, 제9 「불씨진가지변」, 452하).

않는다는 것이다. 따라서 사물의 성 내지 당연지도가 인정되지 않아 인간이 스스로 사물과의 관계에서 기준의 역할을 하지 못하고 결국은 오히려 사물에 이끌리게 된다는 것이다. 리를 자연 사물의 성으로 인정하지 않는다는 것은 각 개체들이 실현시켜야 할 기준, 원리 등의 존재를 인정하지 않는 것이다. 실현해서는 안 되는 것과 실현해야만 하는 것을 구분짓는 선악, 시비, 정사의 분별을 부정하는 것이다. 불교는 선악 시비의 분별을 상(相)에 따른 분별심의 발로로 간주하며 그런 망분별을 넘어설 것을 강조하기 때문이다.

정도전은 이와 같이 세상 만물의 규준이나 척도로서의 리의 부정이 초래하게 되는 이중적인 부정적 결과를 경고한다. 우선 하나는 사물의 기준이나 표준을 제거함으로써 차별적 현상 전체를 떠나 결국 공적에 빠져들 뿐이라는 것이다.

> 반드시 모든 존재를 파탈하려고 하다가 공적에 떨어진다.[30]

이는 곧 각각의 성의 기준에 따라 사물을 처리해야 하는데, 선이든 악이든 일체 업을 짓지 않고자 세상과의 연관을 떠나려 함을 비판하는 것이다. 이것이 바로 불교가 공적에 빠지는 잘못이라는 것이다. 이는 진여심은 인정하고 그 심의 자취는 부정하는 것, 심은 취하고 적(跡)은 취하지 않는 것에 해당한다. 심만 인정하고 마음이 발현되는 현상세계인 심의 자취를 버리는 것이다. 자취를 부정하기에 인륜이나 천지를 다 망상이라고 보며 그것을 넘어서려 하는 것이다.[31]

리를 부정함으로써 야기되는 두 번째 폐단은 첫 번째와는 정반대되

30 『불씨잡변』, 제6 「불씨매어도기지변」, 451하, "必欲擺脫群有, 落於空寂."

는 것이다. 즉 선(禪)의 관점에서 차별적 현실 자체를 다시 긍정할 경우 적정한 기준이나 척도가 없음으로 인해 오히려 일체 현상을 무분별하게 수용하고 만다는 것이다. 이제는 '작용이 곧 성이다'라고 함으로써 일체의 작용을 불성의 실현으로 인정하며, 결과적으로 하지 못하는 바가 없게 된다. 이런 태도가 가지는 문제점을 비판하기 위해 정도전은 다음과 같은 주자의 말을 인용한다.

> 만일 작용을 성이라고 한다면 사람이 칼을 잡고 함부로 휘둘러 사람을 죽이는 것도 감히 성이라고 할 수 있겠는가.[32]

이와 같이 시비, 선악의 분별 기준과 척도로서의 리를 인정하지 않음으로 인해 현상을 절대 부정하거나 절대 긍정하는 두 태도는 서로 대립되면서도 또 서로 상통하는 면이 있는 것으로 파악되고 있다. '심적(心跡) 차별' 내지 '색즉시공(色卽是空)'의 관섬에서 심만 취하고 그 자취를 버려 공적에 빠지는 현상의 절대부정의 태도와 다시 '작용시성(作用是性)' 내지 '공즉시색(空卽是色)'의 관점에서 일체 현상을 성으로 생각하여 무소불위에 빠지는 현상의 절대 긍정의 태도 둘 다를 정도전은 비판받아 마땅한 상통하는 두 태도로 간주한다. 이는 둘 다 현상 안에서 시비, 선악을 판가름할 기준으로서의 리를 부정하기에 빚어진 폐단이라

---

31 『불씨잡변』, 제5「불씨심적지변」, 450하 이하에서 정도전은 불교가 心과 跡을 분리시켰음을 비판하고 있다. 이는 내면만 중시하고 외화는 소홀히 하는 불교적 공부에 대한 비판과도 맞물린다. 정도전은 "불씨의 학은 경으로 안을 곧게 함은 있으나 의로써 밖을 바르게 함은 없다(佛氏之學, 於敬以直內則有之矣, 義以方外則未之有也.)"는 정자의 말을 인용한 후, 거기서 한 걸음 더 나아가 "그러나 의이방외가 없다면 경이직내도 결국 옳지 않다(然無義以方外, 其直內者, 要之亦不是也.)"고 주장한다.

32 『불씨잡변』, 제4「불씨작용시성지변」, 450하, "若以作用爲性, 則人胡亂執刀殺人, 敢道性歟."

는 것이다. 정도전은 이상의 두 태도를 다음과 같이 적절히 표현한다.

> 막힌 자는 고루해지고 트인 자는 방자해진다.[33]

결국 인간으로서의 위의지칙(威儀之則)과 사물에서의 당연지칙(當然之則)을 인정하지 못하니까 인간 행위에서 선과 악을 구분짓는 기준을 구하지 못한다는 것이다. 심만 취하고 적을 버려서 모든 작용을 멈추려고 할 때는 따라서 해야 할 선도 행하지 않으려는 고루함을 보이고, 다시 모든 작용을 다 성의 표현으로 인정해서 작용시성을 주장할 때는 하지 말아야 할 악까지도 거리낌없이 행하는 방자함을 보이는 것이 문제라는 것이다.

3) 심의 자립성 비판

유교는 심이 구비하는 리를 심독립적인 객관적 원리로 인정하지 않을 경우 마음이 개인적 사욕의 마음으로 간주될 수밖에 없다고 본다. 인간의 인간다움, 인간 마음의 위대함은 오직 그 안에 구비된 리 때문인 것으로 이해하기 때문이다.

---

33 『불씨잡변』, 제5 「불씨심적지변」, 451상, "滯固者入於枯槁, 疏通者歸於姿肆." 이는 천지 사물과 응하는 관계에 있어 인간이 주체적으로 그 기준이 되어 행해야 하는데, 스스로 리의 실현으로서의 기준 되기를 포기하고 사물에 이끌리는 것이 된다는 것이다. "소위 리가 그 가운데 있지 않으므로 사물이 다가옴에 있어 막힌 자는 끊고 제거하려 하고, 통달한 자는 따르고 좇으려 한다. 끊고 제거함도 본래 잘못이고 따르고 좇음도 역시 잘못이다. …… 사물이 하는대로 따를 뿐, 그 시비를 제어하거나 처리함이 없다(無所謂理者具於其中, 故於事物之來, 滯者欲絶而去之, 達者欲隨而順之. 其絶而去之者, 固已非矣. 隨而順之者, 亦非也. …… 聽其物之自爲而已, 無復制其是非而有以處之也.)" (『불씨잡변』, 제3 「불씨심성지변」, 450상).

[마음에] 모든 리가 갖추어져 있지 않으면 허(虛)는 막연하게 비어 있을 따름이며 영(靈)은 분잡하게 흐를 뿐이다.…… 그러므로 심을 말하면서 리를 말하지 않으면 이는 그 집만 알고 그 주인은 알지 못하는 것이다.[34]

정도전은 불교가 마음에 구비된 리를 부정함으로써 인간의 마음을 오직 사욕에 물든 삿된 마음으로 간주하게 되었다고 비판한다.

심이 있고 나[리]가 없으면 이해에만 달려갈 것이다.[35]

불교가 인륜과 세계 인식의 척도로서의 리를 부정함으로써 결국 인륜성과 과학성이 배제된 사적 욕망의 마음만을 주장하게 되었다고 보는 것이다. 이는 불교가 마음을 기(氣)나 리(理)의 영역을 넘어서는 독립적이고 자립적인 능력으로 간주하는 것을 비판하는 것이다.

4. 불교의 유심론적 관점에서 본 유교의 한계

1) 기: 업력(業力)의 관점에서 본 유교적 객관주의의 한계

불교에 따르면 개체 및 우주 세간을 형성하는 힘은 개체의 업력과 독립적으로 따로 존재하는 객관적 기가 아니라, 그 자체가 업력이다. 즉

34 『심기리편』, 「심난기편」, 465상, "非具衆理, 則其虛也, 漠然空無而已矣. 其靈也, 紛然流注而已矣. …… 故言心而不言理, 是知有其舍而不知有其主也."

35 『심기리편』, 「리유심기편」, 467하, "有心無我, 利害之趨."

불교에서 업은 개체가 짓는 것이기는 하지만 그 업이 갖는 힘은 오온으로서의 개체를 넘어서는 것으로 간주된다. 업은 개체적 신체의 부수 현상 내지 부수적 기능에 그치는 것이 아니라 그 자체가 그 다음의 존재를 형성하는 존재론적 힘을 갖는다. 업력은 개체가 멸해도 그에 상응하는 보를 낳기까지 멸하지 않는다. 업을 짓는 오온(五蘊)은 멸해도 남겨진 업력은 그 보(報)를 달성해야 하는 것이다. 그러므로 한 개체가 죽어서 오온이 흩어져도 멸하지 않고 남는 업력이 다시 새로운 오온을 형성하여 그 다음의 생을 살게 한다. 이처럼 윤회를 가능하게 하는 업력은 개체성을 넘어서는 힘이며,[36] 바로 그 업력에 의해 오온 화합물로서의 형(形)을 지닌 새로운 개체가 형성된다. 형을 지닌 개체가 곧 근(根)을 갖춘 오온, 유근신(有根身)이다.[37]

나아가 불교에서 업력은 개체적 오온을 형성하는 데에 그치지 않고 그 오온의 개체가 그 안에 살게 될 세간을 형성하는 힘이기도 하다. 즉 오온의 육근(인식 기관)에 상응하는 세간 우주를 형성해 내는 존재론적 힘인 것이다. 불교에서 세계는 근(根)에 상응하는 경(境)으로서만 존재

---

36 업은 정신적인 意業과 언어적인 口業, 신체적인 身業의 셋으로 구분된다. 그러나 말이나 몸의 움직임이 업으로 성립하기 위한 기본 전제가 바로 의업이다. 그러므로 의업을 의지나 생각으로 인한 업이란 뜻에서 思業이라고 하고, 구업과 신업은 이미 의업에 기반하여 행해진 업이라는 의미에서 思已業이라고 한다. 그러므로 업은 기본적으로 정신적 행위이며, 업력은 정신적 힘이라고 할 수 있다.

37 오온이 업을 짓고 그 업력이 다시 새로운 오온을 형성하게 된다는 불교적 관점은 12지 연기와 업설 및 우주창조설을 통해 확인된다. 우주 실상을 깨닫지 못하는 無明으로 인해 개체가 지은 업을 다른 말로 行이라고 한다. 그리고 그 행을 인연으로 하여 생한 識은 곧 그렇게 지은 업의 힘인 업력의 총체를 뜻한다. 업을 짓던 개체 생명이 사멸해도 그 업력의 총체로서의 식은 남아서 다시 그 다음의 개체, 새로운 오온, 즉 名色을 형성하는 것이다. 명색은 더 세분화하여 내입처인 육근을 형성하게 된다. 이렇게 해서 근을 갖춘 개체적 유정이 발생하는 것이다. 이처럼 불교에서 업력은 단순한 심리적 부산물에 그치는 것이 아니라, 그 자체의 힘으로 자신의 보에 해당하는 오온 내지 육근을 생성함으로써 개체적 유정물을 형성한다.

한다. 따라서 경으로서의 세계는 그 경을 인식하는 근을 떠난 존재가 아니다. 근을 갖춘 개체적 유정이 업력에 의해 형성되는 직접적 보인 정보(正報)라면, 그 근에 상응하는 세간은 개체적 유정이 그 안에 깃들여 살게 되는 기세간으로서 정보가 의거하는 보라는 의미에서 의보(依報)다. 이와 같이 불교에서는 유정과 기세간이 모두 업력의 결과다.[38] 따라서 현상세계는 업력을 따라 형성된 것이며 그 안에 사는 유정을 떠나 그 자체로 존재하는 것이 아니기에 유정 의존적 존재, 즉 가(假)로 간주된다. 가란 가설적으로 시설된 존재라는 말이다. 이와 같이 불교는 개체 및 우주 세간 전체에 대해 업력을 떠난 객관 실재성을 인정하지 않는다. 개체나 우주 세간을 모두 개체가 짓는 업력의 소산으로 간주하는 것이다.

이와 같은 불교적 업력은 유교에서의 기에 비교될 수 있다. 개체 및 현상세계를 형성하는 근본 힘을 유교는 기라고 하고 불교는 업력이라고 본 것이다. 문제는 그러한 기 내지 업력이 개체와 더불어 멸하는가 아니면 개체 너머로 존속하는가다. 유교가 주장하듯 기가 개체와 더불어 멸한다면 새로 생성되는 개체는 선행 개체 및 그 개체의 기와는 무관한 것이 된다. 따라서 새로운 개체를 형성하는 힘은 소멸하는 이전 개체의 기와는 무관하게 이미 존재하고 있는 객관적인 우주적 기이며, 각 개체는 결국 그와 같은 객관적인 우주 전체의 기의 운행 질서에 의해 규정받아 생겨나는 수동적 부산물에 지나지 않는 것이 된다. 반면 불교에서처럼 개체의 업력이 개체의 소멸 후에도 존속하여 그 다음 개체를 형성하는 힘으로 작용한다고 볼 경우, 개체를 형성하는 전체 우주적 기는 그 우주 내에 살고 있는 개별 생명체의 업력을 떠나 따로 존재하는 별도의

---

38 불교의 우주생성론을 보면 우선 共業의 업력에 의해 지수화풍의 기세간이 먼저 갖추어지고 그 안에 각각의 유정물이 태어난다. 기세간을 형성하는 공업과 개체를 형성하는 不共業이 모두 한 유정의 업인 것이다.

객관적 기가 아니라 오히려 그러한 개체들의 업력의 총화에 지나지 않는다. 이 경우 업력을 일으키는 개체의 마음은 우주적 현상세계에 대해 단지 수동적 부산물이 아니라 능동적 구성자의 위치를 점하게 되는 것이다.

이처럼 불교가 한 개체적 오온이 멸해도 그 개체가 지은 업은 보를 낳기까지 그 힘을 유지하다가 결국 그 힘에 의해 그 다음의 오온이 형성되고 그와 더불어 천지 세간이 형성된다고 보는 것은 우리 각각의 삶의 고락과 우리 환경세계의 청정과 염오가 바로 우리 자신이 지은 업의 보라는 것을 말해 주는 것이다. 그만큼 인간 행위의 역동성과 책임성을 강조한다. 그리고 업력을 넘어서서 개체 발생을 규정하는 또 다른 객관적 기를 인정하지 않는다는 것은 곧 남은 업의 보를 다하고 새로운 업을 짓지 않을 경우 업력에 의해 형성되는 현상세계를 넘어설 수 있는 인격의 현상초월성, 즉 마음의 자유와 해탈가능성을 말해 주는 것이다.

이에 반해 유교에서는 한 개체의 의지적 작용력은 그 개체의 죽음과 더불어 그냥 소멸할 뿐이다. 개체적 현상을 규정하는 것은 개체를 넘어선 우주적 차원의 객관적 힘이다. 인간 마음은 우주적 기의 일시적 응취 결과일 뿐이며 개체의 신체적 한계를 벗어나지 못해 새로운 개체의 발생에 아무런 영향도 미치지 못하는 것으로 간주된다. 그러므로 유교에서 각 개체는 천지의 전체적 틀 안에서 결정되며, 이러한 전체주의적 결정은 각 개체의 관점에서 보면 단지 우연성일 뿐이다. 개체적 삶은 전체 기의 역학구조 안에서 결정되는 것으로 개체는 그 전체 구조 속에서 무기력하다. 그 구도 안에서 내가 왜 그 위치에 태어나 그 기질적 운명의 삶을 살아야 하는가에 대한 답은 없다. 그저 우연히 그럴 뿐이다. 개체의 정신적 노력은 천지 기의 전체 구도를 바꿀 수 없기에 전체주의적 결정론을 벗어날 수가 없다. 이 점이 불교적인 업력의 관점에서 보았을 때 유교가 지니는 객관주의의 한계다.

2) 리: 공(空)의 관점에서 본 유교적 본질주의의 한계

인간 사회 내지 자연세계를 포함한 개체적 현상세계를 질서잡는 원리를 유교는 절대적 원리인 리로 간주하는 데 반해 불교는 그것을 현상세계에서만 타당한 윤회 연기의 원리, 즉 연기법이라고 본다. 유교에서 리는 형이하의 기를 운행하게 하는 형이상의 원리로서 기의 현상세계가 그에 따라 움직이며 그 현상을 통해 실현되어야 할 궁극적 가치로 간주된다. 이에 반해 불교에서의 연기법은 세간 형성의 원리일 뿐 그 이상이 아니다. 연기법은 업에 따라 유정 및 세간이 형성되는 원리로서, 그에 따라 인연 화합하여 형성된 제법은 자기자성이 없는 무자성(無自性)의 것, 가(假)일 뿐이다. 결국 불교에 따르면 리 내지 성은 세간을 넘어선 절대적 형이상의 원리가 아니고 단지 세간형성의 원리이며 그러한 원리적 규정들은 세간적 한계를 넘어선 것이 아니다. 그러므로 연기법에 따라 현상세계를 이루는 각 개체는 자기 고유의 자성을 가지고 존재하는 것이 아니라 중연화합(衆緣和合)해서 형성되는 무자성의 존재다. 무자성이므로 공(空)인 것이다. 공인 것을 모르고 그 각각을 고유한 존재로 생각하고 자성적 본질이 있다고 간주하여 그것에 집착하게 되는 것을 불교는 경계한다. 각각이 무자성이고 따라서 공임을 알아 현상적 규정성에 고착하거나 집착하지 말 것을 권하는 것이다.

그러나 유교는 리의 객관적 실재성을 확신한다. 그것이 인륜이 되고 천지만물의 생성 원리가 된다고 보는 것이다. 반면 불교는 그처럼 도덕법칙이나 자연법칙으로 고정화되고 절대화된 원리들이 실은 인간의 관념일 뿐이라고 주장한다. 유교에서 기의 근원으로 간주되는 이와 같은 원리의 절대성을 인정하지 않는 것이다.

현상세계 원리에 대한 이와 같은 관점의 차이는 현상을 형성하는 기 내지 업력의 발생론적 근원에 대한 유교와 불교의 서로 다른 이해에서 비롯된 것이기도 하다. 유교는 기에 의해 개체가 형성되는데, 그 기 자체는 우주적 원리인 리로부터 나온 것이라고 본다. 이에 반해 불교는 개체를 형성하는 기는 바로 업력일 뿐이며 업력은 기와 다른 존재론적 위상의 리로부터가 아니라, 바로 개체에 의해 형성되는 것이라고 본다. 유정이 행한 업이 남긴 힘이 곧 업력이기 때문이다. 결국 유교가 기의 근원으로 간주한 리가 의미하는 바 윤리규범이나 자연법칙 등이 불교에서는 모두 업력 소산의 개체들이 형성한 문화의 산물, 역사의 산물로 간주된다는 말이다. 리를 현상 너머의 것으로 실체화해서 절대적 객관적 원리로 간주하는 것은 일종의 집착이며 그것은 바로 우리 자신의 관념, 우리 자신의 역사적 산물을 고정화하고 절대화하는 것에 지나지 않는 것이다.

우리가 오늘날 인륜, 천륜이라고 생각하고 자연원리라고 생각하며 절대시하는 것들은 실제로 그렇게 절대적인 것이 아니라 단지 지난 날 전 세대 인간들 자신이 만든 규칙, 그들 자신이 생각한 원리들일 뿐이다. 우리가 하는 말이 우리 자신의 사고와 행동을 규정하듯이, 우리가 행한 업, 우리가 만든 규칙들이 인간 세상을 규정하는 원리로 객관화된 것이다. 사실은 모두 우리들 자신의 관념일 뿐이다.[39] 이것이 불교적 공

39 정도전은 리의 객관성과 필연성을 그것이 많은 인간에게 긴 시간 동안 타당하다는 상호주관성을 통해 증명하려고 한다. "반드시 실한 이치가 있어 그런 것이다. 假란 잠시에 불과하고 幻은 한 사람만 속일 수 있다. 천지는 장구하고 만물이 장생하는데 가이거나 환일 수 없다"(『불씨잡변』, 제9「불씨진가지변」). 잠시가 아니라 긴 시간, 한 사람이 아니라 여러 사람에게 세상이 이렇게 보여지는 것은 세상이 객관 실재이며 그 이치가 절대적 이치라는 것을 말해 주는 것이라고 보는 것이다. 그러나 불교의 관점에서 보았을 때 세상이 공에 입각한

의 관점에서 보았을 때 드러나는 유교적 본질주의의 한계다.

결국 유교와 달리 불교가 리의 객관적 실재성 및 보편타당성을 부정하는 이유는 인간이 궁극적으로 지향해야 할 바에 대한 이해가 서로 다르기 때문이라고 볼 수 있다. 유교는 천리의 인식이나 성의 실현, 도덕적 완성을 인간 삶의 궁극 목적으로 삼지만 불교는 거기에 머무르지 않는다. 세간 존재는 업력이 형성하는 존재이며 세간 이치는 업력이 빚는 윤회 연기의 법칙일 뿐이다. 반면 인간의 진여성은 윤회 연기의 세간을 넘어 해탈할 수 있기 때문에 인간은 궁극적으로 업력의 굴레에서 벗어남을 목표로 한다. 그러므로 세간의 이치, 업보의 인과법칙, 선악의 분별 등을 추구하고 따라야 할 절대적 가치로 간주하지 않는다. 한마디로 세간 원리인 리보다는 세간초월적인 인간 심을 더 높은 가치의 궁극적 존재로 간주하는 것이다.

3) 심: 진여심(眞如心)의 관점에서 본 유교적 경험주의의 한계

정도전 불교 비판의 핵심은 불교가 심(心)을 기(氣)와 리(理) 이상의 존재로 간주한다는 것으로 요약될 수 있다. 불교는 심을 기 이상의 존재로 봄으로써 기의 산물로서의 몸이 죽어도 그 마음의 작용력은 업력으로서 멸하지 않고 남아 그 보로써 다음 생을 일으켜 윤회한다고 본다. 나아가 불교는 심을 리 이상의 존재로 봄으로써 마음 밖의 리 내지 성을 인정하지 않아 결국 인간의 도덕원리나 자연원리를 절대적인 것으로 보지 않고 마음작용의 결과인 가(假)나 환(幻)으로 보고 있다. 정도전은 바

환상의 꽃[空華]인 것은 그것이 한순간 나에게만 그렇다는 말이 아니다. 세상을 인식하는 또는 그 세상에 사는 유정을 떠나서 세계가 그 자체로 있지 않다는 말이며, 인간은 공동의 업에 따라 공동의 세간을 형성하는 것이다.

로 이 점을 비판하는 것이다. 이는 결국 인간 존재, 궁극적으로는 마음을 달리 이해하고 있음을 보여 준다.

불교는 인간 마음을 세계내적인 사물 존재와는 다른 존재로 이해한다. 현상적 인과필연성을 넘어선 현상초월적 존재인 진여심으로 이해하는 것이다. 불교는 유교가 인간 마음을 오로지 신체적 기관으로밖에 이해하지 못한다고 비판한다. 심을 육단심(肉團心)으로만 이해하고 인간을 철저하게 유한한 존재로 인식함으로써 심 내지 인간의 초월성을 보지 못하는 것을 유교의 한계로 보는 것이다.[40]

『유석질의론』의 저자는 바로 이런 점에서 유교와 불교가 성, 심, 도 등 같은 단어를 쓰지만 그 뜻을 서로 달리 이해하고 있음을 지적한다. 즉 유교는 세간 질서를 따르는 세간 윤리를 주장하며 인간 존재를 세간적 존재, 신체적 존재로 이해하는 데 반해, 불교는 세간 너머 해탈적 깨달음을 추구하며 그 가능성을 초월적 마음에서 찾는다는 것이다.

> 그[유가]가 말한 성은 하늘이 명령한 성일 뿐이어서 석가가 말한 원

---

40 물론 유교 역시 인간 심에 대해 그 심을 형성하는 기는 맑고 투명하며 허령불매해서 그 리를 다 인식할 수 있다고 말하며, 인간 마음이 만물의 주재임을 강조한다. "하늘이 이 마음을 내어줌에 지극히 신령하고 지극히 밝음으로써 한 몸 가운데의 주인이 되어 여러 이치의 묘함으로써 만물을 주재케 한 것이요, 쓸데없이 한갓 만물의 영장으로 만든 것이 아니다"(『불씨잡변』, 제19「벽이단지변」). 나아가 인간 마음을 단지 기의 산물로서 기의 흐름에 대해 수동적으로 규정되는 것에 그치는 것이 아니라 수행을 통해 능동적으로 기의 흐름을 바꾸고 변화시킬 수 있는 기의 주재자로 간주한다. "성인은 가르침을 베풀어 배우는 자에게 기질을 변화하여 성현에 이르게 하는가 하면 나라를 다스리는 자에게 쇠망을 바꾸어 치안으로 나아가게 하니, 이는 성인이 음양의 기를 돌이켜 천지가 만물을 생성하게 하는 공에 참여하여 돕는 까닭이다"(『불씨잡변』, 제2「불씨인과지변」). 그러나 문제는 심이 단지 기의 산물일 뿐이라면 어떻게 그 심이 다시 기를 주재할 수 있는가 하는 것이다. 그럼에도 불구하고 굳이 심을 기의 산물로 간주하고 이를 단지 인식 대상으로만 간주하려 한 것은 유가의 한계라고 볼 수 있다. 기질과 사욕에 의해 제약받는 인심의 허약성을 경계하고자 함이지만, 인심을 도심과 분리하는 것은 여러 가지 난제를 야기하고 만다.

> 만대각성은 아니고, 그가 말한 심은 육단생멸심일 뿐이어서 석가가 말한 진여청정심이 아니며, 그가 말한 도는 성을 따르는 도일 뿐이어서 석가가 말한 생사윤회를 벗어나는 묘한 도는 아니다.[41]

	〈유교〉	〈불교〉
성:	천명의 성	원만대각성
심:	육단생멸심	진여청정심
도:	성을 따르는 도	해탈의 도

유교가 심을 기의 취합 결과 발생하는 신체의 한 기능으로 간주하는 것에 대해 불교는 그런 심을 '신체를 따라 생멸하는 신체 의존적 마음'이란 의미에서 '육단생멸심'이라고 한다. 불교는 인간 심을 단지 육단생멸심으로 여기는 것이 아니라, 업력에 따른 윤회를 넘어서고 초월할 수 있는 '진여청정심'으로 간주하는 것이다.

따라서 인간 심은 리의 규정도 넘어서 있다. 유교는 인륜을 하늘이 명한 천륜이라고 간주하지만, 불교는 유교적 인륜이란 업에 따라 윤회하는 세간의 원리라는 것을 알고 있다. 그래서 유교적인 세간적 윤리규범을 넘어서는 일체 평등의 자비정신을 강조하게 된다.

> 세간의 법이라는 것은 각각 그 아버지만을 아버지로 여기고 각각 그 자식만을 자식으로 여기며 각각 그 자신만을 자신으로 여기고 각각 그 아내만을 아내로 여긴다. 그 때문에 물과 아가 양립하며 자와 타가 대적함을 이루어 윤회의 일이 일어난다. 소위 윤회의 일이란 생명으로써 생명

---

41 『유석질의론』, 권하, 270중, "然其所謂性, 天命之性耳. 非佛之謂圓滿大覺之性也. 其所謂心, 肉團生滅之心耳. 非佛之謂眞如淸淨之心也. 其所謂道, 率性之道耳. 非佛之謂脫生死免輪廻之妙道也."

을 바꾸며 힘으로써 힘을 되갚는 것이니 세간의 만사가 다 그러하여 머리를 바꾸고 얼굴을 돌리어 서로 높낮이를 만든다. 그러므로 석가는 걸림이 없는 큰 자비로써 만행을 쌓아 만덕을 이루시고 삼계의 도사, 사생의 자부가 되어 큰 근본으로 포괄하시고 하나의 성으로 평등히 하여 피와 차, 물(物)과 아(我)가 모두 실재에 돌아가게 했다.[42]

불교가 육단생멸심을 넘어서는 진여청정심을 주장하고 윤회의 세속 원리에 해당하는 유교적 도덕원칙을 넘어서는 절대 평등의 자비정신을 말할 수 있는 것은 불교가 인간의 심(心)을 현상구성적인 기나 리로부터 독립적인 절대 자율적 존재로 보기 때문이다. 따라서 불교적 진여심의 관점에서 보면 유가적 인간이해는 인간 심을 리·기의 경험적 산물로만 간주하는 경험주의적 한계를 넘어서지 못하는 것이다. 결국 유교에서는 인간의 차별성과 계층성만이 강조될 뿐, 인간 모두의 이념적 평등성과 동일성이 설명될 수 없다는 것이다.

5. 맺는 말

정도전의 불교 비판에는 두 개의 서로 다른 형이상학적 체계가 대립하고 있다. 정도전은 유교적 세계관을 가지고 불교적 세계관을 비판하는 것이다. 그리고 이와 같은 두 세계관의 대립은 정도전의 불교 비판에 대한 해석에서도 동일하게 발견된다. 즉 유교 사상가들은 정도전의 비판이 워낙 철저해서 불교가 더 이상 발붙일 곳이 없게 되었다고 간주

42 『유석질의론』, 권상, 255하-256상.

하는 반면, 불교인들은 정도전이 불교를 잘 알지도 못하면서 행한 비판이므로 신중하게 고려하거나 반박할 가치조차 없다고 생각하는 것이다. 그런 이유에서인지 정도전의 불교 비판은 그 철저함에도 불구하고 사실 유교나 불교 양측으로부터 그 이상의 논쟁을 불러일으키지는 못했다고 본다.

이상은 유교적 세계관에 입각한 정도전의 불교 비판을 불교적 관점에서 다시 비판적으로 고찰해 본 것이다. 먼저 정도전의 불교 비판의 토대가 되는 유교적 세계관을 객관주의적 본질론으로 해명했으며, 그 관점에서 불교의 업과 윤회설, 인륜의 절대성 부정 및 객관 세계 부정에 대한 정도전의 비판을 구체적으로 살펴보았다. 정도전의 불교 비판의 핵심은 한마디로 불교가 심(心)을 종(宗)으로 삼음으로써 우주적 생성력으로서의 기와 우주적 원리로서의 리를 상대화했다는 것이다. 그러나 불교의 관점에서 보면 이것은 유교가 인간의 심을 우주적 기의 우연적 취합물로만 파악하기 때문에 가능한 비판이다. 불교는 오히려 현상세계를 형성하는 기와 현상세계의 리를 개체가 짓는 업력에 따른 결과물로 간주하며 인간의 심을 그러한 현상세계의 규정성을 넘어서는 초월적 진여심으로 여긴다. 따라서 이 글은 불교적 관점에서 정도전의 불교 비판을 다시 비판적으로 검토해 본 것이다.

이러한 고찰을 통해 유교와 불교의 근본적 차이로서 다음과 같은 점이 밝혀졌다. 유교는 인간 심성의 도덕적 초월성을 확보하기 위해 인간 마음에 구비된 형이상학적 본질인 성 내지 리를 심 독립적인 객관적 원리로 강조한다. 반면 불교는 리나 성을 업력이 형성하는 윤회세계의 원리로만 인정하며 오히려 인간의 심 자체를 그러한 원리의 윤회세계를 벗어나 해탈할 수 있는 현상초월적 진여로 간주한다. 이 점에서 유교는 객관 세계와 그 세계의 객관적 자연법칙 내지 윤리규범을 주장하는 본질론이며, 나아가 인간의 개체 존재를 그러한 보편적 본질에 의해 규정되는 존재로 간주하는 객관주의적 본질론이다. 반면 불교는 세계의 자연법칙과 도덕규범을 그 세계 안에 살고 있는 유정의 마음을 떠난 객관실재로 간주하지 않는다는 점에서 유심론이며, 그와 같이 보편적 이치보다는 개체적 심에다 존재론적 우선성을 부여한다는 점에서 주체주의적 유심론이라고 할 수 있다. 바로 이 주체주의적 유심론의 정신이 한국인 본래의 기본 정신이며 이로써 한국의 불교 또한 그러한 주체주의적 유심론의 체계로 수용되고 전승될 수 있었다고 본다.

2장

권근: 천인합일과 심

양촌 권근(陽村 權近, 1352-1409)은 정도전과 동시대에 살았던 유학자로서 그와 인간적 내지 학문적으로 긴밀한 관계를 유지했지만, 그들의 성리학 이해를 엄밀히 분석해 보면 적지 않은 차이를 발견할 수 있다. 우선 정도전이 중국 송대 성리학 내지 정주학의 관점에서 불교를 철저하게 비판하며 불교와 유교의 차이를 드러내고자 한 것은 그가 새로운 왕조의 설립이념을 제시해야 하는 정치가였기 때문일 것이다. 새로운 왕조 설립을 위한 건국이념이나 정치이념은 그 이전의 왕조에서 유지되어 오던 문화적 · 정신적 이념과는 다른 새로운 것이어야 한다. 그래야 그 새로운 이념에 근거해서 새로운 질서의 국가체제를 확립하는 것이 정당화될 수 있기 때문이다. 따라서 그 이념의 변천 속에서는 문화적 · 역사적 연속성보다는 차이성과 단절성이 강조된다.

반면 권근은 정도전과 마찬가지로 유교를 신봉하기는 했지만, 정치가로서보다는 학자로서라고 말할 수 있다. 권근의 사상에서 우리는 한국의 유교가 불교와 이어지면서 다시 한국 본래의 유심론적 사유 전통과 이어지고 있음을 발견하게 된다. 이로써 중국으로부터 수입된 주희 성리학이 한국적인 사상 기반 위에서 한국적 유교로 발전해 갔다고 말할 수 있을 것이다. 인간 마음의 절대성과 무한성, 일체 존재의 평등성, 마음의 주체적 자각성 등 한국적 철학정신의 근본 맥이 한국적 유교로 전개되고 있음을 발견할 수 있다.

이하에서는 권근이 태극의 리(理)와 기(氣)를 어떻게 이해하는지 살펴보고(1절), 그가 논하는 천인합일의 이념을 밝혀본다(2절). 그리고 허령통철한 심의 자각성을 강조하는 권근의 심의 이해 및 도심과 인심, 사단과 칠정의 해명을 살펴봄으로써, 후일 조선 성리학의 심성 논쟁의 발단을 드러내 보이도록 한다(3절).

1. 리(태극)와 기: 만물의 동근원성과 차이성

권근의 저서 『입학도설(入學圖說)』의 '입학'은 유학을 공부하는 초학자를 위한 유학 입문서라는 의미를 갖고 있으며, '도설'은 그가 성리학의 기본 원리들을 간략하게 도표화하고, 그 도표에 설명을 덧붙여 완성한 40개의 도표와 설명을 뜻한다.

그 중 첫 번째의 도설이 「천인심성합일지도(天人心性合一之圖)」다. 천과 인이 합일한다는 '천인합일'의 이념과 더불어 그 합일이 이루어지는 자리를 심성에서 찾고 있음을 단적으로 보여 주는 것이다. 그렇다면 인간이 천과 합일할 수 있는 근거는 무엇인가?

> 대개 천지의 조화는 생생 무궁한 것이니, 가버린 자는 쉬고 다시 오

> 는 자가 잇는다. 사람과 짐승과 풀과 나무, 천만 가지 형상이 각기 성명으로 태어나는 것이 모두 하나의 태극(太極)에서 유출된 것이다. 그러므로 만물은 각기 하나의 리(理)를 구비해 있으며, 만물의 리는 다 같이 하나의 근원으로부터 나왔으니, 한 포기의 풀, 한 그루의 나무라도 다 각기 하나의 태극을 가지고 있다. 천하에 성(性) 밖에 다른 물건이 있을 수 없다.[1]

여기에서는 '만물의 근원이 무엇인가?' 하는 물음과 '그렇게 형성된 만물은 어떤 존재인가?'의 물음이 함께 답해지고 있다. 만물은 모두 하나의 근원으로부터 유출되었으며, 그 하나의 근원을 '태극'이라고 부른다. 태극은 만물의 근원이며, 만물의 리의 근원이다. 나아가 이처럼 하나의 태극으로부터 생겨난 만물은 모두 자신 안에 하나의 리를 구비하고 있으며, 하나의 태극을 간직하고 있다. 만물은 결국 자신의 근원을 자기 밖이 아니라 자기 안에 가지고 있는 것이다.

그리고 그 근원은 모든 만물에 대해 동일한 하나다. 만물이 하나의 태극, 하나의 리로부터 유출되었으며, 따라서 하나의 리, 하나의 태극을 가지고 있다는 것이다. 그렇다면 왜 만물은 모두 동일하지 않고 서로 다른 것일까? 실제로 존재하는 만물의 차이는 어디에서 오는 것인가? 이를 설명함에 있어 권근은 성리학의 기본 틀을 따르고 있다.

> 사람이나 물건이나 그 생겨나는 리는 모두 같은 것이며, 다만 기가 통하는가 막혔는가, 바른가 치우쳤는가의 차이가 있을 뿐이다. 기가 바

1 權近,『入學圖說』,「天人心性合一之圖」, "夫天地之化, 生生不窮, 往者息而來者繼. 人獸草木, 千形萬狀, 各正性命者, 皆自一太極中流出. 故萬物各具一理. 萬理同出一源. 一草一木, 各一太極而天下無性外之物." 한글 번역은 권근 저, 권덕주 역,『입학도설』, 을유문화사, 1974 참조.

르고 통하면 사람이 되고, 치우치거나 막히면 물건이 된다.[2]

만물이 모두 동일한 근원에서 나와 동일한 리를 갖고 있지만, 그럼에도 불구하고 존재하는 현실적 차이는 기에서 비롯된다는 것이다. 만물을 형성하는 기 또한 물론 태극의 리로부터 생한 것이다. '태극생이기(太極生二氣)'인 것이다. 그런데 기는 리처럼 온 우주에 균등하게 동일한 양상으로 편재해 있는 것이 아니고, 우주에 펴져 있되 각 위치에 따라서 바르기도 하고 치우치기도 하고, 또 통하기도 하고 막히기도 하는 그런 차이를 보인다. 따라서 어떤 부분의 기의 취합으로 형성된 것인가에 따라 인간과 사물의 차이가 있으며, 인간 중에서도 성인(聖人)과 하우(下愚)의 차이가 있게 된다.

이와 같이 권근은 만물의 발생을 태극의 리와 기라는 두 측면으로 설명한다. 개체를 형성하는 기는 태극으로부터 생한 우주의 전체 기 중의 일 부분의 취합이며, 따라서 그 부분의 기가 가지고 있는 차이에 따라 각 개체의 차이성이 발생하게 된다. 반면 리는 그러한 기의 취합 결과물 안에 하나의 보편적 근원으로서 내재해 있는 것이다. 이 보편적 근원인 리가 만물의 보편성을 이룬다.

> 만물의 보편성: 리(理)/ 태극
> 만물의 차이성: 기(氣)

이처럼 리 내지 태극은 우주 만물의 궁극적 근원이기에, 그 리는 만

2 『入學圖說』, 「天人心性合一之圖」, "人物之生, 其理則同. 而氣有通塞偏正之異, 得其正且通者爲人. 得其偏且塞者爲物."

물의 보편적 리로 간주된다. 리의 보편성과 동일성과 단일성을 강조하여, '리는 하나'라는 '리일(理一)'이 주장된다. 만물의 리, 만물의 성은 하나라는 것이다. 그런데 우리는 만물에 대해 그 본성을 서로 다른 것으로 여기기도 한다. '인간의 본성이 어찌 개의 본성, 소의 본성과 같겠는가?'라고 반문하면서 맹자(孟子)가 주장한 것은 각 종류의 본성은 서로 다르다는 것이다. 그런데 각 존재가 그 종류에 따라 본성의 차이를 보인다고 할 때, 그 차이는 리일의 리로부터가 아니라 오히려 그 개체를 구성하는 기의 차이에서 비롯되는 것일 수밖에 없다. 근원적인 동일한 보편적 리가 직접적으로 차이의 근거가 되는 것이 아니라, 리가 서로 다른 개체의 기에 의해 국한되고 제한됨으로써 비로소 상이한 성으로 규정되는 것이다. 그러므로 다양한 리는 다양한 기의 차이에 입각하여 가능하다. 이와 같이 기의 차이에 따라 리가 서로 다른 리로 구분되는 것을 '분수(分殊)'라고 하며, 그렇게 기에 따라 구분되는 개체의 리를 '분수리(分殊理)'라고 한다. 이렇게 해서 성리학에서 리 내지 성을 논할 때에는 보편적이고 단일적인 '리일의 리'를 뜻하기도 하고, 개체의 기의 차이에 따라 서로 구분되는 차별적이고 개체적인 '분수의 리'를 뜻하기도 한다.

리일(理一)의 리: 만물의 보편적 리: 태극(리)의 단일성에서 비롯
분수(分殊)의 리: 만물의 차별적 리: 기의 차이에서 비롯

여기서 권근이 강조하는 것은 리일의 리다. 즉 만물이 모두 동일 근원에서 나오고 자신 안에 그 동일 근원을 간직하고 있다는 것이다. 그러므로 만물은 모두 동일한 하나의 리를 갖고 있으며, 따라서 우주 만물은 그 본성이 서로 같다고 주장한다. 리일지리(理一之理)를 강조하는 보편

적 동일성의 입장에서 보면 인간 간에도 만인의 본성이 모두 근원적으로 동일하고 평등하다는 것을 주장하게 된다. 이에 반해 분수지리(分殊之理)를 강조하다 보면, 보편적 리는 단지 형식적 동일성 내지 가능성으로만 간주되며, 중요한 것은 우주 만물이나 인간 각자가 실현시켜야 할 본성이 서로 다 다르다는 본성의 차이가 된다. 일체가 서로 다른 차별적이고 차등적인 존재로 간주되어 '누구나 주어진 자기 몫을 다해야 한다'는 분수가 강조되고, 차별과 차등에 입각한 예(禮)의 체계가 확립된다. 현실적 차이성을 중시하는 개체주의적 현실주의적 성향의 중국 성리학, 그리고 현실적 정치체제의 이념적 기반으로서 인륜과 도덕성을 강조하는 성리학 체계 확립에 노력한 정도전의 유교사상에서는 리일보다는 분수리가 더 중시된다고 볼 수 있다. 그러나 권근은 인륜과 도덕성을 형성하는 기의 차이보다는 만인의 심성의 보편적 동일성과 평등성을 근거짓는 하나의 리와 하나의 태극을 강조한다고 볼 수 있다.

2. 천인합일의 이념

1) 천과 인

만물의 보편적 근원인 태극은 곧 천(天)이다. 그래서 권근은 태극을 천으로 설명하는데, 『입학도설』의 두 번째 도설 「천인심성분석지도(天人心性分釋之圖)」에서는 천(天) 자를 파자하여 일(一)과 대(大)로 논한다. '하나'와 '크다'는 우리말 '한'에 포함되어 있는 두 의미다. 한은 하나이면서 또 동시에 한 가득, 한 아름에서처럼 크다는 말이다. 이 하나와 크다를 합한 글자가 '한'이며, 이것이 곧 '천'이다. 우리말 '하늘'도 '한'

에서 나온 말이다. 그래서 최남선은 한국은 곧 천국을 뜻한다고 한 것이다. 천을 일과 대로 파자한 후, 권근은 일과 대를 다음과 같이 설명한다.

> 일(一)은 리(理)로써 말하면 상대가 없고, 행으로써 말하면 휴식이 없다.
>
> 대(大)는 체(體)로써 말하면 바깥이 없고, 조화(造化)로써 말하면 다함이 없다.[3]

일은 하나다. 하나가 대(對)가 없다는 말은 하나가 하나, 둘, 셋 등으로 이어지는 전체의 일부분으로서의 하나가 아니라는 말이다. 그 경우의 하나에 대해서는 하나가 아닌 것, 둘이나 셋이 하나의 상대로서 존재하기 때문이다. 상대가 없다는 것은 상대적 존재가 아니라는 것, 상대를 끊는다는 것, 한마디로 절대(絶對)를 뜻한다. 무대(無對)는 곧 절대다. 그러므로 하나는 곧 절대다. 부분으로서의 하나가 아니라, 전체로서의 하나, 절대의 하나인 것이다. 그리고 이 절대의 하나는 상대적인 일체를 다 포괄해야 한다. 일체의 존재와 생성이 그 하나 안에서 일어나므로, 그 하나의 행함은 쉼 없이 계속된다. 천지의 생생불식의 작용은 바로 이 하나의 작용이다. 하나가 절대로서 일체를 포괄한다는 것은 결국 크다는 말이기도 하다. 그러므로 일(一)과 대(大)는 같은 의미가 되며, 이 둘을 동시에 뜻하는 단어가 바로 '한'이다.

대(大)는 크다는 것이며, 절대적으로 큰 것은 그것보다 더 큰 것을 생각할 수 없는 것이다. 다시 말해 그것의 바깥이 없는 것이다. 바깥이

---

3 『入學圖說』, 「天人心性分釋之圖」, "一者以理言則無對, 以行言則無息. 大者以體言則無外, 以化言則無窮."

없다는 것은 그것에 안과 밖을 나눌 경계가 있지 않다는 것이다. 경계나 한계가 없는 것, 즉 무경계의 것, 무한한 것이라는 말이다. 이처럼 대는 그것 바깥에 그보다 더 큰 것이 있는 상대적 대가 아니라, 그 바깥에 더 이상 그것보다 큰 것이 있을 수 없는 절대적 대(大)다. 무한의 대이기에 일체가 그 안에 존재하며, 그 일체를 생하게 하는 조화가 끊임없이 무궁한 것이다.

이처럼 천이란 무한한 절대의 하나다. 그렇다면 이 무한과 절대의 천에 대해 인간은 어떤 관계에 있는가? 인간은 천지 안에 잠시 출현하여 머물렀다 사라지는 단지 유한하고 상대적인 존재일 뿐인가?

> 천과 인이 합하여 하나가 된다.[4]

권근이 성리학에서 취한 기본 이념은 천인합일이다. 태극이 인간 안에 내재해 있다는 것이 곧 인간이 천과 합일하고 있음을 말해 주는 것이다. 천과 합일하는 존재로서의 인간은 그 자신도 어떤 점에서는 천과 마찬가지로 무한이며 절대이어야 한다. 그렇다면 인간의 무한성과 절대성을 어디에서 확인할 수 있을까? 인간은 어떤 존재인가? 다른 유학자들과 마찬가지로 권근은 인간을 어질 인(仁)으로 해석한다.

> 인(人)은 인(仁)이다. 인(仁)은 천지가 만물을 내는 이치이며, 사람은 이것을 타고나서 마음이 되는 것이다. 그러므로 사람이 만물의 영(靈)이며, 인(仁)은 모든 선(善)의 으뜸이 된다.[5]

---

4 『入學圖說』, 「天人心性分釋之圖」, “合天人而一之.”

5 『入學圖說』, 「天人心性分釋之圖」, “人者仁也. 仁則天地所以生物之理. 而人得以生而爲心者也. 故人爲萬物之靈, 仁爲衆善之長.”

유교에서 천지지심은 만물을 내는 마음인 생물지심이며, 그 정신은 곧 인(仁)이다. 인은 남을 나로 여겨 만물이 나 아닌 것이 없음을 느끼는 마음이다. 천의 근본 이치가 바로 그러한 인이다. 따라서 인간뿐 아니라 자연 만물 모두가 그런 천지지심인 생물지심에 따라, 인의 정신에 따라 생겨난 존재다. 그리고 그렇게 생겨난 만물 안에는 그러한 천지지심과 인의 리가 내재해 있다. 만물은 그 리에 따라 존재하기 때문이다.

그런데 그 만물 중에서 인간은 천지지심의 인을 타고남으로써 마음이 된다고 말한다. 이는 인간이 단지 인의 리에 따라 생겨나고 그 리를 간직한 존재에 그치는 것이 아니라, 인(仁)으로써 마음이 된 존재, 즉 인을 마음으로 자각하는 존재라는 말이다. 그래서 인간이 만물 중에서 가장 신령한 존재이며, 그렇게 자각된 인이 모든 선 중에서 최고의 선이 될 수 있는 것이다. 이렇게 보면 천인합일을 논하면서 권근은 그러한 천과 인의 합일을 천지지심과 인간의 심과의 일치에서 찾았다고 볼 수 있다. 즉 천과 일치할 수 있는 인간의 본질, 인간의 무한성과 절대성은 바로 인간의 심에서 찾을 수 있다는 말이다. 그래서 『입학도설』에서는 「천인심성분석지도」에서 천과 인을 분석한 후, 곧 이어 인간의 심에 대해 논한다.

2) 천인합일의 자리로서의 심: 심의 허령통철

권근은 심에 대한 설명을 다음과 같은 구절로 시작한다.

> 심은 사람이 천에서 얻은 것이며, 몸을 주관하는 것이다. 리와 기가 묘하게 합쳐져서, 비어 있으면서 신령스럽고 훤하게 밝아[虛靈洞徹] 신명(神明)이 머무는 집이 된다. 성과 정을 통섭하여 소위 명덕이 되며, 온갖

> 리를 구비하고 만사에 응한다.[6]

권근이 심을 설명하는 개념들은 송대 성리학자들이나 정도전이 심을 설명하는 개념들과 그다지 크게 다르지 않아 보인다. 그러나 자세히 들여다보면 그 두 설명 간에 적지 않은 차이가 있다. 정도전은 『불씨잡변』에서 심과 성을 다음과 같이 설명한다.

> 심은 사람이 천에서 얻어서 태어난 기로서, 허령불매하여 한 몸의 주관이 된다. 성은 인간이 천으로부터 얻어서 태어난 리로서, 순수하고 지선하여 한 마음에 갖추어져 있다.[7]

심을 하늘로부터 얻은 것으로서 몸을 주관한다고 보는 것은 둘이 마찬가지다. 그런데 권근은 심을 리와 기의 묘합으로 간주하며 리기묘합으로서 허령통철을 말하는 데 반해, 정도전은 심을 기로 단정하면서 허령불매를 논한다. 권근은 심이 리와 기의 묘합이고 성과 정을 통섭한다는 것을 강조하는 데 반해, 정도전은 심은 기이고 성은 리라고 구분하고 있음을 볼 수 있다.

〈권근〉	〈정도전〉
심 = 리 + 기 = 허령통철	심 = 기 = 허령불매
(성) (정)	↕ ↕
	성 = 리

〈권근과 정도전의 심(心) 이해의 차이〉

심을 단적으로 기로 규정하는가 아니면 리와 기의 묘합으로 보는가의 차이는 곧 심과 성을 별개의 것으로 보는가 아니면 성을 심의 성인 심성으로 보는가의 차이가 된다. 이는 결국 심과 구분되는 것으로서 성이나 리를 종(宗)으로 삼을 것인가 아니면 성이나 리를 포괄하는 심을 종으로 삼을 것인가의 차이가 되기도 한다. 정치가로서의 정도전이 전자의 입장이라면, 학자로서의 권근은 후자의 입장이다. 그런데 이와 같은 차이는 다시 그대로 16세기 한국 유교에서 정치가로서의 이이와 학자로서의 이황 간의 차이이기도 하며, 이는 곧 송대 성리학의 완성자인 주희와 한국 유교의 거두인 이황 간의 차이, 다시 말해 중국 유교와 한국 유교의 차이, 즉 리학과 심학의 차이이기도 하다.

천과 인의 합일의 지점을 심에서 찾고 있는 권근은 "심은 사람이 하늘로부터 얻은 것이다"에 이어, "심은 몸을 주관한다"고 함으로써 심은 몸이 속하는 현상세계의 질서로 다 설명되지 않는다는 것, 심은 개체적 몸을 구성하는 기에 의해 형성되거나 기에 의해 조절되는 것이 아니라, 오히려 기의 영향 하에 있는 몸을 주체적으로 조성하고 이끄는 주(主)라는 것을 강조한다.

심이 몸을 주관할 수 있는 것은 심이 몸과 마찬가지의 형기(形氣)만으로써 이루어진 존재가 아니라, 리와 기의 묘합이기 때문이다. 여기서 리는 만물을 생하게 하는 리인 천리 내지 태극의 리다. 그렇다면 그러한 리와 묘합하여 심을 이루는 기는 어떤 기인가? 심이 몸을 주관하는 것이라면, 심을 이루는 기가 몸을 이루는 기와 동일 차원의 것일 수는 없다. 리와 묘합하여 심을 이루는 기는 그 심에 의해 조절되고 통제받는 몸의

---

6 『入學圖說』, 「天人心性分釋之圖」, "心者, 人所得乎天, 而主乎身. 理氣妙合, 虛靈洞徹, 以爲神明之舍, 而統性情, 所謂明德, 而具衆理, 應萬事者也."

7 정도전, 『불씨잡변』, 제3 「佛氏心性之辨」, "心者, 人所得於天, 以生之氣. 虛靈不昧, 以主於一身者也. 性者, 人所得於天, 以生之理. 純粹至善, 以具於一心者也."

기와는 다른 측면이 있어야 하기 때문이다. 하나는 주(主)로서 작용하는 기이고, 다른 하나는 그 주의 부림을 받는 빈으로서 작용을 받는 기이어야 하는 것이다. 이처럼 심을 이루는 기는 몸을 형성하는 신체적 기인 형기(形氣)와 구분해서 심기(心氣)라고 말할 수 있다. 이렇게 보면 심은 신체적인 심장이 아니라, 심장을 포함하여 몸 전체를 조절하는 주관자로서의 마음을 뜻한다.

그렇다면 몸을 주관하는 것 또는 몸의 기를 운동하게 하는 것은 기가 아니라 심 안의 리인데, 그 리가 다시 심 안에서 기와 묘합되어야 하는 이유는 무엇인가? 리와 묘합하여 심을 이루는 심기는 과연 어떤 기인가?

그 다음의 구절이 바로 심(心)에서의 리와 기의 묘합의 의미를 설명한다. 리와 기가 묘합하여, 심은 비어 있고 신령스러우며 훤하게 밝아 '허령통철(虛靈洞徹)'하다는 것이다. 심이 허(虛)라는 것은 심이 신체나 개별 사물들처럼 공간을 채우는 물질적인 실(實)이 아니라는 말이다. 마음은 오히려 물질들로 채워질 공간 내지 허공처럼 그렇게 비어 있는 것이다. 그래서 허라고 한다. 그런데 마음은 그냥 추상적인 빈 허공과 달리 신령스럽게 자신을 안다. 그래서 그냥 허공이라고 하지 않고, 마음이라고 하는 것이다. 이것이 바로 마음을 '허'라고 한 데 이어 '령(靈)'으로 설명하는 까닭이다. 령은 마음의 신령한 작용을 뜻한다. 이와 같은 마음의 자각 능력을 유교는 신령함이라고 표현하며, 훤하게 밝은 '통철'이라고도 하고 또 어둡지 않은 '불매(不昧)'라고도 한다. 그래서 마음을 허령통철 또는 허령불매로 설명한다. 빈 허공 같은 마음이 무정물인 물질과 달리 자각 능력을 가져 신령하게 자신을 아는 통철함 내지 밝음이 있다는 것이다.

허령통철 내지 허령불매는 원효가 불교적 용어로서 '성자신해'라고 하고, 지눌이 '공적영지'라고 말한 것과 상통한다. 우주 만물을 포괄하는 빈 허공, 그 본성이 스스로를 신령스럽게 아는 것이 성자신해이고, 비어 있어 적막한 공적이 스스로를 신령스럽게 아는 것이 공적영지다. 권근이 마음을 설명하는 허령통철 또는 허령불매는 이 성자신해나 공적영지 이외의 다른 것이 아니다. 이 신령한 자각 능력을 권근은 심 안에 담긴 리 자체가 아니라 그 리를 자각하는 기의 활동이라고 본다. 본성과 그 본성에 대한 신령한 앎을 리와 기로 구분하여 칭한 것이라고 볼 수 있다. 지눌이 심 자체를 공적으로, 그 심의 자성본용을 영지라고 하여 심의 본체와 그 심의 작용을 구분했듯이, 권근은 심의 본체를 허라고 하여 그것을 리로 설명하고, 그 체의 작용인 령을 마음의 기의 작용으로 설명한 것이다. 그렇게 해서 심의 허령을 심에서의 리와 기의 묘합으로 설명한 것이다.

심의 본체 :	리(理)의 내재	: 허	=	공적
심의 작용 :	기(심기)의 작용	: 령	=	영지

심이 이러한 허령통철의 능력을 갖고 있기에 심을 신령스런 밝음인 '신명(神明)의 집'이라고도 하고 밝은 덕인 '명덕(明德)'이라고도 한다. 이와 같이 심의 허령통철을 가능하게 하는 것, 심에 구비된 심의 리 또는 심의 성을 자각할 수 있게 하는 것은 심의 기(氣)다. 심기는 곧 심의 신령한 자각 능력을 뜻한다.

심에 온갖 리가 다 구비되어 있다는 것은 심에 갖추어진 리를 뜻하며, 심이 만사에 다 응할 수 있다는 것은 심의 작용력인 기의 활동을 뜻한다. 심이 마음에 갖추어진 리를 자각하여 앎으로써 비로소 심이 이 세상에서 벌어지는 일들에 상응해서 대처할 수 있는 것이다.

3. 심의 두 가지 작용

1) 도심과 인심

마음이 리와 기의 묘합으로서 허령통철하며 신명의 집이 되기는 하지만, 그렇다고 해서 마음이 언제나 그렇게 밝은 리의 자각에만 머물러 있는 것은 아니다. 이 세상의 일들에 대응하는 방식에서 보면 누군가는 인과 의를 실현하려 노력하는데 반해, 누군가는 오로지 자기 일신의 이익만을 좇아 처신하기도 하다. 마음의 구체적인 활용에서는 그렇게 큰 차이가 빚어지는 것이다. 그렇다면 이 차이는 어디에서 오는가?

다 같은 사람인데 왜 누구는 대인이고 누구는 소인인가라는 질문에 대해 맹자는 누구는 대체인 심을 따르고 누구는 소체인 이목지욕을 따르기 때문이라고 말하지만, 성리학에서는 이목지욕을 따르는 것 또한 마음이라는 점에 입각해서 그 둘을 심의 작용의 차이로 설명한다. 문제는 심은 본래 신명의 집으로서 명덕인데, 왜 때때로 그 마음의 작용이 바르지 못하게 되는가다. 이에 대해 권근은 다음과 같이 답한다.

> [심은] 기품에 의해 구애(拘礙)가 되고 물욕에 가려져서 그 작용의 나타남이 때로는 혼매하게 되니, 학자들은 마땅히 경(敬)으로써 마음을 바르게 하여 혼매함을 물리치고 다시 밝음을 회복시켜야 한다.[8]

---

8 『入學圖說』, 「天人心性分釋之圖」, "氣稟所拘, 物欲所蔽, 其用之發, 有時而昏. 學者要當, 敬以直內, 去其昏, 而復其明也."

여기서는 성리학에서 흔히 대립으로 간주되는 리와 기, 성품의 리와 기품의 기의 대립이 보인다. 보편적인 인간 본성인 리에 대해 그 리의 실현을 막고 방해하며 사사로운 개인적 욕망으로 흐르게 하는 것은 기 때문이다. 리는 우주 만물을 하나로 통합하는 보편적 리인데 반해, 기는 우주 만물에 편재하되 각 부분마다 조금씩 다른 차이를 보이는데, 그 차별적인 기로 이루어진 기품에 의해 마음이 막히면 마음의 작용이 혼미하게 되는 것이다. 기품에 의해 마음이 구애가 된다는 것은 마음이 개체적 신체의 사적 욕망에 의해 이끌린다는 것을 뜻한다. 개체적 신체의 사적 욕망이 바로 개체의 형기(形氣)다.

이렇게 해서 권근은 마음의 작용을 보편적 리가 발하는 것과 개체적 형기가 발하는 것 두 가지로 구분하는데, 이를 마음 심(心)이라는 한자에서의 오른쪽 점과 왼쪽 점을 가지고 설명한다.

> 오른쪽의 한 점은 성이 발하여 정(情)이 되는 것을 본따서 마음의 작용을 나타내고, 왼쪽의 한 점은 심이 발하여 의(意)가 되는 것을 본따서 또한 마음의 작용을 나타낸 것이다. 그 본체는 하나이지만 작용은 둘이 있어, 성명에서 발원한 것은 도심으로 정에 귀속되는데, 그 시초에는 불선이 있을 수 없으나 그 발단이 미묘하여 보기가 어렵기에 '도심은 오직 미미하다'고 한다. 이는 반드시 경(敬)으로 주관하여 확충시켜 나가야 된다. 반면 형기에서 나온 것은 인심으로 의에 귀속되는데, 그 기미는 선한 것도 있고 악한 것도 있어서 그 형세가 위태롭고 떨어질 듯하므로 '인심은 오직 위태롭다'고 한다. 더욱 특별히 경으로써 주장하여 다스려야 한다.[9]

9 『入學圖說』, 「天人心性分釋之圖」, "其右一點, 象性發爲情, 心之用也. 其左一點, 象心發爲意, 亦心之用也. 其體則一, 而用則有二. 其發原於性命者, 謂之道心, 而屬乎情. 其初無有不善. 其端微而難見, 故曰道心惟微, 必當主敬以擴充之. 其生於形氣者, 謂之人心, 而屬乎意.

여기에서 권근은 마음의 작용을 성이 발해서 정이 된 것과 심이 발해서 뜻이 된 것 둘로 구분하면서, 그것을 각각 성명에서 발한 도심과 형기에서 발한 인심과 동일시한다. 이는 다음과 같이 정리된다.

심의 체: 일심
심의 용 ┌ ① 성(性) ―(발) → 정(情) : 성명(性命)에서 발원 = 도심
　　　　└ ② 심(心) ―(발) → 의(意) : 형기(形氣)에서 나옴 = 인심

심의 작용을 설명하면서 권근이 이처럼 성과 심을 대구(對句)로 놓았기에 마치 성은 리이고 성명이며, 심은 성과 구분되는 것으로서 기 내지 형기인 것처럼 여겨지게 된다. 그렇게 되면 심을 리와 기의 묘합이라고 하는 것은 마치 성명과 형기의 묘합처럼 여겨지게 된다. 그러나 앞서 논한 것처럼 심에서 리와 묘합하는 기는 형기가 아니라 심기다. 성이든 심이든 발한다는 것은 심이 작용한다는 것이다. 작용하는 힘이 곧 기다. 나아가 권근이 「천인심성합일지도」나 「천인심성분석지도」에서 밝혔던 심은 기나 형기의 심이 아니라 천과 합일할 수 있게끔 천리의 태극을 그 본성으로 가지는 심이다. 이와 같이 권근이 본래 사용한 심의 의미에 더욱 충실하게 위의 구분을 다시 정리해 본다면 다음과 같이 된다.

심의 체: 일심
심의 용 ┌ ① 마음의 본성(理) ―(발) → 정(情) = 도심
　　　　└ ② 신체의 형기(氣) ―(발) → 의(意) = 인심

其幾有善有惡, 其勢危而欲墜, 故曰人心惟危. 尤必當主敬以克治之."

이렇게 보면 권근에게서 도심과 인심의 구분은 곧 사단과 칠정의 구분과 일치한다. 그가 사단과 칠정을 어떻게 해석하는가를 살펴보자.

2) 사단과 칠정

권근이 행한 성발과 심발의 구분은 곧 도심과 인심의 구분이 되며, 그것이 결국 사단과 칠정의 구분이 되는데, 권근은 이에 대해 그 스스로 다음과 같이 묻고 대답한다.

> 문: 옛날 당의 한퇴지는 『원성론』에서 『예기』에 근거하여 희로애락애오욕의 일곱 가지를 성이 발하는 정이라고 했고, 정자 또한 이것을 취하여 말했는데, 지금 선생은 사단을 성발에 귀속시키고, 칠정은 심 아래 배열했으니 어쩐 일인가?
>
> 답: 희로애락애오욕의 일곱 가지 작용은 인간에게 본래 당연한 법으로, 그것이 발하여 절도에 맞으면 『중용(中庸)』에서 말한 달도(達道)의 화(和)가 되는 것이니, 어찌 성의 발이 아니라 하겠는가? 그러나 발하여 절도에 맞지 않는 것이 있는 것은 바로 성발이라고 하여 사단과 똑같이 정에 배열할 수는 없는 것이다. 그러므로 심 아래에 나열하여 그 발함에 있어 중절과 부중절이 있다는 것을 학자들이 충분히 살필 수 있게 한 것이다. 더구나 정자는 외물에 감촉하면 중심이 동하고, 중심이 동하면 칠정이 나오는데, 정이 이미 타오르면 성이 탈이 난다고 말했다. 그러니 그것을 성의 발이 아니라고 하는 것은 충분히 알 수 있다.[10]

---

10 『入學圖說』, 「天人心性分釋之圖」, "曰昔唐韓子, 原性而本於禮書, 以喜怒哀樂愛惡欲七者, 爲性發之情. 程子亦取而言之. 今子以四端屬乎性發, 而七情列于心下者, 何也. 曰七者之用, 在人本有當然之則, 如其發而中節, 則中庸所謂達道之和, 豈非性之發者哉. 然其所發或有不

권근은 사단을 성발의 정으로, 칠정을 심발의 의로 규정한다. 이에 대한 반론은 『중용』에서 희로애락애오욕(喜怒哀樂愛惡欲)의 칠정은 성이 발한 정으로 설명되고 있다는 것이다. 권근은 그 반론에 대해 사단은 언제나 선한 것인데 반해 칠정은 중절하면 선이지만 부중절하면 악이 될 수도 있으니, 그런 칠정을 어떻게 사단과 나란히 성발의 정으로 놓을 수 있겠는가 하는 것이다. 따라서 칠정을 인심과 마찬가지로 성의 발이 아닌 심의 발로 설명하는 것이다. 사단 칠정에 대해 권근의 개념대로 도표화해 보면 다음과 같다.

심의 체: 일심
심의 용 ┌ ① 성(性)의 발 = 정(情) = 사단: 언제나 선 : 중(中)/ 대본(大本)
　　　　└ ② 심(心)의 발 = 의(意) = 칠정 ┌ 중절하면 선 : 화(和)/ 달도(達道)
　　　　　　　　　　　　　　　　　　　　└ 부중절하면 악

이상과 같은 인심과 도심 및 사단과 칠정에 대한 권근의 구분과 설명은 이후 조선 성리학자들에게 끊임없는 토론과 논쟁을 야기했다고 볼 수 있다. 이는 곧 조선의 성리학자들이 성리학의 핵심 주제를 더 이상 객관적 리(理)나 위계적 예(禮) 등에서 찾는 것이 아니라, 천과 합일하는 인간의 보편적 심(心), 절대 무한의 심성에서 찾았다는 것을 의미한다. 한국인의 유심론적 일심사상이 유교사상을 리학보다는 심학으로 이끌고 간 것이라고 말할 수 있을 것이다.

中節者, 不可直謂之性發, 而得如四端幷列於情中也. 故列于心下, 以見其發之有中節不中節者, 使學者致察焉. 又況程子之言, 以爲外物觸而動於中. 其中動而七情出, 情旣熾而其性鑿矣, 則其不以爲性發也. 審矣."

3장

이황과 기대승:
사단칠정론에서 인간의 성(性)과 정(情)

퇴계 이황(退溪 李滉, 1501-1570)과 고봉 기대승(高峯 奇大升, 1527-1572)은 거의 서른 살의 나이 차이에도 불구하고 서로간에 인간적으로 깊은 애정과 신뢰를 유지하면서 학문적으로는 서로 다른 관점에서 열띤 토론을 벌였던 유학자다. 그들이 편지를 주고받으며 전개한 사단칠정에 관한 논의는 이후 조선 성리학자들에게 치열한 토론의 장을 열어 준 셈이 되었다.

이하에서는 이황과 기대승의 관점을 기대승의 규정에 따라 각각 대설과 인설로 구분해 본 후(1절), 이황과 기대승이 각각 인간의 본성을 어떻게 이해하고, 사단과 칠정의 정을 어떻게 구분했는가를 살펴본다(2절). 그리고 그들이 함께 언급했던 월인천강의 비유에 따라 대설과 인설의 차이를 좀더 명료화해 본다(3절). 이상의 논의를 거쳐 이황의 대설을 채택한 후, 그 관점에서 리와 기의 관계 및 그 각각의 의미를 좀더 분명하게 세분화해 보며(4절), 사단칠정 논의가 갖는 의미를 간략히 논해 볼 것이다(5절). 사단칠정 논의는 결국 인간 심의 절대성과 보편성, 심의 영묘한 자각성과 평등성의 문제를 논하는 것임이 밝혀질 것이다.

1. 대설(對說)과 인설(因說)의 구분[1]

『중용』의 '천명지위성(天命之謂性)'에 따르면 인간의 본성은 하늘 천(天)의 명이다. 하늘을 우러러 존칭 '님'을 붙여 말하자면 하늘님, 하느님의 명이다. 그 명을 직접 듣고 자각하는 주체는 바로 각자의 마음이다. 마음은 하늘, 상제, 태극, 천리가 내재된 허령불매(虛靈不昧)의 신성한 것이다. 이 천명의 성으로 인해 각자의 마음 안에 남의 고통을 나의 것으로 느끼는 마음, 차마 어쩌지 못하는 마음인 측은지심(惻隱之心)이 일어난다. 이 측은지심 외에 부끄러워하고 분개하는 수오지심(羞惡之心), 스스로 겸허한 사양지심(辭讓之心), 옳음과 그름을 구분하는 시비

1 퇴계 이황과 고봉 기대승 간의 사칠 논쟁을 대설과 인설의 대비라는 관점에서 연구한 논문으로는 이상은의 「사칠논변과 대설 · 인설의 의의: 퇴 · 고 논쟁의 초점을 찾아서」(윤사순 편저, 『퇴계 이황』, 예문서원, 2002)를 들 수 있다. 이 논문은 대설과 인설을 대비시키면서 이황과 기대승 간의 세 차례의 서신 왕래 내용을 풀이 분석한 후, 결론에서 기대승의 이론이 이황에 비해 "명쾌하고 알기 쉬우며 비교적 조리가 정연하다", "사상이 비교적 '진보적'이고 새로운 맛"이 있다, "독창적이고 자유스러운 맛이 있다"(304쪽)라고 하여 기대승의 인설을 높이 평가한다. 그는 "그[기대승]가 주자의 '리지발 · 기지발'을 대설로 보지 않고 인설로 보는 것도 대설에서는 리가 방관적 · 소극적인 것으로서 기에 대대하는 것이요, 인설에서는 직접 기를 타고 유행하는 능동적 · 적극적인 리가 되기 때문이라고 생각했던 것으로 보인다. 그러나 리가 이처럼 적극적 · 능동적인 것으로 된다면 그것은 왕양명의 심즉리의 리와 가까워지면서 정주의 성즉리의 리와는 멀어지게 된다"(310쪽)라고 말한다. 이에 반해 여기에서는 오히려 이황에서 리의 능동성과 적극성이 강조되고 있다는 것, 따라서 왕양명의 심즉리나 불교에 가깝고 정주로부터 먼 것은 기대승이 아니라 오히려 이황이라는 것이 밝혀질 것이다. 이는 결국 이황의 성리학이 좀더 한국적 사유 특징을 잘 보여 준다는 것을 말해 준다.

지심(是非之心)도 천명의 성으로부터 일어나는 선(善)한 감정이며, 유교는 맹자를 따라 이를 '사단(四端)'이라고 부른다.[2]

그러나 인간이 언제나 이렇게 선하고 거룩한 감정만을 갖고 사는 것은 아니다. 몸을 먹이고 입히고 보호해야만 그 생명이 유지될 수 있기에 인간은 본능적으로 자신의 신체적 욕구에 민감하며 그것을 좇기 마련이다. 결국 인간이 욕망하는 것은 '음식남녀(飮食男女)'이고 싫어하는 것은 '사망빈고(死亡貧苦)'다. 고자(告子)는 이런 본능을 무선무불선(無善無不善)의 타고난 본성인 '생지위성(生之謂性)'이라고 했다. 이러한 식색지욕(食色之欲)으로부터 희로애락 등의 감정이 일어나는데, 유학은 이를 희로애구애오욕의 '칠정(七情)'이라고 부른다.[3]

사단과 칠정의 논의는 일차적으로는 우리 마음이 일으키는 감정에 과연 그렇게 질적으로 서로 다른 두 종류의 감정이 존재하는가 하는 것이다. 사단의 수오지심과 칠정의 분노는 과연 서로 다른 것인가? 이 논의는 사단과 칠성을 근원적으로 다른 것으로, 즉 그 소종래(所從來)에서

---

2 사단은 『맹자』에서 논하는 측은지심, 수오지심, 사양지심, 시비지심이다. 『孟子』, 「公孫丑上」, "측은지심은 인의 단서이고, 수오지심은 의의 단서이고, 사양지심은 예의 단서이고, 시비지심은 지의 단서다"(惻隱之心, 仁之端也; 羞惡之心, 義之端也; 辭讓之心, 禮之端也; 是非之心, 智之端也.). 이에 대한 주에서 주희는 "측은수오사양시비는 정이고, 인의예지는 성이다. 마음은 성과 정을 통섭한다"(惻隱羞惡辭讓是非, 情也. 仁義禮智, 性也. 心統性情者也.)고 말함으로써, 인의예지를 未發의 성으로, 사단을 그것이 일깨워진 已發의 정으로 구분한다.

心:	性	⟶	情
	인의예지(性善之性)		四端(측은수오사양시비)

3 칠정은 『禮記』에 등장하는 희로애구애오욕이며, 『중용』에서 말하는 희로애락 등의 감정이다. "인간의 정은 무엇인가? 희로애구애오욕이다. 이 일곱 가지는 배우지 않아도 할 수 있는 것이다"(何謂人情? 喜怒哀懼愛惡欲. 七者弗學而能.)(『禮記』, 「禮運」). 여기에서도 정에 대해 도덕적 義를 대비시키고 있다. 성이 발해서 정이 된다는 것도 『예기』와 『중용』에서 논하는 것이다. 『예기』「악기」에서는 인간 본성이 고요하다는 것, 사물에 감촉함으로써 욕망의 정이 생긴다는 것을 말한다. "인간이 태어나서 고요한 것은 천지의 性이고, 사물에 感하여 動하는 것은 性의 욕구다. 사물이 다가와야 알게 되고, 그런 후에야 호오가 나타난다"(人生

다른 것으로 볼 수 있는가의 문제로 이어지게 되는데, 이는 결국 정의 소종래가 되는 성을 서로 다른 둘로 간주할 수 있는가의 문제가 된다. 유교는 중용의 '천명의 성', 맹자의 '성선의 성'을 '본연지성(本然之性)'으로, 고자의 '생지위성'을 '기질지성(氣質之性)'으로 칭하므로, 문제는 인간의 본연지성과 기질지성이 과연 서로 다른 두 개의 성인가 하는 것이다. 본연지성이 우주적 태극의 리(理)가 개체 안에 내재화된 것이고, 기질지성이 우주적 천지의 기(氣)가 질화(質化)되고 형화(形化)된 개체적 본성이므로, 문제는 다시 인간 개체에 있어 리와 기는 서로 어떤 관계에 있는가의 문제가 된다.

이황과 기대승 간의 사단칠정 논쟁에서도 논쟁의 초점이 된 것은 그런 마음 상태를 야기하는 소종래를 둘로 간주할 수 있는가 아닌가의 문제였다. 사단과 칠정을 소종래에 따라 구분하면서 이황은 사단을 리가 발한 것으로, 칠정을 기가 발한 것으로 주장한다.

> 사단은 리의 발이고, 칠정은 기의 발이다[4]

문제는 리와 기가 어떤 관계에 있는가 하는 것이다. 그 둘 간의 관계

而靜, 天之性也. 感於物而動, 性之慾也. 物至知知, 然後好惡形焉.)

性(靜)	—— (感物:動) ⟶	情(動)
		七情(희로애구애오욕)

『중용』에서 미발과 이발, 중과 화의 개념이 등장한다. "희로애락이 발하기 전을 중이라고 하고, 발하여 모두 절도에 맞는 것을 화라고 한다"(喜怒哀樂之未發, 謂之中; 發而皆中節, 謂之和).

未發: 中	—— (發) ⟶	已發: 和
性(天命)		情(희로애락)

이상 언급했던 것들을 종합하여 도표화하면 다음과 같다.

未發	⟶	已發
性		情: 사단과 칠정

를 어떻게 보는가에 따라 인간의 본성 그리고 사단 칠정의 인간 감정에 대한 이해가 서로 달라진다. 기대승은 자신의 관점이 이황과 다른 점을 다음과 같이 정리한다.

> 제 생각에 주자가 말한 '사단은 리의 발이고 칠정은 기의 발이다'라는 것은 대설(對說)이 아니고 인설(因說)입니다. 대설은 좌와 우를 말하는 것처럼 서로 대대(對待)적으로 설명하는 것이고, 인설은 위와 아래를 말하는 것처럼 인잉(因仍)적으로 설명하는 것입니다. 성현의 말씀에는 대설과 인설의 차이가 있으니 살피지 않을 수 없습니다.[5]

---

4 『退溪先生文集』, 권16, 12, 제1서, 53쪽, 149쪽(이하 이황의 글 인용 시 제시되는 쪽수는 퇴계학연구원 편, 『국역 퇴계전서』중 뒤에 실린 원문의 쪽수와 앞에 실린 번역문의 쪽수를 가리킨다), "四端是理之發; 七情是氣之發." 이황과 기대승 간의 사칠 논쟁은 바로 이 문제로부터 시작된다. 이황은 1558년 겨울 기대승과 처음 만나 성정에 대해 논한 후 1559년 초 기대승에게 보내는 편지에서 추만 정지운의 「천명도」의 구절인 "사난은 리에서 발하고, 칠정은 기에서 발한다(四端發於理, 七情發於氣)"를 "사단의 발은 순수한 리이므로 불선이 없고, 칠정의 발은 기를 겸하므로 선악이 있다"(四端之發, 純理故無不善; 七情之發, 兼氣故有善惡)로 바꾸면 되겠는가라고 묻는다. 이 글을 받고 기대승이 길게 사칠에 관해 논함으로써 서신 상의 논쟁이 시작되었다. 『퇴계문집』에 실린 「천명구도」에는 후자의 구절이 담겨 있고, 「천명신도」에는 다시 "사단은 리가 발한 것이고, 칠정은 기가 발한 것이다"(四端, 理之發; 七情, 氣之發)가 실려 있다. 이황은 제1서에서 자신의 리발기발설에 대해 처음에는 의심 가능성을 배제할 수가 없었는데, 후에 『주자어류』에서 "四端是理之發, 七情是氣之發"이라는 구절을 발견하고 자신의 의견이 크게 잘못되지는 않았으리라고 믿게 되었다고 말한다.

性(未發)	—— (發) ⟶	情(已發)
理: 본연지성		理發: 四端
氣: 기질지성		氣發: 七情

5 『高峯集』, 제3집, 「兩先生四七理氣往復書」 下篇, 제3서, 131쪽, 285쪽, (이하 기대승의 글 인용 시 제시되는 쪽수는 민족문화추진회 편, 고전국역총서 249, 『국역 고봉집』, 3권 중 뒤에 실린 원문의 쪽수와 앞에 실린 번역문의 쪽수를 가리킨다), "大升以爲, 朱子謂 '四端是理之發, 七情是氣之發' 者, 非對說也, 乃因說也. 蓋對說者, 如說左右, 便是對待底. 因說者, 如說上下, 便是因仍底. 聖賢言語, 固自有對說因說之不同. 不可不察也." 문제는 대설에서 좌우와 對待 관계, 인설에서 상하와 因仍 관계를 어떻게 이해해야 하는가다. 대대는 서로 상대

대설과 인설의 차이는 리발의 사단과 기발의 칠정을 서로 대립되는 대대의 것으로 볼 것인가, 아니면 리발의 사단과 기발의 칠정을 전자로부터 후자가 비롯되는 인잉의 관계로 볼 것인가다. 이를 간략히 도표화해 보면 다음과 같다.

〈대설(좌우의 대대): 이황〉	〈인설(상하의 인과): 기대승〉
리발의 사단 ↔ 기발의 칠정 : 대대	리발의 사단: 인 ↓ 기발의 칠정: 잉

하는 것으로 나란히 좌우로 놓는 것을 의미하고, 인잉은 하나로부터 다른 하나가 생겨나서 그 생겨난 것이 생겨나게 하는 근거를 포함하고 있는 관계가 된다. 마치 엄마로 인해 아이가 잉태되면, 그 둘의 관계가 좌우의 대대가 아니라 상하의 인잉이 되는 것과 같다. 이상은은 "인잉"을 "그대로 따른다"는 뜻으로 해석한다(「사칠논변과 대설 · 인설의 의의」, 303쪽). 따르게 되는 기준이 인이고 따르는 것이 결과라는 의미로 해석하면, 인잉은 광의의 '因果'라고도 말할 수 있을 것이다.

그런데 이황과 기대승의 관점 차이를 대설과 인설의 차이로 개념화한 사람은 기대승인데, 이황이 과연 그런 개념 규정에 동의했겠는가? 이것이 문제가 되는 것은 이황에게 리는 기와 나란히 좌우로 놓을 만한 상대적인 것이 아니라, 그 자체가 현상세계의 근원으로서 절대적인 것이기 때문이다. 이황은 "리는 허이며 상대가 없다"(理虛無對)는 것을 강조한다. 즉 리는 한계가 없는 무한이며, 상대가 없는 무대, 곧 절대다. 그러므로 이황은 자신의 관점을 '대설'로 규정하는 것을 그다지 적절치 않다고 여겼을 듯하다. 그런데 기대승이 '대설과 인설'을 언급한 것은 사칠 논쟁의 두 차례의 편지 왕복이 있은 후의 제3서에서이며, 이황은 더 이상 반복되는 논쟁은 무의미하다고 여긴 듯 시 한 수 짓고 "한 번 웃읍시다"라고 덧붙이면서 논쟁을 중단하고 말았다. 쓰고 보내지 않은 편지에서도 그 개념에 대해 별다른 반론을 제기하지 않았다. 물론 이황에게 리는 무대이고 절대이어도, 현상적 차원에서 상대적인 기와는 다른 모습으로 리가 그 자신을 현현한다는 의미에서, 기대승이 퇴계의 설을 '대설'로 규정한 것은 기대승의 관점에서는 그럴 만한 이유가 없는 것은 아니라고 여겨진다. 그래도 리의 근원성과 절대성을 고려하면서 리와 기 또는 인간의 본성과 기질의 관계에 대한 두 관점의 차이를 더 적절히 표현하는 개념은 아마도 '대설과 인설'이기보다는 '竪看과 橫看'이 아닐까 생각된다. 이에 대한 더 자세한 고찰은 다음 기회로 미룬다.

대설에 따르면 리와 기는 서로 다른 각각의 것으로 구분되며 따라서 그 각각의 발현으로서의 사단과 칠정도 구분하여 대대관계로 놓을 수 있다. 반면 인설에 따르면 리와 기 그리고 사단과 칠정은 서로 인잉의 관계로서 결합되어 있기에 대대로 놓을 수 없으며, 오히려 기발의 칠정이 리발의 사단을 포괄하는 것이 된다. 예를 들어 한 종자(인)가 자라 나무(잉)가 되었을 때, 종자와 나무를 서로 구분하여 대대로 놓을 수 없으며, 오히려 결과인 나무가 종자를 포괄하는 것과 같다. 그렇다면 대설과 인설 중 어느 것이 천지의 리와 기, 인간의 성과 정의 관계를 올바르게 설명하는 것일까?

2. 인간의 성(性)과 정(情)

1) 본연지성과 기질지성의 구분

사단과 칠정의 두 정을 서로 대(對)가 되는 두 종류의 감정으로 분류할 것인가, 아니면 하나가 다른 하나를 포섭하는 것으로 간주할 것인가 하는 문제는 사단칠정 자체의 내용에 의해서가 아니라, 그 각각의 기원으로 생각되는 성(性)을 어떻게 이해할 것인가에 의해 결정된다. 이황의 다음 구절이 이를 잘 말해 준다.

> 나는 일찍이 정(情)에 사단과 칠정의 구분이 있는 것이 성(性)에 본연(本然)과 기품(氣稟)의 다름이 있는 것과 같다고 생각했습니다. 그런즉 성에 대해서는 이미 리(理)와 기(氣)로 나누어 말할 수 있는데, 정에 대해서만 유독 리와 기로 나누어 말할 수 없겠습니까?[6]

이처럼 이황은 사단과 칠정이 서로 다른 두 가지 정으로 구분되는 것은 그 둘의 소종래인 성에서 본연과 기품의 차이가 있기 때문이며, 본연과 기품의 차이는 바로 리와 기의 차이라고 말한다. 태극의 천지지리(天地之理)가 개체의 본래적 성인 본연지성(本然之性)이 되고, 개체를 형성하는 기질이 개체적 기품의 성인 기질지성(氣質之性)이 된다고 보는 것이다. 따라서 리와 기의 구분에 따라 인간 성에 본연지성과 기질지성의 구분이 있듯이, 그 성의 발현인 정에서도 그 소종래에 따라 사단과 칠정의 구분이 있다고 보는 것이다.

태극에 해당하는 천지지리가 인간 개체의 본연지성이 된다는 것은 '성즉리(性卽理)'를 주장하는 성리학자라면 누구나 받아들이는 기본 전제다. 일체 존재와 생성의 보편적 원리 내지 근원인 태극의 리가 인간 본연의 성품으로 인간 심성에 주어져 있다고 보는 것이다. 이 본연의 성품을 맹자는 '인의예지'의 성으로 설명하며, 이 성이 불러일으키는 정이 사단의 마음이다.

> 측은 수오 사양 시비는 어디에서 발합니까? 인의예지의 성에서 발합니다.[7]

그런데 리를 부여받는 개체로서의 인간은 보편적 리로부터 직접 생성되는 것이 아니라, 태극으로부터 생겨난 천지의 음양 오행의 기(氣)가 국부적으로 응집함에 따라 차별적으로 질화되고 형화되어 성립된 개별

---

6 『退溪先生文集』, 권16, 9, 제1서, 52쪽, 146쪽, "愚嘗妄以爲情之有四端七情之分, 猶性之有本性氣稟之異也. 然則, 其於性也, 旣可以理氣分言之. 至於情, 獨不可以理氣分言之乎."

7 『退溪先生文集』, 권16, 9, 제1서, 52쪽, 146쪽, "惻隱羞惡辭讓是非, 何從而發乎. 發於仁義禮智之性焉爾."

자다. 각 개체는 각자의 차별적 기질[形氣]에 따라 특수성을 갖게 되며, 다른 개체들과 상호작용의 관계를 맺는데, 그러한 접촉과 감응에서 생겨나는 정이 바로 『예기』와 『중용』에서 논하는 칠정이다.

> 희로애구애오욕은 어디에서 발합니까? 외물이 사람의 형기(形氣)에 접촉하여 마음이 움직여 환경에 따라 나오는 것입니다.[8]

이렇게 해서 사단은 리인 본연지성으로부터 발하고, 칠정은 기인 기질지성으로부터 발한다고 하는 것이다.

2) 본연지성과 기질지성의 관계: 대설과 인설

사단은 리인 본연지성이 발한 것이고 칠정은 기인 기질지성이 발한 것이라고 인정해도, 문제는 리와 기, 본연지성과 기질지성을 어떤 관계로 이해하는가다. 즉 음양 오행의 기에 따라 개별자가 형성되며, 그렇게 형성된 개별자에 천으로부터 리가 부여된다고 할 때, 개체에서 그 두 성은 서로 어떤 관계에 있는가? 태극의 리로부터 부여되는 본연지성과 음양 오행의 기로부터 형성되는 기질지성은 한 개체에서 서로 대립되는 대대의 것인가? 아니면 본연지성이 곧 기질지성이 되는 인잉 관계의 것인가? 바로 여기에서 이황과 기대승의 관점이 서로 어긋나게 된다.[9]

이황은 인간의 본연지성과 기질지성을 근본적으로 구분되는 두 성으로 논한다. 본연지성은 중용의 '천명의 성'이고 맹자의 '성선의 성'이

---

8 『退溪先生文集』, 권16, 9, 제1서, 52쪽, 146쪽, "喜怒哀懼愛惡欲, 何從而發乎. 外物觸其形, 而動於中, 緣境而出焉爾."

며, 기질지성은 맹자가 말한 '이목구비의 성'이고 고자가 논한 '식색지욕'의 성이다. 하나는 인간 마음에 주어진 천리이고, 다른 하나는 신체 욕망적 기질이다. 천리와 인욕이 구분되고, 대체와 소체가 구분되듯이, 본연지성과 기질지성은 서로 다른 두 본성인 것이다.

> 성(性)이라는 글자 하나로 말하자면 자사가 말한 천명의 성과 맹자가 말한 성선의 성에서 이 두 성자(性字)가 지적하여 말한 것이 어디 있겠습니까? 리(理)와 기(氣)가 부여된 것 중에서 이 리의 원래의 본연처를 가리켜 말한 것이 아니겠습니까?[10]

> 공자가 말한 상근 상원의 성과 맹자가 말한 이목구비의 성은 모두 리와 기가 함께 이루어진 것 중에서 한쪽만을 가리켜 기라고 말한 것입니다. …… 후세에 와서 정자(程子)와 장자(張子) 등 여러 사람이 나온 뒤에 부득이 기질지성이라는 논의가 생겼는데, 이 또한 다름을 내세우기 위해서가 아니라, 그 지적하여 말한 것이 사람이 품부받아 태어난 이후의 것이기에 그것을 순수한 본연지성과 혼칭할 수 없기 때문입니다.[11]

---

9 이런 두 관점으로의 해석 가능성은 주희 체계에서도 발견된다. 주희는 『중용집주』에서 "하늘이 음양오행으로써 만물을 화생할 때, 기로써 형태를 이루는데, 리도 거기 부여된다(天以陰陽五行, 化生萬物, 氣以成形, 而理亦賦焉.)"고 말한다. 여기서 개체를 형성한 기와 그 개체 안에 부여된 리가 어떤 관계인가는 매우 모호하게 남아 있다. 리와 기를 하나처럼 뒤섞어서는 안 된다는 '不相雜'과 완전히 분리시켜서도 안 된다는 '不相離'가 함께 주장될 뿐이다. 대설이 불상잡에 투철한 것이라면, 인설은 불상리에 철저한 것이라고 볼 수 있겠다. 이황은 자신처럼 불상잡의 관점에서 양자의 차이를 드러내 밝히는 사유방식을 '分析言之'(분석하여 말함)라고 부르고, 기대승처럼 불상리에 입각하여 공통적인 면만을 고찰하는 사유방식을 '渾淪言之'(섞어서 말함)라고 부르며, 분석의 필요성을 강조한다.

10 『退溪先生文集』, 권16, 9, 제1서, 52쪽, 145-46쪽, "以性之一字言之, 子思所謂天命之性, 孟子所謂性善之性, 此二性字, 所指而言者, 何在乎. 將非就理氣賦與之中, 而指此理原頭本然處言之乎."

이처럼 이황은 본래 선한 성품인 마음의 본연지성과 이목구비의 신체적 성품인 기질지성이 한 인간 안에 함께 존재하여 불상리(不相離)의 관계를 가진다고 해도, 그 둘 간의 근본적 차이가 사라지는 불상잡(不相雜)이 되어서는 안 되므로 둘을 엄격히 구분해야 한다고 주장한다. 그러므로 구체적으로 마음이 발할 경우에도 두 성 중에서 어느 것이 마음을 움직이는가에 따라 리발의 사단과 기발의 칠정이 구분된다고 보는 것이다.

반면 기대승은 리가 기를 떠나 그 자체로 존재하는 것이 아니라는 점에 입각해서 사단의 소종래로서의 리인 본연지성과 칠정의 소종래로서의 기인 기질지성이 인간에게 이미 하나이며 동일한 성일 뿐이라고 주장한다. 형이상의 태극인 리와 형이하인 기가 의미상으로는 구분되지만, 개체를 구성할 때는 실제로 하나라는 것이다. 즉 기의 집취 결과 개체화된 인간에게 태극의 내재화는 곧 태극이 기질 안으로 떨어지는 것을 뜻하며, 그 순간 본연지성으로서의 천리는 이미 개체의 기질에 의해 제한받게 된다는 것이다. 개체의 기질에 의해 제한된 기질지성 중에서 그래도 그 안에서 유지되는 선한 측면이 그 개체의 본연지성이지, 기질지성 이외에 따로 본연지성이 있지 않다는 것이다.

> 만약 성을 갖고 논한다면, 기질지성이라고 하는 것은 리가 기질 속에 떨어진 것일 뿐 별개의 성이 있는 것이 아닙니다.[12]

11 『退溪先生文集』, 권16, 9, 제1서, 53쪽, 148쪽/ 52쪽, 146쪽, "孔子言相近相遠之性, 孟子言耳目口鼻之性, 此皆就理氣相成之中, 偏指而獨言氣也. …… 至於後世, 程張諸子之出然後, 不得已而有氣質之性之論. 亦非求多, 而立異也. 所指而言者, 在乎稟生之後, 則又不得純以本然之性, 混稱之也."

기질의 성이라고 하는 것은 리와 기를 섞어서 말한 것입니다. 본연의 성이 기질 가운데 떨어져 있기 때문에 섞어서 말한다고 하는 것입니다. 그러나 기질의 성 중에서 선한 것이 바로 본연의 성이지 따로 하나의 성이 있는 것은 아닙니다.[13]

우주적 본연지성이 각 개체에 내재화됨으로써 기질지성이 되는 것이라면, 개체에 있어 그 두 성을 대대로 볼 수 없으며, 따라서 사단과 칠정 또한 대대로 볼 수 없게 된다. 칠정의 소종래로 간주되는 기질지성 안에 이미 본연지성이 포함되기 때문이다. 그러므로 기대승은 칠정이 사단을 포함하며, 칠정도 인간의 본연지성의 발현이라는 것을 강조한다. 소위 사단과 칠정의 구분은 발현하여 절도에 맞는 감정과 그렇지 못한 감정의 구분에 지나지 않는다는 것이다.

선생님은 "측은 수오[사양 시비는 어디에서 발합니까? 인의예지의] 성에서 발합니다"라고 말씀하시지만, 저는 "사단은 물론 인의예지의 성으로부터 발하지만, 칠정 또한 인의예지의 성으로부터 발한다"고 말씀드리고 싶습니다.[14]

사단은 칠정 중에서 발하여 절도에 맞는 것으로 실질은 같고 이름만

---

12 『高峯集』, 제3집, 兩先生四七理氣往復書 上篇, 제2서, 108쪽, 238쪽, "若就性上論, 則所謂氣質之性者, 卽此理墮在氣質之中耳, 非別有一性也."

13 『高峯集』, 제3집, 兩先生四七理氣往復書 下篇, 제3서, 139쪽, 302쪽, "夫所謂氣質之性, 以理與氣雜而言之者. 蓋以本然之性, 墮在氣質之中, 故謂之雜而言之. 然氣質之性之善者, 乃本然之性, 非別有一性也."

14 『高峯集』, 제3집, 兩先生四七理氣往復書 上篇, 제2서, 109쪽, 240쪽, "辯曰, 惻隱羞惡 …… 性焉耳. 愚謂, 四端固發於仁義禮智之性. 而七情亦發於仁義禮智之性也."

다른 것입니다. 그러므로 그 근원을 추적해 올라가 보면, 진실로 다른 의미가 있는 것이 아닙니다.[15]

기대승에 따르면 구체적 개체에게서 본연지성과 기질지성은 이원적으로 구분되는 것이 아니며, 따라서 사단과 칠정 역시 근원적으로 서로 다른 두 심리상태로 구분할 수 없다는 것이다. 일체의 심리상태는 본연지성에 기반하되 개체의 기질에 의해 규정되는 기질지성의 발현이므로, 전체는 기발의 칠정으로 칭해질 수 있으며, 사단은 칠정 중에서 절도에 맞기에 선한 것으로 분류되는 감정일 뿐이다. 이상 성과 정에 관한 이황의 대설과 기대승의 인설을 다음과 같이 정리해 본다.

〈이황의 대설〉				〈기대승의 인설〉
우주:	태극(理)		음양(氣)	본연지성: 인
	↓		↓	↓
인간 성:	본연지성	↔	기질지성: 대대	기질지성: 잉
	↓		↓	↓
인간 정:	사단(리발)		칠정(기발)	칠정(기발)

태극의 리가 인간 개체에 본연지성으로 내면화된다는 것은 성리학의 기본 이념이며, 이는 이황과 기대승 둘 다가 인정하는 바다. 다만 내면화되는 과정에서 개체의 기질과의 관계에서 어떤 일이 발생하는가에 대해서만 의견이 다른 것일 뿐이다. 성리학자들은 태극의 리의 내면화

15 『高峯集』, 제3집, 「兩先生四七理氣往復書」 上篇, 제2서, 110-11쪽, 243쪽, "蓋謂四端, 旣與七情中發而中節者, 同實而異名. 則推其向上根源, 信非有兩箇意思也."

에 대한 비유로서 흔히 '월인천강(月印千江)'을 든다. 이하에서는 월인천강에 대한 이황과 기대승의 해석의 차이를 살펴봄으로써, 인간의 성과 정에 대한 대설과 인설의 차이를 좀더 구체적으로 논해 보기로 한다.

3. 월인천강의 비유: 해석상의 대설과 인설

1) 강물 속의 달[性]: 달[본연지성]인가, 물[기질지성]인가?[16]

기대승은 강물 속에 비친 달의 비유를 들어 인간 개체에게 기질지성은 곧 본연지성이라는 것, 개체의 기질지성 너머에 별도의 본연지성이 존재하지 않는다는 것을 논하고 있다.

---

16 월인천강의 비유에서 문제가 되는 것은 하늘 위의 달과 물 속의 달의 관계이지, 비쳐진 달과 비추는 물의 관계가 아니지 않는가? 강물 속 달을 놓고 달인가 물인가를 묻는 것은 월인천강의 본래 의미를 비껴가는 것이 아닌가? 이런 반문이 가능할 것이다. 본래 월인천강은 '一中多 多中一, 一卽多 多卽一'의 불교적 비유다. 하늘의 달이 하나이듯 천개의 상이한 물에 비쳐도 그 물 속의 달은 다 같은 하나라는 것을 말하는 것이며, 결국 각각의 다(중생심) 안에 내재된 보편적 일(진여심)을 강조하는 것이다. 그런데 여기서 일과 다는 엄밀히 말해 하늘의 달과 물 속의 달이 아니라, 하늘의 달과 천 개의 강이다. 하늘의 달(一)과 천 개의 강물(多)이 다른 것 같지만, 그 각각 안에 하늘의 달이 하나의 본성으로 내재되어 있기에 달(一)과 강(多)이 하나로 통한다는 것이다. 이는 결국 물 속 달에 하늘 달이 갖고 있는 一(보편성)과 각각의 강물이 갖고 있는 多(특수성)가 다 갖추어져 있기에 성립하는 비유인 것이다. 그런데 일은 하늘 달로부터 오는 것이고, 다는 강의 물로부터 오는 것이니, 결국 물 속의 달이 달이기도(一) 하고 물이기도(多) 하기 때문에 성립하는 비유인 것이다. 그러므로 물 속 달에 대해 다시 두 가지 독해가 나올 수 있다. 물 속 달의 일에 주목하는 것과 물 속 달의 다에 주목하는 것인데, 이는 물 속의 달을 하나의 달로 보느냐, 차별적인 물로 보느냐의 차이에서 비롯되는 것이므로, 결국 물음은 물 속의 달이 달이냐, 물이냐로 귀착되는 것이다. 이하 본문에서 논하겠지만, 물 속 달을 천리 그대로의 본연지성으로 보는 이황은 전자를, 물 속 달을 기질적 개체 안에 주어진 기질지성으로 보는 기대승은 후자를 지지한다고 볼 수 있다.

> 제 생각에 천지의 성은 천지를 통틀어 말한 것이고, 기질지성은 만물이 품수받은 것에 따라 말한 것입니다. 천지의 성은 비유하자면 하늘의 달이고, 기질지성은 비유하자면 물에 비친 달입니다. …… 만약 성의 측면에서 논한다면, 그것은 하늘의 달과 물에 비친 달이 하나이지만 있는 곳에 따라 분별하여 말하는 것일 뿐 따로 하나의 달이 있지 않은 것과 같습니다.[17]

이 비유에 따르면 하늘의 달은 천지지성이며, 그 천지지성이 강에 떨어져 생긴 달 그림자인 물에 비친 달은 바로 기질지성이다. 하늘의 달이 강에 비쳐져 물에 비친 달이 생기듯, 인간 마음에 천지지성이 주어지면 그것이 곧 인간 개체에게는 기질지성이 된다. 따라서 인간 개체에게 그 본성은 곧 천지지성인 본연지성이며 그것이 곧 기질지성이지, 그 둘이 서로 구분되는 별개의 것이 아닌 것이다. 그러므로 개체에서 기질지성 외에 본연지성이 따로 존재하는 것이 아니다.

이와 달리 이황처럼 각 개체에게 기질지성과 구분되는 본연지성이 따로 있다고 주장하는 것은 강물 속의 달을 물과 상관 없는 달로 간주하여 물의 본성[기질지성] 외에 달의 본성[본연지성]을 따로 설정하는 것이 된다. 그러나 기대승의 관점에서 보면 물에 비친 달, 그것은 물이 그린 달일 뿐이며, 사실은 물일 뿐이다. 물에 비친 달은 물이 담고 있는 달, 물로 된 달이 아닌가? 본연지성이란 기질이 담고 있는 성, 기질의 성일 뿐이지 않은가?[18]

17 『高峯集』, 제3집, 「兩先生四七理氣往復書」 下篇, 제3서, 131쪽, 284-85쪽, "愚謂天地之性, 是就天地上總說. 氣質之性, 是從人物稟受上說. 天地之性, 譬則天上之月也. 氣質之性, 譬則水中之月也. …… 若就性上論, 則正如天上之月與水中之月, 乃以一月, 隨其所在, 而分別言之爾, 非更別有一月也."

그러나 천지지리가 개체에 내면화되어 개체의 본성을 이룰 때 그 개체의 본성이 이런 식으로 개체의 기질에 의해 제한된 기질지성이 된다는 것은 결국 천지지리[理]와 개체의 본성[性]은 서로 다르다는 말이 된다. 그 각각이 하늘의 달과 강물 속 달로 비유되면, 그 다름은 곧 진짜와 그림자의 차이가 되고 만다. 그림자는 실물로 인해 생긴 것[인잉]이며 그만큼 그 안에 실물의 모습을 담고 있기는 하지만, 이미 상으로 바뀌어 버린 것이기 때문이다.

> 하늘의 달과 물 속의 달이 비록 같은 하나의 달이기는 하지만, 하늘의 것은 진짜 달이고 물 속의 것은 다만 빛의 그림자일 뿐이므로, 하늘의 달을 가리키면 실재를 얻지만 물 속의 달을 건지려고 하면 얻을 것이 없습니다.[19]

태극의 리가 인간 개체 안에 본성으로 내면화된다는 '월인천강'을

---

18 기대승은 앞의 인용에 이어 이황에게 "그런데 지금 하늘의 달은 달이라고 하고, 물에 비친 달은 물이라고 한다면, 어찌 그 말에 치우침이 있지 않겠습니까?" 라고 반문한다. 그러나 지금 논한대로 보면 이 말은 오히려 이황이 기대승에게 물을 수 있는 말이다. 이황에 따르면 하늘의 달도 본연지성이고, 물에 비친 달도 본연지성이다. 그리고 그 본연지성을 담고 있는 물이 개체의 기질지성이다. 이렇게 개체(강물)에 있어 물 속의 달(본연지성)과 물(기질지성)은 구분되며, 따라서 달의 움직임(리발)과 물의 움직임(기발)도 구분된다. 그러나 기대승의 관점에서 보면 물 속의 달은 이미 물에 의해 제한된 기질지성이며, 바로 그것이 그 개체에게는 본연지성이다. 즉 개체에게서 본연지성과 기질지성은 구분되지 않지만, 그것은 하늘의 달과 달리 이미 개별적 강물(기질)에 의해 제한된 성(기질지성)으로서다. 그런데 이황은 기질지성을 물이라고 하므로, 기대승이 보기에 이황의 주장은 결국 물 속의 달(기질지성)을 물이라고 하는 것이 되어, 이황에게 "물 속의 달을 물이라고 하면 되겠는가?" 라고 반문하는 것이다. 그러나 실제 물 속의 달을 물로 이해하는 것은 물속 달을 물(기질)에 의해 제약된 기질지성으로 보는 기대승이다. 이황에 따르면 물 속의 달은 비록 물 속에 있어도 천지의 본연지성과 하나도 다를 바가 없는 본연지성인데, 따라서 물에 의해 제한되는 것이 아니며 따라서 물의 본성인 기질지성과 구분되는데, 오히려 기대승은 그 달을 이미 물에 의해 제한된 달, 물(기질지성)과 구분되지 않는 달(본연지성)로 보고 있기 때문이다.

이런 방식으로 읽어낸다면, 하늘의 달이 개별 강물 속에 빠지면서 허상의 그림자로 바뀌어 버리듯, 천지지리는 개체의 기질 안에 빠지면서 각각의 기질에 의해 제한된 본성으로 바뀌어 버리고, 결국 개체에 있어 리의 보편성과 절대성은 상실되어 얻을 수 없게 된다.

그러므로 이황은 '월인천강'의 비유를 이런 식으로 읽는 것이 과연 정당한가에 대해 의문을 제기한다. 개체적인 신체적 욕망으로 자각되는 기질지성 이외에 바로 그 개체에 있어 보편적 천명의 본연지성이 따로 있는 것이 아니라면, 인의예지의 선한 본성을 회복하고자 하는 성리학적 노력이 어떻게 가능할 수 있겠는가?

> 참으로 성이 기 가운데 있는 것이 물 속의 달 그림자와 같아서 잡으려고 해도 잡을 수 없는 것이라면, 어떻게 선을 밝히고 몸을 성실히 하여 본성의 본래 모습을 회복할 수 있겠습니까?[20]

이황이 보기에 기대승이 주장하듯 본연지성이 기질에 주어져 기질지성으로 되어 버린다면, 이는 곧 천명이 기질에 의해 제한되고 변형된다는 것을 의미한다. 즉 개체에 있어 천리의 본연지성은 찾을 길이 없게 된다. 그렇게 되면 선을 추구하는 공부, 본성을 회복하려는 공부가 목표를 잃게 되지 않겠는가? 이것이 이황이 염려하는 것이다. 그래서 인간 개체에 있어 리의 본연지성과 기의 기질지성을 서로 다른 것으로 간주하는 것이다.

---

19 『退溪先生文集』, 권17, 4, 제3서, 75쪽, 199쪽, "天上水中, 雖同是一月, 然天上眞形, 而水中持光影耳. 故天上指月, 則實得; 而水中撈月, 則無得也."

20 『退溪先生文集』, 권17, 4, 제3서, 75쪽, 199쪽, "誠使性在氣中, 如水中月影, 撈而無得, 則何以能明善誠身, 而復性之初乎."

> 학문을 강론하면서 분석[리와 기, 본연과 기품의 분석]을 싫어해 합해서 하나의 설(說)로 만들려고 힘쓰는 것을 옛사람들은 홀륜탄조(囫圇呑棗)라고 했는데, 그 병통이 적지 않습니다. 이와 같이 계속한다면, 알지 못하는 사이에 점차 기로써 성을 논하는 어리석음에 빠지고, 인욕을 천리로 삼는 잘못에 떨어지게 될 것이니, 어찌 옳다고 하겠습니까?[21]

기대승처럼 천리의 본연지성이 개체에 떨어져 각 개체의 기질지성이 되어 개체에 있어 본연지성과 기질지성이 구분되지 않는다고 본다면, 결국 개체에 있어 리와 기, 본연지성과 기질지성이 구분되지 않음으로써 천리와 인욕을 뒤섞게 되는 오류를 낳는다는 것이다. 그렇다면 개체 내에서도 본연지성과 기질지성을 구분하고 그에 따라 천리와 인욕을 구분하자면, 월인천강의 비유는 어떻게 읽혀져야 하는가?

개체에서 본연지성과 기질지성을 서로 구분하는 것은 강물에 비친 달과 그 달을 비치는 물을 서로 구분하는 것이다. 그렇게 해서 각 개체 내면의 달이 비록 물에 비쳐진 것이지만 그래도 하늘의 달의 특징을 그대로 가지고 있는 것, 천리를 보존하고 있는 것, 따라서 개체의 기질과는 구분되며 기질에 의해 제한받지 않는 순수한 본연지성이라는 것을 주장하는 것이다. 이는 곧 천지지리는 모든 인간에게 보편적 본성인 본연지성으로 주어지며, 이 본성은 각각의 인간의 개체적 기질의 차이에서 오는 차별적인 기질지성과 다르다는 것을 강조하는 것이다. 달을 비

21 『退溪先生文集』, 권16, 11-12, 제1서, 53쪽, 149쪽, "夫講學而惡分析, 務合爲一說, 古人謂之鶻圇呑棗. 其病不少. 而如此不已, 不知不覺之間, 駸駸然入於以氣論性之蔽. 而墮於認人欲作天理之患矣. 奚可哉." 囫圇呑棗나 鶻圇呑棗는 대추를 그냥 삼켜버리는 것을 뜻하는데, 그러면 그 맛을 전혀 알 수 없다는 것이다. 철학적 논변에서 분석함이 없이 渾淪하여 논하는 폐단을 지적하는 말이다.

추는 강물은 다 달라도, 그 각각에 비친 달은 모두 같은 하나의 달이라는 것에 주목하는 것이다. 이는 강물 속의 달을 달 그림자로서가 아니라, 하늘의 달과 다를 바 없는 그 자체 달로 간주한다는 것을 의미한다. 물 속의 달이 곧 하늘의 달이기에, 나의 마음이 곧 천지의 마음이며, 그 점에서 너와 나는 구분이 없는 평등한 하나가 되는 것이다.

> 한 사람의 마음이 곧 천지의 마음이며, 한 자기의 마음이 곧 천만인의 마음이다. 그러므로 처음부터 안과 밖, 너와 나의 다름이 있지 않다.[22]

퇴계에 따르면 각자의 마음에는 달 그림자가 아닌 달 자체가 있다. 강물 속에 달을 비치는 물과 구분되는 달 자체가 있듯이, 마음 속에는 개별적 기질과 구분되는 보편적 리가 내재해 있다. 그렇다면 이 리는 어떻게 확인될 수 있을까?

2) 강물 속 달의 움직임[情]: 리발(理發)인가, 기발(氣發)인가?

'강물 속에서 달[본연지성]과 물[기질지성]이 구분되는 것인가 아닌가'가 인간 본성에 관한 논의라면, '강물에서의 달의 움직임[리발]과 물의 움직임[기발]은 구분될 수 있는가 아닌가'는 인간 감정에 관한 논의다. 달이 강물에 비칠 때, 비추는 물과 비쳐진 달이 함께 움직이는데, 욕망이 정신 안에 이미 침투해 있는데, 그 마음 안에서 유독 물[氣]이 아니라 달[理]의 움직임을, 사적 욕망이 아니라 순수 정신의 호소를 우리가

22 『退溪先生文集』, 권18, 28, 「答奇明彦論改心統性情圖」, 109쪽, 288쪽, "一人之心, 卽天地之心. 一己之心, 卽千萬人之心. 初無內外彼此之有異."

알아챌 수 있겠는가?

강물 속의 달을 기질지성으로 간주하는 기대승은 인간의 감정에서도 달을 비추는 물이 일으키는 감정으로서의 칠정을 포괄적인 것으로 보며, 사단은 그 중에 특히 밝은 부분인 것일 뿐이라고 말한다.

> 사단과 칠정은 리가 기질에 떨어진 뒤의 일이니, 마치 물에 비친 달빛과 비슷합니다. 칠정은 그 빛에 밝고 어두움이 있는 것이며, 사단은 특별히 밝은 것입니다. 칠정에 밝고 어둠이 있음은 진실로 물의 흐림 때문이고, 사단이 절도에 맞지 않음은 비록 빛이 밝지만 물결의 움직임을 피하지 못했기 때문입니다.[23]

결국 마음에서 일어나는 움직임은 모두 물의 움직임, 즉 달을 비치는 물의 움직임으로 보는 것이다. 곧 기질의 운동, 기발이라는 것이다. 본연지성과 기질지성이 독립적인 두 성이 아니므로 성이 발하는 정에서도 본연지성의 리발과 기질지성의 기발, 사단과 칠정이 서로 구분되는 것으로 있지 않다는 것이다. 일체는 물의 움직임, 기발인 것이다.

그러나 이황은 바로 이 지점에서 본연지성과 기질지성의 구분, 리발의 정과 기발의 정의 차이를 다시 한번 더 확인한다. 즉 이황은 강물에서의 달의 움직임(리발)과 물의 움직임(기발)이 서로 구분되는 순간에 주목한다. 그러면서 그 구분이 미발의 성에서보다 이발의 정에서 더욱 분명하다고 말한다.

> 이것[달과 물에 대한 고봉식 해석]은 성에 대해 비유한다면 그래도

23 『高峯集』, 제3집, 「兩先生四七理氣往復書」 下篇, 제3서, 131쪽, 285쪽.

> 그렇게 보일 수 있겠지만, 정에 대해 비유한다면 결코 그럴 수 없는 것이 있습니다. …… 그래서 나는 다음과 같이 생각합니다. 달의 모습이 고요히 흐르는 맑은 물에 비친다면, 달을 가리켜 달의 움직임을 말해도 물의 움직임이 그 안에 있긴 하겠지만, 만약 물이 바람에 출렁이고 돌에 부딪쳐 격동하여 달의 모습이 흔들거리거나 없어지게 된다면, 이것은 단지 물을 가리켜 물의 움직임을 말하는 것이고, 달의 유무와 명암은 물의 움직임의 크고 작음 여하에 달려 있을 뿐입니다.[24]

물에 비친 달과 달을 비치는 물이 본연지성과 기질지성으로 구분된다는 것은 그 안에 운동이 있을 때, 즉 성이 정으로 바뀔 때를 생각해 보면 더 분명해진다. 물이 고요하게 정지한 상태에서 하늘의 달이 움직이면, 강물 속의 달도 따라서 움직인다. 이것은 어디까지나 달의 움직임[리발]이지 물의 움직임[기발]이 아니다. 반면 만약에 물이 바람에 일렁이거나 바위에 부딪쳐 소용돌이를 일으키면서 움직이면, 그 때에는 거기 비쳐진 달도 따라서 움직이게 되겠지만, 이것은 어디까지나 물의 움직임[기발]이지 달의 움직임[리발]이 아니다. 이렇게 이황은 달이 물 속에 비쳐 함께 있다고 해도, 물이 비추는 달의 움직임과 그 달을 비추는 물의 움직임을 구분하는 것이다. 이는 곧 인간 감정에서도 그 마음 속에 본연지성이 발하는 정과 기질지성이 발하는 정을 구분할 수 있다는 말이다. 강물이 움직이지 않는 고요한 순간 달의 움직임이 그려질 수 있다는 것은 마음 안에서 기질로 인한 욕망의 소리가 고요해진 순간 순수한

---

24 『退溪先生文集』, 권17, 4, 제3서, 75-76쪽, 199쪽, "然此則就性而取比, 猶或彷彿. 若比於情, 則尤有所不然者. …… 滉故曰, 月之光景, 呈露於安流清漾者, 雖指月而言其動, 而水動在其中矣. 若水因風簸石激而汩月無月者, 只當指水而言其動, 而其月之有無明暗, 系水動之大小如何耳."

천명의 소리를 들을 수 있다는 것을 뜻한다.

이상 월인천강의 비유를 따라 인간의 성과 정을 이해하는 과정에서 나타나는 이황의 대설과 기대승의 인설의 차이점은 다음과 같이 정리될 수 있다.

	〈이황의 대설〉		〈기대승의 인설〉
하늘의 달:	본연지성(一)		본연지성(一): 인
	‖		↓
물에 비친 달:	본연지성(一)		기질지성(多): 잉
(개체의 본성)	↔		‖
물:		기질지성(多): 대대	기질(多)
	↓	↓	↓
움직임:	리발(사단) ↔	기발(칠정)	기발(사단, 칠정)
	(달의 움직임) ≠	(물의 움직임)	(달=물의 움직임)

4. 대설의 관점에서 본 리와 기의 관계[25]

1) 리와 기의 동시작용성: 리발기수(理發氣隨)와 기발리승(氣發理乘)

이황이 사단과 칠정을 리발과 기발로 구분하면서 그 각각의 소종래로서 본연지성과 기질지성 간의 불상잡을 아무리 강조한다고 해도, 그

25 지금까지 이황의 대설과 기대승의 인설을 대비시켜 그 차이를 드러내되 주로 대설의 관점에서 논의를 전개시킨 것이라면, 이제부터는 그러한 대설의 관점을 좀더 보충해서 완성시키는 작업이라고 볼 수 있다. 즉 리기불상리에 충실한 인설과 달리 대설은 리기불상잡에 충실한데, 그렇다면 그 대설에서 리기불상리, 리와 기의 상호작용성은 어떻게 설명되는가를

렇다고 리와 기, 본연지성과 기질지성 간의 불상리를 부정하는 것은 아니다. 구체적 개별자에게서 몸과 마음이 분리되지 않듯이 리와 기, 본연지성과 기질지성은 함께 연관되어 있기 때문이다. 이황은 그 둘을 서로 구분하여 리발과 기발로 칭할 수 있는 것을 '호발(互發)'이라고 하고, 그럼에도 불구하고 서로 분리되지 않는 측면은 서로 구하고 필요로 한다는 의미에서 '상수(相須)'라고 불렀다.

> 대개 사람의 한 몸은 리와 기가 합하여 생겨난 것입니다. 그러므로 리와 기가 서로 발하여 쓰임이 있고, 또 발하면 서로 따르게 됩니다. 서로 발하는 호발(互發)에서 각각 주가 되는 바가 있음을 알 수 있고, 서로 필요로 하는 상수(相須)에서 서로 그 안에 있음을 알 수 있습니다. 서로 그 안에 있으므로 혼합하여 말하기도 하며, 본래 각각에 있어 주가 되는 바가 있으므로 분별해서 말하는 것이 안 될 것이 없습니다.[26]

살펴보는 것이다. 리와 기의 상호작용성인 리기불상리를 설명하다 보면, 대설은 다시 부정되고 인설로 갈 수밖에 없는 것인가? 아니면 대설에 따르면서도 리와 기의 상호작용성은 설명될 수 있는 것인가? 리와 기의 상호작용성을 인정하면서도 이황의 대설적 관점이 유지될 수 있다는 것을 보이기 위해, 여기에서는 리발의 리와 기발에서 함께 작용하는 리, 기발의 기와 리발에서 함께 작용하는 기를 내용적으로 구분해 본다. 그렇게 함으로써 기대승의 말대로 사단이든 칠정이든 리와 기가 동시에 작용하지만, 그렇다고 리발과 기발의 구분이 무의미해지는 것은 아니라는 것을 논하려는 것이다. 이처럼 이 절은 대설의 확립을 위해 리와 기의 개념을 세분화하는 것이어서, 인설을 따로 다루어 둘을 대비시키는 형식을 취하고 있지는 않지만, 내용적으로 보면 리기 개념의 세분화를 통해 대설을 지지하고, 그런 개념적 차이를 간과한 인설을 비판하는 것이라고 볼 수 있다. 이 비판은 퇴계의 리발 내지 리의 능동성을 부정하고자 하는 현대의 학자들에게도 그대로 적용될 수 있다고 본다.

"글의 주제가 성과 정인데, 여기에서는 왜 리와 기만을 주로 다루는가?" 라는 반문은 "리가 인간의 본연지성이 되고 기가 인간의 기질지성을 이루므로, 리와 기의 분석이 결국 정으로 발현될 인간 본성의 분석이라는 점에서, 리기분석은 성정에 관한 심층 논의라고 볼 수 있다"는 방식으로 대답될 수 있을 것이다. 물론 발출된 정에 관한 좀더 구체적이고 세부적인 논의 또는 그런 성정에 관한 논의가 가지는 현대적 의의 등을 좀더 심도 있게 다루는 것도 의미 있는 작업이 되겠지만, 그것은 또 다른 연구 과제가 될 수 있을 것이다.

불상잡의 측면에서 보면 사단과 칠정은 '호발'로서 각각 리발과 기발 또는 주리(主理)와 주기(主氣)로 칭해지지만, 불상리의 측면에서 보면 사단과 칠정은 리와 기가 서로를 필요로 하는 '상수'로 규정될 수 있다. 리발의 사단에도 기의 작용이 함께 하고, 기발의 칠정에서도 리의 작용이 함께한다는 것이 '상수'의 의미다.

사단과 칠정을 대대로 보는 것에 반대한 기대승이 처음부터 강조한 것은 바로 리와 기의 동시작용성이다. 칠정에도 리의 작용이 있고, 사단에도 기의 작용이 있어 결국 둘이 근본적으로 다르지 않다는 것이다. 칠정에도 리의 작용이 있음을 기대승은 다음과 같이 말한다.

> 정이 사물에 감응하여 움직이는 것은 자연의 이치입니다. 그것은 그 사이에 실제로 그 리가 있기 때문에 바깥에서 감응하는 것과 서로 부합하는 것이지, 그 사이에 본래 그 리가 없는데 바깥의 사물이 와서 우연히 서로 모여 감응하여 움직이게 되는 것이 아닙니다.[27]

이와 같이 희로애락 등의 칠정도 사단과 마찬가지로 본연지성의 발이라는 것을 논하기 위해 기대승은 성현의 칠정을 예로 든다. 맹자의 기뻐 잠 못 이룸[喜], 순임금이 사흉을 죽이는 노여움[怒], 공자의 애통함[哀], 자로와 자공에 대한 공자의 즐거움[樂] 등이 어찌 천리 내지 본연지성의 발현이 아니겠는가?[28]

---

26 『退溪先生文集』, 권16, 30, 제2서, 62쪽, 168-69쪽, "蓋人之一身, 理與氣合而生. 故二者互有發用, 而其發又相須也. 互發則各有所主可知; 相須則互在其中可知. 互在其中, 故渾淪言之者. 固有之各有所主, 故分別言之而無不可."

27 『高峯集』, 제3집, 「兩先生四七理氣往復書」 上篇, 제2서, 109쪽, 241쪽, "情之感物而動者, 自然之理也. 蓋由其中間, 實有是理, 故外邊所感, 便相契合, 非其中間, 本無是理, 而外物之來, 偶相湊着而感動也."

나아가 기대승은 사단도 칠정과 마찬가지로 기의 작용이라는 것을 다음과 같이 말한다.

> 제 생각에는 [중화의] 중(中)에 있을 때에는 진실로 순수한 천리입니다. 그러나 이 때에는 그것을 단지 성이라고 할 수 있을 뿐이지 정이라고 할 수는 없습니다. 만약 그것이 막 발하게 되면, 곧 정이 되어 화(和)와 불화(不和)의 차이가 있게 됩니다. 발하기 전에는 오로지 리(理)일 뿐이지만, 이미 발하고 나면 곧 기(氣)를 타고 움직이는 것입니다.[29]

사단도 기발이라는 것을 논하기 위해 기대승은 맹자가 언급한 우물에 빠지려는 아이를 다시 언급한다. 측은지심이라는 것도 인간의 본연지성이 내면에서 저절로 발하는 것이 아니라, 우물에 빠지는 아이를 봄으로써, 즉 외물에 접하는 기의 감응을 통해서 비로소 발하는 것이므로 칠정과 마찬가지로 이미 기발이라는 것이다.[30]

이처럼 기대승에 따르면 칠정도 리에 따라 발생하는 것이므로 사단과 다를 바 없고, 사단도 발할 경우에는 기를 타고 움직이므로 칠정과 다를 바가 없다. 이렇게 해서 사단과 칠정은 둘 다 안의 리가 기를 따라

---

28 『高峯集』, 제3집, 「兩先生四七理氣往復書」 上篇, 제2서, 110쪽, 241쪽 이하 참조. 기대승은 이에 이어서 성현의 칠정 이외에 일반 사람의 경우도 예로 든다. "또 보통 사람들도 저절로 하늘의 이치가 발현되는 때가 있습니다. 가령 부모나 친척을 만나면 기뻐하고 남의 죽음이나 아픔을 보면 슬퍼하는데, 이것이 어찌 리의 본체가 아니겠습니까? 이런 것들을 모두 형기가 하는 것이라고 한다면, 형기와 본성이 서로 관계 없는 것이 되는데 어찌 옳겠습니까?" (『高峯集』, 제3집, 「兩先生四七理氣往復書」 上篇, 제1서, 110쪽, 242쪽). 결국 칠정도 사단과 마찬가지로 천리인 본연지성의 발현이라는 것이다.

29 『高峯集』, 제3집, 「兩先生四七理氣往復書」 上篇, 제2서, 109쪽, 241쪽, "愚謂在中之時, 固純是天理. 然此時只可謂之性, 不可謂之情也. 若才發則便是情, 而有和不和之異矣. 蓋未發則專是理, 既發則便乘氣而行也."

감응한 정으로서 리발이며 동시에 기발로 간주된다. 다만 그렇게 정으로 발현해서 중절하면 선한 사단으로, 그렇지 못하면 칠정으로 분류되는 것일 뿐이다. 이처럼 사단과 칠정 모두 리와 기가 동시에 작용하는 것이다. 리가 곧 기로 발현되고, 본연지성이 곧 기질지성이므로, 사단과 칠정은 소종래에 따라 대대적으로 구분되는 것이 아니라 칠정이 사단을 포괄하며, 칠정 중에 절도에 맞는 것이 곧 사단이라는 것이다.

> 칠정이 어찌 리기(理氣)를 겸하고 선악이 있는 것이 아니겠으며, 사단이 어찌 칠정 가운데의 리로서 선한 것이 아니겠습니까?[31]

이황 또한 칠정에도 리가 작용하고 사단에도 기가 작용한다는 것을 부정하지는 않는다. 어느 경우이든 리와 기는 함께 작용한다고 보는 것이다.

> 나도 역시 칠정이 리와 관계없이 외물과 우연히 만나 감응하여 움직이는 것이라고는 생각하지 않습니다. 그리고 사단도 외물에 감응하여 움직이는 것은 실로 칠정과 다르지 않습니다.[32]

---

30 『高峯集』, 제3집, 「兩先生四七理氣往復書」 上篇, 제2서, 109쪽, 241쪽, 여기에서 기대승은 "만약 외물에 감응하여 움직이는 것으로써 말하자면, 사단도 역시 마찬가지입니다. 어린아이가 우물에 빠지는 것에 感하면 仁의 리가 바로 응하여 측은지심이 드러나게 됩니다. …… 그러므로 사단이 외물에 감하는 것은 칠정과 다를 것이 없습니다"라고 말한다.

31 『高峯集』, 제3집, 「兩先生四七理氣往復書」 上篇, 제2서, 109쪽, 240쪽, "七情, 豈非兼理氣, 有善惡, 而四端者, 豈非七情中理也, 善也哉." 이렇게 해서 결국 사단과 칠정을 소종래에 따라 대대적으로 구분하는 이황을 비판하는 것이다. "사단과 칠정이 각기 소종래가 있다고 말하면, 처음부터 발단이 다르다는 것을 말합니다. 사단과 칠정이 모두 性에서 발현하는데, 각기 소종래가 있다고 하면 옳겠습니까?"(『高峯集』, 제3집, 「兩先生四七理氣往復書」 上篇, 제2서, 113-14쪽, 250쪽, "夫謂之各有所從來者, 謂其源頭發端之不同也. 四端七情, 俱發於性, 而謂之各有所從來, 可乎.)

사단에서든 칠정에서든 리와 기가 함께 작용한다는 것은 사단과 칠정이 다 마음의 리발 상태라는 것을 뜻한다. 마음에 주어진 것은 리이고 성이지만, 그렇게 발하는 마음은 기로 이해된다. 그러므로 사단도 마음의 발인 한, 마음의 기가 함께 작용한 것이 된다. 칠정도 외물과 감응하는 마음의 발인데, 그 감응에 있어서도 리가 없을 수 없다. 그러므로 외물과 감하는 칠정에서도 리의 작용이 함께한다. 사단과 칠정이 그 소종래에서 인간의 본연지성과 기질지성, 리와 기로 구분되어도, 그것이 정으로 발한 것인 한, 마음의 이발 상태이고, 따라서 그 마음에 있어 리와 기가 함께 작용할 수밖에 없는 것이다. 그러나 그럼에도 불구하고 이황은 사단과 칠정에서 주가 되는 것은 어디까지나 각각 리이고 기라는 것을 강조한다.

> 사단이 발하는 것을 맹자는 이미 심(心)이라고 했습니다. 그런즉 심은 실로 리와 기가 합한 것입니다. 그런데도 지적해 말한 바가 리를 위주로 하는 것은 어째서겠습니까? …… 칠정이 발하는 것을 주자는 본래 당연한 법칙이 있다고 했습니다. 그런즉 칠정에 리가 없는 것이 아닙니다. 그런데도 지적해 말한 바가 기를 위주로 하는 것은 어째서겠습니까?[33]

사단이 심의 발이기에 기가 함께 해도 리를 위주로 한다는 것, 칠정이 발함에 리가 함께해도 기를 위주로 한다는 것을 간과해서 안 된다는

32 『退溪先生文集』, 권16, 32, 제2서, 63쪽, 170쪽, "滉亦非謂七情不干於理, 外物偶相湊着而感動也. 且四端感物而動, 固不異於七情."

33 『退溪先生文集』, 권16, 9-10, 제1서, 52쪽, 146쪽, "四端之發, 孟子旣謂之心, 則心固理氣之合也. 然而所指而言者, 則主於理, 何也. …… 七情之發, 朱子謂本有當然之則, 則非無理也. 然而所指而言者, 則在乎氣, 何也."

것을 강조하는 말이다. 사단과 칠정 모두에서 리와 기가 함께 작용해도 각각 주리와 주기의 구분이 있다는 것을 좀더 세밀하게 개념화한 것이 바로 사단과 칠정 각각을 '리발기수지(理發氣隨之)'와 '기발리승지(氣發理乘之)'로 표현한 것이다.

> 사단은 리가 발하여 기가 따르고, 칠정은 기가 발하여 리가 타는 것일 뿐입니다.[34]

사단을 '리발기수지', 칠정을 '기발리승지'라고 하는 것은 곧 사단의 리발에서의 리의 작용[理發]과 칠정에서 함께 하는 리의 작용[理乘]이 동일 차원의 작용이 아니라는 것, 칠정의 기발에서의 기의 작용[氣發]과 사단에서 함께하는 기의 작용[氣隨]이 동일한 작용이 아니라는 것을 말해 준다.

2) 리와 기 개념의 세분화

(1) 리발(사단)의 리와 리승(칠정)의 리의 구분: 리일지리와 분수지리의 구분

칠정에서도 사단과 마찬가지로 리가 함께 작용하는데, 사단에서 작

---

34 『退溪先生文集』, 권16, 32, 제2서, 63쪽, 170쪽, "四則, 理發而氣隨之; 七則, 氣發而理乘之耳." 이를 다음과 같이 더 상세히 말한다. "리가 발하면 기가 따르는 것이 있다는 것은 리를 주로 하여 말할 수 있을 뿐이고 리가 기에서 벗어난다는 것을 말함이 아니니, 사단이 바로 그것입니다. 기가 발하면 리가 타는 것이 있다는 것은 기를 주로 하여 말할 수 있는 것일 뿐이고 기가 리에서 벗어난다는 것을 말하는 것이 아니니, 칠정이 바로 그것입니다(有理發而氣隨之者, 則可主理而言耳, 非謂理外於氣, 四端是也. 有氣發而理乘之者, 則可主氣而言耳, 非謂氣外於理, 七情是也." 『退溪先生文集』, 권16, 36, 제2서, 65쪽, 175쪽).

용하는 리는 사단의 소종래로 간주되어 '리발'이라고 칭해지고, 칠정에서 작용하는 리는 형기가 발하고 난 것에 리가 탈 뿐이라는 점에서 '리승'이라고 말해진다. 이는 곧 사단에서 소종래로서 작용하는 리와 칠정에서 형기의 발함에 함께 작용하는 리가 동일하게 리라고 불려도 내용적으로 구분되며, 따라서 그 작용에서도 차이가 있다는 것을 말해 준다.

사단에서 그 감정의 소종래로서 작용하는 리는 각 개인에게 품수되는 천리의 태극 자체다. 천리가 개체에게 주어질 때는 태극이 그 완전한 모습 그대로 그 각각의 본성으로 주어지는 것이다. 이 점에서 개체의 리는 곧 그 자체 천지의 리와 동일하며, 그 리를 부여받은 나의 심은 곧 천지의 심과 동일하다. 이 점에서 나와 너는 차이가 없다. 사단의 감정을 일으키는 리는 바로 이 보편적 리인 리일지리(理一之理)다.

그러나 천지의 기로부터 응축되어 형성된 개체는 그 개체를 형성하는 기의 차별성으로 인해 각각의 기질이 서로 다르다. 그 다른 만큼의 기질도 천지의 리로부터 발생된 것이기에 리를 담고 있지만, 그 리는 전체의 리가 아닌 부분적 리, 즉 기의 차별성에 의해 국한된 리, 개체의 기질에 따라 차별적으로 분수된 리인 분수지리(分殊之理)다. 기질지성이 발하여 칠정이 생길 때, 그 기질 안에 담긴 리도 기질을 타고 함께 작용하는데, 그 리가 곧 분수지리인 것이다.

사단에서 그 소종래로서 작용하는 리는 보편적인 태극의 리인 리일지리이며, 칠정에서 기질을 타고 작용하는 리는 차별적인 부분적 리인 분수지리다. 이 차이에 주목하지 않으면, 칠정에서 기가 발할 때 리가 그 기를 타고 함께 하므로 결국 리발이라고도 볼 수 있으며, 따라서 리발의 사단과 다를 바 없지 않느냐고 말하게 된다.

[고봉] 기가 리를 따라 발하면서 조금도 장애가 없는 것이라면, 이것

[칠정]이 곧 리발인 것입니다.[35]

여기에서 기가 리를 따라 발하는 기순리(氣順理)는 기의 작용 안에 이미 리가 있다는 것을 말하며 이는 결국 기가 발할 때 리가 그 기를 타는 리승기(理乘氣)와 다를 바 없다. 그러므로 그 기발이 곧 리발이라는 기대승의 주장은 칠정에서의 리승의 리(분수지리)와 사단에서의 리발의 리의 차이를 간과하고 있음을 보여 준다. 반면 이황은 '기순리이발(氣順理而發)'이 '리발'이 될 수 없음을 말한다.

[퇴계] 기가 리를 따라 발함을 리의 발이라고 한다면, 이것은 기를 리로 간주하는 병통을 면치 못하는 것입니다.[36]

칠정에서 기가 리를 따르고 있어도, 즉 리가 기를 타고 있어도 그것을 사단과 마찬가지의 리발이라고 할 수 없는 것은 칠정에서 작용하는 리가 사단에서의 리처럼 리일지리가 아니고 분수지리, 즉 기에 의해 국한된 차별적 리이기 때문이다. 이처럼 이황은 칠정에서 리승의 리(분수지리)와 사단에서 리발의 리(리일지리)를 구분함으로써, '기순리이발'을 '리발'로 간주할 수 없음을 말한다. 기질로 국한된 분수지리와 기질의 제한을 넘어선 리일지리의 차이는 곧 기질지성과 본성지성의 차이이며, 이는 곧 기와 리의 차이에서 비롯되는 것이다.[37]

---

35 『高峯集』, 제3집, 「兩先生四七理氣往復書」 下篇, 제3서, 132쪽, 287쪽, "氣之順理而發, 無一毫有碍者, 便是理之發矣."

36 『退溪先生文集』, 권17, 6, 제3서, 76쪽, 201쪽, "以氣順理而發, 爲理之發, 則是未免認氣爲理之病."

37 정에서 작용하는 리가 리일지리인가 분수지리인가에 주목하지 않는 것, 따라서 사단에서 '리발의 리'와 칠정에서 '理乘氣의 리' 또는 '氣順理의 리'의 차이에 주목하지 않는 것은

오늘날도 마찬가지인 것 같다. 이 차이에 주목하지 않음으로써, '리발'에서의 發을 능동적인 활동성의 '發'로 이해하지 않고, 리가 '드러나 보인다'는 수동적인 '發顯' 내지 '發見'의 의미로 읽는 일이 발생하게 된다고 본다. 칠정에서 기가 발할 때 리(분수지리)는 그 기를 타는 리로서 또는 그 기가 따르는 리로서 드러나 보인다. 리발의 발을 능동적 발이 아닌 수동적인 발현으로만 읽는 것은 리발(사단)과 기발(칠정)의 차이를 없애서 결국 리발을 기발 아래 포함시키려는 시도다. 이는 결국 인간 심성에서 분수지리 이외의 리일지리를 인정하지 않는다는 것이다. 인간은 달 그림자일 뿐 달이 아니라고 보는 셈이다. 문석윤은 「퇴계에서 리발과 리동, 리도의 의미에 대하여」(『퇴계학보』, 제110집, 2001년 10월, 161-201쪽)에서 이황의 리발설이 리의 운동성과 능동성을 주장하는 것이라는 윤사순, 배종호, 유정동, 최영진 등의 관점을 비판하면서 그렇지 않다고 주장하는데, 요지는 " '운동하는' 리와 '드러내는' 리는 동일한 것으로, 그 둘 사이에 근본적인 차이점이 없다"(185쪽)는 것이다. 즉 리발에서 발의 의미를 능동적인 활동성의 리가 아니라, 기의 활동을 통해 드러나는(發顯) 리로 해석하고 있는 것이다. 그는 "리가 움직이면 기가 따라서 생기고, 기가 움직이면 리가 따라서 드러난다(理動則氣隨而生, 氣動則理隨而顯)"는 이황의 명제 중 전건에 대해 "자세히 보면 '생긴다'의 주어가 '리'가 아니라 '기'라는 사실을 발견할 수 있다. 리는 기를 생기게 하는 주체로 쓰인 것이 아닌 것이다"(184쪽)라고 말하며, "리가 독자적으로 운동하는 것이 아니다"라는 결론을 내린다. 그는 이황의 이 구절이 "理發而氣隨之, 氣發而理乘之"를 응용한 것이라고 봄으로써, 리발이든 기발이든 실제적인 능동적 활동 주체는 기이고, 리는 기의 운동 원리 내지는 기의 운동 속에서 드러나 보여지는 것일 뿐이라고 본다. 결국 理動(사단)의 의미를 理隨而顯(칠정)과 동일시하고, 理發(사단)의 의미를 理乘之(칠정)의 의미와 동일시하는 것이다. 손영식도 「존재물음에 내몰린 '퇴계학', 겨우 존재하는 리」(『오늘의 동양사상』, 제11호, 2004, 16-45쪽)에서 이황의 리발설의 독창성을 강조하는 홍원식을 비판하면서 "기발의 발은 운동의 의미가 있지만, 리발의 발은 운동과는 전혀 다른 개념이다"(38쪽), "리라는 원리-법칙이 현실에서 실현되는 것, 그것을 리발이라고 한다. 따라서 리발은 '리의 드러남'이라는 정도의 뜻이다"(38쪽)라고 하며, 리발은 결국 "리의 드러나 보임"(理之發見)(33쪽)의 의미로 읽어야 한다고 주장한다. 이는 결국 문석윤과 마찬가지로 理動과 理隨而顯을, 理發과 理乘之를 같은 의미로 보고 있음을 의미한다. 리발의 리의 의미와 기발에서 드러나는 리의 의미를 구분하지 않음으로써, 리발의 의미를 약화시켜 기발 아래 포섭하려는 것이다. 반면 여기에서는 사단의 리발에서 작용하는 리의 의미와 칠정의 기발에서 함께 작용하여 드러나 보이는 리의 의미를 각각 리일지리와 분수지리로 구분했다. 물론 인설론자는 그 둘은 마찬가지라고 주장할 것이다. 이는 결국 각자에 분수된 차별적 리 너머 보편적인 하나의 리는 존재하지 않는다는 것을 주장하는 것이다. 보편성, 동일성, 하나됨보다는 특수성, 차이성, 다양성이 강조되는 포스트모더니즘의 오늘날 기대승의 인설이 더 유혹적으로 보일 수 있는 것도 이 때문일 것이다. 그러나 이는 결국 인간 간의 평등한 보편성, 천명으로 주어진 신성을 부정하는 것이 아닌가? 허령불매한 인간 심의 보편적이며 초월적인 본성, 즉 현상적 차별성을 넘어서는 인간 본성을 부정하는 것이 아닌가?

(2) 기발(칠정)의 기와 기수(사단)의 기의 구분: 형기(形氣)와 심기(心氣)의 구분

사단이 아무리 천리의 발현이라고 해도, 결국 그렇게 발현하는 것이 각자의 마음이고, 그 마음이란 것이 기로 이루어져 있다면, 마음의 발은 곧 기의 발이 아니겠는가? 결국 사단도 개체적 인간 마음의 발이라는 점에서 기발에 포함되어야 하지 않겠는가?

그러나 칠정에 있어 기질지성의 발현에서의 기와 사단에 있어 천리를 자각하는 마음의 기는 서로 구분되어야 한다. 칠정에서 그 소종래가 되는 기는 우주적 천지의 기 중의 일부분이 응결되어 개체로 화한 개체의 차별적 기다. 기가 특정 장소에서 특정 개체를 형성하는 것이 기의 기질화이고 형태화인 것이다. 기질지성이란 차별적 기가 특정 개체로 고정화되고 형태화된 결과의 신체의 본성, 신체적 기질, 신체적 욕망을 뜻한다. 따라서 기발의 기는 각각의 개별자가 갖는 사적 욕망, 신체적 욕망의 기운인 것이다.

그러나 마음에 내재된 천지지리를 자각하는 마음의 지각 활동에서의 기의 작용은 같은 기로 불린다고 할지라도 신체적 욕망을 형성하는 신체적 기질의 기와는 다른 기의 작용이다. 그것은 개체적 기질의 차별성을 넘어서서 보편적 천리를 자각하는 마음의 활동성이기 때문이다. 결국 이황이 칠정에서의 기의 작용과 사단에서의 기의 작용을 구분해서 전자는 기발로, 후자는 기수로 구분해서 칭했다는 것은 이황 자신이 신체적 욕망을 형성하는 기질의 기와 순수 리를 포착하는 마음의 기를 구분했다는 것을 의미한다. 천리를 자각하는 마음, 사단에서의 마음의 기는 허령지각의 기이며, 이는 신체적 기질의 기와는 다르다고 보는 것이다.

이와 같은 신체적 기질의 기와 허령한 마음의 기는 이황 이후 성리학자들에게서 개념적으로 달리 불리게 되는데, 그것이 곧 형기(形氣)와

심기(心氣)다. 그리고 이 구분은 다시 인간의 마음을 두 차원으로 구분해 보게 하는데, 형기의 존재인 혈육지심(血肉之心)과 심기의 존재인 신명지심(神明之心)의 구분이 그것이다.[38] 다 같이 기라고 불려도 차별적인 신체적 기질로부터 오는 기질의 기와 보편적 리를 자각하는 허령한 마음의 기는 근본적으로 서로 다른 것이라는 것, 다 같이 마음이라고 불려도 각 개체의 형기에 국한된 사적 마음과 기질의 차이를 초월하는 보편적 마음이 구분된다는 것을 강조한 것이다. 보편적 리를 자각하는 마음은 신명지심이며, 그 마음이 곧 자신을 천지와 하나로 느끼는 인(仁)의 마음이며, 그 마음의 작용이 곧 사단이다. 반면 기질로부터 발하는 마음은 혈육지심이며, 그 마음은 우주 안에서 자신과 타인을 구분하고 분별하고 상대화하는 마음이며, 그 마음의 작용이 곧 칠정인 것이다.

5. 맺는 말

사단칠정론은 일차적으로 우리의 마음 상태인 정을 그 내용에 따라 도덕적이고 선한 정(사단)과 도덕과 무관하며 선할 수도 악할 수도 있는 정(칠정)의 두 종류로 구분할 수 있는가 아닌가에 대한 논의지만, 그러나 그 논의의 핵심은 그러한 정을 일으키는 성인 인간의 본성을 어떻게

38 심기와 형기의 구분, 신명지심과 혈육지심의 구분은 성호 이익(星湖 李瀷, 1685-1763)에게서 좀더 분명하게 제시된다. 이익은 심기를 小氣로, 형기를 大氣로 말하기도 하는데, 그 둘의 구분이 이황에게서 리발기수의 리와 기발리승의 기에 해당한다는 것도 밝히고 있다. "퇴계에 이르러 '리발기수'와 '기발리승'의 논의가 있었다. 氣隨의 기는 심에 속하고, 氣發의 기는 형기에 속한다(至退溪有已發氣隨氣發理乘之論. 氣隨之氣, 屬心. 氣發之氣, 屬形氣." (星湖, 『星湖全書』, 권7, 「四七新編」, 中跋, 驪江出版社, 30쪽). 이익은 또 "심에는 혈육지심과 신명지심이 있다(心有血肉之心有神明之心)"고 말한다((星湖, 『星湖全書』, 권1, 「心統性情圖」, 驪江出版社, 443쪽).

이해할 것인가, 나아가 그러한 성의 원천이 되는 태극의 리와 개체적 기를 어떤 관계의 것으로 이해할 것인가에 관한 논의다.

인간 각자의 마음 안에서 리의 작용과 기의 작용, 본연지성과 기질지성을 서로 대대적인 것으로 구분할 수 있는 것인가? 보편적 리의 자각(사단)과 개체적 기질, 신체적 욕망의 의식(칠정)은 서로 구분될 수 있는 것인가? 이것이 문제인 것이다. 인간이 자신의 기질의 제약을 벗어나 자유로운 영혼으로 천명을 듣는다는 것이 과연 가능한가? 비록 천명이 내 기질 안에 파묻혀 있다 해도 그 기질로 인해 가려짐이 없이 내 안의 천명을 순수하게 구분해 낼 수 있는가? 아니면 천명이 내 기질 안에 떨어진 그 순간 이후로 내게는 본연지성과 기질지성은 이미 하나가 되어 버렸고, 결국 나는 천명의 소리와 나의 기질로부터의 소리를 분간해 내지 못하게 되었는가? 형이하의 차원에서 형화되고 질화된 인간이 형이상의 영성과 신성을 자각한다는 것이 과연 가능한가?

사단과 칠정, 인간의 본연지성과 기질지성을 대대 형식의 것으로 이해하는 이황은 인간 심성의 보편성, 마음의 절대성, 보편적 천리의 자각 가능성 등을 끝까지 고수하고자 했음을 보여 준다. 우리 각자를 강물에 비유할 때, 그 각각의 처함의 상이성에도 불구하고 모든 강물에 하나의 동일한 달이 비친다는 것, 강물의 혼탁, 기질의 우열적 차이에도 불구하고 그와 상관없이 우리는 누구나 그 자신 안에 동일한 신성을 간직하고 있다는 것, 우리는 우리 자신 안에서 강물의 운동(기발)뿐 아니라 달의 운동(리발)도 느끼며 산다는 것, 이것은 결국 우리 자신이 강물이며 동시에 달이라는 것을 말해 준다. 강물 속에서 찾으면 물 이외에 달이 없기에, 우리가 바로 강물이며 또 동시에 하늘의 달이라는 것을 말해 주는 것이다.

4장

이이, 송시열, 김창협: 심과 미발지각

율곡 이이(栗谷 李珥, 1536-1584)는 퇴계 이황과 달리 리와 기의 불상잡(不相雜)보다는 불상리(不相離)를 강조하고, 리에서도 리일시리보다는 분수지리를 더 우선시하며, 사단과 칠정의 구분도 그 소종래에 따라서가 아니라 그것들이 지향하는 목적에 따라 행한다. 인간의 성과 정에 관한 이황과 기대승 간의 논쟁은 다시 우계 성혼(牛溪 成渾, 1535-1598)과 이이 간의 논쟁으로 발전했으며, 이이의 사상은 후일 율곡학파를 형성하며 계승 발전되어 갔다. 이이의 사상을 가장 철저히 계승하며 구체적 현실 정치에까지 그 유교이념을 적용 실천하려 한 사람이 바로 우암 송시열(尤庵 宋時烈, 1607-1689)이다. 그 후 미발 시의 심체의 선악 문제를 둘러싸고 송시열의 제자 중 수암 권상하(遂巖 權尙夏, 1641-1721)와 농암 김창협(農巖 金昌協, 1651-1708) 간에 논쟁이 벌어지고, 이어 인성과 물성의 동이(同異)를 둘러싸고 남당 한원진(南塘 韓元震, 1682-1751)과 외암 이간(巍巖 李柬, 1677-1727) 간에 논쟁이 벌어졌다.

권상하에서 한원진으로 이어지는 쪽이 호론(湖論)이고, 김창협에서 이간으로 이어지는 쪽이 낙론(洛論)이 되어, 이들 간의 논쟁을 호락논쟁이라고 한다. 만물의 본성을 하나의 태극 내지 순수 본연지성으로 간주해 인물성동론을 주장한 쪽은 낙론이다. 낙론의 대표자 격인 김창협은 심의 미발 상태를 순선한 허령불매의 심의 경지로 강조하고 있다.

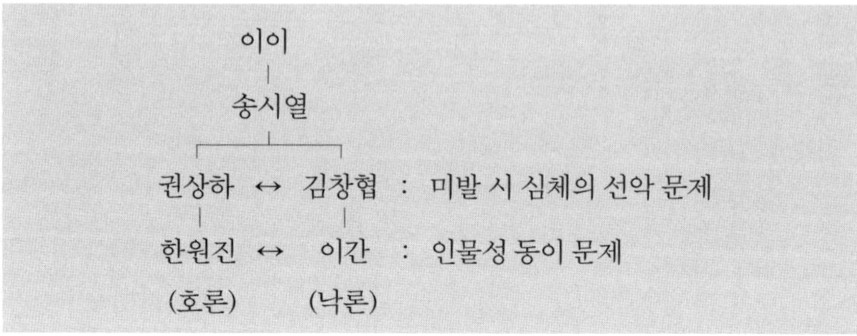

〈호락논쟁 계보〉

이하에서는 우선 성리학에서 미발지각이 가지는 의미가 무엇인지를 살펴본 후(1절), 이이가 심의 성과 정 그리고 미발 상태를 어떤 방식으로 이해했는지를 밝혀본다(2절). 이어 이이의 사상을 계승하는 송시열에게서 미발지각의 의미를 해명하고(3절), 김창협에서 미발지각이 개념적으로 좀더 명료화되는 것을 살펴보기로 한다(4절). 그들이 주장하는 미발지각의 허령불매한 자각성은 바로 그 이전까지 불교가 논해온 일심의 청정한 자기자각성인 성자신해와 공적영지와 다르지 않다는 것이 밝혀질 것이다.

1. 미발 시에도 지각이 있는가?

성리학에서 미발(未發)과 이발(已發)은 각각 마음이 아직 발하기 이전과 마음이 이미 발한 이후를 뜻한다. 그러나 마음이 발한다는 것이 정확히 무엇을 의미하는지, 마음에서 구체적으로 무엇이 움직이고 작용하고 드러나는 것인지가 밝혀져야만, 미발 또는 이발의 의미가 분명해질 것이다. 『중용』은 미발과 이발을 각각 중(中)과 화(和)로 연결시키면서 다음과 같이 설명한다.

> 희로애락이 아직 발하지 않은 것을 중(中)이라고 하고, 발하여 모두 절도에 맞는 것을 화(和)라고 한다. 중은 천하의 큰 근본이고, 화는 천하의 두루 통하는 도리다. 중화를 이루면 천지가 거기에 자리잡고, 만물이 그로부터 생육한다.[1]

여기서 미발과 이발의 기준은 희로애락의 감정이 일어나는가 아닌가다. '천하의 근본'인 '중(中)'이라고 불리는 미발은 마음에 희로애락의 감정이 일어나지 않는 상태이고, '천하의 달도'로서 '화(和)'라고 칭해지는 이발은 희로애락의 감정이 일어난 상태다. 주희는 '미발이발설'에서 미발의 기준을 좀더 상세히 제시한다.

> 사려가 아직 싹트지 않고 사물이 아직 이르지 않은 때를 희로애락 미

1 『중용』, 서장, "喜怒哀樂未發, 謂之中; 發而皆中節, 謂之和. 中也者, 天下之大本也; 和也者, 天下之達道也. 致中和, 天地位焉, 萬物育焉."

> 발이라고 한다. 이 때에는 심체가 유행하되 적연부동하며, 천명의 성체가 거기에 갖추어져 있다. 과불급이 없고 치우침과 기울어짐이 없으므로 이를 중(中)이라고 한다.[2]

주희의 미발의 규정에는 감정이 아직 일어나지 않은 '희로애락의 미발' 이외에 사려가 아직 싹트지 않은 '사려미맹(思慮未萌)'과 사물이 아직 다가오지 않은 '사물미지(事物未至)'가 더 포함된다. 그리고 이런 미발 상태를 '적연부동(寂然不動)'의 중(中)이라고 한다. 여기서 '사물미지'는 사물과의 접촉을 통한 감각 작용이 아직 발생하지 않는다는 것, '사려미맹'은 의식적인 사려분별 작용이 행해지지 않는다는 것, '희로애락의 미발'은 감정 내지 감정과 얽힌 욕망이나 의지의 작용이 일어나지 않는다는 것을 뜻한다. 이를 각각 유식불교의 용어대로 말하자면 감각활동인 전5식의 작용도, 사려분별의 제6의식의 작용도, 의지나 욕망의 제7말나식의 작용도 아직 발생하지 않는다는 것을 뜻한다. 유교에서 마음의 미발이란 곧 마음에서 전5식의 감각과 제6의식 그리고 제7말나식의 작용까지도 아직 발생하지 않은 상태를 의미한다.

〈주희〉	〈유식불교〉
사물미지: 감각의 부재	전5식의 미활동
사려미맹: 사려분별의 부재	제6의식의 미활동
희로애락 미발: 감정의 부재	제7말나식의 미활동

〈마음의 미발 상태에 관한 성리학과 유식불교의 설명 비교〉

2 『朱熹集』, 卷67, 「已發未發說」, "思慮未萌事物未至之時爲喜怒哀樂之未發. 當此之時卽是心體流行寂然不動之處, 而天命之性體段具焉. 以其無過不及, 不偏不倚, 故謂之中."

그렇다면 이처럼 감각이나 사려나 의지작용이 있지 않은 적연부동의 미발 상태를 그럼에도 불구하고 마음이라고 부를 수 있는 까닭은 무엇인가?[3] 그 순간에도 마음이 마음으로 작용하고 있다고 말할 수 있는가? 이는 마음이 사물을 감각하거나 사려분별하거나 감정을 의식하는 구체적인 마음의 작용을 일으키지 않아도, 그걸 마음이라고 할 수 있는가, 마음에서 감각대상이나 분별대상 등 마음의 대상이 없어도 마음으로 활동하고 있다고 말할 수 있는가의 물음이다. 마음의 특징은 물질과 달리 각성(覺性)을 유지하는 것이다. 마음이 물질과 달리 보이거나 잡히지 않아도 존재한다고 여기게 되는 것은 마음이 바로 마음 특유의 각성 내지 자각성을 유지하기 때문이다. 그렇다면 이러한 마음의 근본 각성은 감각이나 사려나 의지작용이 있지 않은 미발 상태에서도 존재하는가? 미발 시에도 지각이 존재하는가의 물음은 바로 이것을 묻고 있는 것이다. 미발 시에도 지각이 존재한다면, 이 지각은 감각이나 사려나 의지작용보다 더 깊은 심층에서 발생하는 마음의 각성을 뜻하는 것이어야 한다. 그러므로 미발 시에도 마음의 각성이 지각으로서 존재하는가의 물음은 결국 우리 마음의 본성 또는 마음의 본래적 작용인 자성본용에 대한 물음이라고 볼 수 있다.

---

3 주희 나이 40세를 전후로 한 중화구설과 중화신설의 변화는 바로 이 물음에 대한 변화라고도 할 수 있다. 감정이나 사려나 감각의 마음작용이 있지 않다면 그것은 마음이라고 할 수 없으며, 그 때는 단지 이치나 性만이 존재할 뿐이라고 보면, 體는 성이고 그 용이 마음이라는 '성체심용'을 주장하게 된다. 이것이 '중화구설'이다. 여기에서는 마음은 이발로서만 존재하며, 미발은 심이 아니라 단지 성일 뿐이다. 그러다가 중화신설에서 주희는 마음이 성과 정을 통섭한다는 '심통성정'을 주장한다. 심이 발하기 전의 성과 심이 발한 이후의 정을 합해 심이 그 둘을 통섭한다고 보는 것이다. 이상 언급한 구설과 신설의 차이를 다음과 같이 정리해 본다.

중화구설: 성체심용 ⟷ 중화신설: 심통성정

성체 ┌ 성 = 체(미발)
└ 성의 용=정=심(이발)

심체 ┌ 심의 체 = 성(미발)
└ 심의 용 = 정(이발)

2. 이이의 심의 이해

1) 우주의 리와 기

성리학에서 마음의 본성과 깊이를 제대로 이해하자면, 우주 전체의 존재와 질서 안에서 인간 마음의 위치를 확인해야만 한다. 우주의 리와 기와 연관하여 인간 마음의 리와 기의 관계가 밝혀져야만 인간 마음의 미발 상태가 어떤 것인지가 해명될 수 있을 것이다.

이이는 우주 발생과 생성을 리와 기로 설명한다. 리는 곧 태극이고 우주 발생의 근원이며 그 자체 순수한 선이다. 이이는 이 보편적 리를 '태극의 리', '본연의 리' 또는 '리일의 리'라고 부른다. 리는 우주 만물을 관통하는 보편적 리다. 그런데 이이에게 리는 철저하게 이치이고 원리일 뿐 구체적인 모습도 적극적인 활동성도 갖고 있지 않다. 활동적으로 흐르고 움직이면서 구체적으로 만물을 형성하고 변화시키는 것은 기다. 리는 형태도 없고 행위함도 없는 무형 무위의 것인데, 기는 형태가 있고 행위함이 있는 유형 유위의 것이다. 기를 유형이라고 하는 것은 기가 균등하지 않은 차이를 보이면서 흩어져 있다가 응집하여 질화되고 형화되어 개체를 형성하기 때문이다.

> 리는 무형이고 기는 유형이며, 리는 무위이고 기는 유위입니다. 무형이고 무위로서 유형과 유위의 주(主)가 된 것은 리(理)요, 유형이고 유위로서 무형과 무위의 기(器)가 된 것은 기(氣)입니다.[4]

4 『栗谷全書』, 卷10, 書2, 25-26, 「答成浩原」, 제6서, "理無形也, 氣有形也. 理無爲也, 氣有爲也. 無形無爲, 而爲有形有爲之主者, 理也. 有形有爲, 而爲無形無爲之器者, 氣也." 한글 번역은 한국정신문화연구원 편, 『국역 율곡전서』, 권3, 81쪽.

리는 만물을 지배하는 하나의 동일한 원리로서 보편성을 갖는데 반해, 기는 다름과 차이를 그 특징으로 삼는다. 즉 기는 흩어져 있을 때에도 균등하지 않은 차이를 보이다가, 응집하여 개체를 형성해서도 그 기의 차이에 따라 각 개체마다의 다양한 차이를 만들어 내기 때문이다. 기의 응집으로 형성된 개체들은 그 응집된 기의 통함과 막힘, 바르고 치우침, 맑음과 탁함의 정도에 따라 상이한 존재 양상을 띠게 된다. 따라서 이이는 리는 무형으로서 보편적이어서 만물에 두루 통하지만, 기는 유형화되면서 서로 차별화되어 특정 범위로만 제한된다는 '리통기국(理通氣局)'을 주장한다.

> 리는 무형이고 기는 유형이므로 리는 통하고 기는 국한된다[理通氣局].[5]

태극의 리는 보편이며 따라서 단일한 하나인 '리일지리'인데 반해, 기의 유행에 따라 각 개체 안에 갖추어지는 리는 차이성을 갖게 된다. 이처럼 기로 인해 제한되는 리를 '유행의 리' 또는 '분수지리'라고 한다. 리가 분수로 나뉘게 되는 것은 기의 차이 때문이다.

> 리는 비록 하나이나 이미 기에 탔으므로 그 나눔이 만 가지로 다릅니다.[6]

---

5 『栗谷全書』, 卷10, 書2, 26, 「答成浩原」, 제6서, "理無形而氣有形故, 理通而氣局." 『국역 율곡전서』, 권3, 81쪽.

6 『栗谷全書』, 卷10, 書2, 2, 「答成浩原」, 제2서, "理雖一而旣乘於氣, 則氣分萬殊." 『국역 율곡전서』, 권3, 53쪽.

이렇게 개체에 국한된 편파적인 기를 따라 거기 함께하게 되는 리는 이미 기에 의해 제한된 리가 되며, 제한된 리인 만큼 보편적 선이 아니라, 형세에 따라 그렇게 될 수밖에 없는 그런 형세의 리, 현재 유행을 따라 결정된 분수의 리일 뿐이다. 이처럼 본연의 리와 기에 따라 현실적으로 드러난 리는 서로 구분되는 것이다.

> 대개 리의 본연은 순선하나, 이미 기를 탈 즈음에는 고르지 못하고 가지런하지 않습니다. 맑고 깨끗하며 지극히 귀한 물건이나 지저분하고 더러우며 지극히 천한 곳에도 리가 존재하지 않는 데가 없습니다. 그런데 맑고 깨끗한 물에 있으면 리도 역시 맑고 깨끗하며, 지저분하고 더러운 곳에 있으면 리도 역시 지저분하고 더러워집니다. 만약 지저분하고 더러운 것을 리의 본연이 아니라고 한다면 옳거니와 지저분한 더러운 물에는 리가 없다고 한다면 옳지 못한 것입니다. 대개 본연이란 것은 리일이요, 유행이란 것은 분수입니다. 유행의 리를 버리고 따로 본연의 리를 구하는 것은 진실로 옳지 않습니다.[7]

이상의 논의를 따라 리를 구분해 보면 다음과 같이 정리될 수 있다.

┌ 본연지리(리일지리): 보편성: 리
└ 유행지리(분수지리): 차이성: 리 + 기

7 『栗谷全書』, 卷9, 書1, 39, 「答成浩原」, 제3서, "夫理之本然, 則純善而已. 乘氣之際, 參差不齊. 淸淨至貴之物 及汚穢至賤之處, 理無所不在. 而在淸淨則, 理亦淸淨. 在汚穢則, 理亦汚穢. 若以汚穢者, 爲非理之本然, 則可. 遂以爲汚穢之物, 無理則不可也. 夫本然者, 理之一也. 流行者, 分之殊也. 捨流行之理, 而別求本然之理, 固不可." 『국역 율곡전서』, 권3, 50쪽.

리일지리와 분수지리가 이렇게 서로 다름에도 불구하고 이이는 유행하는 분수지리를 떠나 본연의 리를 따로 추구하는 것은 옳지 않다고 주장한다. 보편적인 리도 결국은 구체적이고 현실적인 기를 통해 실현되고 완성될 수밖에 없다고 보기 때문이다. 따라서 이이는 분수를 떠나 리일을 주장하거나, 기질을 떠나 본연을 찾는 것을 옳지 않다고 간주한다.

2) 심에서의 리와 기의 작용: 사단칠정론

이이는 리일지리와 분수지리 중에서 분수지리에만 실질적 의미와 현실성을 부여한다고 볼 수 있다. 이이에 따르면 구체적으로 존재하는 것은 모두 기의 국한성을 가지는 개별자들일 뿐이며, 그 기에 의해 제한된 분수지리와 독립적으로 만물에 보편적인 하나의 리인 리일지리를 구하는 것은 무의미하기 때문이다. 결국 개체에게서 보편적 본연지리, 리일의 리를 실현한다는 것은 쉽지 않은 것이다. 이처럼 이이가 인간 개체의 성을 보편성보다는 차이성으로 이해하고 리일보다는 분수를 강조하게 된 까닭은 무엇인가? 이것은 이이가 인간의 심을 리통의 리가 아닌 기국의 기로 이해하기 때문이다.

> 마음은 곧 기(氣)다.[8]

이이는 마음이 곧 기라는 '심시기(心是氣)'를 주장한다. 이렇게 해서 '심위태극' 또는 '심즉리'의 관점에서 보편적인 리가 마음에서 발한

8 『栗谷全書』, 卷10, 書2, 28, 「答成浩原」, 제6서, "心是氣也." 『국역 율곡전서』, 권3, 85쪽.

다는 이황 식의 리발설은 철저하게 부정된다. 이이는 이황의 리발을 부정하면서 오로지 기발만이 가능하다고 주장한다.

> 대개 발하는 것은 기요, 발하는 소이는 리니, 기가 아니면 발할 수 없고 리가 아니면 소발(所發)이 없습니다.[9]

오직 기발이 있을 뿐이고, 리는 단지 그렇게 기가 발할 수 있게끔 하는 이치일 뿐이다. 이와 같이 기발과 구분되는 리발을 부정하는 것은 결국 인간 본성에서도 형기의 기질지성과 구분되는 순수리의 본연지성을 인정하지 않는 것을 의미한다. 즉 이이는 본연지성과 기질지성의 두 성이 개체에서는 결국은 하나라고 보며, 이는 곧 보편적 리일의 본성은 부정하고 인간 본성을 오직 기를 통해 국한된 기질지성만으로 해석한다는 것을 의미한다.

> 성은 리와 기가 합한 것입니다. 대개 리가 기 가운데 있은 뒤에라야 성이 되는 것이니, 만약 형질 가운데 있지 않은 것이라면 마땅히 리라고 할 것이요, 성이라고 해서는 안 됩니다. …… 자사와 맹자는 본연지성을 말하고, 정자와 장자는 기질지성을 말했지만, 그 실상은 하나의 성인데, 주(主)로 하여 말한 바가 다를 뿐입니다. 이제 그 각각 주로 한 바에 대한 뜻을 알지 못하고 그만 두 성이라고 한다면, 리를 안다고 할 수 있겠습니까? 성이 이미 하나인데, 정에 리발과 기발의 구분이 있다고 하면, 성을 안다고 할 수 있겠습니까?[10]

---

9 『栗谷全書』, 卷10, 書2, 5, 「答成浩原」, 제2서, "發之者, 氣也. 所以發之者, 理也. 非氣則不能發, 非理則無所發." 『국역 율곡전서』 권3, 56쪽.

이처럼 이이에 따르면 한 개체로서의 인간에게는 본연지성과 기질지성이 따로 존재하지 않으므로, 사단과 칠정을 그 소종래에 따라 구분하는 것은 가능하지 않다. 즉 이황처럼 사단은 본연지성의 발인 리발이고, 칠정은 기질지성의 발인 기발이라고 구분할 수가 없는 것이다. 이이에서는 마음 자체가 기일 뿐이고 인간의 본성은 본연지성이 기질에 국한되어 구체화되는 기질지성일 뿐이므로, 마음이 발하는 것은 곧 기질지성의 발로서 기발일 뿐이다. 이이에 따르면 사단과 칠정은 소종래에 따라 구분되는 것이 아니다. 감정은 모두 다 기발로서 칠정이며 그중 선한 감정이 사단인데, 감정의 선악은 마음의 발함이 의리를 위한 것인가 아니면 식색을 위한 것인가에 따라 결정된다. 전자가 도심이고 후자가 인심이다. 이이는 사단을 도심과 동일시하고 칠정을 인심과 도심을 포괄하는 것으로 간주한다.

이황 ┌ 리발 + 기승 : 도심 = 4단
　　 └ 기발 + 리수: 인심 = 7정

이이 – 기발 + 리승 ┌ 의리를 위한 발: 도심 = 4단 ┐ 7정
　　　　　　　　　 └ 식색을 위한 발: 인심 ┘

〈이황과 이이의 사단과 칠정 이해의 차이〉

이이에서는 일체 마음의 작용이 기발로 간주된다. 그리고 그 때의 기는 형기와 다를 바 없는 기질지성의 기(氣)다. 이황이 주장하는 것과

---

10 『栗谷全書』, 卷10, 書2, 22, 「答成浩原」, 제4서, "性者, 理氣之合也. 蓋理在氣中, 然後爲性. 若不在形質之中, 則當謂之理, 不當謂之性也. …… 子思孟子, 言其本然之性. 程子張子, 言其氣質之性. 其實一性, 而所主而言者不同. 今不知其所主之意, 遂以爲二性, 則可謂知理乎. 性旣一, 而乃以爲情有理發氣發之殊, 則可謂知性乎." 『국역 율곡전서』, 권3, 77쪽.

같은 본연지성이 발하는 리발은 부정된다. 이는 곧 마음의 본연지성의 발로서의 사단을 칠정과 구분되는 특정한 감정으로 간주하지 않고, 일체 마음의 발을 기질지성의 발인 칠정으로 보면서 사단을 그 칠정 아래 포섭시키는 것이다.

3) 심의 미발 상태

소위 사단과 칠정은 둘 다 리로 인해서든 기로 인해서든 마음이 발한 상태의 정이다. 그렇다면 마음의 미발 상태, 즉 아무런 정도 생겨나기 이전의 상태는 어떤 상태인가? 이황에 따르면 마음의 미발 상태는 사단이든 칠정이든 아무 정도 일어나지 않은 채, 천리의 성, 태극의 리가 자각되는 허령불매의 지각 상태다.

그러나 율곡은 마음에 감각도 사려도 의지작용도 일어나지 않는 미발 시에 마음이 스스로 자각성을 가진다는 것을 부정한다. 즉 마음의 미발지각을 인정하지 않는 것이다. 이이는 마음이 미발 시에는 아무 작용도 없이 오직 성(性)만을 가질 뿐이라고 본다. 따라서 미발 시 마음은 오직 미발의 체로서 성만 가질 뿐 기의 작용이 있지 않으므로 단지 선할 뿐이라고 주장한다. 이이가 성인이나 범인 모두가 갖고 있는 미발의 중(中)으로써 의미하는 바는 바로 이러한 작용 없음일 뿐이다. 이로써 미발의 체에도 선악이 있을 수 있다는 성혼의 주장을 비판한다.

> 미발의 체에도 역시 선악이 있다고 말할 수 있다는 것은 매우 그릇됩니다.[11]

미발의 심체에 대해 선악을 말할 수 없다는 것은 미발의 심체는 그 자체 성으로서 선하므로 악을 논할 수 없다는 것이다. 아무런 작용이 일어나지 않는 미발 상태의 심체는 그 자체 중(中)으로서 선하기 때문이다. 그런데 성인과 달리 범인의 마음은 이 중을 유지하지 못하고 곧 혼매해지거나 산란해져서 대본(大本)을 잃는다. 즉 마음의 체를 잃고 중을 잃는 것이다. 이렇게 혼매하고 산란해지는 것을 기질에 구애되기 때문이라고 설명한다.

> 희로애락이 발하지 아니한 것을 중이라고 이르며, 중은 천하의 대본이라 했으니, 어찌 선악이 있다고 말할 수 있겠습니까? 중인의 마음은 혼매하지 않으면 반드시 산란하여 대본이 서지 못합니다. 그러므로 중이라고 할 수 없습니다. 다행히 일순간 혹 미발일 때가 있으면, 곧 이 미발일 때에는 전체가 담연하여 성인과 다름이 없겠으나, 순식간에 다시 그 체를 잃어버리게 되어 혼매하고 산란해지기 때문에 그 중을 얻지 못합니다. 그 혼매하고 산란해지는 까닭은 기질에 구애되기 때문입니다.[12]

미발은 일정한 마음 상태가 아니고 그냥 성이며 리로서의 체일 뿐이다. 마음이 작용하면 기로서 작용하게 되는데, 중인의 기는 이미 혼탁하기에 그의 마음작용은 언제나 이미 미발의 중을 잃은 혼매한 것이거나 또는 산란한 것이 된다. 중인의 그런 혼매하고 산란한 마음 뒤에 또는 그보다 더 심층에 허령통철한 미발지각이 있다는 주장을 할 수가 없

---

11 『栗谷全書』, 卷9, 書1, 38, 「答成浩原」, 제3서, "未發之體, 亦有善惡之可言者, 甚誤." 『국역 율곡전서』, 권3, 48쪽.

12 『栗谷全書』, 卷9, 書1, 39, 「答成浩原」, 제3서, "喜怒哀樂之未發, 謂之中. 中也者, 大本也. 安有善惡之可言耶. 衆人之心, 不昏昧則必散亂. 大本不立, 故不可謂之中也. 幸於一瞬之間, 或有未發之時, 則卽此未發之時, 全體湛然, 與聖人不異矣. 惟其瞥然之際, 還失其體, 昏亂隨之故, 不得其中耳. 其所以昏且亂者, 由其局於氣質故也."(『국역 율곡전서』, 권3, 48-49쪽).

다. 이는 근본적으로 마음을 기로 간주하며, 그 기를 개체마다의 차별적인 기질지성의 기로 이해하기 때문이다. 따라서 기질지성 너머 만물에 내재된 순수한 보편적 본연지성도 부정되고, 마음에 내재된 태극 내지 순수 리의 허령통철한 자기자각성으로서의 미발지각도 부정되며, 나아가 기질지성에 의해 제한되고 국한된 칠정과 구분되는 본연지성이 일으킨 순수한 감정으로서의 사단도 부정되는 것이다.

3. 송시열의 미발지각의 이해

1) 미발지각

송시열은 주희나 이이의 사상을 계승하여 심을 근본적으로 기로 간주하며, 심의 본성이 기질지성이라는 것을 강조한다. 즉 심의 본성은 단지 순수한 본연지성에 그치는 것이 아니라 이미 기질지성으로 화한 것이다. 그러면서 이이가 심의 미발 상태를 성으로서 선하다고 간주한데 반해, 송시열은 심의 미발 상태에 대해 선악을 논할 수 없음을 주장한다. 선악의 개념은 심의 미발 상태가 아니라 심이 이미 발한 이발 상태에서만 그 중절 여부에 따라 사용될 수 있다고 보는 것이다.

> 성은 동일하다. 그러나 맑은 기에 실려 발하는 것이 선하게 되면 그 때 선하다고 말하고, 탁한 기에 실려 발하는 것이 절도에 맞지 않으면 악하다고 말한다. 모두 이미 발한 상태를 가리켜 말하는 것이다. 발하기 이전에는 비록 선하다 해도 선하다고 말할 수 없다. 그러므로 맹자는 할 수 없이 정의 선한 측면을 가지고 성이 선하다고 칭한 것이다. 정이 어찌 발

> 한 상태가 아니겠는가? 더구나 아직 발하기 전에 어떻게 악한 성이 있어 선과 대립을 이룬다고 할 수 있겠는가?[13]

선악은 미발의 성에 부여될 수 있는 개념이 아니라, 성이 기질에 따라 이미 발한 정에 대해서만 그것이 적절하게 중절했는가 아니면 과불급으로 부중절했는가를 따라 선 또는 악으로 분류될 수 있다고 본 것이다. 이렇게 해서 미발의 성은 선악으로 구분되기 이전 상태로 간주된다.

그러면서도 송시열은 이이와 달리 미발 상태에서의 미발지각을 마음의 특정 경지로 간주한다. 미발의 함양공부가 의미를 가질 수 있기 위해서는 미발 상태가 근본적으로 마음의 경지이어야 하기 때문이다. 그는 미발 상태를 잠들지 않고 깨어 있되 사려분별이 멎은 고요한 상태라고 설명한다. 일상적으로 수면 상태는 마음이 고요한 정(靜)이고, 깨어 있는 상태는 마음이 활동하는 동(動)이다. 수면 상태에서는 마음이 주재력을 갖지 않는 반면, 깨어 있을 때에는 마음이 주재력을 갖는다. 그런데 깨어 있을 때에도 마음이 항상 동일한 방식으로 작용하는 것은 아니다. 깨어 있으면서 사려분별이 일어나고 감정의 발현도 있는 때가 있는가 하면, 깨어 있되 특별한 사려분별을 한다거나 특정한 감정의 발현도 있지 않고 마음이 그야말로 고요하게 머물러 있는 때도 있을 수 있다. 전자의 상태를 동중동(動中動)이라고 한다면, 후자의 상태는 동중정(動中靜)이라고 할 수 있다. 그러나 사려분별도 일어나지 않고 감정의 발현

---

13 『대전』, 권113, 15상, 「答朴景初」, "性一也. 搭在淸氣中, 而其發也善, 則謂之善. 搭在濁氣中, 而發不能中, 則謂之惡. 皆以已發而言之者也. 未發之時, 則雖其善者, 亦不得而名. 故孟子不得已以情之善而名性之善. 情豈非已發者乎. 況於未發之前, 寧有所謂惡性, 與善對待乎." 이 부분은 李俸珪, 「송시열의 성리학설 연구」, 서울대학교 철학과 박사학위논문, 1996에서 재인용한 것이다.

도 있지 않다고 해서 마음이 마음으로 작용하고 있지 않은 것은 아니다. 마음은 계속 마음으로 작동하면서 일종의 각성을 유지하며, 따라서 자기자신에 대한 자재력과 주재력을 유지하고 있기 때문이다. 이처럼 사려미맹, 감정미발의 동중정 상태에서의 마음의 각성을 '미발 시 지각'이라고 부른다. 이 상태는 아예 심이 주재력을 상실한 정(靜)의 수면 상태에서의 미발과는 구분되는 상태인 것이다. 이상과 같이 송시열이 구분하는 마음 상태는 다음처럼 정리될 수 있다.

〈수면 상태〉	〈깬 상태〉	
정	동	
심이 주재 안 함	심이 주재함	
	사려 없음	사려 있음
	감정미발	감정 발현
	지각 있음	지각 있음
	동중정	동중동
미발 (1)	미발 (2) = 미발지각	이발

송시열은 특별히 사려분별 작용을 일으키거나 특정 감정이 일어나지 않은 미발 상태에서도 늘 심은 성을 주재한다고 보며, 이러한 심의 주재 활동을 미발지각이라고 주장한다. 미발 시에도 마음은 성을 주재하여 미발지각의 활동을 유지하는 것이다. 이는 주희의 다음 주장과 상통한다.

미발일 때에도 지각이 어둡지 않은 것은 어찌 심이 성을 주재하는 것이 아니겠는가?[14]

심이 성을 주재해야 미발의 공부인 함양 공부가 가능하다. 이미 감정이 발하고 사려가 깃든 이후의 공부뿐 아니라 그 이전의 미발 시에도 마음공부가 가능하자면, 미발 상태에서 마음의 각성인 지각이 있어야 하기 때문이다. 이 미발 시 지각은 성인뿐 아니라 모든 중인이 이미 다 가지고 있는 마음 본체의 작용인 것이다.

2) 미발지각과 사단의 구분

미발의 지각을 논하면서 송시열은 지각의 의미를 이분한다.[15] 심의 활용으로서의 지각과 성의 활용으로서의 지각을 구분한 것이다. 전자를 심의 용이라는 점에서 심지(心知)라고 하고, 후자를 본성인 지(智)의 용이라는 점에서 지지(智知)라고 한다.

지각 ┌ 심(心)의 용 = 심지(心知)
　　 └ 지(智)의 용 = 지지(智知)

지지로서의 지각이 지의 용이라는 것은 인의예지의 네 가지 성 중에서 지의 성이 발한 정인 시비지심이라는 말이다. 즉 인의 용인 측은지

---

14 『주희집』, 권42, 「答胡廣仲五」, "未發而知覺不昧者, 豈非心之主乎性者乎."

15 이에 대해서는 문석윤, 「조선 후기 호락논변의 성립사 연구」, 서울대학교 철학과 박사학위논문, 1995, 74쪽 이하 참조. 이 글에서 그는 "지각을 심지와 지지 둘로 나누는 것은 우암 송시열의 학설이다"라고 말한다.

심, 의의 용인 수오지심, 예의 용인 사양지심과 더불어 사단 중의 하나인 시비지심이다. 시비지심은 특수하게 주어진 상황에 대해 그것이 옳은지 그른지, 그에 대한 판단이 맞는지 틀린지를 분별하는 의식이다.

반면 심지로서의 지각은 인의예지의 성을 심성으로 구비하고 있는 심 자체의 용이므로 특정한 어느 성의 용으로서의 사단과는 구분된다. 이는 성을 구비한 심이 사단의 감정으로 발하기 이전 미발 상태에서 그럼에도 불구하고 마음으로서 성을 주재할 수 있게끔 깨어 있는 각성을 의미한다. 즉 미발 시의 지각인 것이다. 이 미발 시의 지각을 심 안의 특정한 성인 지의 발현으로서의 시비지심의 감정과 혼동해서는 안 되는 것이다.

- 심(心) 자체의 용 = 미발(未發) 지각 = 심지(心知)로서의 지각
- 심의 4성(性)의 용 = 이발(已發)
  - 인(仁)의 용 = 측은지심
  - 의(義)의 용 = 수오지심
  - 예(禮)의 용 = 사양지심
  - 지(智)의 용 = 시비지심 = 지지(智知)로서의 지각

4. 김창협의 지각의 구분

김창협은 심의 미발 상태라는 것이 단순한 체나 성에 그치는 것이 아니라 일종의 심의 경지라는 것을 강조한다. 지(智)의 성(性)이 발한 시비지심과는 달리 지각은 심의 신묘한 허령의 용이라는 것을 주장하는 것이다.

지(智)는 인심의 시비의 리이며, 분명한 준칙을 가진 것이다. 반면

지각은 심(心)의 허령한 용이며, 신묘하여 헤아리기 어려운 것이다.[16]

김창협은 심의 지각인 미발지각과 사단의 하나로서의 시비분별의 지각의 구분 및 그 관계를 더욱 분명히 하기 위해 거울의 비유를 들어 설명한다.

> 마음에 리가 갖추어져 있어 외물의 시비가 마음에 자극을 줄 때 마음이 그것을 구별할 수 있다. 그 구별 작용은 비록 외물의 시비의 자극에 대한 반응으로 나타나지만, 그 작용의 본체는 자극에 앞서 먼저 존재한다. 거울에 비유하자면, 거울이 사물을 비출 수 있는 것은 그 본체가 그렇기 때문이지, 어찌 비추이는 사물 때문에 그런 것이라고 말할 수 있겠는가?[17]

거울이 사물을 밝게 비출 수 있는 능력인 '능소(能照)'는 거울 자체가 가지고 있는 능력이며 활동이지, 거울 앞에 놓인 사물을 통해서 비로소 생겨나는 것이 아니다. 거울의 비춤은 거울 앞에 사물이 있든 없든 작용하고 있는 것이며, 따라서 그 능조의 활동은 거울 앞의 사물을 비추는 특정 상태의 활동과 구분될 수 있다.

> 거울에 비유하자면 거울 자체의 광명[자체광명] 때문에 사물을 분별

16 『농암집』, 권14, 1b. 「答閔彦暉」 1, 『韓國文集叢刊』 권162, "智乃人心是非之理. 確然而有準則者也. 知覺則此心虛靈之用, 神妙而不可測者也."

17 『농암집』, 권14, 13a. 「答閔彦暉」 3, "惟心中有此理, 故事物之是非感焉. 而心之別者形焉. 其用雖因是非而見. 而其體則固具於是非之前矣. 譬如鏡之能照, 自其體然. 豈可曰因姸媸而有耶."

해낼 수 있다. 만일 그 자체의 광명을 언급하지 않고 단지 사물을 분별하는 능력[분별지공용]만을 언급한다면, 이는 두 가지를 뒤바꾸어서 상세히 논하지 못한 것이 된다.[18]

거울 자체가 가지고 있는 능력을 '자체지광명'이라고 하고, 그 거울 앞에 사물이 주어져서 거울이 그 사물의 시비를 분별해 내는 것을 '분별지공용'이라고 한다. 중요한 것은 거울 자체가 자체 광명을 갖추고 있기 때문에 분별지공용도 가능하다는 것이다. 다시 말해 거울 자체의 비추는 능력, 거울 자체의 각성에 근거해서 비로소 사물이 주어지면 그 사물을 분별해 내는 분별의 작용이 발생하게 되는 것이다.

이는 불교에서 심을 거울에 비유하면서 마음의 자성본용을 거울 자체의 비추는 활동에 비유하고, 심의 수연응용을 거울이 그 앞에 주어지는 대상에 따라 그 대상을 비춰내는 활동에 비유한 것과 마찬가지다. 마음의 자성본용이 곧 마음 자체의 자기자각성이며, 이를 마음인 공적의 신묘한 자각성인 영지라고 한 것이다.

	〈김창협〉	〈불교〉
마음의 체:	허	공적
마음의 용 ┌	자체지광명=능조/ 령/ 미발지각	자성본용/ 영지
└	분별지공용	수연응용

〈성리학의 허령불매의 미발지각과 불교의 공적영지의 비교〉

18 『농암집』, 권14, 26a. 「答閔彦暉」 5, "譬之於鑑, 惟其自體光明, 故能分別姸媸. 今不言自體之光明, 而只言分別之功用, 則猶是第二截事, 而不得爲親切形容矣."

이와 같이 조선의 성리학자들이 마음의 순수한 본성인 본연지성과 그 마음 본래의 능동적인 비춤의 작용을 허령불매의 미발지각으로 강조하는 것은 한국인의 사유 속에 언제나 맥박치고 있는 하나의 큰 마음 그리고 그 마음의 능동성과 자각성에 대한 통찰의 발현일 것이다. 한국의 '한'이 하나의 마음, 일심의 사상으로 완성되어 불교와 유교를 관통하면서 이어진 것이라고 본다.

제4부

서학과의 갈등

개관

서학은 서양 종교인 천주교와 서양 학문인 천문학, 역학, 수학, 물리학 등 서양사상을 총칭하는 것이다. 서학이 한국에 전래된 것은 17세기 경부터라고 알려져 있다. 천주교는 서양 유대민족의 예수에 의해 창시된 종교로서 당시 서유럽을 지배했던 로마에 의해 박해받다가 392년 로마의 국교로 채택된 후, 수 세기에 걸쳐 현재까지도 서양에서 위세를 떨치는 종교다. 16, 17세기 산업혁명을 거쳐 부유해진 서구는 원자재와 상품시장 확보를 위해 식민지 쟁탈을 벌였으며, 이 때 그들은 경제적 · 정치적으로뿐 아니라 정신적 · 문화적으로도 타민족과 타문화를 지배하기 위한 전략으로 천주교 전도에 열성적이었다.

한국에는 17세기 초부터 이태리 예수회교단 소속 마테오 리치의 『천주실의』가 알려져 있었으나, 그 내용적 편파성과 피상성 때문에 오랫동안 조선 학자들로부터 별 시선을 끌지 못하다가 18세기에 이르러 서양의 과학기술 도입에 적극적이었던 남인 학자들에 의해 주목받게 되었다. 처음에는 이익, 신후담, 안정복 등이 성리학적 관점에서 『천주실의』를 비판했으나, 나중에는 유학자 중에서도 서양적 세계관과 인간관을 좇아 천주교를 신봉하는 자들이 생겨나게 되었다. 그러다가 18세기 말에는 천주교 신앙이 복잡한 국내 · 외 정치 상황 안에서 국내 정치세력과 갈등을 빚으면서 수많은 인명 손실을 내기도 했다.

이어 19세기가 되면서 민중들의 삶이 더 많이 피폐해진 데다가 한국으로 뻗쳐오는 외세의 압력까지 점점 더 강해지면서 '반봉건 반외세'의 자주 의식이 싹트게 되었다. 그 후 많은 민중 봉기가 있었는데, 1894

년 동학농민항쟁은 만족의 자주성과 만민의 평등성을 실현하고자 한 대표적 혁명운동이라고 볼 수 있다. 그러나 20세기 초 조선은 일본에 의해 점령당하고 말았으며, 그 후 한국인은 일본식 학교에서 서양식 학문을 교육받게 되었다. 1945년 해방을 맞은 후에도 우리는 여전히 서양식 학문을 통해 서양의 인간관과 세계관 그리고 가치관을 수용하면서 서양의 눈으로 한국의 역사와 전통을 이해 또는 곡해하는 데 주력했다고 볼 수 있다.

여기에서는 우선 한국에 『천주실의』가 도입된 후 이익, 신후담, 안정복 등 조선의 유학자들이 『천주실의』를 어떻게 비판하고 있는가를 살펴보고, 다시 그들과 달리 천주교에 호의적이었던 정약용의 인간관과 세계관을 밝혀보겠다. 그리고 동학교조 최제우의 기본 사상을 살펴보고 그에 기반한 동학혁명을 논해 보기로 한다. 끝으로 일제시대와 해방 이후 서양 교육을 받은 사람인 박종홍이 어떤 방식으로 서양철학을 수용하는가를 살펴본다. 현상학과 실존철학 등 서양철학을 수용하는 그의 자세가 오늘날의 서양철학 전공자들의 태도보다 얼마나 더 자주적이고 주체적이며 진지했는가를 살펴볼 것이다.

1장

이익, 신후담, 안정복: 유교와 천주교의 갈등 (1)

성호 이익(星湖 李瀷, 1691-1763)과 하빈 신후담(河濱 愼後聃, 1702-1761)과 순암 안정복(順菴 安鼎福, 1712-1791)은 조선조 유학자들로 17세기 초 『천주실의(天主實義)』가 전파된 이후 본격적으로 그 책의 내용을 검토하고 비판한 사람들이다. 그들은 서양 문물에 영향을 받은 실학자로 알려져 있지만, 실제 그들의 인간관이나 세계관은 기본적으로 전통적인 성리학적 인간관과 세계관을 벗어나지 않는다. 인간 개체의 본질을 천(天) 내지 태극의 리(理)로 간주하고 보편적인 하나의 심(心)을 강조하는 것에서 그들이 한국적 사유 전통의 맥을 이어받고 있음을 알 수 있다. 그들은 그러한 사상적 기반 위에서 『천주실의』에 나타난 서양 천주교의 포교 논리를 비판하고 있다.

이하에서는 일단 『천주실의』에서 마테오 리치(Matteo Ricci, 利瑪竇, 1552-1610)가 유학사상을 어떤 식으로 평가하고 있는지 살펴본다(1절). 마테오 리치의 유학 해석에는 서양 중세 스콜라철학의 형이상학이 전제되어 있는데, 그것은 동양 유학의 형이상학과는 크게 다르다. 여기에서는 그 차이를 분명히 하기 위해 서양의 존재론을 개별자 실체론과 외재주의적 신관으로 정리하고(2절), 성리학의 존재론을 그와 대비되는 만물일체론과 내재주의로 정리해 본다(3절). 그리고는 그러한 사상적 차이의 바탕 위에서 이익과 신후담과 안정복의 『천주실의』 비판을 존재론적 · 윤리적 · 인식론적 측면에서 살펴본 후(4절), 그러한 18세기 조선 유학자들의 비판적 자세가 오늘날 우리에게 말해 주는 바가 무엇인가를 생각해 보기로 한다(5절).

1. 『천주실의』에 나타난 마테오 리치의 유학 이해

『천주실의』는 명말에 중국에 들어와 활동하던 예수회 소속 선교사 마테오 리치가 1603년 연경(燕京)에서 출판한 책이다.[1] 이 책은 서양 학자와 유학 선비와의 대화체 형식으로 서술되어 있으며, 원시 유교의 상

1 마테오 리치는 이탈리아 교황청 소속 마체레타에서 태어나 예수회대학에서 공부한 후 1583년 중국 肇慶에 와서 『곤여만국전도』를 출판하고, 韶州로 가서 『四書』를 라틴어로 번역하여 1594년에 완성했고, 그 후 다시 南昌으로 가서 1595년 『교우론』을 저술했다. 1601년에 北京에 진입한 후 1603년 『천주실의』를 출판하고 계속 선교 활동을 하다가 1610년 그곳에서 사망했다. 그의 선교는 필사적이고 철저했다. 중국 입국 초기에는 중국이 불교를 신봉하는 줄 알고 삭발하고 스님 복장을 하면서 교회를 僊化寺라 칭하는 등 불교인 행세를 하다가, 수년 후 중국이 실제로 유교 국가임을 알고는 유가 복장을 하고 자신을 西儒로 소개했다. 유교를 알아야 선교가 가능함을 알고 수년에 걸쳐 한문을 배우고 경전을 공부하여 그 지식을 바탕으로 천주교가 유교를 보충한다는 보유론적 관점을 내세웠다. 마테오 리치의 행적에 대해서는 송영배, 「『천주실의』의 내용과 그 의미」, 서울대철학사상연구소 편, 『철학사상』, 제5집, 1995, 213쪽 이하 참조. 중국에서의 예수회의 선교 활동 과정에 대해서는 최동희, 『서학에 대한 한국실학의 반응』, 고려대학교출판부, 1988, 3쪽 이하 참조. 본고에서 인용하는 『천주실의』는 송영배 등 천주교인 교수 6명이 공역하여 1999년 서울대출판부에서 출판한 책이다. 한문 원문도 함께 실려 있다.

제 사상은 서구의 천주 신앙과 상통하지만 그 후의 신유교에서는 그 정신이 잊혀졌기에 천주교가 옛 성인의 근본 정신을 되살려 유학을 보충할 수 있다는 보유론(補儒論)을 내세운다. 결국 당시 신유교나 불교에 대해 천주교의 우월성을 증명함으로써 동양인에게 천주교를 포교하려는 목적으로 쓰여진 책이다.[2]

조선에는 1614년 이수광(李睟光, 1563-1628)이 『지봉유설(芝峰類說)』에서 이 책의 내용을 요약 소개하고 있는 것을 보아, 이미 17세기 초부터 조선인들에게 알려지고 읽혀졌음을 알 수 있다. 그러나 유교적 세계관의 학자들로부터 별다른 관심을 끌지 못하다가 18세기 전반에 이익이 『천주실의』에 발문을 쓰며 관심을 표명한 이후 이익의 제자들이 본격적으로 논의하기에 이르렀다.[3] 이익은 천주교의 중심 교리에 대해서는 비판적이어도 부분적으로 취할 점도 있다고 본 데 반해,[4] 신후담과 안정

---

2 마테오 리치의 보유론은 원시유교(공맹 유학)와 신유교(송대 성리학)를 유신론과 무신론으로 구분함으로써 성립한다. 그의 이러한 구분은 일차적으로는 포교를 위한 하나의 방편이지만, 근본적으로는 그가 공맹유교 역시 외화되고 의인화된 신, 두려움과 숭배의 대상으로서의 신을 설정하는 외재주의적 신관을 극복하고, 신성을 인간 안에 내재된 인간의 본성과 핵심으로 간주하는 내재주의적 신관에 서 있음을 간과했기 때문이다. 서양의 외재주의적 신관을 받아들인 동양의 학자들은 오늘날까지도 마테오 리치의 보유론, 그의 원시유학과 성리학의 구분을 마치 당연한 것처럼 간주하는 경향이 있다. 송영배, 『동서철학의 교섭과 동서양 사유방식의 차이』(2004, 논형) 참조. 그러나 이는 연구자 자신이 외재주의적 신관에 섬으로써 동양의 내재주의적 논리의 핵심을 비껴가기 때문이라고 본다. 여기에서는 성리학의 핵심을 원시유교의 정신과 맞닿은 내재주의적 심학으로 밝히고자 한 것이므로 마테오 리치 식의 유학 양분론은 따르지 않는다.

3 『천주실의』의 조선 유입 과정에 대해서는 박종홍, 「對西歐的 세계관과 茶山의 洙泗舊觀」과 「천주교의 도입 비판과 섭취」, 『박종홍전집』, 제5권 「근대사상편」, 민음사, 1982 참조.

4 이익이 쓴 『천주실의 발문』(이것은 송영배 등 역, 『천주실의』 말미에 실려 있다)을 보면 그가 동정녀 잉태설, 예수부활설, 천당지옥설을 불교의 윤회설처럼 증명될 수 없는 幻妄한 것으로 보고 있음을 알 수 있다. 그러면서도 이익은 克己의 윤리설 등 서학으로부터도 취할 것이 있다고 보았다. 안정복이 전해 주는 다음과 같은 이익의 말은 이를 잘 보여 준다. "천주의 설을 나는 믿지 않는다. …… 그러나 그 荒誕한 말들을 제거하고 경어만 요약한다면 우리 儒者의 극기 공부에 얼마간의 도움이 없지는 않을 것이다. 이단의 글이라 하더라도 그

복 등 공서파(攻西派)는 천주교에 대해 좀더 철저한 비판적 태도를 취했다.[5] 마테오 리치가 보이는 보유론이 유교인을 끌어들여 결국은 유교의 정신을 부정하게 만들려는 포교 정책에 지나지 않는다고 판단했기 때문이며, 이를 신후담은 다음과 같이 표현한다.

> [서학은] 우리의 도(道)에 대해 겉으로는 돕는 척하고는 속으로는 배척한 것이다.[6]

말이 옳으면 취할 뿐이다. 군자가 사람들과 더불어 선을 행하는 데 어찌 피차의 구별을 두겠는가? 요는 그 단서를 알아서 취해야 할 것이다"(안정복, 『천학문답』 부록, 이하에서 안정복의 인용은 『국역 순암집』, 한국학데이타베이스연구소 편, CD 롬에서 취한다. 『천학문답』은 안정복이 74세인 1785년에 쓰여진 것으로 『천학고』와 더불어 『벽위편』에 일부가 발췌되어 실려 있다).

5 천주교의 중심 교리인 원죄설, 천당지옥설, 처녀잉태설, 신 강림설, 예수부활설 등에 대해서는 이익이나 신후담이나 안정복이 모두 비판적이었다. 그럼에도 불구하고 이익은 천주교로부터 배울 것이 있다고 보며 이단에 대해 허용적이고 호의적이었는데 반해, 천주교를 공부한 신후담이나 안정복은 천주교에 대해 극히 비판적이었던 까닭은 무엇일까? 이는 종교와 정치의 관련성에 대한 관념이 서로 달랐기 때문이라고 본다. 한우근은 천주교에 대한 이익의 허용적 입장을 다음과 같이 설명한다. "그러한 입장은 현실적으로 국민 생활이 …… 극도의 곤궁에 달하게 되는 그 이유가 정치(治者)의 잘못에 있는 것이지 異端의 폐해 때문은 아니라는 그의 생각에서 온 것이다." 즉 이익은 "유교 정치가 민생안정만 꾀해낸다면, [이단이] 일반 民庶에 큰 폐해를 미칠 것이 아니라"고 보았다는 것이다(한우근, 『성호이익연구』(1980), 한국학술정보, 69쪽). 이에 반해 신후담과 안정복은 철학이나 종교가 갖는 정치적 함의를 제대로 간파한 것이라고 볼 수 있다. 그러나 그 정치적 함의의 핵심에는 여전히 인성론이 놓여 있다. 어떤 인간관을 택하는가는 곧 어떤 세계관을 택하는가이며, 그것이 그 사회의 방향을 결정하기 때문이다. 오늘날 대부분의 연구물이 그렇듯 유학이 왜 천주교를 비판했는가를 끝까지 천주교의 관점에서 해명하는 것은 이미 서양의 세계관에 따라 그 안에서 동양을 자리매김하는 것에 지나지 않는다. 거기서 우리가 확인할 수 있는 것은 종교의 힘이 아니라 오히려 정치적 권력이지 않은가?

6 河濱 愼後聃, 『서학변』「천주실의」, 김시준 역, 『벽위편』, 명문당, 1987, 73쪽, 471쪽, "此乃於吾道則陽右而陰擠之."(이하에서 신후담을 인용할 때는 『서학변』과 그 안의 소제목만을 표기하며, 쪽수는 번역본 『벽위편』의 쪽수와 거기 첨부된 원문의 쪽수를 제시하도록 한다.) 『서학변』은 신후담이 23세인 1724년경 저술한 책으로 필방제(Francis Sambiasi, 1582-1649)의 『영언려작』, 마테오 리치의 『천주실의』, 애유락(Julius Aleni)의 『직방외기』를 조목조목 비판한 책이다. 이 글은 『벽위편』 중에 실려 있다. 『벽위편』은 천주교 세력이 한참 확장되

이처럼 18세기 유학자들은 『천주실의』의 마테오 리치가 포교를 목적으로 천주교의 우월성을 논하는 과정에서 동양 유교를 멋대로 재단하고 폄하하는 것에 대해 상당히 비판적 자세로 응했다. 유교는 인간 및 우주 존재의 근원을 태극(太極)으로 간주한다. 태극은 일체 존재 및 운동의 근원이고 원리이며, 태극인 리(理)로부터 음양의 기(氣)가 생겨나고 그로부터 만물이 형성된다. 태극, 리 그리고 기는 일찍이 천이나 상제, 우주의 생성 원리, 우주 생성의 기운 등으로 칭해지던 것을 형이상학적 체계로 포착하여 개념화한 것이다.

그러나 천주교를 포교하기 위해 동양으로 온 마테오 리치가 처음부터 이미 확신하고 있었던 것은 이 세상 어느 누구도 천주교가 전파되기

어 가던 시기에 유학 정신을 지키고자 이기경이 1801년 여러 유학자들의 글을 모아 엮은 것이며, 다시 이만채에 의해 1931년 보충된 책이다. 이 책은 "천주교 전래 200주년을 기하여, 또 교황의 한국 방문에 즈음하여" 역설적이게도 "한국천주교박해사"라는 부제 하에 우리말로 번역 출판되었다.

『서학변』에서 신후담이 우려하고 있는 바, 서학이 유학의 정신을 부정한다는 것은 당시 사회윤리와 정치의 사상적 기반을 부정한다는 것이며, 결국 한 문화의 뿌리를 뽑아놓겠다는 것이다. 攻西派들은 이와 같이 서양 천주교 포교가 갖는 정치적 함의에 민감했던 사람들이라고 볼 수 있다. 물론 이익의 제자 중에 천주교로 쏠리는 信西派도 있었다. 그리고 그들에 의해 천주교는 외국 선교사들의 유입 없이 조선에 자발적으로 수용되었다. 1784년 이승훈이 북경에서 세례를 받았으며, 1785년 이벽, 이승훈, 정약용, 권일신 등이 모여 서학을 공부하다가 이기경, 홍락안 등으로부터 邪敎라는 지목과 경계를 받게 된다. 그러던 중 1791년 윤지충, 권상연이 神主를 불태우고 제사를 거부하는 진산사건을 계기로 천주교가 금지되었는데, 이 때 이기경, 홍락안 등 남인 僻派는 천주교를 적극 배척하고, 채제공 등 남인 時派는 천주교를 허용하는 편으로 대립이 본격화되었다. 그러나 그 때까지도 천주교는 종교나 도덕 차원의 일로 간주되었으며, 채제공이 영의정으로 있고 정조가 남인 재사를 아껴 등용했기에 큰 박해는 있지 않았다. 그러다가 1800년 어린 순조 즉위 후 영조의 계비 김씨의 섭정이 시작되면서 대규모 천주교 박해가 있었는데, 이것이 1801년 신유사옥이다. 이 때 피신해 있던 황사영이 조선에서의 천주교 신앙 자유를 위해 조선의 청에의 속국화나 불란서의 군함 파견을 요청하는 밀서를 쓴 것이 발각난 '황사영백서사건'을 계기로 조정은 천주교 신앙의 정치적 연관성을 간파하고 더욱 경계하게 되었다. 그 후 천주교는 점차적으로 지식인들의 사상으로보다는 정치로부터 소외되었던 민중들의 신앙 형식으로 받아들여지게 되었다. 1801년 무렵의 상황에 대해서는 황사영 저, 김영수 역, 『황사영백서』, 성 · 황석두루가서원, 1998 참조.

이전이라면 우주의 참다운 근원, 인간 존재의 근원에 대해 알지 못한다는 것이다. 생멸하는 현상세계 너머의 영원한 진리, 우주 생명의 근원이며 궁극 귀착점에 대해서는 오로지 예수의 복음을 접한 천주교인만이 알고 있으며, 그 복음을 믿는 천주교인만이 구원에 이를 수 있다고 본 것이다.

따라서 그의 중국에서의 천주교 포교의 첫걸음은 유교에서 우주의 근원으로서 천주교의 천주 개념에 비견될 만한 모든 개념들을 그렇지 못한 것으로 격하시키는 것이었다. 그래야만 자신들만이 진리를 알고 신을 아는 자가 되어 포교의 의미가 살아나기 때문이다. 결국 그는 태극이나 리(理)를 사물의 속성 내지 그로부터 이끌어 낸 추상적 원리에 지나지 않는 것으로 간주하며, "리나 태극은 만물의 궁극 근원에 해당할 수 없다"[7]는 것을 주장한다.

> 무극이 태극이라는 도형[太極圖]은 홀수와 짝수의 상(象)을 취해 말한데 불과하다. …… 추상적 상일 뿐 실(實)이 없는데, 리가 어떻게 의지할만하겠는가? …… 태극이 소위 리로서 해석된다고 해도, 그것이 천지만물의 근원이 될 수는 없다. …… 둘[마음 속의 리든 사물 속의 리든] 다 사물 이후에 있는 것인데, 나중 것이 어떻게 먼저 것의 근원이 되겠는가?[8]

---

7 『천주실의』, 제2권, 98쪽, "物之無原之原者, 不可以理以太極當之." 마테오 리치는 유학자에게 "만일 당신이 理는 만물의 영성을 포함하며 만물을 화생하게 한 것이라고 말한다면, 그것은 바로 천주인데, 어째서 그저 리나 태극이라고만 말하는가?(如爾曰 理含萬物之靈, 化生萬物, 此乃天主也. 何獨謂之理, 謂之太極哉.)"(97쪽)라고 묻는다. 이는 곧 마테오 리치가 얼마나 그 자신의 개념의 틀에 매여 있는가를 잘 보여 준다. 그러기에 유학을 유학 자체의 개념에 따라 이해하지 못한 것이다. 그는 그 자신의 개념틀이 세계를 읽는 개념 체계 중의 하나라는 것을 전혀 의식하지 못하며, 절대자는 반드시 '천주'의 이름으로 불려야 한다고 본 것이다.

8 『천주실의』, 제2권, 83쪽, 87쪽, 88쪽, "無極而太極之圖, 不過取奇偶之象言. …… 虛象無實, 理之何依耶. …… 若太極者止解之以所謂理, 則不能爲天地萬物之原矣. …… 二者[在人心之

천주의 성(性)은 비록 만물의 정(情)은 가지고 있지 않지만 그 면밀한 덕(德)으로써 만물의 리를 포괄하고 만물의 성을 포함하고 있어 그 능력이 갖추어지지 않은 것이 없다. …… [유학의] 리라는 것은 이와 크게 다르다. 리는 의존적인 것[속성]의 범주로 스스로 자립할 수가 없는데, 어떻게 이성[靈]과 지각[覺]을 가질 수 있으며 자립적인 것(실체)이 될 수 있겠는가?[9]

그러나 유교에서 태극은 만물의 근원일 뿐 아니라 만물에 품부된 내적 본성이다. 만물의 근원과 본성이 하나의 태극이라는 점에서 유교는 만물일체를 주장한다. 나아가 자신의 근원과 본성을 깨닫고 실현하는 자가 곧 성인(聖人)인데, 유교에서 성인의 경지는 곧 신적 경지다. 즉 신은 인간 내면에 존재하면서 자신을 전개하는 것이지, 인간 너머의 외

理, 在事物之理]皆在物後, 而後豈先者之原." 이런 식으로 태극과 리를 절대적 근원으로 파악하지 않고 이차적이고 부수적인 것으로 해석하는 시도는 마테오 리치가 동양 선교를 목적으로 파견된 예수회 소속 신부라는 것을 감안해야만 이해 가능하다. 그나마 마테오 리치는 유교를 전적으로 배척하지는 않은 보유론을 주장한데 반해, 그 이후 중국에 몽고바르트티와 세인트 마린을 파견한 도미니크교단은 예수회보다 더 철저한 독단성과 배타성의 교단으로서 그들은 유교의 리를 아예 무형의 물질적 재료인 '제일 질료'로 간주하며, 유교를 유물론으로 해석했다. 특정 교단에 속하여 선교를 삶의 목적으로 삼았던 그들과 달리 비교적 공정한 시각으로 중국의 유교를 바라볼 수 있었던 라이프니츠는 리와 태극을 물질적 실체나 부수적 속성이 아닌 정신적 실재로 해석했다. 이에 대해서는 라이프니츠가 직접 저술한 「중국의 자연신학론」(이동희 편역, 『라이프니츠가 만난 중국』, 이학사, 2003, 85쪽 이하) 참조. 물론 라이프니츠의 유교 해석에 대한 평가, 그리고 라이프니츠 사상과 유교 사상 간의 비교는 또 다른 연구 주제가 될 것이다.

9 『천주실의』, 제2권, 96쪽, "天主性, 雖未嘗截然有萬物之情, 而以其精德, 包萬般之理, 含衆物之性, 其能無所不備也. …… 理也者則大異焉. 是乃依賴之類, 自不能立. 何能包含靈覺, 爲自立之類乎." 기에 대해서도 마찬가지로 그것을 태극의 리로부터 생긴 우주적 기운 내지 생성의 힘으로 이해하지 않고 단순히 공기나 바람 등으로 해석하여, "기는 수, 화, 토 三行과 더불어 만물의 형체가 되는 것이다"(夫氣者, 和水火土三行, 而爲萬物之形者也)(『천주실의』, 제4권, 188쪽)라고 말한다. 마테오 리치는 불교의 지수화풍 四大나 유교의 목화토금수의 五行이 모두 서양의 물질적 재료에 상응하는 것으로 해석한다.

적 실재로 간주되지 않는다. 그러나 이러한 만물일체론과 내적 신성의 주장은 마테오 리치에게서는 신과 맞먹으려는 인간의 오만으로 평가될 뿐이다.

> 무릇 물[物, 피조물]과 조물자[천주]를 같다고 하는 말은 마귀 루시퍼의 오만한 말이다. 누가 감히 그렇게 말하겠는가? 세상 사람들이 불교의 황당한 경전을 금하지 않아 그 독의 말에 오염됨을 자각하지 못하는 것이다. …… 지상의 민(民)이 지상의 군(君)과 망령되게 견주는 것도 가능하지 않은데, 어찌 천상의 상제와 같다고 할 수 있겠는가?[10]

마테오 리치는 인간과 신은 전적으로 다른 존재라는 것, 따라서 인간은 절대 신적 지혜 내지 신적 경지에 이를 수 없다는 것, 인간은 결코 신을 알 수 없다는 것을 강조한다. 그렇다면 어떻게 천주교인들만이 신에 대해 안단 말인가? 세상이 점점 사악해져감에 신이 직접 인간의 모습

10 『천주실의』, 제4권, 192쪽, "夫語物與造物者同, 乃輅齊拂兒鬼傲語. 孰敢述之歟. 世人不禁佛氏誑經. 不覺染其毒語. …… 地上民不可妄比肩地上君, 而可同天上帝乎." 이는 "중국 유학자는 사물들이 크거나 작거나 간에 그 性은 一體라고 생각했다. 그러므로 천주인 상제는 각각의 만물 안에 존재하여 만물과 더불어 하나라고 말했다"라는 유학자의 말에 대한 마테오 리치의 답변이다. 여기서 루시퍼는 천주교의 사탄에 해당하는 말이다. 마테오 리치는 루시퍼에 대해 다음과 같이 말한다. "천주의 경전에 전하는 말이 있다. 옛날 천주가 천지를 창조하고 이어 여러 신의 무리도 창조했다. 그 가운데 큰 신이 하나 있었는데, 루시퍼라고 불렸다. 그는 자기가 영특하다고 보고 곧 '나는 천주와 동등하다'고 오만하게 말했다. 천주는 노해서 그를 그의 추종자 수 만의 신들과 더불어 마귀로 변하게 하여 지옥으로 떨어뜨렸다. 이로부터 하늘과 땅 사이에 비로소 마귀가 생기고 지옥이 있게 되었다." 또 마테오 리치는 "사람과 천주를 한 몸이라고 한다면, 상제의 존엄을 천한 종들과 똑같이 보는 것이 아니겠는가?(以人類與天主爲同一體, 非將以上帝之尊, 而侔之於卑役者乎.)"(『천주실의』, 제8권, 416쪽)라고 하여 인간과 신을 본질적으로 다른 존재로 간주한다. 이에 반해 유교에서의 聖人의 경지나 불교에서의 부처의 경지는 곧 신의 경지다. 인도의 '범아일여'나 천도교의 '인내천' 등은 마테오 리치의 눈에는 모두 마귀의 소리로 들린다는 말이다. 그러면서 오직 예수만을 예외적 존재로 둔다.

으로 이 땅에 와서 가르침을 펴고 다시 승천했는데, 그게 바로 예수이며, 예수를 믿는 것이 곧 신을 믿는 것이 된다.

> 이에 [신이] 큰 자비심을 발하여 친히 이 세상에 와서 세상을 구원하고 많은 사람들을 널리 깨우쳐 주었다. …… 이름은 예수였으며, 예수란 이 세상을 구원한다는 뜻이다. 몸소 가르침을 세우고 33년간 서양에서 널리 교화하고 다시 하늘로 올라갔다. 이것이 천주의 실제 행적이다.[11]

이렇게 해서 예수의 교설에 접하지 않은 동양은 우주의 근원이나 신에 대해 알 리가 없으며, 따라서 서양의 선교사는 그런 동양에 신의 진리를 전파한다는 사명감을 갖게 된 것이다. 마테오 리치는 바로 이 사명감으로 충만하여 동양 포교의 길에 나선 것이다. 오로지 예수만을 믿고 따르면 그 대가로 사후에 천당에 가게 되고, 그렇지 않을 경우 지옥에 가게 된다는 지옥천당설은 영혼불멸설에 기반한 것이다.

그렇다면 이러한 마테오 리치의 글을 접하면서 한국의 유학자들은 어떤 반응을 보였는가? 유교에서의 태극이 정말 천지의 근원일 수 없는 것일까? 리(理)는 단지 사물의 속성에 지나지 않는 것인가? 인간과 신, 천지 만물이 일체라는 것이 정말 오만한 마귀의 생각일까?

물론 『천주실의』에서 마테오 리치가 주장하는 것은 그 스스로 생각해낸 것이 아니라 당시 동양 포교를 통해 세력 확장을 꾀하던 예수회의 기본 관점이며, 그 사상적 기반은 아리스토텔레스로부터 이어지는 중세 스콜라철학에 있다. 인간과 우주의 실상과 그 근원에 대한 서양 스콜라

---

11 『천주실의』, 제8권, 423쪽, "於是大發慈悲, 親來救世, 普覺郡品. …… 名號爲耶蘇, 耶蘇卽謂救世也. 躬自立訓, 弘化于西土三十三年, 復昇歸天, 此天主實蹟云."

철학의 관점은 그것에 관한 동양 유교의 관점과 처음부터 같지 않았던 것이다.

2. 『천주실의』에 담긴 서학의 존재론: 개별자 실체론과 외재주의 신학

1) 개체의 이해: 개별자 실체론

마테오 리치는 아리스토텔레스의 범주론에 따라 일체 존재를 실체와 속성으로 분류하며, 모든 개별적 존재를 다양한 속성들이 그에 속하는 자립적 실체로 간주한다. 시공간적 연속성을 가지는 수적 동일성의 개체들, 하나의 돌멩이, 나무, 동물, 인간 그 각각을 모두 자립적으로 존재하는 개별적 실체로 간주하는 것이다. 그것들은 불리적 질료로 구성되어 가시적 형태를 이루는 물질적 실체들이다. 그리고 그 각각의 물질적 개체는 자신 안에 개체적 혼(魂, anima)을 지닌다. 식물의 혼은 생장의 힘을 갖는 생혼(生魂)이고, 동물의 혼은 지각의 힘을 갖는 각혼(覺魂)이며, 인간의 혼은 생장과 지각 이외에 이성적 추리 능력을 가지는 영혼(靈魂)이다.

> 상품[의 혼]은 영혼으로 인간의 혼이다. 그것은 생혼과 각혼을 겸한 것으로, 사람의 성장과 발육을 돕고 사람으로 하여금 사물의 실상을 지각하게 하며, 또 사람들로 하여금 사물을 추론하게 하고 이치와 의리를 명백히 분별하도록 한다.[12]

여기서 마테오 리치는 생혼과 각혼은 유형의 물질적 실체(신체)가 일으키는 부수적 현상으로서 그 자체 독립적 실체가 아닌데 반해, 인간의 영혼만은 신체의 산물이 아니라 신체 독립적이고 자립적인 실체이며, 따라서 신체의 죽음 이후에도 불멸한다고 본다. 영혼을 사후에도 개체적 자기동일성을 지닌 채 멸하지 않는 개별 실체로 간주하는 것이다.

> 추론 명변하는 일은 반드시 신체에 의거할 필요가 없으며, 그 영은 자립적으로 존재하는 것이다. 비록 몸이 죽고 형체가 흩어져도 그 영혼은 그대로 다시 작용할 수가 있다. 그러므로 인간은 초목이나 금수와 같지 않다.[13]

마테오 리치에 따르면 영혼은 각각의 인간에게 속하는 개별적 실체

---

12 『천주실의』, 제3권, 124쪽, "上品名曰: 靈魂, 則人魂也. 此兼生魂覺魂. 能扶人長養, 及使人知覺物情, 而又便之能推論事物, 明辯理義." 마테오 리치가 논하는 삼혼설은 아리스토텔레스가 주장하고 중세 스콜라철학자 아퀴나스가 그대로 수용한 삼혼설이다. 삼혼은 식물의 anima vegetativa, 동물의 anima sensitiva, 인간의 anima rationalis다. 마테오 리치는 이에 따라 혼 三品을 주장한다. 草木之魂은 下品으로 생장하는 生魂이고, 禽獸之魂은 中品으로 지각하는 覺魂이며, 인간의 혼은 上品으로 사물을 추론하고 이치를 밝히는 영혼이라는 것이다.

13 『천주실의』, 제3권, 125쪽, "若推論明辯之事, 則不必倚據于身形, 而其靈自在. 身雖歿, 形雖渙, 其靈魂, 仍復能用之也. 若人與草木禽獸不同也." 이처럼 마테오 리치는 생혼, 각혼, 영혼을 근본적으로 동일한 하나의 혼의 세 가지 기능 또는 작용의 차이로 보는 것이 아니라, 근본적으로 서로 다른 종류의 것으로 구분한다. 즉 생혼과 각혼은 개체의 죽음과 더불어 사멸하는 것인 데 반해 인간의 영혼만은 개체의 죽음과 독립적으로 영원히 불멸하는 것으로 간주한다. 이 점 역시 아리스토텔레스의 혼의 이해를 벗어난 것이 아니다. 아리스토텔레스는 식물과 동물의 혼은 사멸하지만, 인간의 영혼만은 신체 독립적인 것으로서 불멸한다는 '영혼불멸'을 주장했다. 다만 인간의 이성을 다른 생명체인 식물과 동물로부터 인간을 구분짓는 불멸적 요소라고 본 것은 그리스의 플라톤이나 아리스토텔레스도 마찬가지지만, 이성을 개체적 영혼이라고 본 것은 기독교철학의 특징이라고 생각된다. 그러나 기독교가 표방한 영혼의 개체성은 '일즉일체'의 '보편적 개체성'이기보다는 신체적 차별성에 바탕한 '배타적 개체성'이라고 볼 수 있다.

이며, 이성은 그런 개별적 영혼의 추론과 분별능력 이외의 다른 것이 아니다. 이처럼 존재하는 현상세계의 만물은 물질적 실체로서 또는 영혼의 정신적 실체로서 그 각각으로 존재하는 것이다. 이처럼 현상세계 사물 각각이 다 개별적 실체로서 존재하는 것이므로, 그것들을 서로 연결시키고 조화롭게 하는 것은 개별적 사물 내면에서가 아니라, 사물의 외부에서 찾아진다. 우주 존재와 운동의 근원, 만물의 조화의 근원을 세계 내면이 아니라 세계 바깥에서 구하는 것이다.

2) 세계 외적 실체로서의 천주: 외재주의

우주 만물은 어떻게 존재하게 된 것인가? 아리스토텔레스를 계승한 스콜라철학에 따르면 천지는 스스로 이루어질 수 있는 것이 아니라, 그것을 만들어 낸 창조자가 있어야만 한다. 천지를 창조하고 주재하는 자가 곧 천주(天主)다.

> 천지는 스스로 이루어질 수 없으며, 창제하신 자가 반드시 존재해야 한다. 그가 곧 우리가 천주라고 이름하는 자다.[14]

존재하는 것들이 그 자체 스스로 존재하게 된 것이 아니기에 제작

14 『천주실의』, 제1권, 50쪽, "天地不能自成, 定有所爲制作者, 則吾所謂天主也." 반면 유교에서는 천지를 '스스로 그러한 것'이란 의미에서 '자연'이라고 부른다. 천지를 스스로 이루어진 것으로 볼 것인가 아닌가는 쉽게 단정하기 힘든 문제로, 이는 천지와 천지의 근원을 어떤 관계의 것으로 볼 것인가, 즉 우주의 근원을 우주 외적 실재로 볼 것인가, 우주 내적 실재로 볼 것인가의 문제에 의거하는 것이다. 우주의 근원(神)을 우주 밖에 설정하면 우주는 다른 것(신)에 의해 만들어진 것이 되고, 그 근원(신)을 우주 내재적 힘으로 보면 우주는 그 근원(신)의 자기 전개로, 저절로 그러한 것으로 이해된다.

자가 있어야 한다는 것을 마테오 리치는 집이 대들보와 서까래, 이엉이 있다고 만들어지는 것이 아니라, 목수가 있어야 하는 것에 비유한다. 존재하는 각각의 것들은 그 자체로는 이성을 결여하고 있는 것인데, 그럼에도 불구하고 이성적 질서를 따라 배열되고 움직이므로, 그들을 그렇게 배열하고 움직이게 하는 이성적 존재가 그들 바깥에 있어야 한다는 것이다.

> 본래 이성(영)을 결여하고 있는 사물들이 질서 있게 배열되어 있다면, 그것들을 질서 있게 배열한 존재가 있기 마련이다.[15]

우주 만물로부터 천주의 존재를 좀더 설득력 있게 증명하기 위해 마테오 리치는 아리스토텔레스의 4원인설을 도용한다. 개별적 사물의 내적 본분[內分]은 질료와 형상인데, 질료는 개별 사물을 형성하는 물질적 재료이고 형상은 한 사물을 다른 사물들과 구분지어 특정 범주로 분류 가능하게 하는 사물의 유적 속성에 지나지 않는다. 이러한 질료와 형상을 마테오 리치는 각기 질(質)과 모(模)로 번역하며, 유학에서의 음(陰)과 양(陽)으로 해석한다. 이와 같이 질료와 형상, 질과 모, 음과 양은 각각의 개체를 형성하는 실체와 그 실체의 속성으로 간주된다.

> 네 가지 중 모(模, 형상인)와 질(質, 질료인) 둘은 각 사물에 내재하여 그 사물의 본래 몫(본분)을 이루니, 혹 음과 양과 같은 것이라고 할 수 있다.[16]

---

15 『천주실의』, 제1권, 51쪽, "物本不靈, 而有安排, 莫不有安排之者."

개별적 실체로서의 사물에 본래적으로 속하는 것을 질료와 형상만으로 간주하기에 그 밖의 것, 즉 사물을 운동하게 하는 운동인과 그 운동의 목적이 되는 목적인은 마테오 리치에 따르면 사물 자체에 속하는 것이 아니라, 사물 바깥에 있는 것으로 간주된다. 자연운동의 합리적 질서나 합목적성이 사물 자체로부터가 아니라 사물 외적으로 부과된 것으로 여겨지는 것이다. 그러한 외적 요인으로서 궁극적인 최초의 운동인 그리고 궁극적인 최후의 목적인을 바로 현상세계 밖의 천주라고 보는 것이다.

> 작자(作者, 운동인)와 위자(爲者, 목적인)는 둘 다 사물 바깥에 사물을 초월하여 먼저 존재하고 있다. 그러므로 사물의 본래적 몫일 수가 없다. 내 생각에 천주가 사물의 소이연이라고 하는 것은 다만 운동인과 목적인을 뜻하는 것이지, 형상인과 질료인을 말하는 것이 아니다.[17]

이처럼 천주는 현상세계 바깥의 실재이며, 현상세계 사물들의 존재 및 운동 계열에서 그 최초의 작용인이며 최후의 목적인이 된다. 이는 곧 현상세계 사물들은 그 각각 개별적 실체로서 존재하되, 자신 밖의 다른 작용인에 의해 움직여지고, 자신 밖의 다른 목적을 지향하는 그런 불완전한 존재임을 말해 준다.

---

16 『천주실의』, 제1권, 59-60쪽, "四之中, 其模者質者, 此二者在物之內, 爲物之本分, 或謂陰陽是也." 사원인에 대한 마테오 리치의 이해를 다음과 같이 정리할 수 있다.

질료인: 質者(재료) 陰	사물의 내적 본분		
형상인: 模者(모양) 陽			
운동인: 作者	사물 외적 작용 →	여기에서부터 제1운동인과 궁극 목적인으로서 세계 바깥의 신의 존재를 주장함.	
목적인: 爲者			

17 『천주실의』, 제1권, 60쪽, "作者爲者, 此二者在物之外, 超於物之先者也. 不能爲物之本分. 吾按天主爲物之所以然, 但云作者爲者, 不云模者質者."

3) 인간의 사명: 신자(信者)되기

천주는 현상세계 바깥에 존재하며, 천주에 의해 창조된 현상세계는 무기물, 식물, 동물, 인간이 계층적 질서를 갖는 차별적인 것으로 간주된다.[18] 피조물로서의 인간은 현상 밖의 천주와 결코 견주어질 수 없다. 천주는 인간 바깥의 존재이므로 인간이 천주와 같다고 말하는 것도 오만이며, 천주를 안다고 하는 것도 또한 오만이다. 인간은 추리능력으로서의 이성을 통해 최상위 존재로서의 천주의 존재를 추론하여 증명할 수는 있지만, 그렇게 증명되는 천주를 직접 알 수는 없다.

> 지극히 위대하고 지극히 존귀한 천주를 어찌 쉽게 이해할 수 있겠는가? 만약 사람들이 쉽게 이해할 수 있다면 천주가 아닐 것이다. …… 사람이란 그릇은 보잘것없어서 천주라는 거대한 도리를 담기에는 부족하다.[19]

신이 존재한다는 것 이외에 일반 사람들이 신에 대해 이성으로 알 수 있는 것은 별로 없다. 그러면서 천주교는 자신의 교리만은 '이성의 빛'이 아닌 '초이성의 빛'에 의해 파악된 진리라고 주장한다. 신이 직접 자신을 현시한 계시종교라는 것이다. 즉 천주가 특별히 말씀으로 자신을 보여 준 것이 『성경』이고, 직접 유대 땅에 인간의 모습으로 강생해서 인간 구원의 뜻을 보여 주고 다시 천주의 위치로 돌아갔다고 말한다. 따

---

18 따라서 인간은 자기 위의 천주와도 자기 밑의 동식물과도 본질적으로 다른 존재로 간주된다. "사람을 천주와 같다고 하면 지나치게 높인 것이고, 흙이나 돌과 같다고 하면 지나치게 낮춘 것이다(以人爲同乎天主, 過尊也. 以人與物一 謂人同乎土石, 過卑也)." 『천주실의』, 제4권, 211쪽.

19 『천주실의』, 제1권, 64, 68쪽, "天主至大至尊者, 豈易達乎. 如人可以易達, 亦非天主矣. …… 人器之陋, 不足以盛天主之巨理也."

라서 인간은 그러한 천주의 은총을 믿고 따르며 찬송해야 한다는 것이다. 그렇게 천주를 신앙한 자는 사후의 심판에서 그 영혼이 영원한 복락의 천당으로 보내질 것이며, 불신한 자는 영원한 형벌의 지옥으로 보내질 것이라고 주장한다. 이 세상의 삶은 참다운 복락이 넘치는 내세의 천당, 그 진짜 집에 이르기 위한 여정에 지나지 않는다고 본다.

> 지금 천주교에서는 인간이 이 세상에 잠시 머무름으로써 내세에서의 영생이 결정되는 것이라고 말한다. 그러므로 우리들은 잠시 이 세상에 머무는 동안 각별하게 덕을 닦고 선을 행하여 후세에 그 복락을 누리게끔 해야 할 것이다. 이 세상은 잠시 지나쳐 가는 길이요, 저 세상의 진정한 본가에 이르는 길이다.[20]

이와 같이 마테오 리치는 『천주실의』에서 인간 영혼의 불멸성과 천주의 존재를 논한 후, 사후 일어날 천주의 심판과 사후 보내질 지옥 천당을 설하면서, 천당의 복락을 누리기 위해 현세에서 천주신앙을 받아들일 것을 권고한다.

3. 유교의 존재론: 만물일체론과 내재주의 심학

1) 개체의 이해: 만물일체론

유교는 천지 만물을 다른 사물들로부터 분리된 고립적 실체로 간주

---

20 『천주실의』, 제1권, 232쪽, "今尊教曰: 人有今世之暫寄, 以定後世之永居. 則謂吾暫處此世, 特當修德行善, 令後世常享之. 而以此爲行道路, 以彼爲至本家."

하지 않는다. 일체는 상호적 연관관계, 기의 상호작용에 의해 산출되며 그 관계 안에서만 존재한다고 보는 것이다. 개체를 형성하는 기는 우주 전체를 흐르는 하나의 통일적인 천지지기다. 기는 개체를 형성해 내는 생성의 힘으로, 각 개체에게 그 힘은 서로 대립하며 조화하는 두 힘으로 간주된다. 유교는 그 두 힘을 개체의 경계에서 확산하여 펼치는 힘과 응축하여 모이는 힘으로 보며, 이를 각각 신(伸, 神)과 귀(歸, 鬼)로 부르기도 하고, 양기와 음기로 부르기도 한다. 기체화하여 확산하는 힘이 양기고, 고체화하여 응축하는 힘이 음기다. 개체는 그 두 힘의 평형관계가 유지되는 한 그 경계 안에서 존속하며, 죽음은 그 평형관계가 깨어져 개체의 경계가 사라지는 것, 기가 흩어지는 것이 된다. 이 때 확산하는 양기는 하늘로, 응축하는 음기는 땅으로 흩어지는데, 그 각각을 혼(魂)과 백(魄)이라고 부른다.

따라서 신유교는 개체적 혼이 실체로서 존재하며 사후에도 불멸한다는 것을 받아들이지 않는다. 무아론(無我論)의 불교에서 개체적 오온(五蘊)의 자아가 업력(業力)에 따라 구성되는 가(假)의 결과물로 간주되듯, 유교에서 혼과 백은 기에 의해 구성되는 이차적 산물일 뿐이다.[21] 그러므로 신체를 형성하는 백은 흩어져도 정신적 혼은 불멸한다는 개별자 실체론의 사유는 부정된다.[22] 천주교에서 불멸하는 것으로 간주되는 영

---

21 물론 불교는 무아론이되 윤회를 주장하므로 유교와는 다르다. 그리고 그 차이는 가상적 개체를 형성하는 힘을 유교는 계속 새롭게 생성되는 우주 전체의 기로 보는 데 반해, 불교는 전생의 개체[五蘊]가 이룩한 업의 힘으로 보는 데에서 비롯된다고 볼 수 있다. 그러나 새로 생성되는 천지지기에 의해서든 이전 개체의 업의 힘에 의해서든 그 힘에 의해 형성된 개체가 자립적 불멸적 실체가 아니라는 점에서는 儒·佛이 관점을 같이한다.

22 개별자 실체론을 부정하는 사유는 서양철학에도 계속 있어 왔다. 중세 정통 천주교 교리의 개별자 실체론을 비판하며 각 개체의 실체성에 해당하는 질료적 기반을 부정한 것이 플로티누스와 에크하르트의 신비주의적 관점이라면, 근세 데카르트적 개별자 실체론을 비판한 것이 스피노자와 라이프니츠의 철학이다. 신비주의 철학자들은 정통 천주교의 창조설과 달리

혼은 유교에서 보면 백과 함께 작용하는 개체적 혼일 뿐이다. 유교에 따르면 개체의 혼백은 모두 기의 작용이므로, 개체의 생명이 다해 물질을 이루던 백이 흩어지면 그것과 결부되어 있던 개체적 혼도 함께 흩어져 버린다. 그러므로 개체적 혼은 불멸하는 자립적 실체가 아니다.

> 혼은 형체에 의지해 있는 것이고, 형체가 이미 없어지면 흩어져 없어지는 것이다. 어찌하여 혼이 자립하는 실체가 될 수 있겠는가?[23]

그러나 유교는 인간 존재를 음양 리기의 화합물만으로 간주하지 않는다. 인간의 개체성은 기의 화합 결과로 형성되지만, 그 각 개체 안에 개체적 차별성을 넘어서는 보편적 천리(天理)가 내재되어 있다고 보기 때문이다. 즉 유교는 『중용』의 '천명지위성(天命之謂性)'에 따라 인간

一者(神)로부터 만물이 생성된다는 流出說을 주장한다. 또한 스피노자가 물질적 가시적 개체인 所産적 자연에 대해 그 기반으로서 能産적 자연을 논한 것은 유교에서 현상 사물을 기의 산물로 보는 것과 상통하며, 라이프니츠의 자연의 연속성을 강조하는 모나드론도 유교 사상과 상통하는 면이 있다. 그러한 상통하는 면 덕분에 라이프니츠는 성리학을 예수회의 마테오 리치나 도미니크교단의 몽고바르티, 세인트 마린 등과 달리 비교적 정확히 파악했다고 본다. 그는 성리학의 태극이나 리는 마테오 리치가 주장하듯 물질의 추상적 형식도 아니고, 몽고바르티가 주장하듯 제일 질료에 해당하는 것이 아니라, 창소와 主宰의 힘을 가진 순수한 정신적 실재로 이해했다. 이에 대해서는 라이프니츠의 글 「중국인의 자연신학론」(이동희 편역, 『라이프니츠가 만난 중국』, 이학사, 2003, 85쪽 이하) 참조. 물론 라이프니츠가 데카르트 식의 개별자 실체론을 벗어나 대우주를 반영하는 소우주로서의 모나드를 말하기는 하지만, 그래도 그 모나드를 각각의 실체로 간주하며 다시 그것들을 조화시킬 신의 예정조화를 논한다는 점에서는 아직도 서양적이라고 본다. 즉 세계의 일부로서의 개체적 혼과 일즉일체의 보편적 심을 구분해도, 후자를 다시 오직 신에게만 귀속시킴으로써, 진정한 일즉일체 사상으로 나아가지는 못했다고 본다.

23 신후담, 『서학변』 「영언려작」, 46쪽, 479쪽, "魂者, 乃依於形而爲有. 形旣亡則, 消散而歸於無者也. 烏得爲自立之體乎." 반면 영혼불멸설을 주장하는 마테오 리치는 죽을 때 소멸하는 것은 신체의 魄일 뿐 魂이 아니라고 보며, "사람이 죽었다고 말하는 것은 혼이 죽었다는 말이 아니라, 백이 죽었다는 말일 뿐이며, 인간의 몸이 죽었다는 말일 뿐이다"(『천주실의』, 제2권, 166쪽)라고 말한다.

의 본성을 하늘 천(天)의 명으로 본다. 하늘을 우러러 존칭 '님'을 붙이면 하늘님, 하느님의 명인 것이다. 이 천명의 성은 각 개체가 지닌 차별적인 기질지성(氣質之性)을 넘어 만물에 동일 근원으로 내재된 본연지성(本然之性)이며, 바로 이로 인해 만물은 개체적 차별성을 넘어 그 존재의 핵에서 하나라는 만물일체가 성립하는 것이다.

그러므로 유교의 만물일체론은 각각의 개체가 전체의 일부분으로서 결국 자기 경계 없이 소멸하여 전체로 융해된다는 의미에서의 일체론이 아니다. 각각의 존재가 처음부터 자기 경계를 넘어선 전체를 자기 자신으로 삼고 있다는 점에서, 안과 밖, 나와 너의 구별을 넘어서 있다는 점에서 만물일체론인 것이다. 이처럼 우주 전체를 포괄하여 '일즉일체'로서의 만물일체를 가능하게 하는 것은 바로 천명의 본성을 자각하는 마음, 곧 심(心)이다. 18세기 남인 학자들이 그 계통을 잇고 있는 이황의 심이 바로 그것이다.

> 한 사람의 마음이 곧 천지의 마음이며, 한 자기의 마음이 곧 천만인의 마음이다. 그러므로 처음부터 안과 밖, 너와 나의 다름이 있지 않다.[24]

천지의 리(理)와 태극, 태극의 주재적 자각성으로서의 천지의 마음, 이것은 상제 그리고 인간의 마음과 어떤 연관을 맺고 있는 것인가?

---

24 이황, 『退溪先生文集』, 권18, 28, 「答奇明彦論改心統性情圖」, "一人之心, 卽天地之心. 一己之心, 卽千萬人之心. 初無內外彼此之有異."

2) 태극과 상제와 심: 내재주의

유교에 따르면 리(理)는 단순히 사물들의 관계에서 도출된 이차적인 추상적 이치가 아니라, 오히려 사물의 존재 및 기의 운동을 가능하게 하는 근원, 한마디로 우주 만물의 발생론적 근원이다. 리는 그 자체 움직이지 않는 적연부동(寂然不動)이되 일체를 움직이게 하는 부동(不動)의 동자(動者)다.

> 리(理)는 썩은 나무나 죽은 재와 같지 않아 반드시 스스로 동하지 않으면서 다른 것을 동하게 한다.[25]

리가 적연부동이되 다른 것을 움직인다는 것은 결국 리가 음양 이기를 생하는 생성의 원리이며 혼을 활성화하는 근원이라는 말이다. 이 리를 통합적으로 태극이라고 부른다. 천지의 리가 만물의 본연지성을 이룬다는 것은 각 개체 안에 우주의 발생론적 근원인 태극이 내재해 있다는 것이다. 이처럼 각각의 개체는 현상적으로 보면 음양오행으로 구성되어 있지만, 각 개체의 형이상학적 본성은 그런 차별성을 넘어선 보편적 리이며 태극이다. 우주 만물을 생성하는 근원으로서의 태극이 우주 만물 각각에 내면의 핵심으로 자리잡고 있으므로, 이 점에서 각각의 개체는 단지 우주 전체의 일부분에 그치는 것이 아니라, 그 자체 '일즉일체(一卽一切), 일체즉일(一切卽一)'로서 존재한다.

우주를 형성하는 생성 원리로서의 태극이 자기자각성 내지 자기지각을 가지는 정신적 실재임을 뜻할 때, 이를 '상제(上帝)'라고 부른다.[26]

---

25 이익, 「四七新編」, 『星湖全書』, 제7권, 24쪽, "理本非如槁木死灰, 必須未動而能動."

즉 태극은 우주적 근원의 능동성과 활동성의 측면을 칭하는 것이고, 상제는 그 근원의 허령불매(虛靈不昧)한 자각성과 주재성의 측면을 칭하는 것이다. 그러므로 신후담은 우주의 발생론적 근거로서의 태극과 그 태극의 허령불매의 자각성으로서의 상제를 구분하여, 태극은 그 리(理)는 실(實)하되 지위는 허(虛)하고, 상제는 주재적 지위를 갖고 있어 공경의 대상이 된다고 말한다.

> 태극이란 그 이치는 실이지만 그 자리는 허다. 만약 상제가 하늘을 주재하고 정위를 잡고 있는 것이 아니라면, 공경의 예절을 베풀 만한 곳이 없게 된다.[27]

이는 결국 고대에 상제로 칭하던 바로 그 존재를 신유교에서 리(理)

---

26 자각성은 곧 인격성을 뜻한다. 인간이 죽은 물질이 아니라 살아 있는 인격이라는 것은 곧 인간이 자기 자신을 자각한다는 뜻 이외의 다른 것이 아니다. 단지 '원리에 따른다'라든가 '정보를 담고 있다'는 차원을 넘어서서 그 정보와 원리를 의식하며 그렇게 의식하는 자신을 자각한다면, 그것이 바로 인격인 것이다. 우주의 생성 원리인 태극이 단지 물리적 힘이나 추상적 이치에 그치는 것이 아니라 스스로를 자각한다면, 그것이 바로 우주적 인격, 우주적 마음, 순수 정신, 신, 상제 이외의 다른 것이 아니다. 한마디로 태극의 허령불매성이 곧 자기 자각성을 뜻하며, 그것이 바로 상제다. 인격성을 이와 같은 순수 자각성, 순수 정신으로 이해하지 않고, 인간과 같은 모습을 하고 인간과 같은 종류의 감정을 느끼는 존재로 떠올리는 것은 유교식 관점에 따르면 인간적 形氣의 사사로움을 벗어나지 못한 擬人化에 지나지 않는 것이다.

27 신후담, 『서학변』, 「천주실의」, 74쪽, 470쪽, "夫太極者其理則實而其位則虛, 非看上帝之主宰乎天而有定位則恭敬之禮固無可施之處." 태극의 이치가 실한 것은 만물이 그 내적 이치에 따라 실제로 생기기 때문이다. 그 지위가 허하다고 하는 것은 천하 만물 일체가 그것을 핵심으로 삼고 있으므로 그 자체 상하, 고저의 지위가 구분되지 않기 때문이다. 반면 태극이 각 개체에게 어느 만큼 자각되어 있는가는 서로 상이하며, 그 자각 정도에 따라 존재의 지위가 달라진다. 무기물보다는 식물, 식물보다는 동물, 동물보다는 인간에게 그 내적 본성인 태극이 더 투명하게 자각된다. 우주 생성원리인 태극이 온전히 허령불매하게 자각되면 그 자각적 존재가 바로 상제이기에, 상제는 더 높은 지위를 갖는다고 말할 수 있으며, 인간은 그런 상제를 공경하게 되는 것이다.

나 태극으로 칭하는 것임을 말해 준다. 안정복은 이런 문맥에서 리와 태극은 우주 생성의 원리의 측면을 뜻하고 상제는 그 원리의 주재적 측면을 뜻하는 것이므로, 리와 태극과 상제를 나누어 별개의 것으로 삼아서는 안 된다는 것을 강조한다.

> 주자[주돈이]의 그림[태극도설]은 '태극이 양의를 생한다'는 공자의 말[주역]에 근본한 것으로, 주재한다는 관점에서 말하면 상제이지만 무성무취(無聲無臭)의 측면에서 말하면 태극이고 리이니, 어찌 상제와 태극의 리를 둘로 나누어 말할 수 있겠는가?[28]

인간 안에 내재된 본성인 태극이 단지 우주 발생 근거로서 작용할 뿐 아니라, 그것이 개체 안에서 그 자신의 허령불매한 자기자각성을 발휘하면, 그것이 바로 각자의 마음[心]이다. 따라서 태극의 발현으로서의 인간의 마음은 곧 우주 원리를 자가하는 허령불매한 상제와 근본적으로 다른 것이 없다. 이 점에서 신후담은 신 내지 상제와 일치시킬 수 있는 것은 오직 심일 뿐이라고 말한다.

> 이제 우리 유교의 설에 따라 논하자면 사람을 상제에 비교할 수 있는 것은 오직 이 마음일 뿐이다.[29]

---

28 안정복, 『천학문답』, 제2편, 이 문장은 마테오 리치가 『천주실의』에서 "옛날의 군자가 천지의 상제를 공경했다는 말은 들었지만, 태극을 받들어 모셨다는 말은 듣지 못했다" 또는 "리는 속성적인 것이다. …… 그런 공허한 리를 가지고 사물의 근원이라고 한다면, 이것은 佛老와 다를 바가 없다"라고 주장하면서 유교에서의 최고 원리인 리나 태극을 폄하하는 것에 대해 비판적으로 대응한 것이다.

우주의 근원인 태극의 허령불매한 자기자각으로서의 심은 결국 차별적 개체성을 넘어선 마음, 사사로운 형기의 제한성을 넘어선 보편적 마음이다. 즉 인간의 마음은 한편으로는 개별적 형기를 따라 사사로움에 치우치는 욕망의 의식이기도 하지만 동시에 다른 한편으로는 그러한 사적 제한성을 넘어선 공적 마음, 신체적 한계를 넘어선 보편적 마음으로 존재한다. 이익은 이처럼 기질에 의거하는 사적 마음과 천명에 의거하는 허령한 마음을 구분하여 그 각각을 신체적 혈기의 혈육지심(血肉之心)과 허령불매한 신명지심(神明之心)으로 칭한다.

> 심에는 혈육지심과 신명지심이 있다.[30]

---

29 신후담, 『서학변』「영혼려작」, 65쪽, 473쪽, "今以吾儒之說論之, 則人之可比於上帝者, 惟有此心耳." 여기에서 신후담은 상제의 주재성은 혼백의 魂이 아니라 心에 비교될 수 있는 것임을 강조함으로써, 혼과 심을 구분하고 있다. 물론 개체적 魂과 보편적 心을 구분한다는 것은 그렇게 간단한 문제는 아니다. 유교가 혼의 작용을 백에 기반한 것으로 보듯이, 인간 마음이란 결국 인간 신체인 뇌의 작용에 지나지 않는 것이 아닌가 라는 반문도 가능하기 때문이다. 신후담 또한 이 문제를 의식했다고 볼 수 있다. 그는 혼은 형체에 의지한다는 것을 강조함으로써 마테오 리치 식의 개체적 영혼불멸설은 부정한다. 그러면서도 그는 허령불매한 마음의 활동은 신체의 작용으로 환원시킬 수 없음을 주장한다. "마음이란 광명하고 발동하는 신명의 집이다. 그러므로 허령지각하여 한 몸의 주재가 된다. …… 사람이 기억하여 저장한다고 하는 것(마음의 작용)이 모두 뇌낭이 하는 행위라면, 마음은 한낱 괴상한 군더더기 같은 것이 되고 말 것이다"(「영혼려작」, 54쪽)라고 말한다. 이와 같이 신후담은 개체적 혼과 보편적 심을 구분하는 것이다. 이는 곧 맹자에서의 小體와 大體의 구분, 人心과 道心의 구분에 해당한다. '存天理, 去人欲'의 유교 정신은 바로 이 구분에 입각한 것이다. 따라서 유교정신을 이해하려면 혼백의 혼과 허령불매의 심을 형이하와 형이상의 두 차원으로 구분하여 이해하는 것이 중요하다. 유교에서 개체 안에 내재된 태극의 자각적 마음은 불교에서 생멸하는 중생 안에 내재된 불생불멸의 여래장 또는 불성과도 유사한 것이다. 불교가 개체적 자아에 대해서는 無我를 말하되 그 개체 안의 본질로서 불생불멸의 여래장을 말하는 것은, 유교가 혼백의 개체에 대해서는 그 불멸성을 부정하면서도 각 개별 존재의 핵으로서 태극의 내재성과 주재성을 心으로 인정하는 것과 서로 상통하는 바가 있다. 물론 이렇게 구분되는 혼과 심이 구체적인 심리 활동에서 어떤 식으로 연관되는가 하는 문제는 또 다른 논쟁거리이며, 유교에서의 핵심 논쟁이었던 사칠 논쟁, 인심도심 논쟁 등은 모두 이 혼과 심의 관계를 둘러싼 논쟁이라고 생각된다.

여기서 혈육지심은 개별 신체적 형기에 의거한 심리적 작용으로서 개체적 혼에 해당하고, 신명지심은 그러한 개별 형기의 제한을 넘어선 태극의 허령한 자각으로서의 보편적 심에 해당한다. 그리고 이는 곧 유교의 역사만큼이나 오래된 구분인 인심(人心)과 도심(道心)의 구분에 상응한다. 여기서 유교가 강조하는 것은 인간의 개별성과 차별성을 담지한 혼은 기에서 비롯되고 기가 흩어지면 함께 멸하지만, 그 개체 안에 내재된 존재의 핵인 태극으로서의 심은 그러한 현상성과 개체성을 넘어선 보편적 심, 즉 신명지심이고 도심이며 절대적 신성이라는 것이다. 이 신명지심이 바로 이황이 천지지심과 하나로 본 심, 안팎과 자타 분별을 넘어선 한 마음이다.

3) 인간의 사명: 성인(聖人) 되기

태극의 허령불매한 자기자각성으로서의 심은 천지의 심이고 성인의 심이며, 이것이 바로 상제다. 이 심에서는 천과 인이 하나다. 신후담은 서학이 인간과 신을 별개의 실체로 놓는 것은 이와 같은 인간 심의 허령한 본성을 간과하기 때문이라고 본다.

> 아니마의 학문[천주교의 영혼론]은 심성의 이치에 따르는 것이 아니며, 하늘과 사람이 서로 꼭 맞아 들어가는 묘함을 살피지 못한 것이다.[31]

---

30 이익, 「心統性情圖」, 『星湖全書』, 제1권, 443쪽, "心有血肉之心, 有神明之心." 이렇게 심을 혈육지심과 신명지심으로 구분한 이익은 신명지심을 형기에 따라 이해해서는 안 된다는 것을 강조한다. "신명지심은 형으로 설명될 수 없다. …… 심은 활물이므로 스스로 허령을 가진다(神明之心不可以形爲論 …… 心是活物, 故自有此虛靈)"(『星湖先生全集』, 上卷, 「答沈判事」, 261쪽).

태극의 허령불매, 리(理)의 완전한 자각, 이는 곧 절대자의 자기인식에 다름 아니며, 신의 정신과 다를 바 없다. 따라서 유교는 태극이 만물의 본성이며 인간의 본성이기에, 그러한 허령불매의 경지인 절대지(絶對知)가 가능하다고 본다. 자신의 본성인 태극의 리를 온전히 깨닫고, 자신 안의 기를 확충하여 우주 만물 일체와 소통하는 사람, 우주 만물과 자신을 하나로 자각하는 사람, 따라서 다른 존재나 다른 사람의 고통을 자기 자신의 고통처럼 받아들이며, 자신의 완성으로써 우주 만물의 완성에 기여하는 사람, 이런 사람이 바로 유교가 이상으로 삼는 성인(聖人)이다. 유교는 성인이 되고자 하는 성학(聖學)이다.[32]

4. 유학자들의 『천주실의』 비판

마테오 리치에 따르면 우주 만물은 각각 서로 독립적인 자기동일성의 개별적 실체로서 존재하며, 신은 그런 개별자의 현상세계 바깥에 실재하는 것으로 간주된다. 반면 유교에 따르면 우주 만물의 근원은 태극이고 리(理)이며, 태극은 그로부터 생긴 만물 바깥에 머무는 것이 아니

31 신후담, 『서학변』「영언려작」, 66쪽, 473쪽, "今亞尼瑪之學 未嘗從事於心性之理, 不察乎天人脗合之妙." 이어 신후담은 다음과 같이 말한다. "그래서 영혼의 설에 의탁해서 상제를 혼에 비교하려 하므로, 이것은 도리에 벗어난 일이다(而顧乃依托於靈魂之說, 欲以上帝而比於魂, 則此其爲道之已外矣)." 이는 곧 서학이 인간의 심성의 허령불매함을 알지 못해 심 대신 개체적 영혼을 가지고 그것을 상제와 비교 운운 하는 것에 대해 비판한 것이다. 이처럼 신후담의 논의에 있어서는 혼과 심의 구분이 결정적인 것임을 알 수 있다.

32 불교가 불성을 실현하여 부처가 되고자 하는 것이듯이, 유교는 성인이 되고자 하는 것이다. 신을 타자로 숭배하고 믿는 데 그치는 것이 아니라, 신이 되고자 하는 것, 성인이 되고자 하는 것이다. 이는 상제인 신의 허령함과 인간 심의 허령함이 근본적으로 하나이기에 가능한 것이다.

라, 바로 각각의 내면에 그 본성으로서 내재화된다. 근원의 자기자각성이 바로 상제이고 천지지심이며 인간 각자의 심이다. 따라서 신의 신성은 인간 누구나의 본성이며, 그 신성은 완성된 인간인 성인을 통해 구체화되고 실현된다.

그러므로 유교는 천주교가 주장하는 신성과 영성의 신비에 대해 반론을 제기하지 않는다. 다만 인간을 형기(形氣)적 차원의 개별 실체로 간주함으로써 현상성을 넘어서는 일체의 것을 모두 인간 바깥의 마귀나 신의 일로 간주하는 것에 대해 비판할 뿐이다. 즉 인간과 신, 인성과 신성을 이원화하는 외재주의를 비판하는 것이다. 이는 곧 신성의 실현이 인간 누구나에 의해서가 아니라 오직 예수를 통해서만 달성된다고 보는 배타성과 독단성에 대한 비판이며, 나아가 개인 삶의 궁극 지점을 성인되기가 아니라 천당가기로 설정하는 데서 보여지는 사(私)적 이기심에 대한 비판이다.[33]

---

33 물론 이 밖에도 기독교 기본 교리 중 비이성적 부분에 대해 신랄하게 비판한다. 안정복은 다음과 같이 말한다. "『眞道自證』에서 말하기를 '천주가 원조[아담]를 낳아 천하 만인의 조상으로 삼고 특별히 은혜를 베풀어서 자유롭게 놓아 주었다. 이 원조는 성품이 착하고 인정이 아름다우며 만 가지 이치를 다 비추어보므로 천지간의 만물이 그의 명을 천주의 명처럼 따랐다. 사악한 마귀가 시기하여 그를 제거할 궁리를 하자 천주는 이 기회에 원조를 한번 시험해 보고자 하여 삿된 신을 시켜 유혹하게 했다. 그랬더니 원조는 근본을 상실하고 은혜를 잊어버린 채 마귀를 좇아 천주의 명을 거역했다. 그래서 천주의 仁愛가 義憤으로 바뀌어 죽은 뒤에 지옥의 고통을 받게 되었으며, 그의 자손들도 영원히 그 벌을 함께 받게 되었다'고 했다. 이 무슨 말인가? 상제가 아당[아담]을 만들어서 인류의 조상으로 삼았다면 그 신성함을 알 수 있다. 그런데 어찌 상제가 마귀의 거짓말을 곧이듣고 마귀를 시켜 아당의 마음의 진솔성 여부를 시험하겠는가? 설사 아당이 참람되고 망령된 마음을 가지고 있었다고 하더라도 상제로서는 의당 다시 주의를 주고 권면하여 고치게 하기를 훌륭한 아버지가 자식에게 하듯, 좋은 스승이 제자에게 하듯 했어야 할 것이다. 그런데 어찌 상제로서 이런 일을 했겠는가? 이 말을 한 자는 하늘을 업신여긴 그 죄를 이루 다 말할 수 있겠는가? 또 설사 아당에게 죄가 있다고 하더라도, 죄가 그 자신에게서 끝나면 그뿐이지 어찌 만세토록 자손들이 그 벌을 같이 받아야 하는 이치가 있는가?"(안정복, 『천학문답』) 이는 ① 신이 마귀를 시켜 인간을 시험한다는 마귀유혹설과 ② 신이 시험에 넘어간 인간을 저주하여 벌한다는 낙원추방설, ③ 그리고 그 아담의 죄가 인

1) 존재론적 측면: 계시의 배타성

이익에 따르면 태극은 우주 발생의 원리이므로 그 원리를 성인의 경지에서 자각하든 못하든 우주 자연 어디에서나 태극의 현현은 있기 마련이다. 내적으로 자각하지 못한 정신에게 태극의 작용은 외적 천주의 작용으로, 영험한 이적(異蹟)으로 간주되겠지만, 그런 식으로 천주교가 제시하는 것과 같은 천주의 자취, 신령한 이적들은 어디에서나 찾아볼 수 있다는 것이다.

> 유럽의 동쪽에 유럽의 가르침을 듣지 못한 곳에서도 유럽과는 다르다 해도 천주의 드러난 자취, 여러 영험한 이적들이 어찌 없을 수 있겠는가?[34]

유교는 기본적으로 태극의 내재성과 보편성에 입각해서 인간은 누구나 성인이 될 수 있다는 인간 본성의 평등성을 주장한다. 이런 인식을 가진 이익에게 천주교의 가장 큰 문제점으로 드러나는 것은 오로지 예수를 통해서만 구원이 가능하다는 외적 구원설과 그로 인한 배타성이다. 인간 구원이 어떻게 인간 자신의 내적 본성의 실현에 의해서가 아니라, 외부 세계에 타자로 등장한 구원자, 예수에 의해 가능하단 말인가? 더구나 세계 전 지역에 인간이 존재하는데, 인간을 두루 사랑한다는 천

류 전체에게 대대로 이어진다는 원죄설에 대한 비판 정신을 압축적으로 보여 준다.

34 이익, 『천주실의발문』, 444쪽, "自歐羅巴以東, 其不聞歐羅巴之敎者, 又何無天主現迹不似歐羅巴之種種靈異耶." 그런데도 예수의 이적은 인정하면서 다른 인간이 다른 문화 안에서 경험하는 이적은 마귀의 짓이라고 보는 것은 사사로운 마음의 병일 뿐이라는 것이 이익의 판단이다. 성경에 나타나는 영험한 이적의 흔적들은 그들이 마귀의 짓이라고 말하는 것들과 사실 다를 바가 없다는 것이다. "[천주교가 말하는] 그 후의 여러 가지 영험한 이적의 흔적들은 "마귀가 사람을 속여서 그렇게 된 것이다"라고 그들이 말하는 바로 그런 것이다(其後來種種靈異之迹, 不過彼所謂魔鬼誑人之致也.)" (『천주실의발문』, 447쪽).

주가 어떻게 오직 한 지역에만 특정한 모습으로 현현했다고 말할 수 있단 말인가?

> 만약 천주가 아래 세상 인간에 대한 자비심을 갖고 인간 세계에 나타나서 알려 주고자 한 것이라면, …… 억만 지역이 다 자비를 베풀 만한 곳인데, 어찌 한 지역에만 제한하겠는가? [그렇다고] 천주가 두루 다 다니면서 이끌고 깨우쳐 주려 한다면, 너무 수고로운 것이 아니겠는가?[35]

2) 인식론적 측면: 독단과 자기모순

유교에 따르면 인간 본성은 태극이고 인간의 심은 태극의 마음, 천지의 마음, 상제의 마음과 다를 바 없으며, 따라서 인간은 그 허령불매의 마음으로 우주의 이치를 자각하여 알 수 있다. 이처럼 본성인 태극을 자각하고 천리를 깨달은 자가 바로 성인이며, 인간은 누구나 존심(存心)과 양성(養性)의 수행 공부를 통해 성인이 될 수 있다. 반면 천주교는 인간 본성을

---

35 이익, 『천주실의발문』, 444쪽, "若天主慈悲下民, 現幻於寰界間 …… 則億萬邦域可慈可悲者, 何限而一. 天主遍行提警, 得無勞乎." 신후담의 나음 구절도 마찬가지로 이 점을 비판하고 있다. "인간 세상에 강생한 지 33년이나 오래 되었으니, 그 동안 하늘은 주재자가 없는 한갓 한가로운 물건이 되어 버렸는데도 운행과 질서가 어긋날 염려가 없을 수 있겠는가? 또한 저들은 천주가 고금의 큰 아버지이고 우주의 공평한 임금이라 했는데, 그렇다면 천주는 반드시 사해를 두루 덮어야 할 것인데, 사사로운 은혜와 작은 혜택으로써 한 나라 사람들에게만 치우쳐 베푼다는 것은 부당한 것임에 틀림없다(今乃降生於民間, 至於三十三年之久, 則是其三十三年之間, 天固爲無主之一閑物矣. 度數也, 次舍也, 能無差跌之患乎. 且彼嘗以天主爲古今大父, 宇宙公君, 則是必偏覆乎四海, 而不當以私恩小惠, 偏施於一邦之人也.)" (신후담, 『서학변』, 「천주실의」, 82쪽, 468쪽). 이처럼 신후담은 천주 강생설을 말이 안 되는 것으로 비판한다. "천주의 강생설에 이르러서는 더욱 심하게 광탄하고 이치에 맞지 않는다. 이 책이 천주를 논하는 것을 따져보면 판연히 달라 얼음과 석탄처럼 서로 용납되지 않는다(至於天主降生之說, 則尤極誑誕而無理. 姑以本書論天主之說而質之, 亦有判然氷炭而不相入者.)" (신후담, 『서학변』, 「천주실의」, 82쪽, 468쪽).

마음의 신령함으로 보지 않기에 인간이 천지의 마음과 하나가 되어 천리를 자각하고 상제를 안다는 것은 있을 수 없는 일로 간주된다. 천주는 인간과 구분되는 인간 영혼 바깥의 실체이므로 근본적으로 인간이 알 수 없는 것이라고 보는 것이다. 천주는 이성적으로 알 수 없으므로 단지 믿고 따르는 신앙 대상일 뿐이다. 이에 대해 신후담은 소체(小體)인 감각기관으로뿐 아니라 대체(大體)인 마음으로도 결국 알 수 없는 것이라고 한다면, 결국 그 믿을 수 있음도 알 수 없는 것일 텐데, 도대체 믿음이 어떻게 가능하며, 또 무얼 지향한 믿음일 수 있겠는가라고 반문한다.

> 일찍이 본심(本心)의 신령스러움으로 되돌아가 그 알 수 있는 도(道)를 제시하지 못한다면, [도는] 단지 귀나 눈으로 듣고 볼 수 없을 뿐만 아니라 마음으로도 알 수 없는 것이 된다. 그러면서도 오히려 믿고 바라고 보존한다고 말한다면, 마음으로도 알지 못하는 것을 물을 때 그 믿을 수 있음은 어찌 알 수 있어 믿으며, 또 무엇을 지향하여 바라고 생각하는 것이겠는가?[36]

유교에서 중요한 것은 천리를 알고 신적 경지의 성인이 되는 것이지, 신을 대상적으로 숭배하는 것이 아니다. 진정으로 하늘을 섬기는 길이라면, 그것은 곧 마음으로 천명을 자각하고 자기 본성을 유지하는 것

---

36 신후담, 『서학변』, 「영언려작」, 67쪽, 473-74쪽, "未嘗返之於本心之靈而示其可知之道, 則非但耳目之所不可聞且見也, 亦此心之所不可知也. 如是而猶曰, 信之望之存之, 則且問心所不知之物, 何以知其可信而信之, 亦何所指的而望之想之乎." 반면 유교는 마음이 본래 허령불매하여 우주의 이치를 다 알 수 있다는 것을 강조한다. "리는 지극히 진실하여 정밀하게 생각하고 깊이 탐구하면 반드시 알 수 없는 이치란 없는 것이다." "우리 유학은 참된 마음으로 참된 이치를 탐구하여 안다"(『서학변』「영언려작」, 70쪽). 물론 이 말이 인간 누구나가 이미 리를 다 알고 있다는 말은 아니다. 이것은 '인간은 누구나 성인이 될 수 있다'는 말처럼 인간의 가능성을 말하고 있을 뿐이다. 그러나 바로 이 가능성이 인간 삶의 목표와 수행의 지향점이 된다는 점에서 중요성을 가지는 것이다.

이지 어찌 그와 다른 목적으로 알지 못하는 신에게 기도하고 간구하는 것일 수 있는가라고 안정복은 반박한다.

> 사람의 심장이 가슴 속에 있으면서 신명(神明)의 집이 되어 온갖 조화(造化)가 거기서 나온다. …… 오직 이 하나의 마음만이 천성(天性)에 근본을 둔 것이다. 만약 이 마음을 붙잡아 보존하여 그 본성을 유지함으로써 우리 상제께서 부여한 천명을 잊어버리지 않는다면, 하늘을 섬기는 도리가 여기에서 벗어나지 않을 것이다. 그런데 어찌 굳이 서양 선비처럼 밤낮으로 기도하고 간구하며 지난 잘못의 용서를 빌고 지옥에 떨어지지 않게 해달라고 기구하기를 무당이 기도하듯이 하는가?[37]

이는 마음으로 천리를 자각하는 존심 양성의 수행 없이 오직 기도와 간구의 신앙만을 강조하는 것을 비판하는 것이다. 더구나 그 신앙 내용이 사후 신의 심판이나 천당 지옥행으로까지 이어지는 것에 대해서는 그것이 더욱 황망할 뿐이라고 비판한다.

> 사람으로 하여금 보고 들을 수도 없는 일을 믿으라고만 하고 그 알 수 있는 길을 말하지 않으면 사람이 비록 심하게 어리석고 혼미하다고 할지라도 그 설명이 의심스러움을 알게 되어 그대로 좇지 않는다. 그러므로 죽은 후에 명확히 알게 된다는 설에 의탁하여 영생의 복으로써 유혹하고 있으니 이는 죽은 후의 일에 관해서는 사람들이 그 있고 없음을 힐난할 수 없기 때문이다. 복과 이익으로 유혹하여 천하를 속이고 있는 것이다.[38]

---

37 안정복, 『천학문답』, 제1편.

38 신후담, 『서학변』, 「영언려작」, 68쪽, 472쪽, "使人而信其不見不聞之事, 而不言其可知之道, 則人雖愚迷之甚, 必知其說之可疑, 而未必聽從故, 托爲死後明見之說, 而誘之以常生之福, 自

인간과 천주를 근본적으로 다른 존재로 간주함으로써 인간이 천주를 알 수 없다고 하는 것도 문제이지만, 신후담이 보기에 더 심각한 문제는 천주에 대해 불가지성을 주장하면서도 그들 자신만은 천주에 대해 알고 있다고 설파한다는 것이다. 다른 지역의 다른 종교에 대해서는 인간의 지혜가 신에 미칠 수 없으므로 다 인간의 헛된 생각이고 미신일 뿐이라고 간주하면서, 유독 자신의 종교에 대해서만 천주를 바로 안 것이라고 주장하는 것은 지독한 독단이며 자기모순이라는 것이다.

> 진광(眞光: 초자연의 빛)은 리(理) 위에 있다고 이미 말하니 리로써 따질 수 있는 것이 아니다. 리로 따질 수 없는 것에 대해 어떻게 그것의 유무를 증험할 수 있는지 알 수 없다. 더구나 그들의 말대로 사람의 지견(知見)이 미치지 않는 것이라면 서양 선비도 틀림없이 사람이어서 그 알지 못하기는 분명히 우리와 마찬가지일 텐데, 오히려 억지로 그에 대해 말하는 것은 어째서인가? 대개 리로 따질 수 없는 것은 그 자신도 알 수 없는 것일 텐데, 입으로 말하고 글로 써서 천하의 사람들로 하여금 그 설을 믿게 하고 그 도를 따르게 하고자 원하니, 그 역시 딱한 일이다.[39]

유교는 인간이 자기 본성을 자각하고 우주의 이치와 태극의 원리를 깨달아 신적 경지의 성인이 되는 것이 가능하다고 보기 때문에, 천주교가 그러한 인식 가능성을 부정하는 것에 대해 비판적이다. 그러나 유학

以爲死後之事, 人不能詰其有無, 而又誘福利之誘, 如是而可欺於天下也."

39 신후담, 『서학변』, 「영언려작」, 69쪽, 472쪽, "至如眞光, 旣曰在理之上, 則此非以理而可推者也. 理所不能推之物, 未知於何而驗其有無乎. 彼乃謂非人知見所及, 則西士亦必人也, 其所不知必與我同 而猶且强言之者, 何也. 夫以理之所不能推, 己之所不能知, 而宣之於口, 筆之於書, 欲使天下之人信其說而從其道, 其亦難矣哉."

자들이 생각하는 천주교의 더욱 심각한 문제는 천주를 피조물과 다른 존재로 보아 인식할 수 없다고 주장하면서도 또 다른 한편으로는 그들 스스로 천주에 관해 이치상으로 받아들이기 힘든 주장을 너무 많이 한다는 것이다.

3) 윤리적 측면: 심판과 천당지옥설의 실리주의(實利主義)

유교는 근본적으로 의(義)와 이(利)를 구분한다. 이는 사적 욕망을 충족시킬 현실적 이익을 뜻하며, 의는 사리사욕을 떠난 도덕적 차원에서 당위적으로 추구해야 할 의리를 뜻한다. 유교에 따르면 인간은 마땅히 개체적 형기에 따라 이익을 좇을 것이 아니라, 보편적 심성에 따라 의리를 추구해야 한다. 특정 행위를 선택할 때 '그것이 내게 이익이 되는가?'가 아니라, '그것이 모두에게 정의로운가?'를 물어야 한다고 보는 것이다. 전자가 자기 이익을 추구하는 이기심의 발로라면, 후자만이 정의를 추구하는 덕(德)의 발로라고 보기 때문이다.

> 리의(理義)라는 것은 하늘로부터 부여받은 것으로 처음부터 사람의 본성 속에 갖추어져 있으므로 군자는 마땅히 오직 이것을 확충하고 그에 따라 행할 뿐이다.[40]

의를 추구하는 마음은 천으로부터 부여받은 성명(性命)에 근원한 도심(道心)이고, 자기 이익을 추구하는 마음은 개별적 형기(形氣)로부

40 신후담, 『서학변』, 「영언려작」, 61쪽, 474쪽, "至於理義者, 得之天賦之, 初具乎本性之中, 君子惟當擴而充之, 循而行之而已."

터 생긴 인심(人心)이다. 전자는 보편적 심의 작용이고, 후자는 개체적 혼의 작용인 것이다. 유교는 인간의 성을 천명의 보편적 심으로 간주하므로 의리를 좇는 성인의 길을 가고자 한다.

그런 유교의 관점에서 보면 천주교가 주장하는 사후의 심판이나 천당지옥설은 일신의 안락함을 좇는 인심의 표현일 뿐이다. 삶의 궁극 지향점을 자기 본성의 실현, 도심의 실현이 아니라, 신이 허용하는 영생과 신이 내려 주는 축복을 받기 위한 신앙에다 두는 것은 결국 개체적 혼이 영원히 존속하여 복락을 누리기를 바라는 것이기 때문이다. 따라서 천주교는 스스로를 천주신앙을 통해 인간으로 하여금 선한 행동을 하게 하는 윤리적 종교라고 선포하지만, 그러나 유교는 천주교에서의 신앙과 선행이 결국은 도덕적 의리가 아닌 자기이익추구에 입각한 것일 뿐이라고 비판한다. 영혼불멸설이나 천당지옥설이 모두 사후 천당에 가서 편안한 삶을 누리자는 이로움의 추구일 뿐이며, 이는 곧 현생에서의 덕 있는 삶의 의미를 사후에 얻을 이익으로 보상받고자 하는 이기심의 발로라고 보는 것이다.

> 그들이 가르치고 배우는 것은 오로지 천상의 복일 뿐이다. …… 이것은 윤리를 경멸하고 도리를 어기며 사사로운 이익을 찾는데 머무르는 것이니, 어찌 심히 미워하지 않을 수 있겠는가. 오호라, 이른바 배운다는 사람이 지성(至誠)을 근본으로 삼지 않고 먼저 이익을 구하는 마음이 있다면, 이는 군자라고 할 수가 없다.[41]

---

41 신후담, 『서학변』「영언려작」, 44쪽, 480쪽, "彼之所以教之學之, 惟天上之福 …… 是其蔑倫悖理, 徇私愛利之留, 豈非可惡之甚者耶, 嗚呼, 所謂學者, 不以至誠爲本, 而先有爲利之心, 則不足爲君子." 신후담은 천주교의 천당지옥설에서 보이는 爲利之心은 결국 천주교의 인간 영혼 이해, 즉 인간의 본성을 보편적 心이 아니라 사적 혼에서 찾는 관점과 맞물려 있음을 간파했다고 본다. "[아니마의 실체를 논함에 있어] 그 귀결은 공적을 세워 참된 복을 누리는

마찬가지로 안정복도 천주교의 천당지옥설은 이익과 복을 구하는 위리지심(爲利之心)일 뿐이라고 보며, 이를 자기 본성의 실현을 강조하는 유교의 태도와 대비시킨다.

> 사람이 현세에 사는 동안에 열심히 선을 실천하여 하늘이 내려 준 나의 참된 본성을 저버리지 않으면 그뿐이지, 어찌 털끝만큼인들 후세의 복을 바라는 마음을 가질 필요가 있겠는가?[42]

이처럼 유교는 천주교의 영혼불멸설이나 천당지옥설을 의리 추구의 참된 도덕성이 아니라 일신의 이익을 추구하는 이기심의 발로로 간주한다. 인심과 도심, 개체적 혼과 보편적 심의 구분에 입각해 볼 때, 천주교는 인간의 본성과 삶의 의미를 신적 마음인 도심의 차원에서가 아니라 오히려 사적 욕망의 인심의 차원에서 구하는 것이라고 비판하는 것이다.

5. 맺는 말

마테오 리치는 유교를 비판하며 다음과 같이 말한다.

데 있으므로, 그 학설의 모두가 이기심에서 나온 것에 지나지 않는다"(『서학변』, 「영언려작」, 50쪽). "서학에서 말하는 영생과 참된 복을 얻고자 하는 욕망은 본바탕이 덕을 좋아하는 마음에 준한 것이 아니다"(『서학변』, 「영언려작」, 60쪽).

42 안정복, 『천학문답』. 이에 이어 안정복은 다음과 같이 말한다. "정자가 말하기를 '석씨는 사생을 초탈하여 오직 자기 개인의 사적인 일만 추구한다'라고 했으니, 천학이 지옥을 면하기를 기구하는 것은 자기 일신만을 위하는 행위가 아니라고 할 수 있겠는가?" "오늘날의 이른바 유자는 일찍이 도불의 천당, 지옥에 관한 설과 묵씨의 겸애론을 비판했으면서 유독 서사의 말에 대해서만은 변별하지도 않고 곧장 말하기를 '이것은 천주를 모시는 敎다. 중국의 성인이 비록 존귀하지만 어찌 천주를 능가할 수 있겠는가'라고 한다."

> 사람이 죽었다고 말하는 것은 혼이 죽었다는 말이 아니라, 백이 죽었다는 말일 뿐이며, 인간의 몸이 죽었다는 말일 뿐이다.[43]

이에 반해 유학자들은 개체적 혼의 불멸성을 인정하지 않는다.

> 혼은 형체에 의지해 있는 것이고, 형체가 이미 없어지면 흩어져 없어지는 것이다. 어찌하여 혼이 자립적 실체가 될 수 있겠는가?[44]

이렇게 보면 천주교는 인간을 영원불멸의 혼을 지닌 고귀한 정신으로 이해하고, 유교는 인간을 신체의 죽음과 더불어 소멸해 버릴 유한하고 덧없는 존재로 간주한 것처럼 보인다. 그런데 마테오 리치는 또 유교에 대해 거듭 다음과 같이 비판한다.

> 사람과 천주를 한 몸이라고 하면 상제의 존엄을 천한 종들과 똑같이 보는 것이 아니겠는가?[45]

> 사람을 천주와 같다고 하면 지나치게 높인 것이다.[46]

그렇다면 유교가 개체적 혼의 불멸성을 인정하지 않으면서도 인간

---

43 마테오 리치, 『천주실의』, 제2권, 166쪽, "夫謂人死者, 非魂死之謂, 惟謂人魄耳, 人形耳."

44 신후담, 『서학변』, 「영언려작」, 46쪽, 479쪽, "魂者, 乃依於形而爲有. 形旣亡則, 消散而歸於無者也. 烏得爲自立之體乎."

45 마테오 리치, 『천주실의』, 제8권, 416쪽, "以人類與天主爲同一體, 非將以上帝之尊, 而侔之於卑役者乎?"

46 마테오 리치, 『천주실의』, 제4권, 211쪽, "以人爲同乎天主 過尊也. 以人與物一 謂人同乎土石, 過卑也."

을 천주나 상제와 같은 존재로 간주할 때, 그들이 인간 본성으로 포착했던 것은 과연 무엇이겠는가? 그것은 그들이 백과 더불어 소멸한다고 본 혼일 수는 없다. 그것은 바로 형기의 차별성을 넘어선 허령불매의 심(心)인 것이다. 즉 유교에서 인간의 신성, 인간의 초월성은 개체적 혼에서가 아니라, 오히려 우주적 본성인 본연지성의 자각으로서의 심에서 찾아진다. 개체 안에서 음양 이기를 활성화하고 주재하는 태극이 보편적 심으로 내재해 있다고 보는 것이다.

이와 같이 유교는 인간 마음의 두 측면, 즉 천인합일의 보편적 의식과 개별적인 사적 의식을 도심과 인심으로 구분해서 논한다. 전자는 태극의 리(理)가 발현된 마음이며, 후자는 개별 신체를 구성하는 형기가 발현된 마음이다. 유학자들에게 개체적인 혼은 후자에 해당하며, 이는 신체의 백이 멸할 때 함께 멸한다. 반면 유학자들이 인간의 본성으로 간주하며 일생을 통해 실현하고자 한 것은 전자의 마음인 도심이다. 도심은 곧 천지지심이며 상제의 마음이고 성인의 마음이다. 유교는 각 인간의 본래적 마음을 바로 도심으로 간주하며 그 마음의 회복을 추구한 것이다.

이에 반해 개별 실체론의 관점에 서 있는 서학은 인간의 정신과 영혼을 오직 인심의 차원에서 이해한다. 개체적 혼의 영속성을 말할 뿐, 인성이 곧 신성이고 인간 마음이 곧 신의 마음이라는 주장에 대해서는 오히려 인간의 오만과 자만일 뿐이라고 비판하며, 신은 인간 정신이 포착할 수 없는 타자이고, 신앙과 기도의 대상일 뿐이라고 주장한다. 그들이 논하는 개체적 혼의 불멸, 사후 심판 및 천당지옥은 유교의 관점에서 보면 모두 개체적 혼을 연장시켜 그 안락함을 배가시키고자 하는 이기적 욕망의 표현일 뿐이다. 유학자들은 이것을 도심의 상실이며, 인간 신성의 왜곡이라고 보았다. 그들이 서학을 비판한 것은 그들이 성학의 기본 명제로 인정하는 『중용』의 다음 구절 때문일 것이다.

인심은 오직 위태롭고 도심은 오직 미미하다.[47]

유교의 관점에서 보면 인간과 신을 절대적으로 구분하는 외재주의는 인간의 심을 오직 인심으로만 간주하여 결국 미미한 도심을 놓쳐 버리게 한다. 그렇듯 미미한 도심이 부정되고 가려지고 잊혀지면, 결국 인심은 더욱 더 위태로워지지 않겠는가?

오늘날 우리의 유물론적 세계에서 우리가 인간 본성으로 확인하는 것은 이미 도심이 아니라 인심일 뿐이다. 천지와 하나 되고 만인과 하나 된 보편적 마음보다는 개체적인 신체적 욕망과 결부된 사적 마음만이 현실적이고 실제적인 마음으로 간주된다. 미미한 도심의 맥은 찾아보기 힘들다. 도심은 현실의 마음이 아니라 단지 인간이 바라는 이상과 꿈, 허구로 여겨진다. 이처럼 도심이 그 생생한 현실성을 상실했기에, 인간 이상의 실현은 인간 자신에 의해서가 아니라, 오히려 인간 바깥의 타자, 외적 신에 의해서만 가능하다는 생각이 더 설득력을 갖는 것으로 받아들여진다. 그래서 유교보다는 서학이, 인간의 신성보다는 인간의 원죄가 더 진실이라고 여겨지는 것이다. 결국 인간 스스로 자기 자신을 도심이 아닌 인심으로 규정하면, 인간은 그렇게 도심이 아닌 인심으로 드러나게 된다. 결국 도심은 더더욱 미미해지고, 인심은 더더욱 위태로워질 뿐이다. 인간의 심을 철저하게 개별적 인심으로 간주하는 것, 이것이 본래 서학의 인간관이 아니었던가? 바로 이 때문에 유교가 그토록 서학을 경계했던 것이 아니었던가?

---

47 『중용』, "人心惟危, 道心惟微."

2장

정약용:
유교와 천주교의 갈등 (2)

다산 정약용(茶山 丁若鏞, 1762-1836)은 젊어서부터 정조(正祖)의 총애를 받아 정계에 진출한 후, 학문적으로나 정치적으로나 뛰어난 역량을 발휘해 자신의 이상을 실현시켰지만, 남인 신서파를 보호해 주던 정조 사망 후 지난 날 천주교에 혹했었다는 이유로 순탄치 못한 삶을 보냈다. 말년까지 유배지 강진에서 외롭게 생을 보냈지만, 그 덕분에 오히려 학문 연구에 전념함으로써 수많은 저서를 남기게 되었다. 당시에도 그랬지만 지금까지도 정약용에 대해서는 그가 한때 과연 진심으로 천주교를 신봉했는가, 나중에는 정말로 그의 말대로 천주교에서 유교로 회심했는가 등의 물음이 제기된다.

이하에서는 정약용의 인간관 내지 세계관을 살펴봄으로써 한국 유학의 흐름 속에서 그의 위치를 규명해 보고자 한다. 우선 정약용을 어떻게 평가할 것인가의 문제를 제기한 후(1절), 유학적 내재주의의 기본 특징을 살펴보고(2절), 이와 대비되는 정약용의 외재주의를 밝혀본다(3

절). 그리고는 그러한 정약용의 사상이 어떤 점에서 가톨릭 사상과 유사한지를 살펴보고(4절), 그런 기반 위에서 한국철학의 흐름 안에서 정약용의 위치를 다시 자리매김해 보고자 한다(5절).

1. 정약용을 어떻게 평가할 것인가?

정약용의 철학을 조선의 유학사, 그리고 서학 수용사 안에서 어떻게 자리매김할 것인가는 아직도 논란 중에 있다. 정약용이 20대에 이승훈, 이가환을 통해 성호 이익의 저서를 읽게 되었고, 이벽과 교유하면서 천주교 서적을 읽고 호감을 가졌었다는 것은 분명하다. 그러나 조정에서 천주교를 사교(邪教)로 규정한 이후 정약용은 더 이상 천주교를 논하지 않았을 뿐 아니라, 상소문에서 자신의 한때의 "미혹[惶惑]"됨과 그로 인한 처벌을 "허명(虛名)만 사모하다 실화(實禍)를 받은 것"이라고 규정한다.[1] 반면 정약용의 사상을 천주교 맥락으로 읽고 싶어하는 학자들

1 정조 21년(1797) 「비방을 변명하고 동부승지직을 사양하는 상소문(辨謗辭同副承旨疏)」에서 정약용은 "신이 이 책[천주교서]을 본 것은 대략 약관 초기였습니다. …… 신은 그 때 어렸으므로 그윽이 혼자서 이것을 사모했습니다"라고 말한다(『다산시문집』, 제9권. 본고에서 정약용의 글은 20책으로 간행된 『여유당전서』를 따른다. 책과 쪽수는 『여유당전서』의 책과 쪽수다. 위의 상소문은 『여유당전서』, 제2책, 88쪽 이하이며, 이것은 민족문화추진회에서 나온 『국역 다산시문집』 제4권, 183쪽 이하에 번역되어 있다). 그러면서 왜 그렇게 되었는가에 대해 정약용은 스스로를 분석하여 다음과 같이 말한다. "신이 이 책을 본 것은 대략 약관 초기였는데, 이 때에 원래 일종의 풍조가 있어, 능히 천문의 歷象家, 農政의 水利器와 측량의 推驗法을 말하는 자가 있으면, 세속에서 서로 전하면서 이를 가리켜 해박하다 했습니다. 저는 그 때 어렸으므로 그윽이 혼자서 이를 사모했습니다. 그러나 …… 세심하게 연구하지 못해, 그 껍데기와 그림자도 끝내 얻은 바가 없고, 오히려 사생설에 얽히고 克伐의 誡에 귀를 기울이고, 기이하고 잡박한 글에 현혹되어 儒門의 別派로 인식해 문단의 기이한 볼거리라 간주했는데, …… 그 본의를 따져보면 대체로 특이한 견문[異聞]을 넓히고자 해서였습니다." 당시 천문이나 지리측량술 또는 수리 기구 등에서 기존의 기술을 넘어서는 서학을

은 정약용의 상소문이나 묘비명은 살아남기 위한 정치적 언술일 뿐이라고 하며 실제의 정약용은 천주교 신앙을 갖고 속죄와 고행의 삶을 살다가 외국 신부에서 성사를 받고 죽었다는 교회 측 자료를 제시하기도 한다.[2] 그러나 정약용이 개인적으로 천주교인이었는가 아닌가의 물음은 철학적 차원에서 볼 때 그렇게 중요한 문제가 아닐 수도 있다. 더 중요한 문제는 정약용 사상의 핵심이 과연 무엇이며, 그 사상이 우리의 정신사 안에서 어떤 위치를 차지하고 있는가 하는 것이다.

정약용 철학에 대해 여러 논란이 일어나게 되는 것은 그가 유교 경학자이면서 동시에 실사구시의 경세학자이고, 또 경전에 대해서뿐 아니라 정치 · 경제 · 군사 등 다방면에 걸쳐 방대하면서도 체계적인 저술을 남기고 있기 때문이다. 이 때문에 우리는 그를 17, 18세기 이래 한국 실학의 완성자, 집대성자라고 부르기도 하며, 그의 사상을 전통 성리학을

높이 평가하는 풍조가 있었기에, 자기도 그런 마음을 갖게 되었다는 것이다. 이는 곧 실용적인 경세의 관점에서 서학에 끌렸음을 말해 주는 것으로, 여기서도 경세를 중시하는 정약용의 태도를 엿볼 수 있다. 그러면서 한편 천주교 이론에 이끌렸지만, 그는 이것 역시 뭔가 색다른 학설에 대한 관심 때문인 것으로 분석한다. 그는 그것을 "잡박한 글에 현혹되어 [천주교를] 儒門의 別派로 인식"한 것이라고 말한다. 그러다가 서학이 유문의 별파가 아니고 다른 것이라는 것, "倫常을 상하고 天理에 거슬리는 말[傷倫悖理之說]"임을 안 것은 1791년 윤지충, 권상연이 신주를 태우고 제사를 거부한 진산사건을 계기로 해서다. 그는 이것을 "허명만 사모하다가 實禍를 받은 것[慕虛名而受實禍]"이라고 말한다.

2 정약용이 천주교인으로 자처했다는 주장은 달레(1829-1878)의 『한국천주교회사』(1874)에 따른 것이다. 달레 저, 안응렬, 최석우 역, 『한국천주교회사』 中, 한국교회사연구소, 1990년 제3판, 185-186쪽 참조. 최석우 신부는 달레가 주로 의거한 자료는 다블뤼(1818-1866)가 여러 자료를 모아 편찬한 「조선순교사비망기」인데, 그 비망기가 의거한 주 자료가 바로 정약용이 쓴 「조선복음전래사」라고 주장한다. 최석우, 「정약용과 천주교의 관계: 더블뤼의 비망기를 중심으로」, 다산학연구원 편, 『다산학보』, 제5집, 1983, 44쪽 이하 참조. 금장태는 『조선 후기 유학과 서학: 교류와 갈등』(서울대출판부, 2003, 228쪽 이하)에서 김옥희 수녀의 또 다른 주장도 언급하면서, 그러나 "불충분하거나 불확실한 사료로서 단정하기보다는 오히려 그의 경학 사상 속에서 천주교 교리의 영향과 성격을 파악하는 것이 문제의 핵심에 좀더 확실하게 접근하는 방법"이 아니겠냐고 말한다.

비판하는 새로운 학문 체계라는 점에서 '다산학'이라고 부르기도 한다. 이처럼 한국사상사에 독보적 존재로 우뚝 서 있는 정약용의 철학은 우리의 사상사 안에서 어떤 의미를 가지는 것일까?

한국철학의 흐름 안에서 정약용 사상의 성립을 설명하려고 한 이을호는 정약용의 사상을 공맹사상으로 돌아가고자 하는 '수사학(洙泗學)적 수기치인(修己治人)의 학(學)'으로 규정한다.[3] 그러나 한우근은 유학이 수기치인의 학[實學]인 것은 사장(詞章) 위주의 학풍을 배척하고 경학을 중시한 여말 선초의 유학부터 그러했으므로, 정약용의 철학을 규정할 때에는 조선 성리학이 지나치게 주자 일변도로 나아가 너무 사변화되고 예학화된 것에 대한 비판이란 점에서 '탈주자학적'이라는 개념이 첨가되어야 하지만, 그러나 이 규정 또한 정약용 이전의 미수 허목, 백호 윤휴, 성호 이익 등에게도 적용될 수 있는 것이므로, 정약용만을 특징짓기에는 불충분하다고 말한다.[4] 윤사순이 실학 전반을 '성리학자들의 실학'과 '탈성리학의 실학'으로 구분할 때, 후자가 17, 18세기 경세치용과 이용후생의 실학을 포함하고 있음이 이 점을 방증한다. 윤사순은 정약용을 "경세치용 학파와 이용후생 학파의 사상을 아울러 집대성한 학자"로 규정한다.[5]

---

3 이을호, 「다산학의 전통성과 근대의식」, 다산학연구원 편, 『다산학보』, 제5집, 1983, 3쪽 이하 참조. 이을호는 1966년 『다산경학사상연구』(을유문화사)에서 다산학을 '수사학적 수기치인의 실학'으로 규정했었다.

4 한우근, 「다산사상의 전개」, 『정다산연구의 현황』, 민음사, 1985, 17쪽 이하 참조. 수기치인지학으로서의 실학의 개념 및 백호 윤휴, 성호 이익, 다산 정약용의 학문관에 나타나는 반주자학적 수사학적 경향에 대해서는 한우근, 「이조 실학의 개념에 대하여」(1958), 「백호 윤휴 연구」(1961), 「성호 이익의 학풍」(1980), 「다산 정약용의 학문관과 학풍」(1982) 참조. 이들은 한우근, 『조선시대 사상사연구논고』, 일조각, 1996에 수록되어 있다. 미수 허목의 탈주자학적 경향 및 실학과의 연계성에 대해서는 정옥자, 「미수 허목의 학풍」, 『조선 후기 지성사』, 일지사, 1991, 103쪽 이하 참조.

그렇다면 정약용 철학이 우리 사상사에서 갖는 위치는 무엇인가? 정약용은 정말로 이전 실학자들의 사상을 집대성하고 완성했는가? 그리고 그것이 전부인가? '탈주자학/탈성리학'의 의미는 정약용 이전의 실학자와 정약용에게서 과연 어떻게 다른가? 탈주자학이 탈유학을 의미하는 것이 아니라면, 공맹의 근본유학과 성리학 그리고 실학과 다산학은 서로 어떤 관계에 있는가?

유학의 흐름 안에서 정약용 사상의 특징을 해명함으로써 '근본유학 → 성리학 → 탈주자학의 실학 → 탈성리학의 정약용'의 연속성과 단절성을 밝혀 보고자 하는 것이 이 글의 목적이다. 그 안에서 정약용 사상의 핵심이 드러나면, 그 때 비로소 그것이 천주교와 어떤 연관이 있는지를 물을 수 있으며, 그렇게 함으로써 정약용 및 천주교가 한국사상사에서 갖는 위치와 의미에 대해 제대로 평가할 수 있으리라고 본다.

정약용 철학을 천주교 내지 서양 근대성의 이념에 따라 해석하려는 연구자들은 대개 성리학의 기본 이념인 천인합일과 만물일체를 사변적이고 관념적이며 비현실적인 공허한 구호로 치부해 버린다. 성리학은 "천인합일이라는 관념적인 융합"[6]을 주장하거나 "거창한 만물일체를 설정"[7]하며, "리(理)의 본체를 찾아가는 사변적인 관념의 세계"[8]일 뿐이라고 한다. 따라서 그들은 정약용의 성리학 비판은 그만큼 진보적이며,

---

5 윤사순, 「실학 의미의 변이」, 한국사상사연구회 편, 『실학의 철학』, 예문서원, 1996, 39쪽.

6 최석우, 「다산 서학에 관한 논의」, 1993년도 다산문화제 기념논총, 『다산 정약용의 서학사상』, 다섯수레, 1993, 69쪽. 그는 "정약용은 수양의 극치를 천인합일이란 관념적인 융합으로 보는 것이 아니라 상제에 감통하고 천명을 아는 신앙인의 모습에서 찾고 있는 것이다. 이것은 서학 내지 마테오 리치의 신앙적인 입장과 깊은 관련을 보여 주고 있는 것이다"라고 주장한다.

7 문석윤, 「다산 정약용의 새로운 도덕이론: 마음에 대한 새로운 이해」, 『철학연구』, 제90집, 2004, 100쪽, 여기에서 그는 "다산은 도덕 실천의 출발점에서 거창한 만물일체를 설정하고 그것을 동기로 설정하는 태도에 대해 비판했다. 仁은 만물과의 일체에서 구현되는 것이 아니라, 바로 옆의 인간을 사랑하는 데서 구현된다고 보았다"라고 한다.

정약용이 강조하는 개체성과 차이성, 인간 의지의 자율성, 행위의 실천성 등은 전통 유학과는 전혀 다른 새로운 근대적 발상이라고 평가한다. 그리고 바로 여기에서 천주교의 영향을 발견할 수 있다고 본다.[9]

그러나 서구의 개별자 실체론이 동양의 만물일체론보다 정말 진보한 사상인가? 천주교의 외재주의적 신관이 동양의 천인합일의 내재주의보다 정말 더 깊이 있는 통찰인가? 개인의 자율적 선택권의 강조가 개인 심성 안에 내재된 보편적 천리의 주장보다 정말 더 의미 있는 주장인가? 정약용 사상을 전통의 맥락, 유학의 흐름 안에서 파악한다는 것은 이런 문제의식을 갖고 정약용 사상에 접근한다는 것을 의미한다. 결국 한국철학사 안에서 정약용을 어디에 위치시키는가는 우리가 우리 자신을 어디에 위치시킬 것인가 하는 문제와 맞물려 있는 것이다.

2. 유교의 내재주의

1) 천(태극)의 내재화와 심층화

우주 만물을 생성하고 주재하는 근원적 존재는 대개 높고 큰 존재,

8 금장태, 『다산실학탐구』, 소학사, 2001, 29쪽. 정약용이 지향하는 새로운 세계관의 기본 방향은 "理의 본체를 찾아가는 사변적 관념의 세계가 아니라 愼獨事天, 强恕求仁, 恒久不息의 적극적 실천의 현실적 세계"라고 주장한다.

9 금장태는 『한국 유학의 심설』, 서울대출판부, 2002, 235쪽에서 "다산은 서학의 '영혼' 개념에서 영향을 받으면서 성리학의 理氣철학적 심성론이 정립한 세계관을 극복하고 유교 경전의 심 개념을 새로운 빛으로 조명하여 독자적으로 해석해내었다"라고 말한다. 이에 대해 문석윤은 "다산은 마음의 존재에 대해 논증하면서, 마테오 리치의 논증에 따른 것이 아니라, 전통적인 방식, 즉 맹자 이래 유교 전래의 경험주의적 방법을 취했다"(「다산 정약용의 새로운 도덕이론」, 96쪽)고 하여, 정약용의 사상 구조에 대한 논의도 마찬가지로 전통적 맥락 안에서 다루는 것이 바람직함을 암시한다.

무한한 일자(一者)로 표상된다. 이 하나[一]의 큰[大] 근원을 동양인은 하늘 천(天)이라고도 불렀다.[10] 공맹 이전의 『시경』, 『서경』, 『주역』은 천이 인간과 만물을 생성하고 일체에 법도를 부여하며, 인간은 그 법도를 따르고 좋아한다고 말한다.

> 하늘이 많은 사람을 낳았고, 만물에 규칙이 있게 했다. 사람들은 그 법도를 지키고 아름다운 덕을 좋아한다.[11]

그런데 일상적 표층 의식에서 보면 존재의 근원, 천 내지 상제는 자연 만물과 마찬가지로 인간 바깥의 타자적 존재다. 그러므로 표층 의식에 머무르는 우리의 소박한 세계이해는 외재주의적이다. 점술과 기복이 발달했던 은(殷)나라의 문화 또한 외재주의, 신본주의다. 상제는 인간

---

10 무한한 절대자를 일자, 하나, '한'으로 이해하는 것은 어찌 보면 중국인보다 한국인의 사유에서 더 분명하게 드러나는 것인지도 모른다. 조선 초기 유학자 권근은 天을 파자하여 한 一과 큰(한) 大로 보았다(權近, 『入學圖說』, 제2도 「天人心性分釋圖」 참조). 하나와 크다는 의미의 '한'이 곧 하늘이고 천이다. 한을 우러러 존칭 '님'을 붙이면 한님, 하느님, 하늘님이다. 한, 일자, 큰 존재, 하늘에다 '님'을 붙이는 이유는 무엇인가? 한(하늘)이 우주의 근원으로서 우주 만물을 생성시키고 우주 만물에 질서를 부여하며 자연과 정신, 몸과 마음에 생명을 불어넣는 힘이라고 여겨지기에 그 근원적 힘을 우러러 한님, 즉 하느님이라고 부른 것이다. 한자로 표기할 때 이 하느님을 상제라고도 하고, 신이라고도 하고, 하늘의 주재자란 의미에서 天主라고도 한다. 이하에서 상제나 신이란 이런 의미에서 인간이면 누구나 마음 속에 품게 되는 절대자, 무한자, 근원적 존재, 근원적 힘, 주재자라는 의미를 가진다. 그러므로 여기서 논하는 상제나 신이 과연 '기독교의 인격신'이냐 아니냐 등의 물음은 부차적인 것이다. '기독교의 신' 자체가 일자, 절대자, 하느님에 대한 기독교식의 표상이기 때문이다.

11 『詩經』, 「大雅」, "天生烝民, 有物有則, 民之秉彝, 好是懿德." 이하 본문에서 인용되는 『시경』의 구절들은 『중용』에 인용될 뿐 아니라, 『心經附註』에도 실려 있는 것들이다. 『심경부주』는 1225년 간행된 진덕수의 『심경』에다 정민정이 주를 달아 1492년 간행된 것으로서 조선의 성리학자, 이덕홍, 송시열, 김종덕 등이 보주를 달았었다. 『심경부주』는 이황을 비롯해 조선의 성리학자에게 지대한 영향을 미쳤는데, 이는 한국 성리학의 心學的 경향을 보여주는 것이라고 볼 수 있겠다(성백효 역주, 고전국역편집위원회 편, 『역주 심경부주』(2002) 참조).

바깥에서 인간을 바라보며 감시하는 외적 존재로 간주된다. 따라서 인간은 그를 두려워하면서 그 뜻을 헤아려 따르고자 노력하게 된다.

> 상제가 너를 굽어보시니, 네 마음을 두 가지로 하지 말라.[12]

> 네가 군자들과 벗해서는 너의 얼굴빛을 온화하고 유순하게 하여 혹시 잘못이 있지 않을까 염려한다. 그러나 네가 방에 있을 때에도 방 귀퉁이에 부끄러움이 없게 해야 한다. 드러나지 않는 곳이라고 나를 보는 이가 없다고 말하지 마라. 신이 다가오는 것을 헤아리기도 힘든데, 하물며 신을 싫어할 수 있겠는가.[13]

반면 주나라의 인본주의를 숭상하는 공맹은 인간 삶의 영역으로부터 외적 타자로서의 상제나 신(神)의 간섭과 그에 대한 두려움을 배제하고자 한다. 대신 인간이 추구하는 절대 가치를 인간 자신 안에 내재된 내적 가치, 내적 신성과 도덕성으로 간주한다. 『중용』의 '천명지위성(天命之謂性)'은 천의 명령이 인간 바깥으로부터 주어지는 것이 아니라, 인간 내면에 이미 인간의 본성으로 구비되어 있다는 것을 말하며, 맹자의 성선설(性善說)은 인간의 본성 자체가 절대적으로 선하다는 것, 인의예지는 인간 마음 안에 이미 그 본성으로 존재한다는 것을 주

---

12 『詩經』, 「大雅」, "上帝臨女, 無貳爾心."

13 『詩經』, 「大雅」, "視爾友君子, 輯柔爾顔, 不遐有愆. 相在爾室, 尙不愧于室漏, 無曰不顯, 莫予云覯, 神之格思, 不可度思, 矧可射思." 夏나라를 정복한 유목 민족인 은족의 殷나라에서 외재주의적 신관, 배타적 유일신관에 따라 제사 및 점술이 발달했는데 반해, 은을 정복하고 세워진 周나라에서는 내재주의적 · 보편적 신관이 형성되고 인본주의 문화가 전개되었다는 것, 공자의 혈통은 비록 은족에 속하지만 그 정신은 주나라 문화와 예를 따르겠다고 했다는 것 등은 중국 고대 철학을 해석하는 기본 틀이라고 보여진다.

장한다.

> 천이 명한 것이 곧 성이다.[14]

> 인의예지는 바깥으로부터 내게 녹아 들어온 것이 아니라, 내가 본래부터 가지고 있는 것이다.[15]

그런데 이처럼 절대적 가치인 천, 태극 또는 신성을 인간의 본성으로 내면화한다는 것은 그 본성을 모든 인간의 표층적 차별성을 떠나 그보다 더 심층의 보편성으로 이해한다는 것을 의미한다. 내면화는 곧 심층화다. 개체의 차별성은 표층 의식현상으로 간주되고, 그 심층에 보편적 본성이 존재한다고 보는 것이다. 따라서 신성 또는 태극의 내면화는 그 보편적 본성을 인간 심층에서 구함으로써 하나의 인격을 심층 자아와 표층 자아라는 이중성으로 갈라놓는 작업이기도 하다. 유학에 항상 등장하는 인간의 대체(大體)와 소체(小體), 천리와 인욕, 도심과 인심의 대립이 그것이다.

---

14 『中庸』, "天命之謂性." 주희는 이 구절은 "도의 본원이 하늘에서 나와서 바뀔 수 없음과 그 실체가 자기 몸에 갖추어져 있어 떠날 수 없음(道之本源出於天而不可易, 其實體備於己而不可離.)"을 밝힌 것으로 해석한다.

15 『맹자』, 「告子」 上, "仁義禮智, 非由外鑠我也, 我固有之也." 이에 이어 "다만 생각하지 않을 뿐이다. 그러므로 구하면 얻을 것이요 버리면 잃을 것이라고 말한다(弗思耳矣, 故曰: 求則得之, 舍則失之.)"라고 한다. 이는 곧 인의예지가 본성으로 구비되어 있다고 해서 그것이 이미 구체적으로 실현되어 있는 것은 아니라는 것을 말해 준다. 본성으로 구비되어 있어도 스스로 생각해서 실현시켜야만 자기 것이 되고, 생각하지 않으면 잃어버린다는 것을 말하는 것이다. 이처럼 맹자는 '본유적으로 주어져 있음'과 '구체적으로 실행하고 있음'이 서로 다르다는 것을 알고 있었다. 전자는 후자의 부정이 아니라, 오히려 후자의 가능 근거인 것이다. 정약용은 이 점을 간과하여, 사덕이 본유임을 부정한다.

도심(道心)은 오로지 미미하고, 인심(人心)은 오로지 위태롭다.[16]

(문) 다 같은 사람인데 누구는 대인(大人)이 되고 누구는 소인(小人)이 되는 것은 왜인가? (답) 대체(大體)를 따르면 대인이 되고, 소체(小體)를 따르면 소인이 된다. (문) 다 같은 사람인데 누구는 대체를 따르고 누구는 소체를 따르는 것은 왜인가? (답) 이목(耳目)의 기관은 생각하지 않으며 사물에 의해 가려진다. 사물이 사물과 관계하면 눈귀를 유혹할 뿐이다. 마음의 기관은 생각을 하며, 생각한 즉 [대체를] 얻게 되고 생각하지 않으면 얻지 못하니, 이것[대체]이 하늘이 내게 부여해 준 것이다.[17]

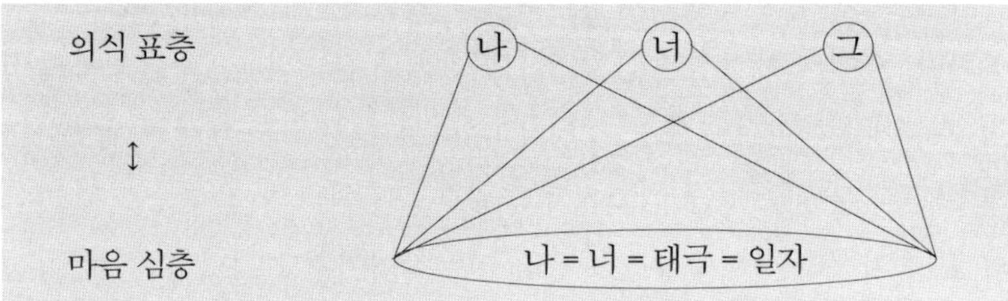

도심은 심층 깊이 가려진 보편적 본성이기에 잘 드러나지 않아 미미하며, 인심은 표층적 의식으로 심층의 도심을 망각하고 사적인 욕망에 따라 좌우되기 쉬우므로 위태롭다. 심층의 도심, 보편적 본성, 대체를 알아차리고 실현하는 자가 대인이며, 의식 표층에 머물러 사물에 유혹되고 욕망에 사로잡히는 자가 소인이다. 이와 같이 유학은 내재화된

---

16 "道心惟微, 人心惟危." 이것은 주희가 『중용장구』 서문에서 유교의 도통을 설립하기 위해 인용한 말로서 『상서』에 나오는 말이다.

17 『孟子』, 「告子」 上, "公都子問曰, 鈞是人也. 或爲大人, 或爲小人, 何也. 孟子曰, 從其大體, 爲大人, 從其小體, 爲小人. 曰, 鈞是人也. 或從其大體, 或從其小體, 何也. 曰, 耳目之官, 不思而蔽於物, 物交物則引之而已矣. 心之官則思, 思則得之, 不思則不得也. 此天之所與我者."

태극, 보편적 본성은 인간 마음의 심층에서 구하고, 인간 각자의 차별성과 개체성은 인간 마음의 표층에서 구한다.

2) 인간 본성의 이해

천명으로서 태극의 내면화와 심층화가 깊어지면 질수록, 내재화된 태극의 보편성은 인간과 만물의 차별성을 넘어 우주 만물의 보편성으로 확대된다. 인간 표층의 의식보다 더 심층으로 내려갈수록 그 심층에서 인간은 다른 존재와 더 많은 것을 공유하게 되며, 결국 궁극 지점에서는 하나가 되기 때문이다. 이처럼 공맹유학에서의 천명과 덕(德)의 내재화와 심층화를 더욱 철저화시킨 것이 바로 송대 성리학이다.[18] 표층 의식에서 우주의 외적 근원, 타자로 간주되던 상제(上帝), 신과 신성을 성리학은 태극과 리(理)로 칭하면서 우주 만물 심층의 내적 본성으로 간주하는 것이다.[19]

---

18 이처럼 성리학은 맹자가 인간 심층의 보편적 본성 · 덕성으로 간주한 것을 인간뿐 아니라 만물의 근원적 본성으로 여긴다. 이는 맹자가 인간의 본성을 각각의 인간의 차별적인 표층 의식이 아닌 모든 인간에 공통적인 심층의 덕성으로 간주함으로써 인간 마음에서 표층적인 의식의 차원(심의 已發: 用)과 심층적인 존재의 차원(심의 未發: 體)의 구분을 제시했기 때문이다. 심층으로 내려갈수록 표층에 드러나는 차별성이 보편성 안에 융해되는데, 각각의 존재가 바로 그 보편적 일자를 그 자신의 본성으로 간직하고 있다고 본 것이다.

19 공맹의 근본유학과 송대 성리학을 서로 다른 것으로 양분하려는 자가 주로 주장하는 것이 성리학에서 태극이나 리는 우주의 근원인 상제나 신과 비교될 수 없게끔 단지 이차적이고 추상적인 이치, 사물에 귀속된 속성에 지나지 않는다는 것이다. 그렇다면 성리학은 우주 만물의 존재 및 생성의 근원을 무엇으로 이해했다는 말인가? 동양인은 현실주의적이고 상대주의적이며 심지어 유물론적이어서 그런 근원에 대한 형이상학적 사유를 하지 못하고, 기껏 물질적인 사물들에 귀속하는 속성인 리를 가지고 우주를 설명했다는 것이다. 이것이 마테오 리치가 성리학을 읽는 방식이다. 이는 성리학에서 찾아볼 수 없는 우주의 근원, 생성의 근원이 바로 천주교의 천주라는 것을 말하기 위한 것이다. 그러나 주돈이는 음양, 오행, 만물에 앞서 태극을 그 근원으로 논하고, 주희 또한 리의 근원성을 강조했으며, 이황은 리의 능동성과 주재성을 적극적으로 주장했다. 결국 태극과 리를 능동적인 우주의 근원으로 간

만물의 심층에 내재화된 태극의 보편성과 그럼에도 불구하고 존재하는 만물 표층의 차별성을 주희성리학은 리와 기로써 설명한다. 리는 태극의 리이고 천지의 리로서 만물의 보편적 본성을 이루고, 기는 그 보편성에도 불구하고 표층에서 성립하는 차별적 개체성을 형성하는 힘이다. 기는 차별적인 우주 만물의 형태를 형성하며, 리는 그 만물 안에 하늘로부터 부여된 내적 천명이며 보편적 성(性)이다.

> 하늘이 음양오행으로써 만물을 생함에 있어 기로써 형체를 이루고, 거기에 리 또한 부여하니 명령과도 같다.[20]

심층에 주어진 태극은 우주 만물의 근원, 우주의 근본 원리이며 근원적 힘이므로, 인간뿐 아니라 일체 만물 안에 내재된 보편적 본성이다. 만물은 그 심층에 태극을 간직함으로써 근본적으로 하나다. 만물일체인 것이다. 마치 지상의 각각의 나무가 땅 밑 뿌리에서 하나로 연결되어 있듯이, 존재의 가장 밑바닥에서 만물은 하나로 연결되어 있다. 그 심층의 하나가 바로 태극이고 신성이며 하느님이다. 이 심층에 구비된 하나의 보편적 태극으로부터 만물일체의 느낌인 인(仁)이 발생한다. 성리학은

주하는가 아닌가는 성리학을 성리학 자체의 관점(내재주의)에서 볼 것인가, 마테오 리치의 말을 따라 천주교의 관점(외재주의)에서 볼 것인가의 차이인 것이다. 박종홍의 다음 구절이 이 상황을 정확히 말해 주고 있다. "같은 유학이지만 송대의 성리학, 그 중에서도 태극 또는 性을 리라고 하며 나아가 天을 그대로 리라고 하는 식의 생각이 강한 태도를 취하는 학자들일수록 천주교적 세계관에 대해 반발함을 알 수 있다. 그러기에 이마두가 이미 그의 『천주실의』에서 천주가 태극이나 리와 같을 수 없음을 밝히려 했거니와, 만일 같은 유학이라고 하더라도 리의 무위 · 무능을 강조하는 입장을 택한다면, 그 점에서 천주학과 일맥상통한다고 볼 수 있을 것이다"(박종홍, 「對西歐的 세계관과 다산의 洙泗舊觀」, 『박종홍전집』, 제5권, 「근대사상편」, 민음사, 1998, 90쪽).

20 주희, 『중용장구』 서문, "天以陰陽五行, 化生萬物, 氣以成形, 而理亦賦焉, 猶命令也."

만물 안에 내재된 그 근원적 하나를 만물의 본래적 성, '본연지성'이라고 부른다. 본연지성은 태극이고 천지의 리이며 원형이정의 오상(五常)이고 인의예지의 사덕(四德)이다. 인간, 동물, 식물과 무생물에 이르기까지 만물은 하나의 태극을 본연지성으로 가지며, 이 점에서 만물은 일체다.

> 대저 천지 만물은 본래 나와 일체다.[21]

그러나 본연지성을 가진다고 해서 각각의 개체가 그 내적 본성을 다 의식하고 자각하고 실현한다는 말은 아니다. 각각의 존재는 자기 본성의 자각 정도와 실현 정도에 차이가 있다. 무생물은 태극의 리(理)를 따라 수동적으로 존재할 뿐이고, 식물은 생장할 뿐이며, 동물은 지각 운동까지만 이르고, 인간만이 도의에 따라 본성을 회복하고 실현할 줄 안다. 이것이 순자(荀子)가 논한 개체 간의 차별성이다. 인간 중에서도 부분적으로 실현하는 자가 있고 완전하게 실현하는 자가 있다. 본성을 완전하게 실현하는 자는 태극을 실현하는 자, 우주 만물의 생육에 참여하는 자, 성인(聖人)이다. 개별자의 차이는 본연지성의 차이가 아니라, 그

---

21 주희, 『중용장구』, "蓋天地萬物, 本吾一體." 이러한 '만물일체'가 개체를 전체 안에 융해시켜 버리는 것은 아니다. 개체가 전체 안에 융해되고 소멸되는 것은 개체를 전체를 구성하는 일부분으로만 파악할 경우다. 즉 개체를 그 본성인 리를 도외시하고 차별적 기로서만 간주할 경우다. 이 경우 전체는 부분으로서의 개체의 경계를 형성하는 기가 전체로 환원되어 결국 개체가 소멸함으로써만 얻을 수 있는 것이기 때문이다. 개별자 실체론의 관점에 설 경우에만 만물일체설이 개체의 소멸로 여겨지는 것이다. 이에 반해 유교의 만물일체설은 만물 안에 보편적 리가 그 본연지성으로 갖추어져 있다는 점에서 만물일체를 주장하는 것이므로, 개체의 소멸을 주장하는 것이 아니라, 개체가 곧 전체라는 주장이다. 이는 개체를 전체의 부분이 아니라 그 자체가 곧 전체의 핵심인 태극을 구유하고 있다는 점에서 개체를 곧 전체로 간주하는 것이다. 이처럼 개체를 전체를 반영하는 소우주로 보는 성리학의 관점은 "一卽一切, 一切卽一"을 주장하는 화엄의 논리와도 상통한다.

본성을 얼마만큼 투명하게 의식하고 아는가를 결정하는 개체 구성의 요소인 기질에서 온다. 그 특징을 '기질지성'이라고 한다.

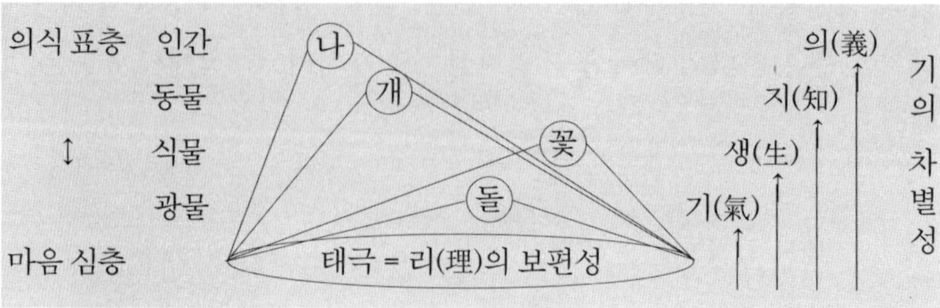

이처럼 만물에 있어 그 심층의 보편성은 리의 본연지성으로, 표층의 차별성은 기질지성으로 설명된다. 그러므로 만물을 포함하여 인간의 본성을 논할 때는 반드시 보편적 리 내지 성(본연지성)과 더불어 차별적 기(기질지성)를 함께 논해야 한다.

> 성만 논하고 기를 논하지 않으면 [인간 본성의 논의가] 다 갖추어지지 않고, 기만 논하고 성을 논하지 않으면 분명하지 않다.[22]

맹자가 논한 천명의 성, 성선(性善)의 성은 성리학에서 만물에 보편적으로 구비된 본연지성이며, 고자(告子)가 논한 '생지위성(生之謂性)'의 성인 식색지욕은 만물의 차별성을 만드는 기질지성에 속하는 것이다. 만물은 내면에 선한 보편적 본연지성을 지녀 그 점에서 만물일체가 성립하지만, 각각은 기질지성에 따라 개체적 구체성과 차별성을 갖게

22 이는 정자의 말로 주희가 『맹자집주』, 「고자 상」에서 인용한 것이다. "程子曰, 論性不論氣, 不備. 論氣不論性, 不明." 정자는 인간의 보편적 본성을 리로 여기고 차별적인 才를 기질의 차이로 간주하여, 기의 차이에 따라 성인과 下愚가 구분된다고 말한다. 그러나 누구나 자기 기질을 극복하고 본성을 회복할 수 있음을 논한다.

되는 것이다.[23]

3) 성리학의 마음공부

만물에 내재된 태극, 리(理)는 우주의 근원이고 생성의 힘이지만 그 자체는 차별적 형태를 떠난 무형의 것이다. 무형의 근원은 유형의 차별성을 떠나야 제대로 드러나며, 보편성의 심층은 차별성의 표층보다 더 깊이 파고들어야만 발견될 수 있다. 심층의 뿌리는 지상 위의 가지와 줄기보다 더 깊이 땅 밑으로 파고들어야만 찾아진다. 뿌리가 그 자신을 자각하자면, 지상의 가지나 줄기로 공기와 햇빛, 다른 사물들과 외적으로 소통하는 것이 아니라, 내적으로 뿌리 자신 안에서 만물의 뿌리와 연결되어 있는 그 지점에 이르러야 하는 것이다. 그 지점은 차별적 상, 유형의 것들이 소멸해 비어 있는 신령한 터전이다. 이것을 성리학은 유형의 물리적 사물이나 심리적 상들을 벗어난 마음 자체, '허령불매(虛靈不

23 맹자가 인간의 도덕성을 논할 때는 그것을 동물과 인간을 구분짓는 인간의 종차로 보고, 인간과 동물에 공통적인 것을 고자의 식색지욕으로 논했다. 즉 인간 마음에서 표층(용)과 심층(체)을 구분하기는 했지만, 그 심체를 우주 만물의 내재적 근원으로까지 간주하지는 않았다. 그 심층화와 보편화를 철저히 수행한 것이 성리학이다. 그러므로 맹자의 도덕성을 본연지성으로 해석하되 그것을 만물의 보편적 본성으로 간주했으며, 인간과 동물의 차이를 표층적인 기질의 차이로 간주한 것이다. 따라서 인간과 동물에게 무엇이 공통적이고 무엇이 차별적인가에 대해 맹자와 주희 간에 관점의 변화가 있다.

맹자		성리학
차별적인 것:	〈맹자의 도덕성 = 본연지성〉:	공통적인 것
공통적인 것:	〈고자의 식색지욕 = 기질지성〉:	차별적인 것

그러나 엄밀히 말하면 맹자의 도덕성이 곧 본연지성이고 고자의 식색지욕이 곧 기질지성인 것은 아니다. 맹자의 도덕성과 고자의 식색지욕은 각각 종차로서 논해진 것인데 반해, 성리학에서 본연지성은 종차들 너머 만물의 보편적 본성이며, 기질지성은 단지 동물적 식색지욕만을 말하는 것이 아니라, 인간 · 동물 · 식물 등 만물을 구별짓는 차이성을 말하는 것이므로 그 개념의 차원이 다른 것이기 때문이다. 이 문제는 이하 본문 제3절 인간의 본성을 논하면서 다시 언급하기로 한다.

昧)'의 심(心)으로 이해한다. 허령불매의 심이 보편적 태극의 자각으로서 모두에게 하나의 마음인 일심(一心)이다.

> 비어 있으며 신령한 것 자체가 심의 본체다.[24]

> 한 사람의 마음이 곧 천지의 마음이며, 한 자기의 마음이 곧 천만인의 마음이다. 그러므로 처음부터 안과 밖, 너와 나의 다름이 있지 않다.[25]

이 마음은 희로애락의 감정이 일어나기 전 미발(未發)의 심이며, 의식적인 사려분별이 일어나기 전 사려미맹의 심이다. 이를 '적연부동(寂然不動)'이라고 한다. 그러다가 이 마음으로부터 의식이 표층으로 떠올라오면서 사물과 접촉하여 '감이수통(感而遂通)'하게 된다. 이 때를 사려분별이 시작되고 희로애락의 감정이 일어나는 이발(已發)이라고 한다. 이처럼 인간의 마음이 허령불매하여 적연부동의 심층에 머무르는 때와 사물과 접촉하여 감이수통하며 희로애락이 발한 때로 구분되기 때문에, 성리학은 마음공부를 두 단계로 구분한다. 심층에서의 미발 시 공부와 표층에서의 이발 시 공부가 그것이다.

미발공부는 마음 심층에서 자기 자신의 무형의 보편적 본성을 자각하여 만물일체를 깨닫고 인(仁)을 체인하는 것이다. 물리적 대상과 심리적 표상을 떠나 마음을 비우되 그러면서도 성성하게 깨어 있어, 자신의 심층의 본성인 태극을 자각하여 만물일체를 깨닫는 것, 이것이 바로 미발 함양공부이다. 마음 자체만이 깨어 있는 이 미발 시 공부를 성리학은

---

24 주희, 『朱子語類』, 제5권, 성리2, 39조목, "虛靈自是心之本體."

25 이황, 『退溪先生文集』, 권18, 28, 「答奇明彦論改心統性情圖」, 109쪽, "一人之心, 卽天地之心. 一己之心, 卽千萬人之心. 初無內外彼此之有異."

'계신공구'라고 칭한다.

> 보이지 않는 곳에서도 삼가고 신중하며[戒愼], 들리지 않는 곳에서도 두려워하고 조심한다[恐懼].[26]

그러나 성리학의 공부는 마음 심층에서 본성을 자각하고 인을 체득한 것으로 끝나는 것은 아니다. 본성을 자각한 마음이라도 그것이 표출되는 순간 바르게 표출되는지, 상황에 맞고 절도에 맞게 표출되는지는 다시 세심히 성찰되어야 하기 때문이다. 미발의 마음은 마음 본연의 허령지각 상태이므로 치우침 없는 중(中)이며 언제나 선(善)이지만, 의식이 표층으로 표현되는 이발의 마음은 절도에 맞는지 아닌지에 따라 선도 악도 될 수 있다. 그러므로 마음이 말이나 행위로 표출될 때는 내적 외적 상황을 성찰하여 과불급에 이르지 않고 중절하도록 힘써야 한다. 이것이 바로 이발 시 찰식공부다. 미발공부로 시작하여 이발공부로 마치는 것은 자신의 뿌리를 튼튼히 해야 그 힘을 줄기와 가지로 뻗어 나갈 수 있는 것과 마찬가지다.

3. 정약용의 외재주의

1) 태극의 외화와 본연지성의 부정

성리학은 '천인합일의 오묘함을 얻는 것', '인을 체득하여 천지만

---

26 『중용』, "戒愼乎其所不睹, 恐懼乎其所不聞."

물과 일체가 되는 것'을 강조한다. 이것은 '그것(신)이 바로 너이니라!'(우파니샤드)의 통찰, '내 마음이 곧 네 마음'(최제우)의 통찰과 다름 아니다. 동양인의 심성에 보편적으로 놓여 있는 종교적 심성은 바로 이러한 내재주의적 신관에서 비롯된다.

그러나 정약용은 태극, 신성, 덕성의 내재성을 부정한다. 우주의 근원인 태극이 우주 만물 및 인간 안에 내면화되어 허령한 하나의 보편적 심체로 존재한다는 것, 인의예지의 덕성이 인간의 본연지성으로서 마음 안에 이미 갖추어져 있다는 것을 정약용은 받아들이지 않는다. 정약용은 유교의 본연지성의 논의를 불교에서 도입된 그릇된 학설로 간주한다.

> 본연(本然)이라는 말의 뜻을 세상에서 잘 모르고 있다. 불서(佛書)에 보면 본연이란 무시자재(無始自在)의 뜻이다. 유가에서는 우리 인간은 하늘에서 명(命)을 받은 것으로 이해하고 있지만, 불씨는 본연의 성에 대해 "받아온 것은 없고 언제 처음 나왔다는 것도 없이 천지 사이에서 자재하면서 끝없이 윤회하여, 사람이 죽어 소가 되고 소가 죽어 개가 되고 개가 죽어 인간이 되더라도 그 본연의 체만은 투명하게 밝고 자재한다"고 했으니 이것이 이른바 '본연지성'인 것이다. …… 본연이라는 두 글자는 육경 사서와 제자백가서에 전혀 출처가 없으며 오직 『수능엄경』에서만 중복하여 말하고 있다.[27]

27 정약용, 「心經密驗」, 『여유당전서』, 제4책, 147-48. 번역은 전주대호남학연구소 역, 『국역 여유당전서』, 경집1, 전주대학교출판부, 1986, 163-164쪽 참조(본고 이하에서는 「심경밀험」이라고만 쓴다. 그 다음의 쪽수는 『여유당전서』 제4권 중의 쪽수를 나타내며, 괄호 속 쪽수는 번역책의 쪽수를 나타낸다). "本然之義, 世多不曉. 據佛書, 本然者, 無始自在之意也. 儒家謂吾人稟命於天, 佛氏謂本然之性, 無所稟命, 無所始生, 自在天地之間, 輪轉不窮. 人死爲牛, 牛死爲犬, 犬死爲人, 而其本然之體, 瀅澈自在, 此所謂本然之性也. …… 本然二字, 旣於六經四書諸子百家之書, 都無出處. 唯首楞嚴經, 重言復言."

불교는 사람이나 소나 개 등 개별자의 형태는 업력에 따라 형성되는 업보로서 궁극적 실재가 아닌 것으로 간주한다. 개별자는 허령한 본체인 심 안에 나타나는 일시적인 인연화합의 결과물인 것이다. 허령본체의 심만이 무시이래로 불생불멸하는 것이며, 신령스러운 자기자각을 가진다. 성리학은 각 개체의 본연지성을 우주의 근원인 태극이 내면화된 것으로 간주하므로, 그 본연지성 또한 태극과 마찬가지로 무시이래의 불생불멸하는 것으로 본다. 개체적 다(多)의 심층 속에 보편적 일(一)이 내재되어 있으므로, 다는 그 심층의 일에 있어 하나가 된다. 이 허령불매의 심체를 불교에서는 진여, 여래라고 하고, 유교에서는 태극, 본연지성이라고 하며, 그 허령불매의 자각성을 불교에서는 공적영지라고 하고, 유교에서는 허령불매의 미발지각이라고 한다. 표면적인 심의 작용과 달리 미발의 심체는 그 자체로 신령하고 신묘하며 선한 것으로 간주하는 것이다.

그런데 정약용은 이러한 내면화된 태극, 내적 신성을 인정하지 않는다. 우주의 근원, 태극, 일자, 신, 상제는 우주 만물 바깥에 머무르지 만물에 내재된 것이 아니다. 만물의 심층에서 발견될 수 있는 보편적 일자는 없다. 그러므로 성리학의 기본 전제인 '만물일체'에 대해 정약용은 다음과 같이 말한다.

> 만물일체, 그것은 옛 경전에는 결코 나오지 않는 말이다.[28]

---

28 정약용, 「中庸講義」, 『여유당전서』, 제4책, 252쪽, 번역은 전주대 호남학연구소 역, 『국역 여유당전서』, 경집1, 전주대학교출판부, 1986, 277쪽 참조(본고 이하에서는 「중용강의」라고만 쓴다. 그 다음의 쪽수는 『여유당전서』 제4권 중의 쪽수를 나타내며, 괄호 속 쪽수는 번역책의 쪽수를 나타낸다). "萬物一體, 其在古經, 絶無此語."

만물에 있어 만물일체를 이루는 본성을 부정하는 것은 인간에게서도 만물일체의 심체 및 그 작용을 부정한다는 것을 의미한다. 이는 곧 인간 마음의 허령불매성, 심층의 자기자각성 등을 인정하지 않고 마음을 그 표층의 심리작용만으로 간주한다는 것을 의미한다.

만물을 통섭하여 우주 만물을 하나의 세계이게끔 조화시키는 일자는 만물 내면이 아니라 만물 바깥의 외적 일자로 간주된다. 이 점에서 정약용은 우주의 근원, 절대적 일자, 신, 상제를 우주 만물 바깥에 두는 외재주의의 길을 간다. 상제는 개별자들 바깥에 존재하며, 개별자들을 주시하고 감시하며 상벌하는 타자다. 결국 정약용은 『시경』의 외재주의적 상제관으로 돌아가는 것이다. 그래서 후대의 유교가 태극을 내재화시키면서 본연지성과 심체의 허령불매성을 논하는 것을 불교에 영향을 받아 본래의 유교정신을 왜곡한 것이라고 해석한다.

> '허령한 것은 순수한 선으로 악을 행할 리가 없다'는 것은 불씨의 말이다.[29]

> 불교 서적을 보니 천언만언 모두 심체(心體)의 아름답고 좋은 점을 찬탄했는데, 우리 유가에는 이런 법이 없다.[30]

> 아직 발하지 않았을 때에는 참으로 선이라고 말할 수 없다.[31]

29 정약용, 「孟子要義」, 『여유당전서』, 제4책, 439-440. 번역으로는 이지형 역주, 『국역 다산 맹자요의』, 현대실학사, 1994, 137쪽 (본고 이하에서는 「맹자요의」라고만 쓴다. 그 다음의 쪽수는 『여유당전서』 제4권 중의 쪽수를 나타내며, 괄호 속 쪽수는 번역책의 쪽수를 나타낸다). "凡以虛靈之體, 謂純善, 無可惡之理者, 佛氏之論也."

30 정약용, 「맹자요의」, 535, (323), "余觀佛書, 其千言萬語, 皆贊歎心體之美好, 吾家無此法也."

31 정약용, 「맹자요의」, 534, (322), "方其未發也, 固不可謂之善矣."

이처럼 정약용은 본연지성 또는 미발의 중을 갖춘 심성을 인정하지 않는다. 이는 곧 정약용이 성리학의 내재주의를 비판한면서 공맹의 인본주의적 내재주의로부터도 멀어져 오히려 그 이전의 외재주의로 되돌아간다는 것을 의미한다. 정약용은 맹자가 인간의 내재적 덕성으로 논한 인의예지의 사덕도 천으로부터 본유적으로 구비된 것임을 인정하지 않는다. 인의예지가 모든 인간에게 본래적으로 구비되어 있는 덕목이 아니라, 인간이 구체적 행위를 통해 비로소 성취해야 하는 덕목으로만 간주하는 것이다.

이처럼 유교에서 논하는 허령불매의 심체, 만물의 본연지성과 인의예지의 덕성을 모두 부정함으로써 정약용은 인간 심(心)에 있어 그리고 만물에 있어 그 심층의 하나됨을 인정하지 않는다. 우주의 근원은 만물 바깥에 따로 존재하지 만물 안에 내재화된 심층의 하나, 다 중의 일이 아니다. 심층의 보편적 일자가 부정되면, 인간도 만물도 모두 표층적인 개별적 존재로만 간주될 뿐이다. 심층의 일사, 내석 신성은 부정되고 오로지 차별적인 개체들만이 실재하는 세계 그리고 그 개체를 존재하게 한 우주의 근원, 천, 태극, 상제, 신은 개체 바깥에 절대적 타자로 존재하면서 개체를 감시 감독하고 상벌로써 대응할 뿐인 세계, 그것이 정약용이 그리는 세계상이다. 그 세계 안에서 인간은 어떤 존재인가? 신성이 만물 밖의 타자로 외화되면, 그 때 인간은 어떤 존재인가?

2) 인간의 본성

(1) 본연지성과 기질지성의 보편성과 차별성의 문제

인간은 어떤 존재인가? 인간은 돌이나 초목이나 동물과는 어떻게 다른가? 현상 차원에서 성립하는 차별적 모습은 순자가 이미 정확하게 표현했으며, 성리학도 정약용도 이를 따르고 있다.

> 만물에는 네 품성이 있는데, 순자에 따르면 물과 불에는 기(氣)는 있지만 생명이 없고, 초목에는 생명은 있지만 지각(知覺)이 없고, 금수는 지각은 있지만 의(義)는 없다. 사람은 기, 생명, 지각 위에 의(義)를 갖고 있어, 이것으로 인해 존귀한 품류가 된다.[32]

그런데 성리학에 따르면 이 넷의 차이는 현상적 개체를 형성하는 기질의 차이일 뿐이고, 그들의 본연지성은 우주적 신성, 인의예지의 덕성으로서 차별적 넷을 포괄하는 심층의 영역에 놓여 있다. 차이는 기질의 치우침과 바름, 맑고 탁함으로 인해 그 본연지성을 그런 것으로서 바로 자각할 수 있는가 없는가의 차이일 뿐이다.

반면 정약용은 그들을 포괄하는 보편적 본연지성의 존재를 아예 인정하지 않는다. 그러므로 그들 각각의 본성(본질)을 현상적으로 드러나는 표층적 차이(종차)에서 찾는다. 즉 초목은 생명으로 인해 물불과 차이가 나므로 초목의 본성은 생명이고, 금수는 지각으로 인해 초목과 차이가 나므로 금수의 본성은 지각이며, 인간은 의(義)로 인해 금수와 차이가 나므로 인간의 본성은 의가 된다. 그러므로 정약용은 (인간의 동물로부터의 종차인) 도의지심을 인간 본성으로 논한 맹자의 본성 개념이 (인간과 동물이 공유하는 특징인) 생지위성을 인간의 본성으로 논한 고자의 본성 개념보다 더 정확한 것이라고 말한다.

---

32 정약용, 「맹자요의」, 539, (331), "物之品, 有四等. 荀子曰, 水火有氣, 而無生. 草木有生, 而無知. 禽獸有知, 而無義. 人有氣, 有生, 有知, 有義. 斯其所以爲尊品也."

그[맹자]가 오로지 도의의 성만을 거론한 것은 실제가 참으로 그러하기 때문이다. 무릇 인간이 기질의 욕망을 가지고는 있지만, 절대로 그것을 인성이라고 이름할 수 없는 것이다. …… 인간에게 운동 지각이 있으나 그 위에 또 도의의 마음이 있어 주재하니, 사람의 성을 논하는 자가 도의만을 논하는 것이 옳겠는가, 운동 지각을 아울러 말하는 것이 옳겠는가?[33]

인간과 동물을 구분짓는 종차로서의 도의지심을 인간의 본성으로 논해야지, 동물도 함께 가지는 운동 지각 또는 식색지욕을 인간의 본성으로 논할 수는 없다는 것이다. 이것은 정주성리학이 맹자의 도덕성을 본연지성으로, 고자의 생지위성을 기질지성으로 파악하여 그 둘 다를 인간의 본성으로 논한 것을 정약용이 비판하는 것이다.[34]

이렇게 해서 본연지성(도의지성)과 기질지성(식색지욕)의 보편성과 특수성의 관계는 성리학과 정약용에게서 서로 뒤바뀌게 된다. 성리학에서는 인의예지의 사덕이 자연을 생성시키는 우주적 근원, 태극의 원리로서 만물에 내재된 보편적 본성인데 반해, 정약용에게는 동물과 달리 인간만이 갖는 차별적 본성으로 간주된다. 성리학에서는 인간과

33 정약용, 「맹자요의」, 539, (331), "其專擧道義之本性, 勢固然矣. 大抵氣質之慾, 雖人之所固有, 而萬不可名之曰人性. …… 人身雖有動覺, 乃於動覺之上, 又有道義之心, 爲之主宰. 則論人性者, 主於道義可乎, 兼言動覺可乎."

34 주희의 성리학에서는 맹자는 본연지성을 말하되 기질지성을 논하지 않았는데, 정자가 고자를 통해 그것을 논하여 본성에 대한 논의를 완성했다고 본다. 정약용은 이를 비판하는 것이다. 본연지성과 기질지성, 둘 다를 성으로 논하는 것은 결국 하나는 선이고 다른 하나는 주로 악이게 되므로, 성선설이 아니라 선악혼재설이 된다는 것이다. "'의리의 성은 선을 주로 하고 기질의 성은 악을 주로 하는데 두 성이 서로 합해져서 완전한 성이 된다'는 말에 근거한다면, 양웅의 선악혼재설이 정론이 되고, 오로지 기질의 성만을 말하면 순경의 성악설이 정론이 된다. 그렇다면 공자 자사의 도통은 마땅히 순 · 양에 있어야 하는데, 어째서 맹자를 종통으로 삼는가?" (「맹자요의」, 438).

동물의 차이가 자신의 내적 신성, 심층적 본성을 스스로 자각하고 실현할 수 있는가 없는가의 기질의 차이로 설명되는 데 반해, 정약용에게서는 오히려 기질은 식색지욕의 성질로서 인간과 동물 간의 공통적인 것으로 간주된다.

그런데 맹자는 도덕성을 동물과 구분되는 인간만의 특징으로 간주하고, 식색지욕을 인간과 동물이 함께 갖는 공통적인 것으로 보지 않았는가? 그래서 인간의 성을 인간만의 특징인 도덕성으로 규정한 것이 아닌가? 정약용은 바로 이 점에 착안하여 성리학을 공맹유학의 대립 내지 도치로 본다.

> 주자의 말은 저절로 맹자의 말과 합치하지 않는다. …… [맹자에 따르면] 기질의 성은 분명히 사람과 동물이 함께 얻은 것인데 선유[성리학자]들은 각각 다르다고 말했고, 도의의 성은 분명히 우리 사람들만 얻은 것인데 선유들은 다 같이 얻은 것이라고 하니, 이 점이 바로 내가 매우 의혹하는 바다.[35]

그러나 여기서 정약용이 인간과 동물의 차이점과 공통점으로 염두에 둔 도의지심과 식색지욕은 인간과 동물과 식물과 무생물을 구분하는 각각의 종차들일 뿐이다. 즉 그는 사물들의 표층적인 차별성에만 주목한 것이다. 그런데 성리학은 그러한 표층적인 종차를 모두 기질의 차이로 설명한다.[36] 그것은 그런 표층적 차별성에도 불구하고 만물은 그 심층에 존재와 생성의 근원, 태극을 간직하고 있다고 보기 때문이다. 그

35 정약용, 「맹자요의」, 532, (318-19), "朱子之言, 自與孟子不合而已. …… 氣質之性, 明明人物同得, 而先儒謂之各殊. 道義之性, 明明吾人獨得, 而先儒謂之同得. 此臣之所深惑也."

내재적인 태극을 만물의 본성(본연지성)으로 보며, 그것을 맹자가 논한 인간 심층의 덕성으로 이해한 것이다. 이는 맹자가 인간의 본성을 각각의 인간의 차별적인 표층 의식이 아닌 모든 인간에 공통적인 심층의 덕성으로 간주함으로써 인간 마음에서 표층적인 의식의 차원(심의 已發/用)과 심층적인 존재의 차원(심의 未發/ 體)의 구분을 제시했기 때문이다. 그 가장 심층의 본성을 성리학은 우주 만물에 내재된 보편적 일자로 보는 것이다.

그런데 정약용은 일자를 만물 바깥의 외적 신으로만 간주하며, 만물 안의 내재성을 인정하지 않는다. 따라서 현상의 표면적인 차별성보다 더 깊은 심층의 보편적 본성, 만물의 내적 신성을 인정하지 않고, 일

36 그러므로 본연지성과 기질지성의 보편성과 차별성, 즉 인물성 同異를 논할 때는 용어를 엄밀히 정의해야 한다. 말하자면 (위의 정약용 인용에서) 맹자가 공통적이라고 말하는 기질지성(고자의 생지위성)은 인간과 동물이 함께 가지는 식색지욕만을 지칭해서 하는 말이고, 성리학이 차별적이라고 말하는 기질지성은 식색지욕만을 가지는 동물과 그 이상의 도의지심을 가지는 인간을 구별되게 만드는 성질 전반을 말하는 것이다. 그러므로 그 둘이 의미하는 바가 엄밀히 동일한 것이 아니므로, 그 둘의 공통성과 차별성이 서로 뒤바뀌었다고 정약용이 의혹스럽게 생각했다면, 그것은 정약용 자신이 개념의 차이를 분명히 하지 못했기 때문이다. 이는 성리학이 맹자가 인간 심층의 보편적 본성, 덕성으로 간주한 것(도덕성)을 인간뿐 아니라 만물의 근원적 본성(본연지성)이라고 더 보편화시킨 것인데, 정약용은 아예 처음부터 인간에게서조차 심층의 보편적 본성을 인정하지 않기 때문에 발생하는 혼동이다. 결국 정약용이 만물의 표층적 차별성 너머 그 심층에 구비되어 있는 근원적 동일성을 보지 못하기 때문이다. 즉 우주적 근원을 만물 바깥의 타자로 설정하는 외재주의에 서 있기 때문에, 그 근원이 만물 자체 안에 구비된 내재적 본성이라는 내재주의를 이해하지 못한 것이다. 그러나 맹자가 인간의 본성을 심층의 덕성으로 간주함으로써 인간 간의 차별성 너머 인간의 보편성을 논할 때는 이미 인간의 본성을 인간의 표층 의식이 아닌 심층에서 구한 것이다. 아직 구체적 심리 현상으로 드러나지 않아도 그 마음 안에 인의예지의 덕성이 갖추어져 있다고 본 것이다. 성리학은 바로 이러한 인간 심층의 본성과 덕성을 만물 안에 의식되지 않은 채 구비되어 있는 내재적인 우주적 근원과 같은 것으로 간주한 것이다. 이 점에서 성리학의 내재주의는 공맹유학의 내재주의의 심화이다. 정약용이 내재주의의 핵심을 비껴가고 있음은 맹자 性善의 性조차 (심체에 구비된) '인의예지의 性'이 아닌 (표층적 의식의) '嗜好의 性'으로 간주하는 데서 분명해진다.

체의 존재를 그 표층적 차별성인 종차에서 구하는 것이다. 결국 문제는 우주의 근원, 태극, 신을 만물 내재적인 것으로 볼 것인가, 만물 외적인 것으로 간주할 것인가의 문제로 귀결되는 것이다. 태극과 일자가 만물 바깥에 있으면, 만물 심층의 보편적 본성이란 무의미해지며, 만물은 서로 다른 차별적 개체에 지나지 않고, 각 개체의 본성은 그 종차에서 찾을 수밖에 없기 때문이다.

이처럼 정약용은 외재주의적 신관을 유지함으로써, 우주 만물의 심층적 본성뿐 아니라 인간의 심층적 본연지성도 인정하지 않는다. 정약용에게서는 인간의 마음도 인의예지의 덕성을 갖춘 심체가 아니라, 표층적인 의식작용만으로 간주되는 것이다. 바로 이 점에서 정약용은 성리학의 기본 정신을 놓치면서 동시에 공맹의 정신까지도 비껴가고 있음을 알 수 있다.

(2) 사단(四端)과 사덕(四德)의 관계

정약용은 우주의 근원, 태극, 신의 만물내재성을 부정함으로써 성리학뿐 아니라 성리학이 기반한 공맹의 정신으로부터도 멀어진다. 즉 정약용은 인의예지가 우주적 원리로서 만물의 본연지성이 된다는 것을 부정할 뿐 아니라, 인간 심성에 천부적으로 내재된 덕성이라는 것도 부정하는 것이다.

> 인의예지의 이름은 일을 행함[行事] 뒤에 이루어지는 것이다. …… 인(仁)이란 사람의 공부에서 이루어지는 것이지, 태어날 때부터 하늘이 한 덩어리의 인을 만들어 사람의 마음 속에 끼워 넣은 것이 아니다. …… 그것[인의예지]을 본심(本心)의 온전한 덕이라고 안다면, 사람이 할 일은 단지 벽을 향해 앉아 마음을 관하며, 회광반조하는 것밖에 없을

것이다.[37]

이처럼 정약용은 인의예지가 마음 안에 이미 갖추어진 덕이 아니라는 것을 강조한다. 인의예지의 덕이 만인의 마음 안에 이미 갖추어져 있다면, 모든 사람이 이미 다 성인이어야 하지 않겠는가? 어진 이와 미혹된 이가 어떻게 구분되겠는가? 인이 이미 갖추어져 있다면, 인은 내가 취하고 버릴 수 있는 것이 아니지 않은가? 인(仁)하고 불인(不仁)함이 인간의 공(功)이나 죄가 될 수 없지 않겠는가? 덕목이 인간 마음에 이미 있다면, 그것을 배운다, 가르친다는 것이 불필요하지 않겠는가?[38] 이런 이유를 들어 인의예지가 마음에 이미 주어진 본성이 아니라고 강조한다.

그러나 이는 정약용이 인간의 심성을 그 심층과 표층이라는 이중성으로 이해하지 않는다는 것을 의미할 뿐이다. 본성이 주어져 있는 것은 심층의 일이고, 그 본성이 의식화되고 현실화되는 것은 표층의 활동이다. 인간 심층에 우주의 근원, 덕성, 태극이 내재해 있다고 해서, 만물이

37 정약용, 「맹자요의」, 413, (91-92), "仁義禮智之名, 成於行事之後. …… 仁之爲物, 成於人功, 非賦生之初, 天造一顆仁塊, 揷於人心也. …… 知以爲本心之全德, 則人之職業, 但當向壁觀心, 回光反照."

38 "인을 천지가 만물을 생성하는 마음이라고 하고 또 본심에 갖추어져 있는 온전한 덕이라고 한다면, 하늘이 부여한 것이 고르지 않음이 없어 …… 하늘의 높은 벼슬을 얻지 못한 자가 하나도 없을 텐데, 이것이 어찌 말이 되겠는가? …… 인은 공이 되고 불인은 죄가 되며, 인은 상주고 불인은 벌을 준다. 만약 인을 본심에 갖추어져 있는 온전한 덕이라고 한다면, 사람이 인을 떠나 거기 거처하지 않으려 해도 될 수 없을 것이다. …… 인도 불인도 내 마음 안에 있지 않기 때문에 내가 생각해서 가려 이것을 버리고 저것을 취하게 되는 것이다"(「맹자요의」, 417, 99). "맹자가 '생을 버리고 의를 취한다'고 말했다. 생과 의가 모두 [마음 속이 아니라] 저곳에 있으므로, 내가 그곳에 나아가 선택하여 나쁜 것은 버리고 좋은 것은 취한다고 말한 것이다. ……『예기』에서 '봄, 가을에는 예, 악을 가르친다'고 했다. 만약 예가 마음 속에 있다면 무엇 때문에 가르치겠는가? …… 무엇 때문에 배우겠는가? …… 만약 타고날 때의 천성이 원래 인과 지(智)를 지니고 있다면, 모든 사람마다 근심하지 않고 미혹되지 않을 것이니, 어찌 어진 이와 지혜로운 이를 구별할 수 있겠는가?"(「맹자요의」, 413-14, 91-92).

근원에서 하나로서 일체를 이룬다고 해서, 그 본성 또는 만물일체의 인이 표층에서 이미 실현되고 있다는 말은 아닌 것이다. 정약용은 이러한 심층을 부정하고 있으므로, 인의예지가 심층에 이미 구비된 사덕이라는 것을 인정할 수 없다. 따라서 인의예지는 인간에게 이미 갖추어진 덕목이 아니라, 사단의 마음과 그 마음에 근거한 행위를 통해 비로소 얻어지는 것이라고 주장한다.

성리학은 사덕을 마음 심층에 이미 구비된 덕으로 보며 표층적 마음작용인 사단은 그것을 확인하고 실현하는 것이라고 보는 데 반해, 정약용은 사덕은 밖에 있으며 안에 있는 사단의 마음을 통해 비로소 얻어지는 것이라고 본다. 이렇게 해서 사덕과 사단의 본말 관계가 성리학과 정약용에게서는 서로 달라지게 된다. 정약용은 주희성리학이 사단의 단을 근본과 시작의 의미로 읽지 않고, 단서와 실마리, 끝의 의미로 읽는 것을 비판한다.

> 사단의 뜻은 맹자가 직접 주를 써서, 불이 처음 타기 시작하는 것과 같고 샘물이 처음 솟아오르기 시작하는 것과 같다고 했으니, 두 개의 '시(始)' 자가 뚜렷이 그 뜻을 나타내고 있다. '단(端)'이 시작이 되는 것은 이렇게 분명하다. 사단은 인의예지의 근본이 되는 까닭에 성인이 사람을 가르침에 여기서부터 공부를 일으키고 여기서부터 기초를 닦아 확충하게 했다. 만약 사단의 이면에 또 다시 이른바 인의예지라는 것이 있어 은연히 잠복해 주인이 된다면, 이것은 맹자의 확충 공부가 그 근본을 버리고 그 끝을 잡은 격이며, 그 머리를 놓치고 그 꼬리를 잡은 격이다.[39]

문제는 정약용이 인간의 마음을 표층적 작용만으로 바라볼 뿐, 그 심층의 본성을 보지 못한다는 것이다. 대답되어야 할 물음은 사단이 샘물의 시작이고 불의 시작이라고 할 때, 그 사단을 기점으로 터져 나오게 될 물과 불[四德]이 과연 안에 있는 것인가, 바깥에 있는 것인가 하는 것이다. 맹자는 그것이 본래 인간 안에 있는 것이며, 따라서 인간의 본성이 선하다고 논한 것이다. 덕목이 안에 있기에 그것을 일깨우고 실현시키는 수행이 가능하고 또 필요하다고 본 것이다. 덕목이 내면에 존재하되 사욕에 의해 가리워져 있으므로 그 물꼬를 트고 불을 붙이는 단초적 수행이 필요하다고 본 것이다. 정약용이 이러한 심층의 본성을 보지 못한 것은 인간을 표층에서만 이해하기 때문이다. 따라서 심층구조에 따라서만 가능한 구분, 즉 인식상의 시작과 존재상의 시작, 수행 방법상의 시작[末]과 수행 근거에서의 시작[本]을 구분하지 못한 것이다.

(3) 인간의 성: 호선(好善)의 기호

심층 내면에 우주 만물과 통하는 보편적 일자를 간직한 것이 아니고, 인의예지의 우주적 덕성을 간직한 것도 아니라면, 정약용에게 인간은 어떤 존재인가? 인간의 삶은 어디에 정초되어야 하는 것인가?

유교에서는 우주적 근원인 태극이 마음 심층에 내적 본성으로 존재하므로, 인간 삶의 과제는 그 자신의 내면의 본성을 실현시키는 것, 바로 그 자신이 되는 것일 뿐이다. 정약용이 이러한 인간 심층의 내면성을 부정한다고 해서, 삶의 기준점이나 정초점을 없애고 인간을 그냥 우주 공간 안에 부유하게 한 것은 아니다. 오히려 유교가 만물의 내적 본질로 생각한 신성, 덕성, 태극과 상제를 더 이상 내적 실재가 아닌 외적 실재

39 정약용, 「맹자요의」, 416, (95-96), "四端之義, 孟子親自注之曰, 若火之始然, 泉之始達, 兩箇始字, 磊磊落落, 端之爲始, 亦旣明矣. 四端爲四事之本故, 聖人敎人, 自此起功, 自此肇基, 便之擴面充之, 若於四端裏面, 又有所謂仁義禮智者, 隱然潛伏爲之奧主, 則是孟子擴充之功, 舍其本, 而操其末, 放其頭, 而捉其尾."

로서 외화시켜 놓으면, 그것이 바로 정약용의 사상체계가 된다. 유교적 가치는 부정되는 것이 아니라, 단지 내면으로부터 바깥으로 장소 이동만 하면 된다. 허령불매의 인간 심체에서 그 신묘한 영성과 투명한 자각성, 근원적 덕성을 제외시키고, 그 표층적 의식만 남겨 놓으면 된다. 그러면 인간의 본성은 자신 안에서 잃어버린 그 신성을 외화된 대상 안에서 발견하려고 할 것이다. 우주의 근원을 우주 만물 바깥의 신, 인간 바깥의 상제로 외화시켜 놓으면, 인간의 본성은 바로 그 외화된 자기 자신을 대상으로 추구하게 된다. 인간 마음의 표층화는 결국 근원과 가치, 신과 인간 자신의 외재화이며 대상화인 것이다.[40]

이처럼 정약용에게 인간은 그 심층에 신성과 덕성이 이미 구비된 존재가 아니며 단지 표층적 심리작용만으로 인간다움을 유지할 뿐이다. 인간은 그 심층에 갖추어진 것이 없으므로 자신 바깥의 가치를 추구할 수밖에 없다. 자신 바깥의 가치를 추구함으로써 마음이 마음으로 작용하고 가치를 부여받게 된다. 마음은 대상을 지향하는 한에서만 마음으로 작용한다고 보는 것이다. 이러한 대상적 사유에 따르면, 인간의 본성은 그 자체가 덕이 아니라 덕을 지향하는 마음일 뿐이고, 그 자체가 선이 아니라 선을 좋아하는 마음일 뿐이다. 그래서 정약용은 인간의 성을 '선을 좋아하고 악을 수치로 여김[樂善而恥惡]'의 '기호(嗜好)'라고 규정한다. 그는 『시경』의 구절을 빌려 성을 기호로 설명한다.

40 이런 의미에서 정약용은 인간 마음의 신명을 논한다. 그는 "무형의 마음은 우리의 본체이며 소위 허령불매다(無形之心, 是吾本體, 卽所謂虛靈不昧者也.)" (「대학강의」, 98)라고 말한다. 인간 마음이 신을 생각하고 대면하고 공경하여 신과 교통하는 것을 마음의 신명함으로 본 것이다. 정약용이 외재주의적 신관을 취해도, 그렇게 외화된 신이 인간 마음과 완전히 무관한 것은 아니기에, 그 신을 향한 인간 마음을 신명한 것으로 주장할 수 있었던 것이다.

『시경』에서 '사람들이 법도를 지킴이여! 아름다운 덕을 좋아함이여!'라고 했다. 성을 법도를 지킴이라고 하면서 반드시 덕을 좋아하는 것으로 설명했으니, '성(性)' 자의 뜻이 기호(嗜好)가 아니겠는가?[41]

법도를 지키며 덕을 좋아하는 것, 덕의 기호가 곧 인간의 본성이라는 것이다. 정약용에 따르면 인간의 본성은 곧 인간을 동물과 구분짓게 하는 종차로서의 도의지심이다. 이를 선을 좋아하고 악을 싫어하는 기호로 보는 것이다. 정약용은 '천명지위성(天命之謂性)'에 따라 인간 마음 안의 그러한 기호[性]를 천성적으로 주어진 것, 천명으로 간주한다. 따라서 기호라고 말하지만, 그저 좋아한다는 의미, 따라도 되고 안 따라도 된다는 의미의 기호가 아니라, 반드시 따라야 하는 천명인 것이다. 선을 좋아하는 기호는 반드시 따라야 할 천명이므로, 그 명을 따르지 않으면 그것은 죄가 된다고 주장한다.

성이 선을 좋아하고 악을 수치로 여기는 것은 이미 진실로 확실하다. 그러니 이 성을 버리고 악을 행한다면, 그 죄를 면할 수 있겠는가?[42]

선을 좋아하는 것이 인간의 본성이라는 것은 그것이 인간과 동물을 구분짓는 종차(種差)가 된다는 말이므로, 그런 본성을 따르지 않는 것, 선을 좋아하지 않는 것은 인간이기를 그만두고 동물과 같이 된다는 것을 뜻하는 것이 된다. 그러므로 정약용에 따르면 인간이 인간인 한은 본성적으로 선을 좋아하며, 또 좋아해야 한다는 것이다.

---

41 정약용, 「맹자요의」, 435, (131), "詩云 '民之秉彝, 好是懿德'. 性之謂秉彝, 而必以好德, 爲說性之字義, 其不在於嗜好乎."

42 정약용, 「맹자요의」, 439, (136), "性之樂善恥惡, 旣眞確矣. 拂此性而爲惡, 罪其可逭乎."

(4) 인간성과 동물성 사이의 선택: 인간의 권형(權衡)

그런데 인간은 동물과 구분되는 종차(도의지심)만으로 존재하지 않는다. 인간은 동물류에 속하는 종이므로 동물과 마찬가지로 동물성을 갖는다. 동물과 함께 갖는 공통적 특징인 기질적 신체와 그 신체에서 비롯되는 식색지욕은 인간의 (종차적) 본성은 아니지만, 인간에 속하는 것이다. 한마디로 인간은 동물과 구분되는 본성(심)과 동물과 마찬가지의 특징(몸)을 가지고 있다. 그래서 정약용은 인간을 마음과 몸, 신(神)과 형(形)의 묘합이라고 본다.

> 신형이 오묘하게 결합됨으로써 인간이 태어난다.[43]

그런데 인간의 몸은 "선을 행하기는 어렵고 악을 행하기는 쉬운 도구"[44]다. 따라서 인간은 선을 지향하는 본성의 기호와 신체에 따라 이끌리기 쉬운 기호의 두 기호 사이에서 갈등하게 된다. 이 두 종류의 기호를 정약용은 다음과 같이 구분한다.

> 기호에는 두 가지가 있다. 하나는 눈앞의 탐락을 기호라고 할 수 있으니, 예를 들어 꿩이 산을 좋아하고, 사슴이 들을 좋아하는 것이다. …… 또 다른 하나의 기호는 그렇게 하지 않으면 안 되는 삶의 본태를 기호라고 할 수 있으니, 예를 들어 벼가 물을 좋아하고, 기장이 건조함을 좋아하는 것이다.[45]

---

43 정약용, 「심경밀험」, 『여유당전서』, 「대학강의」, 제4책, 141 (『국역 여유당전서 』, 156), "神形妙合, 乃成爲人."

44 「심경밀험」, 147에서 인간의 몸, 身을 "難善易惡之具"라고 칭한다.

당장 눈앞의 즐거움을 좇아가는 기호는 선을 행하기 어렵고 악을 행하기는 쉬운 몸에서 비롯되는 기호다. 반면 인간의 본성에 적합한 기호, 인간이면 마땅히 따라야 할 기호로서 정약용은 선을 좋아하는 기호를 말한다. 전자는 기질지욕의 기호이고, 후자는 도의지심의 기호다. 인간은 동물이면서 동시에 인간이기에, 몸이면서 동시에 마음이기에, 기질지욕을 가지면서 동시에 도의지심을 가진다. 그래서 심성상으로는 선을 좋아하지만, 신체상으로는 악을 행하기가 쉬운 것이다. 이처럼 인간이 양면성을 지녔기에, 인간은 그 둘 중의 하나를 선택할 수 있다. 동물은 도의지심이 없이 기질지욕만 있으므로 둘 간의 갈등도 없고, 선택도 없다. 그냥 그 자신의 기질지욕에 따르면 된다. 그러나 인간은 동물이면서 동시에 인간이기에 두 상반된 기호 사이에서 갈등하고 선택하게 된다. 이것을 정약용은 선을 행할 수도 있고 악을 행할 수도 있는 힘, 비교선택하는 힘으로서 '권형'이라고 칭한다.[46]

이상과 같이 정약용은 인간의 마음작용을 인간이 동물과 마찬가지로 갖는 기질지욕(악을 행하기 쉬움), 인간이 동물과 달리 갖는 도의지심(호선의 본성) 그리고 그 둘 사이에서 하나를 선택할 수 있는 능력인 권형(선도 가능 악도 가능)이라는 세 가지로 정리한다. 이를 '영체(심)에 갖추어진 세 가지 이치'라고 칭한다.

---

45 정약용, 「심경밀험」, 143, (158), "嗜好有兩端. 一以目下之耽樂爲嗜好, 如云雉性好山 鹿性好野. …… 一以畢竟之生成爲嗜好, 如云稻性好水, 黍性好燥."

46 정약용은 인간이 그런 권형을 가진다는 점에서 동물과 구분되며 또한 그로 인해 책임이 따른다는 것을 강조한다. "하늘이 사람에게 주체적인 권능을 주었다. 가령 선을 행하려고 하면 선을 행하고 악을 행하려고 하면 악을 행하여, 향방이 유동적이고 정해지지 않아 그 권능이 자신한테 있으며, 금수가 일정한 마음을 가지고 있는 것과는 같지 않다. 그러므로 선을 행하면 실제로 자신의 공이 되고 악을 행하면 실제로 자신의 죄가 된다. 이는 마음의 권능이지 이른바 성이 아닌데, 양웅이 잘못 성이라고 여겼기에 '선악이 섞여 있다'라고 말한 것이지, 아예 이런 일이 없는데 양웅이 꾸며낸 것은 아니다."(「맹자요의」, 438-39).

> 영체에는 세 가지 리(理)가 있다. 성으로 말하면 선을 좋아하고 악을 수치로 여기니 이는 맹자가 말한 성선이다. 권형으로 말하면 선할 수도 있고 악할 수도 있으니, 이는 고자의 단수의 비유와 양웅의 선악 혼설이 발생할 수 있는 까닭이 된다. 행사로 말하면 선을 행하기는 어렵고 악을 행하기는 쉬우니, 이는 순경의 성악설이 발생될 수 있는 까닭이 된다.[47]

정약용이 논하는 인간 마음 안에 구비된 세 가지 리는 다음과 같이 정리될 수 있다.

---

47 정약용, 「심경밀험」, 147, (163), "總之靈體之內, 厥有三理. 言乎其性則, 樂善而恥惡, 此孟子所謂性善也. 言乎其權衡, 則可善而可惡, 此告子湍水之喩, 揚雄善惡渾之說所由作也. 言乎其行事, 則難善而易惡, 此荀卿性惡之說所由作也." 이 동일한 사태를 다음과 같이 표현하기도 한다. "하늘은 이미 선할 수도 있고 악할 수도 있는 권형을 부여했지만, 한편으로 선을 하기는 어렵고 악을 하기는 쉬운 도구(육체)를 주었고, 또 다른 한편으로는 선을 좋아하고 악을 수치로 여기는 성을 부여했다"(「심경밀험」, 147). 인간은 본성적으로 선을 좋아하지만, 실제로는 악을 행할 수도 있다. 인간은 실제로 선도 악도 행할 수 있는 능력을 갖고 있다. 이것은 인간의 권능이기는 하지만 성은 아니다. 만약 그것이 성이라면, 선을 행하든 악을 행하든 본성을 따르는 것이므로 인간의 책임이 아니게 될 것이다. 그렇지만 실제로 선택은 인간의 책임이다. 그러므로 그 능력은 인간의 선택가능성을 말할 뿐이지 그것이 인간의 본성이라는 것을 말하는 것은 아니라고 정약용은 강조한다. 즉 정약용은 기호 중에서 선을 좋아하는 기호만을 '성'이라고 규정한다. 그래서 "순자와 양자는 性 字에 대한 인식이 본래 잘못되어 그 말이 그릇되어 있다"(「심경밀험」, 147)고 한다. 그렇지만 '성'이라는 개념의 사용만 적절하지 않을 뿐이지, 인간 안에 그런 능력이 없는 것은 아니라는 것을 강조한다. 나아가 정약용은 세 가지 능력 중 성을 미미한 도심과 연관짓고, 선할 수도 있고 악할 수도 있는 권형을 그래서 위태로운 인심과 연관짓는다. 도심의 기호인 성은 따르고 실현시켜야 할 것이고, 인심의 기호인 권형은 조절하고 절제해야 할 것이다. "인심유위는 내가 말하는 권형이다. 마음의 권형은 선할 수도 있고 악할 수도 있는 것이다. 천하에 위태롭고 불안한 것은 이것보다 더 심한 것이 없다. 도심유미는 내가 말한 성기호설이다. 천명지위성 솔성지위도는 도심을 말한 것이다"(「심경밀험」, 150). "맹자는 '마음을 분발시키고 성을 절제하여 참게 한다'고 했다. 여기에서 성은 '인심의 기호'를 말한 것이다. …… 자사는 '성을 따른다'라고 했고, 맹자는 '성은 선하다'라고 했는데, 여기서 성은 '도심의 기호'다. 비록 주안점을 둔 바는 다르지만, 기호를 성이라고 한 것은 같다."(「맹자요의」, 436).

① 성(선을 좋아함: 맹자의 성선) -- 도심
② 권형(선악 가능: 고자, 양웅의 선악 혼재) -- 인심
③ 행사(악이 쉬움: 순자의 성악)

이 셋 중의 어느 것도 유교가 인간의 심층적 본성으로 이해하는 태극의 리, 우주 만물과 하나로 통하는 근원적 일자에 해당하는 것은 없다. 만물이 모두 그 표층적이고 현상적인 차별성에 따라 이해됨으로써 인간은 '동물류에 속하는 특수한 종'일 뿐이며, 따라서 동물적 기질지욕의 몸과 인간적 도의지심의 마음이 결합된 존재일 뿐이다. 따라서 이 몸과 마음, 기질지욕과 도의지심의 갈등은 동물성과 인간성의 이원성, 존재의 표층에서 성립하는 이원성일 뿐이다. 정약용이 주목하는 이 이원성은 유학에서 우주적 근원이 내재화되고 심층화됨으로써 성립하는 인간의 양면성, 표층과 심층의 양면성, 인간 안에 갖추어진 인간성과 신성의 양면성은 아니다.

3) 정약용의 마음공부

성리학은 인간 내면의 허령한 심체 안에 우주의 근원, 신적 원리, 태극이 내재되어 있다고 생각한다. 그 심층의 근원에 맞닿아 우주 만물과 내가 하나라는 것, 만물 중에 나 아닌 것이 없다는 것을 아는 것, 인을 체득하는 것이 적연부동의 미발 시 공부다. 대상과의 감이수통(感而遂通)인 마음 표층의 움직임을 멈춤으로써 허령불매(虛靈不昧)의 심체(心體)를 자각하고 심층의 보편적 신성을 깨달아 만물일체의 인(仁)을 체인(體認)하려 한 것이다.

그러나 정약용은 인간 심층에 만물의 근원인 우주의 리, 태극이 내

재되어 있다고 보지 않으며, 따라서 인간이 자신의 마음 심층에서 그 근원과 맞닿아 활연관통하여 만물일여를 깨닫게 되는 그런 경지를 인정하지도 않는다. 정약용에 따르면 인간의 마음은 오직 마음 바깥의 대상을 지향함으로써만 마음으로 작용하게 된다. 마음의 내용을 없앰으로써 마음 안에 아무것도 남겨놓지 않는 상태, 마음을 비움으로써 도달되는 적연부동의 경지, 미발의 경지란 정약용에 따르면 의식이 꺼지고 마음이 사라진 의식불명의 상태일 뿐이다. 마음을 심층 아닌 표층의 작용으로만 이해하고 신성을 외적 실재로만 간주한다면, 미발의 내면은 그야말로 어두운 혼침(昏沈) 상태에 지나지 않기 때문이다. 그러므로 정약용은 성리학에서의 적연부동의 미발공부를 불교의 면벽과도 같이 무의미한 것이라고 주장한다.

> 염계(濂溪)가 미발의 체를 성(誠)이라고 이름한 것은 도저히 알 수 없는 일이다. 성이란 신독(愼獨)의 지극한 공부인데, 어떻게 적연부동하여 아무런 생각이 없는 것으로 성이라고 말할 수 있겠는가?[48]

> 만일 적연부동하여 전혀 아무런 생각이 없는 것을 미발의 광경(光景)이라고 한다면, 이는 소림 선승들의 면벽(面壁)처럼 해야만 바야흐로 천지가 제자리를 얻고 만물을 기를 수 있을 것이다. 어찌 이런 일이 있을 수 있겠는가?[49]

---

48 정약용, 「심경밀험」, 160, (177), "濂溪以未發之體, 名之曰誠, 深所未曉. 誠者愼獨之極工. 豈可以寂然不動無思無慮者, 指之爲誠乎."

49 정약용, 「심경밀험」, 159, (175), "若寂然不動, 無思無慮, 爲未發之光景, 則小林面壁, 方可以立天地, 而育萬物, 其有是乎." 주희는 유교에서의 사려미맹, 허령지각의 미발 시 공부와 불교의 무심법의 좌선 공부를 그 허령불매의 마음 안에 리의 자각이 있는가 없는가의 차이로 설명한다. "이 마음을 불러 깨우는 것은 같으나, 그 방도가 다르니, 우리 유가는 이 마음을 불러

이는 결국 정약용이 마음 심층의 본성을 인정하지 않기 때문이다. 마음은 끊임없이 마음의 대상을 가짐으로써만 마음으로 작용한다고 보는 것이다. 미발 시 적연부동의 심체는 부정하고 표층의 감이수통의 작용성만 인정하는 것이다. 표층의 마음은 대상을 가짐으로써 작용한다. 그러므로 정약용은 마음은 대상을 인식하거나 사유하거나 학습하거나 두려워하거나 등의 표층적인 심적 작용을 통해서만 마음으로 깨어 있고 마음으로 작용할 수 있다고 본다.

> 경의 덕이란 반드시 일에 응하고 사물에 접하고 나서야 시행될 수 있다. …… 정좌하여 일이 없고 향할 곳이 없다면, 어떻게 경(敬)을 쓸 수가 있겠는가? 경천(敬天)과 경신(敬神)이 정좌의 공부라고 할 수는 있지만, 그래도 반드시 심사(心思)를 묵묵히 운용하여, 혹 천도를 생각하거나 혹 신의 이치를 궁구하거나 혹 옛 허물을 반성하거나 혹 새로운 뜻을 이끌어 내거나 해야만 비로소 참된 마음으로 경천(敬天)하는 것이 된다. 만일 모든 사려를 끊고서 경계하는 것도 두려워하는 것도 없이 오로지 연못처럼 담담히 물결치지 않기만을 힘쓴다면, 이는 정(靜)이지 경(敬)은 아닌 것이다.[50]

성리학의 미발공부는 마음이 표층적인 대상관계를 멈춘 무념무상

깨워서 수많은 도리를 조관하려 하고, 불씨는 헛되게 불러 깨움만이 있으며 작위하는 바가 없다."(성백효 역주, 『심경부주』, 76-77). 여기서 우리는 리를 宗으로 세우는 유교와 心을 종으로 세우는 불교의 차이를 확인할 수 있다. 정약용은 마음 안에 주어진 천지의 리와 그 자각 가능성을 인정하지 않으므로, 유교나 불교가 다 마찬가지로 말이 안 된다고 보는 것이다.

50 정약용, 「심경밀험」, 152-53, (169), "敬之爲德, 必應事接物, 而後乃得施行. …… 靜坐無事無所嚮往, 何以用敬. 惟敬天敬神, 可爲靜坐之工, 然亦必默運心思, 或想天道, 或窮神理, 或省舊愆, 或紬新義, 方爲實心敬天. 若絶思絶慮, 不戒不懼, 惟務方塘一面, 湛然不波, 則此靜也, 非敬也."

(無念無想) 절사절려(絶思絶慮)이되 성성하게 깨어 있어 그 마음 자체 안에 내재된 우주적 근원, 우주적 원리, 태극, 신을 깨닫고 그것과 하나가 되어 만물일체의 인(仁)을 체득하는 공부다. 그러나 정약용은 내적 신성을 인정하지 않고 그것을 외재화했으므로, 경천의 의미조차도 응사(應事) 접물(接物) 이후의 일로 간주하는 것이다. 성리학에서 마음이 미발공부에서 깨닫는다고 생각한 그 신성을 외적인 대상으로 옮겨놓고, 그 대상을 생각하고 궁구하고 두려워하는 것, 그것을 경천, 경신의 상태로 간주하는 것이다. 신을 마음의 표층적 의식작용인 사념의 대상, 두려움의 대상으로 여기는 것이다. 이는 신을 만물과 인간 바깥에 타자로 설정하기 때문이다.

> 상제란 누구인가? 이는 천지와 신인 바깥에서 천지와 신인 등 여러 유(類)의 만물을 조화하고 안양을 주재하는 자다.[51]

이렇게 내 밖의 신이 나를 내려본다는 것을 믿음으로써만 은미한 곳에도 성(誠)을 잃지 않는 신독(愼獨)이 가능하다고 보는 것이다.

> 은미(隱微)란 상천(上天)의 일이다.[52]

> [상제가] 내려다보며 감시하고 있음을 믿지 않는다면, 반드시 홀로 삼감[愼獨]을 할 수 없게 된다.[53]

---

51 정약용, 「春秋考徵」, 『여유당전서』, 제8책, 709쪽, "上帝者何. 是於天地神人之外, 造化天地神人, 萬物之類, 而主宰安養之者也."

52 정약용, 「中庸自箴」, 『여유당전서』, 제4책, 184쪽. 번역은 전주대 호남학연구소 역, 『국역 여유당전서』, 경집1, 전주대학교출판부, 1986, 204쪽. "隱微者, 上天之載也."

이처럼 정약용은 공맹에서 시작해서 성리학으로 완성되는 유교적 내재주의를 벗어나, 태극, 신, 일자, 근원을 외적 실재로 간주하는 외재주의로 돌아가고 있다. 이는 유교적 인본주의 이전의 신본주의, 외재주의로의 복귀다. 그리고 바로 이 지점에서 정약용은 천주교와 만난다.

4. 정약용 사상과 천주교의 근접성

1) 외재주의적 신관

우주의 근본과 원리, 태극과 리(理), 신과 신성을 만물과 인간의 내면적 핵으로 발견한다는 것은 인간이 자기 자신 안에서 표층과 심층의 분열을 감지한다는 것, 그리고 그 분열의 고통을 감수한다는 것을 의미한다. 인간은 끊임없이 자신 안의 보편적 심층 자아[道心]를 자각하고 그 소리[天命]를 듣고 그 명을 실현하고자 노력해야 한다. 그것이 자신과 우주 만물에 대한 성(誠)의 태도며, 사(私)보다는 공(公)을 중시하는 마음 자세다.

심층의 자아, 만물일여의 일자에 주목한다는 것은 표층의 자아를 형성하는 기의 차별성, 표층의 자아가 이룩한 현상적 차별성에 이끌리지 않는다는 것을 의미한다. 차별적 현상세계 안에 구체화된 육신을 가지고 살아가는 인간이 표층의 자기를 버리고 심층의 일자로 돌아간다는 것, 그것은 결국 심층의 자기를 실현하기 위해 표층의 자기를 부정하는 극기복례(克己復禮), 한마디로 끊임없는 자기분열의 과정이다. 가장 사

---

53 「中庸自箴」, 184, (205), "不信降監者, 必無以愼其獨矣."

랑하는 사람과도 한마음임을 확인하기 힘든 내가 실은 내가 가장 싫어하는 저 인간과도 본래 하나이고, 내가 내일 도살할 저 소와도 하나이고, 내가 이미 꺾어 내버린 저 나무와도 하나이고, 내가 매일같이 더럽히고 짓밟는 이 대지와도 본래 하나라는 것, 그것을 어떻게 받아들일 수 있겠는가? 나의 내면에서 그 하나를 발견하고 그 하나가 되어야 한다는 것, 그렇게 성인이 되고 부처가 된다는 것, 그것은 곧 신이 된다는 것이다. 이것은 인간에게 너무 힘든 과제가 아닌가?

'무거운 짐 진 자들아, 다 내게로 오라! 내가 너희의 짐을 덜어 주리라!' 이것이 천주교의 구호다. 유교의 천명은 '성인이 되라' 곧 '신이 되라'는 것이라면, 천주교의 명령은 '신이 되고자 하지 말라'는 것이다. 신처럼 눈이 밝아지고 싶어함은 원죄가 되고, 신과 같아지고 싶어함은 오만함의 중죄가 된다. 신과 같이 되고자 함, 무명을 걷고 명을 얻고자 함이 죄이기에, 그 죄가 고통을 낳은 것인가?

분열의 고통, 심층과 표층 양 극단으로의 찢어짐의 고통은 그 심층의 일자를 자기 바깥으로 외화시킴으로써 완화될 수 있다. '일자(一者)가 되어라'라는 명령은 '일자를 좋아하라'는 명령으로 바뀐다. 일자는 인간이 주체적으로 되어야 할 자가 아니라, 인간이 대상적으로 사유하고 믿고 따라야 할 자로 간주되는 것이다. 이처럼 천주교의 매력은 인간 내면에서 발생하는 분열의 고통을 덜어준다는 것이다. 불초한 인간이 그럼에도 불구하고 성인이 되어야만 하는 짐, 무명의 인간이 그럼에도 불구하고 부처가 되어야 하는 짐을 내려놓게 하는 것이다.

정약용이 그리는 세계상 역시 인간 심층의 내면적 신성을 외화시켜 놓은 것에 지나지 않는다. 심층 내면의 신성, 만물일체와 천일합일의 신성은 부정되고, 인간의 시선은 밖으로 향하게 된다. 일체의 덕성, 선 자체는 인간 내면의 것이 아니라, 외부의 것, 신의 것이며, 인간은 행위를 통해 그에 다다를 뿐이다. 인간은 신이나 부처, 성인이 되어야 하는 것이 아니라, 그냥 신과 대면하여 그를 경외하고 찬양하기만 하면 된다. 이로써 나의 표층과 심층의 분열은 끝나고, 분열에서 오는 고통도 사라진다. 내가 외화시키고 투사해 놓은 내 바깥의 타자, 그가 바로 내 짐을 져 주는 구세주이며 위로자가 되는 것이다.

2) 실사구시의 정신

나의 내면의 분열과 고통을 종식시키고 스스로 성인이 되어야 하는 짐을 덜어내면, 나는 그 가벼워진 만큼 타인의 짐을 덜어 줄 수 있다. 이것이 정약용이 취한 경세의 길이다.

심층의 하나로 돌아가는 것, 그것은 차별적인 현상세계로부터 구만 리 높이로 비상하여 자유롭게 허공을 나는 붕새가 된다는 것을 의미한다. 일체의 현상적 차별성을 떠나 무한의 관섬에서 만물을 바라보는 것, 영원의 상에 따라, 신적 관점에서 만물을 바라보는 것, 이것이 유교가 요구하는 것이다. 그러기 위해 우리는 붕새가 되어야 한다.

반면 천주교는 그러한 비상을 금한다. 그것은 구만 리의 폭으로 분열되고 찢어져야 하는 고통 때문만은 아닐 것이다. 인간이 붕새가 되어 날아가 버린다면, 지상 위에서 벌어지는 풀벌레들의 세계는 누가 담당하겠는가? 풀벌레들 간의 싸움은 누가 말리고, 그 싸움에서 오는 고통과 상처는 누가 위로하겠는가? 이것이 천주교가 인간으로 하여금 신이 되기를 꿈꾸기보다는 신의 종이 되라고 말하는 이유일 것이다. 그래서 인간의 차별적인 현실세계에 주목하고 일반 민중의 아픔과 고통에 민감해지기를 요구하는 것일 것이다.

정약용에게도 주된 화두는 언제나 '목민(牧民)'이었다. 학자가 해야 할 일은 끝없이 높은 이상을 갖고 바닥 없는 심연으로 침몰하여 성인의 도를 구하는 것, 만물일체의 경지에서 인을 체인하는 것, 이런 심원하고 요원한 것이 아니라, 오히려 아주 현실적이고 구체적인 것에 있다고 본 것이다. 즉 힘들여 일한 자가 굶지 않아도 되는 경제체제, 정직한 자가 쫓겨다니지 않아도 되는 법체제를 마련하는 것이다. 결국 가난하고 병든 자, 어리석고 비천한 자를 감싸안으려는 목민의 정신인 것이다.

> 횡거: 옛사람들이 벗과 금슬(琴瑟)과 서적을 얻으려 한 것은 항상 마음을 그곳에 두려고 한 것이다.
>
> 정약용: 사람이 벗과 금슬과 서적 사이에서 스스로 몸가짐을 조심스럽게 하기란 쉬운 일이나, 판수, 귀머거리, 벙어리, 절름발이, 걸인, 비천한 자, 어리석은 자를 대하면서도 공경하는 빛을 잃지 않고 예의로 대하기란 어려운 일이다.[54]

이렇게 보면 정약용의 사상이 우리에게 매력을 갖는 부분은 내면적 종교성이기보다는 외면적인 경세의 측면이며, 바로 이 점에서 천주교와 상통한다. 내적으로 성인이 되고자 하는 수행보다 외적으로 바르게 행동하는 것에 더 우선성을 부여하는 것이라고 볼 수 있다. '경이직내(敬以直內) 의이방외(義以方外)'에 대해 성리학자 정자와 탈성리학자 정약용은 다음과 같이 상반되는 주를 단다.

> 정자: 오직 안이 곧지 못할까 두려워해야 할 것이다. 안이 곧으면 밖

54 정약용, 「심경밀험」, 162-163, (180), "横渠曰, 古人欲得朋友與琴瑟簡編, 常使心在於此. 案人在朋友琴書之間, 能雅飭自持, 易. 遇瞽者聾者啞者躄者丐鄙賤者愚者, 不失莊敬之色, 待之以禮, 難."

은 반드시 올바르게 된다.

정약용: 사물잠에 '표현에서 성급하고 망녕됨을 없애면, 그 안은 전적으로 고요해진다'라고 했으니, 이는 바깥을 절제하여 안을 편하게 한다는 것이다. 나는 이 말을 아주 좋아한다.[55]

성리학이 내성외왕(內聖外王) 중 내성을 우선시하는 것이라면, 정약용은 외왕에 치중하는 것이라고 볼 수 있다. 마음 심층에서 보편적인 허령불매의 본성을 깨달아 보편성에 이르는 것이 아니라, 마음 바깥에서 구체적 행위를 통해 나의 재물을 나누고 남의 고통을 나눔으로써 살기 좋은 세상을 만들어 나가는 것, 그것을 인간 삶의 제일의 과제로 삼았다고 볼 수 있다. 그 과제를 수행하는가 아닌가는 내 밖의 신이 내려다보고 있고, 그 공과에 따라 상벌하리라는 생각을 가진 점에서 정약용은 또 천주교와 통한다.[56]

---

55 정약용, 「심경밀험」, 154, (170), "程子曰, 惟恐不直內. 內直則外必方. 案四物箴曰, 發禁躁妄, 內斯靜專. 所謂制之於外, 以安其內者, 此也. 愚甚喜此語."

56 그러나 이상의 몇 가지 공통점 이외에 또 다른 점에서는 천주교와의 차이점을 발견할 수 있다. 무엇보다도 유교적인 내면적 가치들을 외재주의적 신관에 따라 외면화시켜 놓았기에, 서구에서 외면화된 신의 모습과는 여러 가지 차이를 보일 수밖에 없을 것이다. 박종홍은 정약용 사상이 천주교와 상통하는 점을 밝힌 후, 다시 "천주교적 세계관과는 거리가 멀어서 서로 용납될 수 없겠다고 생각되는 점" 몇 가지를 밝힌다. 첫째로 그가 말년까지 힘들여 저술한 『喪禮四箋』, 『喪禮外篇』, 『喪儀節要』, 『喪禮考定』, 『禮疑問答』 등의 저술에서 제사 절차, 제기 구조 등에 대해 상세히 기록하고 있는데, 이는 천주교인으로서 처형당한 그의 형 정약종의 아들 정하상 같은 이가 『上帝相書』에서 제사가 리에 맞지 않는다고 하여 천주교의 입장을 분명히 밝히고 있는 것과 대조를 이룬다는 것이다. "일부 학계에서 주장하듯이 다산이 분명히 천주교에 입교한 것이 사실이라면 과연 이러한 일이 가능했을까 의심스럽다"고 말한다. 둘째로 "다산은 昭事之學이라고 하여 매양 事天을 말하면서도 '효제충신으로써 사천의 근본을 삼는다'라고" 하여 "본래 동양의 종적인 상하 관계를 주로 다룬 윤리"인 '효제'를 학의 기반으로 삼는다는 점이 천주교와 상이하다는 것이다. 셋째로 "다산은 유학적인 현세주의에서 안심입명의 경지를 생각했다고 하겠으나, 내세의 영생을 따로 추구한 것으로는 보이지 않는다"라고 하여 정약용을 마치 천주교인인 것처럼 간주하는 것을 경계

5. 한국철학의 흐름에서 정약용 읽기

성리학이 내면 심층의 신성과 도덕성을 강조한다고 해서, 외면의 행위나 실천의 의미를 도외시한 것은 아니다. 수기와 치인, 내성과 외왕 중에서 『대학』과 『중용』이 모두 수기와 내성을 중시하기는 하지만, 그것은 수기가 되면 치인은, 내성이 되면 외왕은 저절로 실현된다고 보기 때문이다. 외면은 내면의 드러남이고, 표면은 심층의 표현이기 때문이다. 그러므로 표현에 앞서 내실이, 경세학에 앞서 성학이 완성되어야 한다고 생각한 것이다. "중화에 이르면, 천지가 거기 위치하며 만물이 그로부터 육성한다"는 『중용』의 구절에 대해 주희는 다음과 같이 주를 단다.

> 천지 만물은 본래 나와 일체다. 나의 마음이 바르면 천지의 마음도 바르고, 나의 기운이 순하면 천지의 기운도 또한 순할 것이다. 그러므로 그 효험이 그와 같기에 이르는 것이다. 이것이 학문의 극진한 공효요, 성인이 능히 할 일이다. 애초에 밖을 기다리지 않으면, 도를 닦는 가르침 또한 그 가운데 있다.[57]

천인합일, 만물일체의 관점에서 인간이 중(中)을 얻으면 자연도 사

한다(박종홍, 「대서구적 세계관과 다산의 洙泗舊觀」, 『박종홍전집』, 제5권, 「근대사상편」, 100-104쪽).

57 주희, 『중용장구』, 1절 주, "蓋天地萬物, 本吾一體, 吾之心正, 則天地之心亦正矣. 吾之氣順, 則天地之氣亦順矣. 故其效驗至於如此. 此學問之極功, 聖人之能事. 初非有待於外, 而修道之敎, 亦在其中矣."

회도 따라서 바르게 되고 순리대로 육성되리라는 것이 성리학의 신념이고 이념이었다. 그러므로 외왕에 앞서 내성이, 경세학에 앞서 성학이 강조된 것이다.[58]

그러나 아직 성학이 완성되지 않아서, 아직 성인이 출현하지 않아서, 외부의 모든 것이 아직 제 위치를 찾지 못하고 바르게 육성되지 못하고 있다면, 그 바깥이 언제까지 버려져 있어야 하는가? 오히려 내면의 완성과는 별도로 외부의 질서는 그 자체의 논리대로 운영되어야 하는 것이 아닌가? 내적 성학과는 별도로 타인과 어우러져 있는 외적 사회적 삶에 대한 고찰, 내적 종교적 완성과는 별도로 외적 정치경제적 삶의 질서에 대한 학문이 더 절실히 요구되는 것이 아닌가? 이렇게 해서 성학·경학보다 경세학을 우선시하는 실사구시, 이용후생의 실학이 등장하게 된다. 실학은 내적 수행의 성학보다는 외적 실천의 경세학을 중시한다. 따라서 주자학이란 이름으로 만연해 있던 사변적인 경학화와 예학화를 비판하고 구체적 현실적 삶, 정치경제적 사회문제로 눈을 돌리므로, 이를 '탈주자학적 실학'이라고 칭할 수 있을 것이다. 그러나 그렇다고 해서 인간이 우주 만물과 그 본성에서 하나라는 만물일체설과 본성은 인의예지의 덕을 갖추어 선하다는 성선설, 그리고 인간은 내면에서 그 선한 본성을 자각하고 만물일체를 체득해 인(仁)을 실천해야 한다는 성리학의 기본 이념을 떠난 것은 아니다.[59] 『천주실의』를 읽고 그 발문을 쓴

58 그런데 중국의 주희성리학이 공맹유학의 형이상학적 기반으로서 만물일체의 존재론이나 우주론 확립에 더 치중했다면, 한국의 유교는 만물일체의 인을 체득하는 인간 심의 활동성에 더 많은 관심을 기울였다고 볼 수 있다. 인간 심층에 내재화된 태극의 理를 죽은 고목의 리가 아니라 능동성과 주재성을 가지는 리로 간주함으로써, 태극이 곧 상제이고 심이라는 내재주의적 관점을 보다 철저화했다고 할 수 있을 것이다. 정약용이 근본적으로는 외재주의를 표방하지만, 그래도 "무형의 마음은 우리의 본체이며 소위 허령불매다"(「대학강의」, 106)라고 말하면서 심의 神性과 神明한 영성을 강조하고 있는 것은 한국인의 본래적인 심학적 경향을 보여 주는 것이 아닐까?

성호 이익이나 그의 제자 신후담이나 안정복이 실사구시의 실학자이면서도 『천주실의』에 나타난 서구적 인간관과 신관을 적극적으로 비판한

---

59 대개 18세기 近畿 남인 실학자들의 탈주자학적 경향을 이익을 거쳐 17세기의 미수 허목, 백호 윤휴로 거슬러 올라가서 논하게 되는 것은 그들이 두 차례의 예송 논쟁(1659의 기해예송과 1674의 갑인예송)에서 기년설을 주장한 서인 우암 송시열과 대립하여 참최삼년설을 주장한 남인으로서 서인에 의해 '사문난적'으로 지목되다가 1680년 경신대출척에서 처형되거나 유배당했기 때문이다. 송시열이 주자와 마찬가지로 유학의 근본경전으로 사서를 강조하며, 특히 주자주를 절대시했다면, 허목이나 윤휴는 '朱子註不必讀'까지 주장하며 사서보다 육경을 더 중시했다는 데에서 차이점을 보이는 것이다. 예송 논쟁에서 서인 송시열은 『주자가례』에 입각해 논하는 데 반해, 남인 허목은 『주례』, 『의례』, 『예기』의 고례에 입각해 논한 것이 그것을 방증한다. 이로부터 정옥자는 "예론의 차이는 서인이 주자학의 절대 신봉을 주장하는 반면, 근기 남인이 원시유학인 육경을 중시하면서 古學的 복고성을 보이는 학풍을 조성하고 있던 데서 찾을 수 있다"고 주장한다 (정옥자, 『조선 후기 조선중화사상연구』, 일지사, 1998, 52쪽).

이렇게 보면 마치 17세기 남인이나 18세기 실학자들이 원시유학과 주자성리학을 서로 대립되는 학으로 간주하면서, 성리학을 비판하고 공맹유학으로의 복귀를 주장해 실제로 수사학파를 형성한 것 같은 인상을 받게 된다. 그러나 그들이 정말 성리학의 인간관과 세계관을 공맹정신에 대립되는 것으로 파악했는가 하면, 결코 그렇지 않다. 허목이나 윤휴가 사서 너머 육경을 중시한다고 해서, 그것이 그들이 성리학적 인간관과 세계관을 벗어났다든가, 성리학과 원시유학을 대립되는 학으로 간주했음을 뜻하는 것은 아니다. 금장태는 "남명의 도상에 나타난 심성론의 가장 큰 관심의 하나는 천인의 대응 · 일치 구조를 확인하는 것이고, 다른 하나는 심에 의한 성 · 정의 통합 구조를 해명하는 것이라고 할 수 있다"고 말한다(금장태, 「남명 조식의 『하기도』와 도학체계」, 『남명 조식』, 예문서원, 2002, 239쪽). 이와 같은 천인합일설과 심통성정설은 공맹에 기반한 성리학의 중심 사상이다. 같은 책에 손영식의 "조식의 철학은 어느 모로 보나 성리학적 특징이 없다", "조식은 성리학에서 이미 벗어나 있는 것 같다"(손영식, 「남명 조식의 주체성 확립 이론과 사림의 정신I」, 『남명 조식』, 351, 352쪽) 등의 주장이 함께 실리고 있는 것은 우리 학계에 주자학 내지 성리학에 대한 본질 규명이 아직 확립되지 않았기 때문일 것이다. 윤휴는 주희 및 이황의 기발과 리발을 모두 기발에 입각한 '乘氣'와 '循理'로 설명하면서 "칠정이 될 수 있는 것은 본래 天命의 본연에 근본한 것이기 때문에, '性이 기를 탄다'고 한 것이다. 사단도 또한 情이 동하는 것이고 기가 발하는 것이다. 그러나 사단이 될 수 있는 것은 본래 사덕을 따라 발하는 것이므로, '정이 리를 따른다'라고 한 것이다"라고 한다(백호 저, 오규근 역, 『국역 백호전서』, 민족문화추진회 편, 1997, 8쪽). 이처럼 주자주를 무시하여 사문난적으로 몰린 윤휴라고 할지라도 성리학의 기본 이념인 인간의 본연지성과 사덕의 내재성을 부정하지 않은 것이다. 이 점에서 윤휴 또한 성리학자라고 할 수 있다. 성리학이 그 자체 타당하기에 주장하는 것이지 그것이 주자의 설이기에 주장하는 것이 아니라는 점에서, 즉 주자의 주를 무시한다는 점에서 탈주자적이라고는 할 수 있지만, 탈성리학적이라고는 볼 수 없는 것이다.

것도 그것이 외재주의적 신관에 입각해서 유교의 내재주의적 만물일체설과 성선설을 무신론 내지 유물론처럼 곡해하는 것에 대해 분개했기 때문이다.

그런데 정약용은 단지 사변적 경학화와 예학화를 비판하며 경세학을 강조한다는 점에서 탈주자적일 뿐 아니라, 성리학적 인간관 자체를 버린다는 점에서 탈성리학적이다. 그리고 그가 성리학적 인간관을 버린 것은 그가 인간과 자연 그리고 신을 『천주실의』에서와 마찬가지로 이미 외재주의적 관점에서 보기 때문이다. 신을 인간 밖에서 인간을 감시하고 상벌하는 타자로 설정해 놓기에, 인간 내면에서 신을 찾고 그 안에서 만물일체의 인을 체인하고자 하는 성리학적 내재주의는 무신론으로 비치는 것이다. 그런데 이러한 성리학적 내재주의는 타자화되고 외면화된 신을 인간 내면에서 인간의 본성으로 확인하는 공맹의 인본주의적 유교 정신의 심화이다. 따라서 성리학의 내재주의적 인간관을 떠나 외재주의로 돌아간다는 것은 탈성리학이면서 동시에 근본적으로 탈유교인 것이다. 이렇게 보면 공맹유교로 이어지는 한국의 유교사는 다음과 같은 방식으로 정리될 수 있겠다.

1		2		3		4		5
시경의 상제관	↔	공맹유학	→	성리학	→	탈주자학적 실학	↔	탈성리학적 정약용
[詩書學]		[洙泗學]		경학 위주		경세학 위주		
외재주의				내재주의				외재주의

그럼에도 불구하고 정약용은 자신을 주희성리학을 비판하면서 공맹의 근본 정신으로 되돌아가는 것이라고 주장했으며, 우리들 또한 그렇게 이해하여 정약용의 학문을 '수사학적 수기치인의 학'이라고 규정

하기도 한다. 여기에는 공맹의 원시유교와 송대 신유교가 그 근본 정신에서 상반된다는 것이 전제되어 있다.[60] 우리는 흔히 공맹의 인간관과 윤리관이 송대 성리학에서 형이상학화되고 우주론화되면서 변질되었다고 보는 것이다. 그런데 이는 결국 유교의 역사, 즉 동양철학의 전통에서 공맹의 인간관과 윤리관을 제대로 해석하는 형이상학은 존재하지 않는다고 주장하는 것이다. 주희가 유교의 도통으로 확립한 것이 오히려 유교의 왜곡일 뿐이라고 보는 것이다. 이는 또한 조선 건국 초부터 정약용이 등장하기까지 4세기 간의 조선 유교의 역사를 자기 왜곡의 역사로 간주하겠다는 것이다. 정약용이 그렇게 이해했고, 우리 또한 정약

---

60 이익이나 정약용의 학풍을 '탈주자학적 수사학'이라고 규정하면서 우리는 너무 쉽게 공맹유학(수사학)과 주자학을 대립으로 놓는다. 그러나 정약용 이전에 17, 18세기 실학자들이 탈주자학적 경향을 보인다고 해서, 그것이 성리학의 기본 이념과 대치되는 다른 인간관이나 세계관을 제시하면서 성리학을 부정한 것은 아니다. 허목, 윤휴, 이익의 탈자주적 경향은 성리학의 정당성을 朱子註에서가 아니라 경전이나 사태 자체에서 구함으로써 주자 일변도에서 탈피했다는 것을 말해 줄 뿐이지, 성리학의 이념 자체를 버렸다는 것은 아니다. 그들은 결코 성리학이 공맹근본유학의 정신과 대치된다고 생각하지 않았으며, 오히려 그 심화라고 여겼을 것이다. 성리학의 천인합일·만물일체의 이념과 직접적으로 대립되는 이념은 바로 서양 천주교의 외재주의적 신관과 서양 근대의 개별자 실체론이다. 따라서 탈성리학은 서학의 영향을 받은 신서파 남인에 의해서 비로소 시작되었다고 볼 수 있다. 이승휴, 이가환, 이벽 그리고 정약용이 그 계열이다. 그러므로 채제공이 퇴계 이황, 한강 정구, 미수 허목, 성호 이익으로 이어진다고 말한 그 학맥에 대해 "그 학맥은 미수에서 성호를 거쳐 다시 혜환 이용휴와 그의 아들 면대 이가환을 통해 다산 정약용에서 열매를 맺는 것으로 보아야 할 것이다"라고 주장하는 것은 상당히 무리가 있다(정옥자, 「미수 허목의 학풍」, 『조선후기 지성사』, 1991, 109쪽). 18세기 말까지도 성리학의 이념은 서인뿐 아니라 남인에게도 공통적이었으며, 이황을 이은 남인의 맥은 이익, 신후담, 안정복 등으로 이어졌었다. 이승휴, 이가환, 정약용 등으로는 성리학의 맥이 이어진 것이 아니라, 오히려 끊긴 것이다. 정옥자도 그 연결이 이상하게 느껴져서 "영남 성리학이 한강 정구를 거쳐 미수 허목에게 전수되었으나 여기에서 시대적 요청 및 제반 여건에 의해 굴절하여 소위 실학풍으로 변질되어 성호 이익 및 그 가계인 혜환 이용휴, 면대 이가환을 거쳐 다산 정약용에서 대성되는 것이다"(「미수 허목의 학풍」, 109쪽)라고 말한다. 그러나 이익, 안정복 등의 실학파는 그 변질 이전이며, 변질은 그 다음 신서파에서 일어났고, 그것은 엄밀히 말해 변질이 아니라 단절이다. 정약용의 무게에 눌려 남인 실학파의 성리학적 맥을 변질로 간주하면서까지 그 방향으로 끌고 갈 필요는 없을 것이다.

용을 따르면서 그렇게 받아들인다. 우리 사상사의 연속성, 정신의 역사성을 부정하는 것이다.

그런데 이처럼 공맹유학과 성리학을 양분해서 성리학의 역사를 유교정신의 왜곡으로 해석하는 것, 그리하여 결국 스스로의 역사성을 부정하게 하는 것, 정약용은 이것을 어디에서 배운 것인가? 바로 마테오 리치에게서 배운 것이다. 정약용은 마테오 리치를 통해 천주교의 외재주의를 배웠을 뿐 아니라, 동양역사를 읽는 눈까지 배운 것이다. 마테오 리치에 따르면 공맹유교의 근본 정신은 불교에 의해 왜곡되어 성리학으로 변질되었다. 성리학의 역사는 왜곡의 역사다. 왜곡되기 이전의 유교의 근본 정신은 오히려 천주교와 통한다. 그러므로 천주교는 동양 근본유교의 정신을 회복시켜 준다. 이것이 그가 말하는 보유론이다. 그는 보유론에서 근본유교를 높이고 주희성리학을 비판한다고 하지만, 그가 돌아간 유교는 사실 공맹의 인본주의적 유교가 아니라, 공맹 이전 『시경』, 『서경』의 외재주의다. 인간 너머에서 인간을 감시하는 인격신, 상제의 존재를 인간 바깥의 외적 실재로 설정한 것이다. 그러면서도 자신이 돌아간 것이 공맹유교라고 말하는 것은 근본유교와 신유교를 양분시켜 놓기 위함이다. 그렇게 하여 공맹 이후 천주교가 들어오기까지의 유교사를 공맹유교의 핵심과 본질을 잃어가는 왜곡과 변질의 역사로 평가하는 것이다. 공맹 이후 천주교가 들어오기까지의 유교사, 그 장구한 기간의 정신적 맥인 역사성을 끊고나서 그 자리를 천주교로 채우겠다는 것이다.

바로 이처럼 역사성을 부정하는 방식으로 동양정신사를 읽는 눈을 정약용은 마테오 리치에게서 배웠다. 그리고 우리 또한 정약용을 통해, 마테오 리치를 통해 그것을 배운다.[61] 역사성의 부정! 그러나 마테오 리치가 부정한 것은 자기 자신의 역사성이 아니다. 그는 타문화의 역사성,

동양정신의 흐름을 부정한 것이며, 이는 자신들의 정신적 유산인 천주교를 포교하기 위한 것이었다. 그런데 우리는 왜 그들의 눈을 빌려 우리 자신의 역사를 읽는 것인가?

우리가 천주교에 이끌리는 것은 정약용이 그랬던 것처럼 "천문역법과 농사수리와 측량술을 말하는 자가 있으면 그를 해박하다고 여기며 존중하는 일종의 풍조" 때문인지도 모른다. 서구의 물질문명과 과학 기술을 받아들이면서, 자본주의 경제체제와 사회계약론적 정치체제를 받아들이면서, 그 근대사상의 기반이 되는 개별자 실체론과 외재주의적 신관을 당연한 진리인 것처럼 따라서 받아들인 것인지도 모른다. 경세관이 바뀌면서 우리의 전통적인 내재주의적 인간관, 천인합일의 만물일체적 존재론, 우리의 역사를 내버린 것인지도 모른다. 그러다가 어느 날 갑자기 서양의 어느 한 철학자가 동양적 천인합일, 만물일체 사상의 심오함을 말하면, 모두 다 거기에 귀를 기울이지 않겠는가? 우리의 신은 정말 (우리의) 마음이 아니라, (서양의) 하늘에 있는가?

---

61 "다산은 지금 우리 곁에 없지만 그의 사상과 정신은 오늘까지 우리 곁에서 숨쉬고 있다. 다산은 우리나라가 낳은 최대의 사상가이며 세계적인 학자였다. 다산 이전에 다산만한 사상가가 없었고 다산 이후에도 다산만한 학자가 쉽사리 나타나기 어려울 것이다." 『여유당전서』의 해재에 실린 말이다(『여유당전서』, 제1책, 8쪽). 이런 방식으로 정약용 사상을 높이 평가하는 철학 내지 신학계의 학자들은 한결같이 그가 그의 핵심 사상에서 마테오 리치로부터 얼마나 큰 영향을 받았는지, 그가 천주교의 신관에 입각해서 얼마나 강력하게 주자학을 비판했는지를 논한다. 그러면서 그의 탈주자학이 마치 중화주의를 극복한 민족적 자긍심의 표현인 것처럼 논한다. 이런 방식의 정약용 해석은 단지 한 명의 자유로운 사상가로서의 정약용 해석을 넘어서서 우리가 우리의 역사를 어떤 방식으로 이해하고 있는지, 그리고 그 역사를 어떤 방향으로 이끌어 가려고 하는지를 보여 주는 것이 아닌가?

3장

최제우: 유교, 서학, 무교, 불교 그리고 동학

수운 최제우(水雲 崔濟愚, 1824-1864)는 구한말 어수선한 시대 상황 속에서 개인적 구도와 보국안민의 뜻을 품고 방황하다가 1860년 신비체험을 통해 득도한 후, 동학(東學)의 종교를 창시했다. 그가 확립한 동학은 흔히 유 · 불 · 도 3교의 종합이며 기독교 사상까지도 흡수한 통합적 사상이라고 평가된다. 태극과 천리와 천명을 주장하고 도덕과 성(誠)과 경(敬)을 중시하며 귀신을 논한다는 점에서 유학과의 연관성을 찾고, 천주나 상제나 한울님을 믿고 모신다는 점에서 서학과의 연관성을 발견하며, 한울님으로부터 받은 영부(靈符)나 주문, 강신(降神)의 체험을 논한다는 점에서 무교(巫敎)와의 연관성을 주장하기도 한다. 그렇게 해서 고운 최치원(孤雲 崔致遠)이 말한 삼교 통합적 풍류(風流)로 소급되는 우리 민족의 회통 정신, 통합 정신을 잘 반영하고 있다고 평가된다.

그러나 종합이나 통합의 사실보다 더 중요한 것은 그런 통합을 가능하게 하는 동학의 근본 정신이 무엇인가 하는 것이다. 더구나 통합되어야 할 사상들의 인간관이나 세계관이 상충되고 모순되는 면을 갖고 있다면, 그런 모순들이 동학에서 어떻게 해결되고 있는지가 밝혀지지 않는 한, 통합은 단지 혼합에 지나지 않을 것이다.[1]

이하에서는 동학의 근본 정신과 핵심이 잘 표현되어 있는 최제우의 신비체험 및 그 해석을 중심으로 해서 동학이 유학과 서학, 무교와 불교와 어떤 방식으로 연관되는가를 밝혀보기로 한다. 기존 학자들의 연구가 주로 동학과 그들 각 사상과의 공통점에 초점을 맞추고 있다면, 여기에서는 주로 동학과 그들 각 사상과의 차이점을 밝히는 데에 주력하기로 한다.[2] 그러면서 동시에 다른 사상들이 서로 어떤 방식으로 연관되는

1 신일철은 "그[최제우]의 사색 내용에는 유교, 불교, 도교 등 전통적인 종교 사상과 아울러 무속, 주술, 풍수지리설이 혼재해 있고 영부, 천어, 주문 등 민간 신앙적 요소도 적지 않다"(신일철, 「최수운의 역사의식」, 이현희 편, 『동학사상과 동학혁명』, 청아출판사, 1984, 12쪽)라고 하여 동학을 여러 사상의 혼재로 본다. 따라서 그는 "수운의 유교 비판의 논리는 대개 천주학=서학이었다면, ……서학 비판에는 다시 유교를 채용"(23쪽)한다고 주장하며, "천주교=서학 비판에서 그는 주로 오륜 등 가족 공동윤리의 결여를 지적하고 있다. 다시 유학에 대해 비판할 때는 천주에 대한 경외지심의 결여를 지적하고 있다"고 말한다. 이렇게 보면 동학은 그야말로 여러 사상들의 무질서한 혼재에 지나지 않는다. 이현희의 「수운의 개벽사상연구」에서도 그런 혼합론이 주장된다. "그[최수운]는 기독교-천주교를 배척하면서도 천주사상을 받아들였고, 유 · 불 · 도의 타락상을 신랄히 비판하면서도 유교에서 5륜 5상의 인륜도덕, 즉 인간성의 회복을 본받았으며 불교의 말폐를 덜어버리고 호국적인 보국안민의 인류 구원의식을 터득, 적용했다. 도교에서의 불로장생의 안일함을 타기하고 지상천국, 즉 복지국가 건설로 민중-대중 흡수와 교화에 심혈을 경주할 창교적 자세를 취했다. 따라서 토착신앙 위에 이 4교를 접촉하여 시천주사상을 핵심으로 한 인내천과 사인여천의 교리를 완성했다."(이현희, 「수운의 개벽사상연구」, 이현희 편, 『동학사상과 동학혁명』, 청아출판사, 1984, 54쪽). 이것 역시 체계성 없는 혼합주의식 주장이다. 즉 기존 종교가 어떤 방식으로 비판되고 수용되며 상호 연관되는가에 대한 체계적 설명이 빠져 있다.

2 물론 차이를 밝힌 연구들도 존재한다. 예를 들어 김상기가 『동학과 동학란』에서 시천주의 핵심을 유학적 성선설로 해석함으로써 동학과 유교와의 유사성에 주목한 데 반해, 신일철은 한울님 사상은 우리 민족 고유의 경천신앙의 회복으로서 유교적 중화주의가 중국 천자만이 천과 통한다고 보는 데 반해 동학은 경천신앙의 개인주체화라는 점에서, 그리고 유교가 有爲的인 사대부 중심의 관료주의인 데 반해 동학은 무위이화의 자연주의와 지상 신선을 내세운다는 점에서 유교와 구분된다는 것을 강조한다(신일철, 「최수운의 민족사상」, 한

지, 한 사상의 한계에서 그것을 지양하는 그 다음의 사상으로 어떻게 나아가는지를 살펴봄으로써 유교→서학→무교→불교→동학의 순으로 이어지는 종교의 내적 층위를 설정해 보고자 한다.[3]

우선 최제우의 신비체험을 살펴보고(1절), 그에 기반한 그의 동학사상이 유신론적 초월주의로서 주희성리학의 자연주의와 어떻게 구분되는지를 논하겠다(2절). 이어 동학의 초월주의가 내적 초월주의로서 서양 기독교적 외적 초월주의와 어떻게 다른지를 살펴본다(3절). 그리고 다시 우리 모두가 신과 내통할 수 있다고 보는 동학의 평등주의가 특정인(무당)만이 신과 교섭한다고 보는 무교의 선택주의와 다르다는 것을 살펴보고(4절), 궁극적으로 동학이 '각자의 신'을 주장하는 불교식의 개인해탈주의와 달리 지상천국을 내세우며 '우리의 신'을 주장하는 사상임을 논할 것이다(5절). 그리고 이와 같은 동학사상의 의의를 정리해 보도록 한다(6절). 이런 작업을 통해 동학의 근본 정신과 이념이 무엇인지, 그 종교성의 핵심을 밝혀보고자 한다.

국동학학회 편, 『동학연구』, 제2집, 1998, 79쪽 이하 참조). 나아가 최동희는 동학 창시자 최제우의 신비체험은 유교적 자연주의와 대립된다는 점에서 유교와 구분되며, 동학의 '각지불이'에서 각자마다의 성실성의 강조는 무속적 잡신을 배제한다는 점에서 무속과도 구분된다는 것을 강조한다(최동희, 「수운의 인간관」, 천도교중앙총부 편, 『동학사상논총』, 1982, 124쪽 이하 참조).

3 여기에서 종교 층위에 도가사상 내지 도교를 따로 다루지 않은 것은 그것이 자연현상 너머 초월적 영적 존재를 인정하지 않는다는 점에서 유교와 크게 다르지 않다고 보기 때문이다. 물론 도가가 윤리나 정치사상에서는 유교와 차별성을 보이지만, 존재론적 관점에서 인간을 이해할 때는 자연의 理나 道 그리고 氣를 따라 인간 존재를 설명한다는 점에서 그 둘의 근본적 차이를 찾아보기 힘들다.

1. 최제우의 신비체험

20여 년간 개인적 구도와 보국안민의 대책을 찾아 방황하던 37세의 최제우는 1860년 4월 5일 드디어 신비체험을 통해 득도하게 된다. 그 체험의 순간은 여러 가지 방식으로 묘사되고 있는데 「포덕문」에는 다음과 같이 표현되고 있다.

> 사월에 뜻밖에도 마음이 아뜩하고 몸이 떨려 무슨 병중이라고 판단할 수도 없고 무엇이라고 형용할 수도 없는 순간에 어떤 신비로운 말씀이 문득 귀에 들려왔다. 소스라쳐 일어나서 캐어 물었더니 "두려워 말라. 무서워 말라. 세상 사람들이 나를 상제라고 부르는데 너는 상제도 몰라보는가?" 라고 했다.[4]

그러면서 영부와 주문을 주었는데, "영부의 이름은 선약(仙藥)이고 그 형태는 태극(太極)이며 궁궁(弓弓)"[5]이라고 한다. 최제우는 강령 상

---

4 「포덕문」, "不意四月, 心寒身戰, 疾不得執症, 言不得難狀之際, 有何仙語, 忽入耳中. 驚起探問 則曰: 勿懼勿恐, 世人謂我上帝, 汝不知上帝耶." 이하 인용되는 최제우의 글은 모두 한문 표기의 『東經大全』(「포덕문」, 「논학문」, 「수덕문」, 「불연기연」 포함)과 한글 표기의 『용담유사』(「용담가」, 「안심가」, 「교훈가」, 「도수사」, 「권학가」, 「몽중노소문답가」, 「도덕가」, 「흥비가」, 「검결」 포함)에서 취한 것이다. 원문 및 번역은 최동희 역의 『동학경전』(1961, 고우사)을 따랐다. 『동경대전』과 『용담유사』는 최제우가 득도한 1860년부터 처형당한 1864년 사이에 쓰여져서 최시형에게 넘겨졌던 것을 최시형이 1880년 목판으로 간행한 것이다. 교주 처형과 더불어 금서로 되어 산실될 뻔한 동학 경전들이 최시형의 간행으로 인해 오늘날까지 전해지게 된 것이다.

5 「포덕문」, "[吾有]靈符, 其名仙藥, 其形太極, 又形弓弓." 여기서 태극은 무극 내지 無極之道인 천도로서의 동학을 의미한다. 경전 상에는 弓弓이나 弓乙이 무엇을 의미하는지에 대해 상세한 설명은 없다. 이에 대해서는 여러 해석이 가능하다. ① 『정감록』과 관련지은 해석으로서

태에서 백지에 묵서함으로써 영부를 얻었다. 최제우는 '주문'을 '한울님을 극히 위하는 글'로 풀이한다.[6] 주문은 여러가지가 있는데 주된 주문은 「논학문」에서 상세히 설명되는 것으로 강령주문 8자와 본주문 13자를 합한 21자 주문이다. 이를 '강령(降靈)의 글'이라고 한다.

> 지기금지원위대강 시천주조화정 영세불망만사지(至氣今至願爲大降 侍天主造化定 永世不忘萬事知).[7]

여기서 지기(至氣)는 '혼원(渾元)의 일기(一氣)'로서 허(虛)이면서 영(靈)이다.[8] 이 지기와의 접촉, 지기와의 하나됨이 곧 천주를 모시는 시천주(侍天主)인데, 시(侍)를 내적으로 신령이 있고 외적으로 기화가 있는 것으로 해석한다.[9] 이와 같은 내적 체험을 「논학문」은 다음과 같이 묘사한다.

> 몸이 몹시 떨리고 밖으로는 신령과 서로 맞닿는 기운[接靈之氣]이 있

弓弓乙乙은 '弱'자의 파자이며 난세를 당하면 강자는 죽고 숨어사는 약자는 살아남는다는 '利在弓弓'에서 유래한 개념이다. ② 弓 자는 心 자를 갈겨쓴 것으로 불교적 심의 강조와 상통한다. ③ 天 자를 [illegible]으로 쓰면 그 안에 弓 자가 담겨 있어 궁궁으로서 동학의 도가 천도임을 강조한 것이다. 동학의 東에도 역시 궁 자가 담겨 있어, 동학교도는 동학을 궁을지도라고도 했다. 최제우가 신비체험에서 받은 영부와 주문은 각각 무교적으로 보면 부적과 주문에 해당하고, 기독교적으로 보면 십자가와 주기도문에 해당하는 것으로 볼 수 있을 것이다.

6 "주문의 뜻은 무엇입니까? 답하기를 천주를 지극히 위한다는 말이다(呪文之意, 何也. 曰至爲天主之字)." 「논학문」.

7 「논학문」, "이제 [동학교단에] 이른 자에게 지극한 기[至氣]의 큰 내림이 있기를 기원하며, 천주를 모시고 필히 조화가 일어나 영세토록 잊지 말고 만사를 깨달을지어라."

8 지기를 근원적 一氣, 虛라고 하는 점에서 太虛를 주장한 서경덕의 기론과 비교해 볼 수 있지만, 차이는 최제우에게 그 근원적 기는 정신적인 靈이라는 것이다. 그러므로 신령한 영과의 교통인 강령, 영접으로서의 신비체험이 가능했던 것이다.

9 「논학문」, "侍者, 內有神靈, 外有氣化."

고 안으로는 신비스러운 가르침[降話之教]이 내렸다. 그러나 살펴보아도 보이지 않고 들으려 해도 들리지 않아 마음은 더욱 이상스러웠다. 마음을 가다듬고 기운을 바로 잡아[守心正氣] "어째서 이렇게 되었는가?" 라고 물었다. 대답하기를 "내 마음이 곧 네 마음이다[吾心卽汝心]. 사람들이 어찌 이 진리를 알겠는가? 사람들은 천지는 알지만 귀신은 모른다. 귀신이 바로 나다." 라고 하였다.[10]

그러면서 그 신령한 귀신은 최제우가 무궁무궁한 도를 깨닫고 체득하고 그것을 익혀 글로 표현해 사람들에게 가르칠 것을 권한다. 이로부터 동학이 확립된 것이다. 운문식 가사의 「용담가」에는 이 신비체험이 다음과 같이 그려지고 있다.

> 천은이 망극하여 경신 사월 초오일에
> 글로 어찌 기록하며 말로 어찌 형언할까.
> 만고 없는 무극대도 여몽 여각 득도로다.

이러한 신비체험을 통해 득도함으로써 최제우가 확립한 동학은 당시 사회에 만연해 있던 다른 종교사상인 유교과 서학, 무속과 불교와 어떤 차별성이 있는 것일까? 여기에서는 이들 종교 간의 차이를 그 내적 발전단계에 따라 살펴봄으로써 동학의 종교적 특징이 무엇인가를 밝혀 보기로 한다.

---

10 「논학문」, "身多戰寒, 外有接靈之氣, 內有降話之教. 視之不見, 聽之不聞, 心尙怪訝, 守心正氣 而問曰: 何爲若然也. 曰: 吾心卽汝心也, 人何知之. 知天地, 而無知鬼神, 鬼神者吾也."

2. 주희성리학의 자연주의(무신론) 대 동학의 초월주의 (유신론)

인간을 포함한 생명체 및 개별 사물로 이루어진 현상세계의 기원과 존재 원리를 설명함에 있어 유교는 도가의 자연주의와 크게 다르지 않다.[11] 일체는 기(氣)의 취합에 의해 질화되고 개체로 형체화된 것일 뿐이다. 무생물과 식물, 동물, 인간의 차이는 단지 기의 종류, 기의 정(正)과 편(偏), 통(通)과 색(塞), 청(淸)과 탁(濁) 등에 의해 나타나는 편차일 뿐이다. 지각 내지 의식과 같은 정신작용인 신(神)도 기가 응취하여 형화되면서 자연발생하는 것으로 간주된다. "형태가 생겨나면 신이 지각을 드러낸다"[12]는 것이 그것이다. 인간의 생명 및 정신은 기의 취합 결과일 뿐이고, 그렇게 취합된 기가 흩어지는 것이 곧 죽음이며, 기가 흩어지면 정신도 더불어 멸한다. 따라서 신체적 기반을 가지지 않은 영적 존재로서의 귀신 또는 신은 존재하지 않는다.[13]

---

11 여기에서 유교를 무신론적 자연주의라고 논하는 것은 유교를 단지 음양 내지 혼백의 차원에서만 논하기 때문이다. 이 책 전체에서 강조하는 것처럼 유교를 '심' 또는 '심위태극'의 관점에서 해석할 경우, 유교는 무신론이나 자연주의가 아니라 내적 초월주의이다. 무신론적 자연주의적 유교와 내적 초월주의적 유교의 차이는 리학과 심학의 차이 또는 중국의 정주성리학과 한국의 퇴계성리학의 차이라고 볼 수도 있다.

12 주돈이, 『태극도설』, "形既生矣, 神發知矣."

13 유교에서는 사망 순간 흩어지는 氣를 둘로 구분하는데, 위로 오르는 魂氣와 아래로 향하는 魄氣가 그것이다. 전자는 불의 溫氣로서 정신 작용을 하던 기이며, 후자는 물의 冷氣로서 신체를 구성하던 기가 된다. 나무가 다 타고나면 한 줌 재가 바닥에 날리고 연기는 공중에서 사라지듯 삶이 다하면 백기는 흙과 먼지가 되고 혼기는 공중에 흩어져 無化한다고 본다. 이처럼 유학자들은 신체를 떠난 귀신의 존재를 인정하지 않는다. 그러나 그렇다면 죽은 영혼(조상)이나 신에 바치는 제사는 무슨 의미가 있는가? 유학자들은 끊임없이 이 문제에 부딪쳤던 것 같다. 인본주의를 확립하고자 했던 공자는 사후나 귀신의 문제에 대해 "사람도 못 섬기는데 어떻게 귀신을 섬길 수 있겠는가! 생도 아직 모르는데 어찌 사를 알겠는가!(未能事

유교에서 기의 운행에 따라 형성되는 개체의 현상세계가 형이하의 세계라면, 그런 형이하를 가능하게 하는 근원인 형이상자는 단지 추상적 원리로서의 태극(太極)이나 리(理)일 뿐이다. 그 추상적 원리가 인간이 깨닫고 실현시켜야 할 우주원리(소이연지리)이며 또 도덕원리(소당연지리)다. 격물치지(格物致知)는 자연 관찰을 통해 우주원리를 밝혀나가야 한다는 것, 도덕실천은 자연과 더불어 인간 마음 안에 주어진 본성적인 생물지심(生物之心)의 인(仁)을 실현해야 한다는 것을 말해 준다. 추상적 이치나 법칙 너머 세계를 주재하는 신(神)이나 개체적 영혼인 귀신 등의 존재는 부정된다.

이것은 철저한 인본주의적 세계관이다. 공자가 중국의 최대 성인으로 추앙받게 되는 것은 그가 신탁과 점술 등이 성행하던 은나라 식의 신본주의를 벗어나 주나라의 인본주의를 확립했기 때문이다.[14] 신에게 인간을 제물로 바치고 신 앞에 두려워 떨며 신의 뜻을 알고자 전전긍긍하는 것은 결국 인간 각자가 자기 삶에 대해 주인이 되지 못함을 말해 준

人, 焉能事鬼; 未知生, 焉知死.)"라고 하여 논의를 피했다. 주희는 귀신이 없다면 제사가 무의미할 수밖에 없다는 것을 직감했기에 궁색한 해결책을 제시한다. 즉 죽는 순간 혼기와 백기로 흩어진 기가 각기 완전히 흩어져 무화하기까지는 시간이 좀 걸린다는 것이다. 흔히 제사상이 차려지는 4대 정도의 기간 동안은 아직 완전히 흩어지지 않고 이 세상 어딘가에 머물러 있기에, 동일한 기의 자손이 지성으로 제사를 올리면 그 정성에 감동하고 기에 감응해서 혼백이 화합해 보이지 않는 형태로 돌아온다는 것이다. 제사 시 향은 그 연기가 위로 올라가 혼기를 불러오고, 술은 아래로 내려가 백기를 불러와 혼백이 합하게 된다고 보는 것이다. 제사로 불러오지 않아도 종종 등장하는 것처럼 여겨졌던 귀신에 대해서 주희는 그 혼이 원한 맺힌 혼이기에 그 원한 때문에 기가 흩어지지 못한 것이라고 주장한다. 그러나 결국은 일정 기간이 지나면 모두 흩어져 사라진다고 보는 것이다. 이러한 논의에 대해서는 주희, 『주자어류』, 제3권, 귀신편(허탁, 이요성 역, 청계, 1998) 참조.

14 이는 곧 신화적 사고에서 이성중심적 사고로의 전환을 의미한다. 중세 기독교적 신본주의를 타파하고 나온 서양 근세의 휴머니즘도 자기 영혼의 주인을 더 이상 신으로 간주하지 않고 바로 자기 자신으로 간주하고자 한 것이다. 그 때부터 인간은 자기 자신을 자기 삶뿐 아니라 사회 내지 역사의 주인이라고 자각하게 된다. 이런 면에서 신비적 초월자를 배제하고자 하는 유교의 인본주의는 서구의 근대사상과도 상통한다.

다. 인간이 자기 이성에 근거해서 자기 자신의 삶을 자율적으로 계획하고 실행해 나가도 된다는 생각은 인본주의적 자각이 있어야만 가능한 것이다. 그렇게 함으로써 자신의 삶을 간섭하고 규제하는 외적 힘, 자기 자신도 알 수 없는 불가항력적인 힘을 배제할 수 있게 된다. 나를 넘어서는 힘이 있다면 그것은 자연일 뿐이지만, 그러나 자연은 자연 자체의 원리에 따라 움직이고 운행될 뿐이지, 자연을 넘어서는 영적 존재, 신이나 귀신은 존재하지 않는다.

그렇다면 긴 세월 사람들이 두려워 떨던 신, 제사의 대상이 되는 귀신, 『주역』이 언급하는 떠다니는 유혼(游魂)이란 무엇인가?[15] 주희는 귀신에 대해 합리적 설명을 제시한다.

> 신(神)은 펼치는 것이고 귀(鬼)는 움츠리는 것이다. 예컨대 바람, 비, 천둥, 번개 등이 막 발생할 때는 신이고, 바람이 그치고 비가 지나가며 천둥이 멈추고 번개가 쉬는 것은 귀이다. 귀신은 음양의 기운이 줄어들거나 늘어나는 것에 불과할 뿐이다.[16]

이처럼 귀신이란 자연 너머의 영적 실재가 아니라 자연현상을 이루는 기의 운동성의 양면에 지나지 않는 것으로 해석된다. 우리가 팔꿈치를 펼쳤다 굽히듯이, 자연에서 기가 펼쳐지기도 하고 움츠러들기도 하는 것이 모두 귀신의 작용이라는 것이다. 기가 펼쳐졌다 모여드는 것,

---

15 『주역』에서는 "정기가 합해 개체가 되고 유혼이 변화한다(精氣爲物, 游魂爲變.)"라고 말한다. 음양의 기와 오행의 精이 화합하여 개체가 형성된다는 것과 떠다니는 혼이 변화한다는 것을 말하는 것이다. 여기서의 유혼을 사후 남아 떠다니는 귀신의 의미로 읽어서는 안 된다는 것을 유학자들은 강조했다.

16 주희, 『주자어류』, 제3권 귀신, "神, 伸也; 鬼, 屈也. 如風雨雷初發時, 神也; 及至風止雨過雷住電息, 則鬼也. 鬼神不過陰陽消長而已."

펼칠 신(伸=神)과 되돌아올 귀(歸=鬼)를 합친 것이 바로 귀신(鬼神)이다. 이렇게 보면 귀신은 천지만물 운동성의 추상적 이름일 뿐이지 그 자체 천지를 초월한 초자연적인 영적 존재가 아니다. 그러므로 주희는 자연을 귀신의 산물로 보는 것이 아니라, 반대로 귀신을 자연의 흔적으로 간주한다.

> 귀신은 조화의 자취다.[17]

만일 천지자연을 넘어선 창조자로서의 영적 존재인 신이나 귀신이 존재한다면, '천지는 귀신의 공용'이라고 하겠지만 유교는 그런 신이나 귀신을 인정하지 않으므로 오히려 거꾸로 '귀신이 천지의 공용'이라고 말한다. 신이 있어 천지를 만든 것이 아니라, 천지와 천지의 원리가 그 자체로 있고 귀신이란 그런 원리의 운행 방식에 지나지 않는다고 보는 것이다. 자연은 객관적 우주원리에 따라 운행되는 것이며, 인간은 그 원리를 발견하고 인식하며 그에 따라 살아가면 된다. 자연을 넘어선 신이나 귀신을 두려워할 필요가 없다는 것이다.

이에 반해 경신년에 최제우가 겪은 사건은 유학자로서는 받아들이기 힘든 신비한 영과의 접촉으로 접령 내지 강신의 체험이다. 그는 그 신비한 영을 상제, 귀신, 천주 또는 한울님이라고 부른다.[18] 그의 신비체

---

17 주희, 『주자어류』, 제3권 귀신, "鬼神造化之迹." 이는 정이의 말로서 주희가 이를 설명하고 있다. 자연에서의 모든 발생이 조화의 자취로서 귀신이라고 할 수 있다는 것이다. "다만 사람들은 항상 접하는 일이기 때문에 괴이하게 여기지 않는다"는 것이다. 단지 늘 발생하지 않는 일이 발생하면 그것을 괴이히 여겨 '귀신'의 일이라고 하지만 어느 것이나 다 마찬가지로 자연 조화의 자취일 뿐이라는 것이다.

18 '상제'는 중국 고대 신의 명칭인데, 동학 경전에서는 「포덕문」에서만 두 번 사용되었을 뿐이다. '천주'도 중국에서 신의 이름으로 쓰이기는 했지만 고대 제기에서 받들어진 8신 중의

험에서는 귀신이 직접 등장해서 자신을 바로 귀신이라고 밝히기도 한다.

> 사람들은 천지는 알지만 귀신은 모른다. 내가 그 귀신이다.

이는 주자학 식으로 천지의 자취로 파악된 귀신은 귀신이 아니라는 것이다. 그들은 천지는 알되 귀신은 모르는 것이다. 왜냐하면 귀신은 천지운동의 산물이 아니라 천지자연보다 더 근원적인 초자연적인 신비한 영적 존재이기 때문이다. 이처럼 최제우의 귀신 개념은 정주성리학의 귀신 개념과 다르다. 동학은 우리가 경험하는 천지자연의 현상 너머에 인간이 이성적으로 개념화할 수 없고 파악할 수 없고 통제할 수 없는 불가사의한 힘의 영적 존재를 주장한다. 바로 그 영적 존재와의 접촉이 최제우의 신비체험인 것이다.

이와 같이 동학은 인간의 합리적 사유로 다 파악할 수 없는 신비한 영역, 관찰 가능하고 법칙화 가능한 자연 영역으로 다 환원되지 않는 현상초월적인 신비한 영의 존재를 인정하고 있다. 이 점에서 동학은 자연

하나로서 세계의 한 부분을 다스리는 局部神 내지 方域神으로 동학에서와 같은 절대 최고신의 의미는 아니었다. 동학에서 '天主'는 하늘[天]과 님[主]을 더한 하늘님을 뜻하며, 이는 다시 서학 천주교에서 천주에 님을 더한 '천주님'과도 명칭상 구분된다. '천주'와 '하늘님' 중 최제우가 절대자에 붙인 본래 이름은 무엇일까에 대해 최동희는 천주가 한문의 『동경대전』에는 주로 쓰였으나 한글의 『용담유사』에는 한번도 쓰이지 않고 오히려 'ᄒᆞᄂᆞᆯ님'만이 쓰인 것으로 보면 본래 이름은 ᄒᆞᄂᆞᆯ님이고 그것을 한역하여 천주라고 했을 것이라고 주장한다(최동희, 「동학의 신앙대상」, 『아세아연구』, 8-2, 1965, 108쪽 이하 참조). 마찬가지로 최동희는 천리, 자연, 조화, 혼원일기 등의 개념 이해나 사용에서도 동학에서의 의미를 정주학이나 노장학에서의 의미와 구분해야 한다는 것을 강조한다. 동학을 理氣, 음양, 오행 등 유교나 도가적 개념에 따라 그 사상의 연장으로 해석하는 것을 비판한 것이다(최동희, 「해월의 종교사상에 대한 이해」, 부산예술문화대학 동학연구소 편, 『해월 최시형과 동학사상』, 예문서원, 1999, 79쪽 이하 참조).

주의적 인본주의가 아니라 신비적 초월주의다. 그리고 이 점에서 서학의 정신과도 통한다. 그리고 결국 최제우는 사교(邪教)인 서학의 신봉자로 몰려 처형당한 것이다. 그러나 과연 초월주의적 사고가 서학으로부터 온 것일까? 한국인의 심성 자체가 본래 경험주의적이고 현실주의적인 중국인과 달리 초월주의적이고 이상주의적인 면이 있었던 것이 아닐까?[19]

중국 한(漢)족 중심의 유교문화가 인본주의적인 주(周)나라 문화로 특징지어진다면, 주나라 이전 신본주의적 경향의 은(殷)나라는 한족 아닌 동이(東夷)족의 사회였다. 그리고 우리 한(韓)민족은 본래 동이족으로 알려져 있다. 우리 민족은 처음부터 유달리 강한 영적 에너지를 지녀 신비적 초월자를 느끼며 그 초월자와의 합일을 꿈꾸고 그 합일에 도취하려는 경향을 가졌던 것이 아닐까?

동학의 현상초월적인 절대자, 한울님 사상의 기원을 동학사상가들은 우리의 '한'에서 찾는다. 한국 민족은 '크다'와 '하나'를 함축하는 전일(全一)의 뜻인 '한'을 숭배하여 '한님'(하느님, 한울님)이라 칭하고, 그것이 단군신화에서 환인, 환웅의 환(桓)으로 표기되었다는 것이다.[20]

---

19 한국 민족의 성향을 현실주의적이라고 말할 때도 우리는 한국의 현실주의와 중국의 현실주의는 구분해야 할 것 같다. 민간신앙의 차원에서 한국의 무교와 중국의 도교를 비교해 보면 그 차이의 일면이 드러나는데, 도교에서의 현실은 죽음과 구분되는 삶의 현실이다. 그러므로 현실주의적 도교인은 죽지 않고 이 현실에 오래 남고자 불로장생을 꿈꾼다. 반면 한국적 무교에서의 현실은 삶과 죽음, 산자와 죽은 자를 확실하게 경계짓지 않은 채 그 둘을 포괄하는 현실이다. 삶의 경계를 넘어서서 죽음을 포괄하는 초월적 현실이다.

20 이돈화는 최제우의 "무궁한 이 울 속에 무궁한 내 아닌가"라는 구절에서 '무궁한 이 울'이 곧 한(무궁)+울(우리)의 한울, 흔놀을 뜻한다고 본다. '울' 또는 '우리'는 울타리로서 우리 삶의 터전을 포괄하는 시공적 우주 전체를 의미하기도 하고 또 우리들의 우리를 의미하기도 한다. 곧 큰나[大我]를 뜻하는 것이다(이돈화, 『신인철학』(1923년경 작품), 한국사상연구회, 1963, 9쪽 이하 참조). 마찬가지 관점에서 백세명은 인간을 '낳는' 신으로서의 한울님사상인 단군신화와 인간을 '만드는' 신으로서의 기독교사상인 이스라엘 신화를 비교하면서 동학의 한울님사상 내지 신앙의 연원이 우리 민족 고유의 한사상임을 강조한다.(백세명, 『동학사상과 천도교』, 동학사, 1956, 13쪽 이하, 백세명, 『하나로 가는 길』, 일신사, 1968,

그러므로 전일의 한울님 안에서 우리 모두가 하나라는 그런 전체적이고 집단적인 도취, 하나에의 열망을 지녀왔을 것이다. 이것이 곧 무교에서는 강신이나 접신 같은 신들림, 망아와 탈아를 유도했을 것이다. 그리고 그 절대 일자와 직면하여 도통하고픈 열망이 불교 수용에서도 우주 전체를 포괄하는 '일심(一心)'의 불교로 나아가게 했을 것이다. 이는 곧 나와 너, 나와 우주가 하나로 융합된 한 마음에 대한 그리움의 표현이라고 본다.[21] 이러한 초월적인 보편적 마음에 대한 사유가 결국 신유교를 도입하는 과정에서도 중국성리학과는 구분되는 한국적 유교, 즉 일체를 심과 연결시키고 심으로부터 설명하려는 심학적 특징을 발휘하게 했을 것이다.[22]

이황(李滉) 이후로 한국성리학은 기로 구성된 자연 영역을 넘어선 영적 존재가 우리 마음에서 작용하고 있음을 논한다. 주희성리학이 리(理)나 태극을 추상적 원리로 간주하고 인간 심을 단순히 기의 산물로 보면서 성은 단지 그 마음에 주어진 추상적 원리로서만 인정하는데 반해, 한국의 이황은 리를 단순한 추상적 원리가 아니라 그 자체 능동성, 자발성, 영성을 지닌 것으로 이해하며, 인간 마음 안의 순수 리가 자체적으로 활동하는 리발(理發)을 주장한다. 그렇게 함으로써 성이나 리보다 심을 강조하게 되며, 성즉리의 중국성리학과 구분되는 심학의 경향을 보이는 것이다. 이는 중국성리학의 객관적 자연주의보다는 유심론적 경향이 우세한 한국적 사유방식을 보여 주는 것이라고 본다.

122쪽 이하 참조).

21 일심을 주장하는 한국불교에 대해 그것이 진여나 불성을 주장하는 불성론 또는 여래장사상이며 근본불교로부터 멀어진 '힌두화된 불교'라고 비판하는 것은 정확하지 못하다. 차라리 한국 민족에 의해 '한국화된 불교'라는 말이 더 정당한 표현이 아닐까?

22 이런 까닭에 조선 500년간 유교가 국교로서 정치관료체제를 형성했음에도 불구하고 한국인의 기본 정서와 성향은 또 다른 유교 국가인 중국의 그것과는 달랐던 것이라고 본다.

이황을 계승하는 이익(李瀷)에게서는 이 점이 더 분명해진다. 이익은 자연과 상통하는 신체를 이루는 형기(形氣)와 정신을 형성하는 심기(心氣)를 구분하며, 그에 따라 신체적 심인 혈육지심(血肉之心)과 영적 심인 신명지심(神明之心)을 구분한다. 영적 존재를 우주 천지의 근원으로 보므로 정주의 귀신관과는 반대되는 주장을 전개한다.

> 천지는 귀신에서 나온다. …… 조화는 귀신의 발자취다.[23]

근원적으로 귀신이 실재하고 그로부터 비로소 천지와 천지 조화가 발생한다는 것이다. 천지 발생의 근원이 되는 귀신과 통하는 인간 마음은 신체적 기에 의해 제한받는 오장지심(五臟之心)이 아니라 기의 영역을 넘어서는 영적 존재로서의 마음인 영명지심(靈明之心)이다. 이황 심학에서의 '리발의 심'이 이익에서는 '신명지심'으로, 정약용에서는 '영명지심'으로 불리는데, 이 마음이 곧 현상초월적인 신적 마음이다. 유교와 주희성리학이 인심(人心)과 도심(道心)의 차별성을 강조했다면, 일심(一心)을 아는 한국 유학자들은 인심이 근본적으로 도심 내지 천심(天心)과 하나라는 것을 강조했다고 볼 수 있다.

이러한 전통 위에서 최제우는 "천심이 곧 인심"[24]이라고 말한다. 앞

---

23 이익, 『星湖僿說類選』, 권1 하, "造化由鬼神出. …… 造化者, 鬼神之迹也." 이 구절은 한우근, 「동학사상의 본질」, 『조선시대 사상사 연구논고』, 일조각, 1996, 318쪽에서 재인용함. 이익 이후 정약용도 이와 같은 주장을 한다. 그는 주자학을 자연주의로 읽고 비판하면서, 형이하의 현상세계의 근원은 단순한 추상적 원리나 비인격적 자연법칙이 아니라 인격적이며 영적인 존재라고 보며 이를 상제라고 부른다. 그리고 귀신과 천지의 관계에 대해 이익과 마찬가지로 "천지는 귀신의 공용이며 조화의 자취다(天地, 鬼神之功用, 鬼神之留跡)."라고 말한다(정약용, 『중용강의』, 권1). 이 구절은 김현, 「귀신: 자연철학에서 추구한 종교성」, 『조선유학의 개념들』, 예문서원, 2002, 111쪽에서 재인용한다. 김현은 이곳에서 정약용의 이 구절을 정이의 "귀신은 천지의 공용이요 조화의 자취"라는 구절과 대비시켜 설명하고 있다.

서 인용한 대로 천지를 안다고 해서 귀신을 아는 것은 아니라는 최제우의 말은 곧 귀신을 천지 배후의 것, 천지의 근거로 놓고 있음을 말해 준다. 이 점에서 정이나 주희의 귀신관과는 상반되는 것이다. 최제우에게 있어 귀신으로서의 한울님은 자연적 기의 움직임 그 이상의 존재다.

> 아득한 옛날부터 봄 가을이 어김없이 갈마들고 네 계절이 제 때를 만났다 사라져 간다. 이것도 역시 천주의 조화의 자취가 천하에 뚜렷한 본보기다.[25]

이는 곧 자연질서를 천주 내지 귀신의 조화의 자취로 보는 것이다. 즉 조화는 천지에서 저절로 일어나는 것이 아니라 천주의 영적 힘이 일으키는 것이다.[26] 그러한 초월적인 영적 힘으로서의 귀신을 최제우는 그의 신비체험에서 마주한 것이다. 이처럼 자연 너머 신 내지 귀신의 존재를 인정했다는 점에서 동학은 서학과 통하며, 실제로 유학자들에 의해 서학으로 몰렸다. 그러나 최제우는 자신의 동학이 서학과 다르다는 것

---

24 「논학문」, "天心卽人心."

25 「포덕문」.

26 「논학문」에서 다음과 같이 말한다. "계절이 오고 가는 사시의 바뀜이나 바람, 이슬, 서리, 눈이 제 때를 잃지 않고 차례를 어기지 않는다. 많은 사람들이 그 까닭을 알지 못해 어떤 사람은 한울님의 은혜, 天主之恩이라고 하고, 어떤 사람은 자연의 조화로 저절로 되는 질서, 化工之跡이라고 한다. 그러나 한울님의 힘이라고 해도 눈에 보이지 않는 현상이요, 저절로 된 질서라고 해도 너무나 신기한 이야기다. 왜냐하면 예로부터 지금까지 아직 그 근거를 꼭 알아맞히지 못했기 때문이다." 이와 같이 사시사철 자연질서가 천주의 은혜인가 아니면 자연 자체의 질서, 화공의 발자취인가를 구분하여 물음으로써 그는 귀신을 자연적인 기 운행을 가능하게 하는 영적 근원 존재로 보는 것과 단순히 자연적 기운행의 현상 자체로 보는 것이 서로 다른 것임을 지적하고 있다. 자연의 질서가 한울님의 은혜인가 자연 저절로의 조화인가의 물음은 경험적으로 판단되고 증명될 수 있는 것이 아니지만, 그럼에도 불구하고 내용적으로 서로 구분된다는 것을 논하는 것이다. 이것은 곧 최제우의 其然과 不然에 대한 형이상학적 사유의 일면이기도 하다.

을 분명히 의식하고 있었다.

3. 서학의 외적 초월주의(외재신론) 대 동학의 내적 초월주의(내재신론)

최제우 신비체험에서의 한울님은 우주 존재와 생명의 근원인 영적 존재로서 각 문화에서 어떤 이름으로 불리든 결국 절대적인 유일자일 수밖에 없을 것이다. 최제우 자신은 그러한 절대자의 유일성과 보편성을 자각하면서 유교의 상제나 서학의 신이 동학의 한울님과 근본적으로 다른 존재가 아니라고 여겼다.[27] 그러므로 그는 서학의 도와 동학의 도는 천도(天道)로서 동일한 도라고 말한다. 그러나 그러면서도 그 도가 전개되는 이치에서는 서로 다르다고 본다.

> 도는 같고 리(理)는 다르다.[28]

그럼 리의 차이는 무엇을 뜻하는가? 궁극적 절대자가 하나이기에 서학과 동학의 두 도가 천도로서 다르지 않다면, 그럼 동학이 곧 서학인가? 동학과 서학이 어떻게 구분되는가의 물음에 대해 최제우는 다음과 같이 말한다.

---

27 이는 이익도 마찬가지다. 그는 『천주실의 발문』에서 "천주는 유교의 상제다"라고 말한다. 그것은 『천주실의』 저자 마테오 리치의 주장이기도 하다. 그러나 이익이나 최제우가 여러 이름의 신이 결국 같은 하나의 신이라고 생각한 것은 인간 내지 신의 참된 보편성에 입각한 주장인데 반해, 마테오 리치의 주장은 선교를 통해 영적 지배력을 확장하려는 제국주의적 의도가 담긴 주장이었다고 볼 수 있다.

28 「논학문」, "道則同也, 理則非也."

서인들은 …… 몸에는 기화지신(氣化之神)이 없고 학(學)에는 천주의 가르침이 없다.[29]

기화(氣化)는 지극한 기와의 융합을 뜻한다. 지기(至氣)와의 하나됨, 즉 한울님과의 하나됨을 의미한다. 몸에 기화의 신(神)이 없다는 것은 신과 인간이 분리되어 있을 뿐 둘의 하나됨이 허용되지 않는다는 말이다. 본래 천주교에서 창조자로서의 신은 피조물로서의 인간과 질적으로 다른 존재로 간주된다. 그러므로 인간이 신에 의해 구제받을 수 있기 위해서는 인간과 신 그 둘만으로는 부족하며, 인간과 신을 매개하는 제3자가 요구된다. 그가 곧 예수다. 오직 매개자 예수를 통해서만 인간은 신에 이르고 구원받을 수 있다.

그러나 최제우의 체험은 초월자가 현현하기에 신비체험이지만, 그 체험의 내용 자체는 인간과 신이 분리되어 있지 않다는 것, 그 둘이 본래 하나라는 것, '내 마음이 곧 네 마음'이라는 것이다.[30] 그러므로 그는

29 「논학문」, "西人 …… 身無氣化之神, 學無天主之教." 또 다른 맥락에서 최제우는 자신의 학을 왜 서학이 아닌 동학이라고 해야 하는가를 「논학문」에서 다음과 같이 말한다. "나는 역시 동쪽에서 나서 동쪽에서 도를 받았으니 도는 천도지만 학은 동학이다. 더구나 땅이 동쪽과 서쪽으로 갈려 있으므로 어찌 서쪽을 동이라고 하고 동쪽을 서라고 하겠는가? 공자는 노에서 태어나서 추에서 교화를 폈다. 이리하여 鄒魯의 학풍이 이 세상에 전해 내려왔다. 우리 도는 이 땅에서 받았으며 또 이 땅에서 펼 것이니 어찌 서학이라고 부르겠는가?"

30 이것이 바로 인내천사상이다. 물론 '인내천'이라는 개념 자체는 최제우의 작품에는 등장하지 않는다. 그것은 최제우와 최시형에 이어 3대 교조가 된 孫秉熙(1861-1922)가 1905년 천도교를 확립하면서 천도교의 기본 宗旨로서 제시한 것이다. 그러나 내용적으로 볼 때 최제우의 깨달음 자체가 이미 강령을 통한 신인합일의 깨달음, 즉 인간이 무궁한 존재, 신이라는 인내천의 깨달음이다. 그러므로 인내천사상이 손병희에 의해 비로소 확립된 것으로 최제우의 사상이 아니라든가, 최제우의 신은 외적 일신론이었는데 손병희가 그것을 범신론화하면서 비로소 인내천을 말하게 되었다는 등의 주장은 최제우의 신비체험을 곡해하는 잘못된 주장이다. 그 점에서 "동학의 근본 교리는 '인내천'이라기보다는 '시천주'다"라는 신일철의 말도 문제가 있다(신일철, 「최수운의 역사의식」, 이현희 편, 『동학사상과 동학혁명』, 청아출판사, 1984, 12쪽 참조).

인간으로부터 동떨어져 있으면서 인간과 본질적으로 구분되는 신은 인정하지 않는다. 그래서 그는 「도덕가」에서 서학자들의 신을 다음과 같이 비판한다.

> 천상에 상제님이 옥경대에 계시다고
> 보는듯이 말을 하니 음양 이치 고사하고
> 허무지설 아닐런가.

인간과 신의 하나됨을 최제우는 천주를 모신다는 '시천주(侍天主)'로 표현한다. 천주를 모신다는 것은 신비한 영의 체험을 의미하며 이는 곧 지극한 기와의 하나됨을 뜻한다.

> 시(侍)는 안으로는 신비한 영이 있고 밖으로는 기화가 있음이다. 세상사람 누구나 각각 깨달아 마음에 간직하는 것이다.[31]

이처럼 최제우에게 한울님은 현상초월적인 영적 존재이지만 인간외적 존재는 아니다. 신비한 영으로 다가오지만 득도의 순간 깨달음의 내용이 바로 그 영이 곧 인간 자신의 영이라는 것이기 때문이다. 인간안에 내재된 초월적 영성의 발현이라고 볼 수 있다.

그러면서도 최제우는 그러한 신과 인간의 하나됨을 한 개인으로서의 자기 자신에게만 해당하는 것으로 여기지 않는다. 한 개인을 특별한 존재로 신격화하지 않고 인간 누구나 본래 신이라는 것, 인간 몸에 본래 신이 모셔져 있다는 것을 주장하는 것이다. 그는 「교훈가」에서 인간 각

31 「논학문」, "侍者, 內有神靈, 外有氣化, 一世之人, 各知不移者也."

자가 그 깨달음에 이를 것을 권한다.

> 나는 도시 믿지 말고 한울님만 믿어서라.
> 네 몸에 모셨으니 사근취원 하단 말가.

우리는 어느 누구나 이미 신비한 영인 한울님을 각자의 몸에 모시고 있다는 것이다. '왜 그것을 모르고 가까운 것을 버리고 먼 것을 취하려 한단 말인가'라고 한탄한다. 남을 믿지 말고 자신 몸에 모신 한울님을 깨우치라는 것이다.

오지영은 예전의 천도와 동학의 천도의 차이가 무엇이냐는 물음에 최제우가 다음과 같이 대답했다고 전해 준다. 그 대답에서 우리는 중국 고대의 상제관과 서학의 신관 둘 다가 비판받고 있음을 볼 수 있다.

> 도는 같은 것, 이치는 다른 것이다. 고인의 소위 천도라 함은 인류 밖에 따로 최고무상의 신 한 분을 설하여 그를 인격적 상제로 모셔두고 인류는 그 하위에 거하여 배복하며 자기의 생사화복을 모두 그의 명령 아래 정한 바라 하는 것이오, 나의 이른바 천도는 이에 반해 사람이 하늘이요 하늘이 사람이라고 한 것이다.[32]

이것은 초월주의이되 인간의 주재성과 주체성을 살리는 초월주의다. 이 점에서 동학은 인본주의와 통한다. 다만 현상초월적인 신령한 영

---

32 吳知泳 저, 이장희 교주, 『동학사』, 박영사, 1974, 22쪽. 오지영은 천도교의 중진으로서 천도교의의 확립 및 교단 운영에 힘쓴 사람이다. 동학혁명 당시에는 2차 봉기에서 북접의 최시형과 남접의 전봉준을 화해시키는 역할을 하기도 했다. 『동학사』는 그의 말년 1938년 작품으로 동학의 창도에서부터 천도교 개칭을 거쳐 기미독립운동에 이르기까지 동학의 역사를 정리한 것이다.

적 존재를 배제한 자연주의적 인본주의가 아니라 인간 내면의 영성을 강조하는 초월적 인본주의다. 자연주의가 배격하고자 한 신성 내지 영성을 초월적 실재로 인정하면서 그것을 바로 인간 자체의 본질로 간주하는 것이다. 이는 달리 말하자면 현상을 넘어선 초월적 영을 주장하면서도 그것을 인간 바깥의 신의 영으로 객관화하고 외화하는 것이 아니라 인간 내면의 영이라고 자각한다는 점에서 '외적 초월주의'가 아닌 '내적 초월주의'라고 볼 수 있다.[33] 오지영의 다음 문장들도 이러한 점을 강조하고 있다.

> 시천주라 함은 세상 사람들이 이른바 저 허공 중에 별개의 신을 두고 이름이 아니오, 사람 자체에 자재(自在)한 자신(自神)을 두고 이름이라.[34]

---

33 우리는 흔히 유교적 자연주의, 유물론적 경험주의 내지 세속주의에 빠지거나 아니면 기독교적 외재주의밖에 없다고 생각하기 때문에 내재와 초월을 대립 개념으로 이해하며, 따라서 내적 초월을 모순적인 것처럼 간주하는 우를 범한다. 신일철은 "해월의 '사인여천' 사상은 인간마다 천이 내재한다고 봄으로써 범신론적인 '汎天'으로 기울어 최수운의 초월적 주재자의 성격을 가진 '천주'를 '내 몸에 모시는' '시천주'의 사상과 거리가 생긴 것이다"(신일철, 「최수운의 역사의식」, 이현희 편, 『동학사상과 동학혁명』, 청아출판사, 1984, 27쪽)라고 말하면서 초월과 내재를 대립으로 보고, 따라서 최제우의 시천주(초월)와 최시형의 사인여천(내재)을 대립으로 간주한다. 이혁배는 최제우의 시천주에서 侍의 의미를 자신 밖의 어떤 것을 모신다는 초월적 모심의 의미와 자신의 몸 안에 모신다는 내재적 모심의 의미 둘로 구분하고는 그 둘을 자기모순의 관계인 것처럼 파악한다. 그는 최제우의 신관에는 이러한 모순이 담겨 있으며, 최제우 자신은 그럼에도 불구하고 초월신관을 가진 데 반해, 2, 3대 교주를 거치면서 내재신관으로 범신론화하여 인내천을 주장하게 되었다고 주장한다(이혁배, 「천도교의 신관에 관한 연구: 그 역사적 변천을 중심으로」, 『종교학연구』, 제7권, 1988, 6쪽 이하 참조). 그러나 이런 주장은 최제우가 깨달은 바 초월과 내재, 신과 인간, 무한과 유한의 不二의 관계를 제대로 통찰하지 못한 탓이라고 본다. 한마디로 현상적인 자아 너머의 초월적 신비적 영을 자아 자신 안에 내적으로 모신다는 '내적 초월'을 간과하는 것이다. 이에 반해 김경재는 「최수운의 신개념」에서 최수운의 신관을 초월신관인 '유신론'과 내재적 '범신론'의 두 극단을 넘어선 '범재신론'이라고 정의하면서, 동학의 한울사상을 '내적 초월'의 의미로 읽어낸다(김경재, 「최수운의 신개념」, 천도교중앙총부, 『동학사상논총』, 제1권, 1982, 210쪽 이하 참조).

인내천이라 함은 하느님이 저 허공 속에 있다고 하는 말을 부인한 것이요, 하느님이 우리 사람에게 있다고 인정한 말씀이다.[35]

몸에 신을 모신다는 동학의 '시천주'는 무교에서 무당이 신(神)을 몸주로 모시는 것과 상통한다. 인간과 신의 하나됨, 인간 몸 안의 신의 임재, 몸 안으로의 신내림은 서로 상통하는 것이다. 이 점에서 최제우의 신비체험은 강신(降神)이고 강령(降靈)이며, 이는 전통 무교와 통하는 바가 있다. 그러나 최제우는 동학의 근본 정신을 무교와도 구분한다.

4. 무교의 선택주의(특정인의 신) 대 동학의 평등주의 (모두의 신)

인간이 신이라고 하는 것, 신과의 신비적인 직접 교통을 논하는 것은 무당의 신들림에 기반한 무교와도 통하는 면이 있다.[36] 무교에서도 무당에게 신이 내리면, 그 순간 내려온 신의 영과 내림을 받은 무당의 영은 하나라고 볼 수 있을 것이다. 영적 교통이며 두 영이 하나되는 순간일 것이다. 그러나 무교에서의 신내림은 무낭이라는 특수한 사람에게서만 발생하며, 그것도 굿이라는 특별한 행사에서만 그런 일이 벌어진다.

---

34 오지영, 『동학사』, 4쪽.

35 오지영, 『동학사』, 6쪽.

36 최제우의 신비체험이 전통 무교의 강신과 어떤 점에서 일치하는가에 대한 상세한 설명은 김열규, 「신흥종교와 민간신앙」, 『한국학보』, 제4권, 1976, 126쪽 이하에서 살펴볼 수 있다. 나아가 최제우의 신비체험을 무교적 황홀경과 연관하되 융(Carl G. Jung) 심리학에 입각해 집단무의식으로 해석한 연구로는 이부영의 「최수운의 신비체험: 융 심리학의 입장에서」, 『한국사상』, 제11권, 1974, 17쪽 이하를 참조할 수 있다.

반면 최제우는 특별한 사람만이 아니라 누구나 본래 그런 영적 합일을 체험할 수 있으며, 나아가 그것도 어느 한 순간의 몰아상태에서만이 아니라 스스로 자각한 상태에서 언제나 신과 하나 되어 있는 것이라고 말한다.

> 세상 사람 누구나가 각각 깨달아서 마음에 간직한다.[37]

이는 곧 누구나 본래 몸에 신을 모시고 있음을 자각해야 한다는 말이다.[38] 만일 신과 교통하여 하나되는 그런 깨달음 내지 체험을 갖고 있지 않다면, 즉 마음 심층에서 신과의 하나됨, 합일의 체험이 있지 않다면, 그런 인간에게 신은 마음으로 내면화되지 않은 외재신으로 표상되며 자신 바깥의 객체로 외화되기 마련이다. 영적인 합일이 없이 주장되는 신은 외화되고 사물화된 신, 한마디로 우상이다. 이런 의미에서 최제우는 인간 각자에게서 철저히 내면화되고 체험되지 못한 무교의 신을 '명색(名色)마다의 귀신'이라고 비판한다.

> 한나라 무고사가 아동방 전해 와서,
> 집집이 위한 것이 명색마다 귀신일세.[39]

---

37 「논학문」, "一世之人, 各知不移者也."

38 신과 인간을 매개하는 무당을 뜻하는 샤먼의 알타이어 어근 샤(sha)자는 본래 '알다'라는 의미를 갖고 있다고 한다. "보통 사람들이 모르는 신령들의 특수한 사실을 아는 자라는 뜻"이라는 것이다. 그러면서 박일영은 그것이 알타이어족의 우리말 중 살다, 사뢰다, 사르다, 사랑하다 등 '사'로 시작하는 동사들이 무엇인가를 인식한다는 의미와 상통한다는 점을 환기시킨다(박일영, 『한국 무교의 이해』, 분도출판사, 1999, 14쪽).

39 「도덕가」. 여기에서 비판되고 있는 것은 한나라 때 중국에서 들어온 도교다. 다만 우리나라 무교에 도교적인 것이 혼합되어 있는 점을 감안하면 이는 곧 무교에서의 귀신관을 비판하는 것이라고도 볼 수 있다.

명색마다에서 신을 발견할 것이 아니라, 인간 각자 자기자신의 마음 안에서 신을 발견해야 한다는 것이다. 영적 합일이 있지 않는 한, 절대자, 신, 귀신, 하나님 등은 모두 '명색마다의 귀신'이며 우상이다.

그처럼 명색마다의 귀신으로 외화되어 나타나는 것이 곧 내 마음이라는 것을 알아야 한다는 것이 최제우의 깨달음의 내용이다. 그것이 곧 '내 마음이 곧 네 마음'인 것이다. 바로 이와 같은 신적 마음으로서의 인간 자신의 마음의 발견이 동학의 영부(靈符)에서 '궁궁(弓弓)'으로 표현된다. 최제우는 신비체험에서 한울님으로부터 받은 영부에 대해 '그 형은 태극이며 궁궁'이라고 했다. 영부가 태극이라는 것은 우주의 원리라는 것을 말한다. 그리고 그것을 다시 궁궁이라고 하는 것은 그것이 곧 인간 자신의 마음이라는 것을 말해 주는 것이다. 궁궁이 바로 마음인 것이다. 신비의 약으로서 신약으로 불리는 영부는 곧 가슴 속의 불사의 약, 마음이다.

> 가슴 속의 불사의 약 궁을(弓乙)이 그 형태다.[40]

궁궁은 누구에게나 갖추어진 마음, 시천주해야 할 그 마음이다. 최제우는 인간은 누구나 비록 현실적으로 악행을 행한다고 할지라도 그래도 인간인 한 그 마음은 바로 일심이며 궁궁이라고 본다. 인간의 마음은 일심이며 궁궁인 것이다.

> 매관매작 세도자도 일심은 궁궁이오.
> 전곡 쌓인 부첨지도 일심은 궁궁이오.

---

40 「수덕문」, "胸藏不死之藥, 弓乙其形."

유리걸식 패가자도 일심은 궁궁이오.[41]

현실 속에서 어떤 모습으로 살아가든 모두 그 본질인 일심에서는 다 궁궁이라는 것이다. 우주의 이치 태극이 바로 영이며 마음이다. 이를 오지영은 다음과 같이 설명한다.

> 궁궁 두 글자는 수운선생이 도를 터득할 당초에 강필로써 된 영부에 나타나 있는 그림이다. 그 그림의 형상이 천연 마음 심자의 초서형으로 되어 있어 마치 활궁자와 방불했다. 선생은 말씀하시되 "사람이 그 마음 하나만을 잘 찾고 보면 세상에 모든 악질(惡疾)은 스스로 다 없어진다"고 했다. 세상 사람들은 불사약이 자기 몸에 있는 줄을 알지 못하고 그 살 길을 산에나 물에나 활궁자만을 찾고자 하나니 그것은 궁궁이 자기 마음인 것을 깨닫지 못한 까닭이라고 하겠다.[42]

이처럼 인간이 그 마음의 본질에서 무궁한 존재이며, 신성을 갖춘 영적 존재라는 것을 논하고 있는 점에서 동학은 불교와 상통한다. 그러나 개인적 해탈보다는 우리라는 자각, 민중적 깨달음을 지향하며 또 윤회를 벗어나는 해탈이나 열반의 동경보다는 지상천국을 실현하려 한다는 점에서 불교와의 차이점도 살펴볼 수 있겠다.

---

41 「홍비가」

42 오지영, 『동학사』, 4-5쪽.

5. 불교의 개인해탈주의(각자의 신) 대 동학의 지상천국주의(우리의 신)

불교는 무교에서의 특정인의 신내림과 달리 누구나 자신 안에 신성, 불성이 있어 그 본성을 관(觀)하여 깨달아 알 경우 부처가 된다고 한다. 부처가 된 경지는 소위 신적 경지다. 불교는 본래 일체를 한 마음으로부터 생한 것으로 설명한다. 마음은 물리적 우주 자연과 분리된 심리적 부산물이 아니라 우주 자연을 포괄하여 그 근원이 되는 것이다. 일체의 법, 존재가 이 마음 하나로부터 나온다고 보며, 이 한마음을 일심(一心)이라고 한다.

> 무엇을 일심이라고 하는가. 염정의 모든 법은 그 본성이 둘이 없어 진망의 이문이 다름이 있을 수 없기에 일이라고 이름하며, 이 둘이 없는 곳이 모든 법 중의 실체로서 허공과 달리 그 본성 스스로 신비스럽게 알기에 심이라고 이름한 것이다.[43]

일체를 포괄함이 허공과 같지만 그 스스로 자신에 대한 자각이 있으므로 심이라고 한다. 본성이 자기자신을 신비스럽게 아는 것을 성자신해라고 하며, 이것이 일체 존재를 감싼 우주처럼 비어 있어 고요한 공적이되 스스로 신령스럽게 자신을 안다는 의미에서 공적영지(空寂靈知)라고 한다. 바로 이 자기 자신을 자각하여 아는 신해 내지 영지가 곧

---

43 원효, 『대승기신론소기회본』, 『한국불교전서』, 권1, 741상, "何爲一心. 謂染淨諸法其性無二, 眞妄二門不得有異, 故名爲一. 此無二處, 諸法中實, 不同虛空, 性自神解, 故名爲心."

마음이며, 이것이 곧 지기(至氣)의 허령(虛靈)이다. 이 허령한 심으로 모든 인간은 이미 시천주하고 있으며 그 점에서 모두 하나라는 것을 손병희는 다음과 같이 말한다.

> 사람은 모두 시천하고 있으니, 그 성을 보고 그 마음을 깨달음에 이르러서는 하나다.[44]

> 만법만상이 일체 심에 갖추어져 만리가 엇갈리지 않으면 나와 천이 둘이 아니오 성과 심이 둘이 아니다.[45]

오지영은 영지 내지 영각의 존재를 하느님이라고 한다. 최제우가 깨달은 신, 최제우에게 '내 마음이 곧 네 마음'이라고 말해 준 그 신령한 영은 바로 최제우 자신의 신, 내면의 신인 한울님이다.

> 저 허공에 하늘은 그 기(氣)와 리(理)로써 되었을 뿐이라, 어떠한 영지, 영각이 없는 것이오. 다만 사람에게 와서 바야흐로 영지, 영각이 생겨 나오는 것이므로 그것을 이른바 하느님이라고 한다.[46]

영지, 영각의 신(神)은 현상을 구성하는 기(氣)와도 구분되고 현상

---

44 손병희, 『무체법경』, 「신통고」, "人皆有侍天, 及其見性覺心一也."(김혁배, 「천도교의 신관에 관한 연구」, 36쪽에서 재인용).

45 손병희, 『무체법경』, 「진심불염」, "萬法萬相, 一切具心, 事理不錯, 我天不二, 性心不二.", 김혁배, 「천도교의 신관에 관한 연구」, 38쪽에서 재인용. 유교가 불교를 비판할 때, 언제나 불교가 성과 심을 하나로 본다는 것을 비판했다. 손병희는 우주의 원리인 성이 인간 마음을 떠난 것이 아님을 강조하는 것이다. 앞의 인용에서 강조한 見性이나 覺心도 천도교가 불교와 상통한다는 점을 보여 주는 것이다.

46 오지영, 『동학사』, 6쪽.

구성의 추상적 원리로서의 리(理)와도 구분되는 심적인 것, 영적인 것이다. 이 영지, 영각의 심(心)이 곧 한울님이다. 이렇게 우주 근원으로서의 리를 구체적 영으로 이해하고, 그 초월적 영을 내재화시키되 다시 누구나의 신으로 자각하게 되면, 결국 유교(태극), 서학(하나님), 무교(귀신)에서의 절대자가 다 불교에서의 일심으로 귀결된다. 최제우는 마음 심층에서 바로 그 절대자와 마주친 것이다. 자기 본성의 자각, 영의 깨어남이라고 할 수 있다.

그런데 불교는 기본적으로 개인 차원에서의 깨달음 및 성불(成佛)을 추구하며 성불함으로써 윤회의 오온을 형성할 업을 짓지 않고 육도윤회를 벗어 해탈할 것을 추구한다.[47] 반면 동학은 처음부터 자신 안의 신성을 발견하고 그 신성을 실현하려고 하면서도 개체적 깨달음과 지상을 벗어난 해탈을 꿈꾸기보다는 우리 전체가 함께 이 지상을 천국으로 바꾸자는 그런 의지를 보이고 있다. 동학의 깨달음, 자신 안의 신의 발견은 곧 자신 안의 '우리'의 발견이 된다. 인간 누구나 영적 존재로서 무궁한 존재이면서 바로 하나의 우리라는 것이다.

> 무궁히 살펴 내어 무궁히 알았으면
> 무궁한 이 울 속에 무궁한 내 아닌가.[48]

이돈화는 '무궁한 이 울'이 바로 'ᄒᆞᆫ울'이라고 해석한다. 한울의 한은 크다는 뜻과 하나라는 뜻이 담겨 있으며, 울은 천지, 우주라는 뜻과

47 물론 대승 보살의 자비정신에 따르면 개인적 깨달음과 해탈을 미루고라도 일체 중생을 고통으로부터 구원하려는 願을 세우게 되며, 또 대승적인 미륵하생신앙에서는 천상의 도솔천을 따로 갈구하지 않고 이 穢土를 곧 淨土로 바꿔 지상에서 극락세계를 실현하려고 한다.

48 「홍비가」.

나와 너를 포함한 우리라는 뜻이 있다.[49] 결국 최제우가 깨달은 한울님은 바로 내 안에 들어 있는 우리, 무궁한 우리의 깨달음인 것이다. 무궁한 우리가 바로 내 안의 신, 우리의 신인 것이다.

따라서 최제우에게 이 한울님의 깨달음은 곧 우리 모두가 하나의 근원에서 나오고 다시 그 하나의 근원으로 회귀한다는 동귀일체(同歸一體)의 자각인 것이다. 그는 신비체험이 있고나서야 비로소 이를 깨달았음을 「교훈가」에서 다음과 같이 말한다.

한울님 하신 말씀	너도 역시 사람이다.
무엇을 알았으며	억조창생 많은 사람
동귀일체하는 줄을	사십평생 알았던가.

누구나 이미 자기 자신 안에 영성을 지니고 있고, 그것이 한울, 하나의 얼로서 우리 모두의 동일한 영성이라면, 그 영성이 발현되는 삶은 이 지상 위에서 가능해야 할 것이다. 따라서 동학은 인간 안의 무궁한 우리, 한울의 실현을 우리의 이승의 삶 너머 피안(彼岸)에서가 아니라 바로 이 세계[此岸] 안에서 이루고자 한다.

입도한 세상 사람	그날부터 군자되어
무위이화 될 것이니	지상신선 네 아니냐[50]

누구나 자신의 본성, 신성을 깨닫고 그것을 실현하는 삶은 이 지상

49 이돈화, 『신인철학』, 한국사상연구회, 1963, 9쪽 이하 참조.
50 「교훈가」.

에서 가능하며, 따라서 이 지상에서 신국(神國)을 펼 수 있다고 본 것이다. 여태까지 각자 안의 한울이 자각되지 않은 상태에서 그것을 외화하고 대상화하고 미래화하여 극락이나 천국을 지상 너머 피안 세계의 일로 간주했다면, 최제우는 자신의 깨달음을 계기로 한울이 이 땅에 실현되는 그런 지상천국이 가능하다고 본 것이다. 그 깨달음 이전의 역사가 선천(先天)의 역사라면, 그 깨달음을 계기로 후천개벽의 시대가 열린다고 보았다. 이는 누구나 동학의 도를 따름으로써 자신 속의 한울을 발견한다고 보기 때문이다.

이러한 지상천국과 후천개벽 사상이 종교와 정치를 하나로 묶는 역할을 한다. 내적 마음공부와 외적 행위를 연관짓는 것이다. 그리고 바로 이 점에서 동학의 종교성은 곧 혁명성을 띠게 되며, 후일 동학혁명의 사상적 기반이 될 수 있었던 것이다.

6. 맺는 말

의식 표면에 머물러 그 의식만으로 세계의 존재 근거와 질서를 다 이해하고 설명하려고 하는 유물론적 사고, 자연주의적 사고에는 자연을 넘어선 초월적 존재, 영적 존재는 인정되지 않는다. 그것이 주희성리학적 사고로서 이는 극히 합리주의적이며 경험주의적이고 자연주의적이다. 유교의 이러한 측면에서 중국인의 현실주의적이고 개인주의적이며 합리주의적인 측면이 잘 드러난다.

이런 사유에서 벗어나 현상 너머의 초월자와 그 영성을 의식하게 되면 탈자연주의적인 유신론이 된다. 그 영적 절대자를 객관화하고 외화하여 표상하는 것이 외적 초월주의다. 서학의 사유가 이에 해당한다.

이처럼 초월자(신)가 인간 외적 존재로 설정되면, 신과 인간과의 교통을 위해 제3자가 요구되는데, 예수가 바로 그런 존재다. 인간은 오직 예수를 통해서만 간접적으로 신과 교통할 수 있을 뿐이다.

그러나 인간은 절대자와의 직접적 교통을 갈구한다. 신과의 영적 교통을 예수 한 사람으로부터 여럿의 무당으로, 다시 모든 인간에로 확장하여 이해하는 것이 바로 서학에서 무교로, 다시 불교로 나아가는 길이 된다. 이것이 곧 외적 초월에서 내적 초월로의 길이다.

동학은 여기서 한 걸음 더 나아가 인간 각자의 신이 아닌 우리의 신, 한울을 말하며, 이 평등성에 입각해 궁극적으로 동귀일체를 강조한다. 서로 안의 한울을 실현시키는 지상낙원을 세우고자 하며 그것이 곧 현실세계를 구체적으로 변혁하고자 하는 혁명의식을 고취해 혁명운동으로 나아가게 했다. 이런 의미에서 종교의 층위를 유교→서학→무교→불교→동학의 순으로 설정해 보았다.[51]

---

51 유교는 서학을 경계한다. 무신론자는 초월적 신을 논하는 유신론을 이해할 수 없는 것이다. 서학은 무교를 경계한다. 초월자를 외적으로 설정하며 예수 이외에 인간과 초월자와의 직접적 교통을 부정하는 자는 그런 직접적 교통을 주장하는 무교, 초월자와의 내적 합일을 좋아하지 않는 것이다. 그래서 조선 말 서학에 물든 조선인과 아직도 그 영향 하에 있는 한국인은 전통 무교를 미신이라 비방하고 무당을 악마와 교통하는 자라고 비난하며 무당의 신들림이나 일반인들의 祖上靈을 향한 제사 등을 극구 배격하고 있는 것이다.

4장

동학의 종교성과 혁명성

동학은 1860년 최제우의 신비체험을 통해 창시된 종교로서 조선 당국의 박해를 받아가며 교세를 확장해 갔다. 당시 일반 민중들의 삶의 피폐, 양반 관료들의 부패, 외세의 침투 등 사회 전반에 걸친 제반 모순에 분노하던 교도들이 1894년 '반봉건 반외세'를 외치며 동학농민혁명을 일으켰으나 실패하고 말았다. 여기에서는 종교로서의 동학과 사회혁명으로서의 동학이 가지는 내적 연관성을 밝혀보기로 한다. 혁명은 특정 이념, 사상, 인간관 및 역사관을 전제할 수밖에 없으며, 그 이념에 따라 혁명의 성격도 달라질 수밖에 없다. 따라서 동학혁명을 바로 이해하자면 우선 동학의 인간관 내지 종교성이 밝혀져야 한다.

이하에서는 일반적으로 종교성과 혁명성의 대립 및 양립이 갖는 의미를 생각해 본 후(1절), '내유신령, 외유기화, 각지불이'의 '시천주(侍天主)'로 특징지어지는 동학의 종교성을 해명해 본다(2절). 그리고 그 관점에서 동학이 지향하는 이상사회의 모습과 그런 이상사회를 가능하게 하는 대인과 접물의 방식을 살펴본다(3절). 그리고 그 이상사회를 실현하기 위해 동학이 나아갔던 혁명의 길을 논해 본다(4절). 비록 당시 동학혁명은 실패했으나, 동학이 제시한 현실비판의식이나 이상사회상은 오늘날까지도 여전히 유효하다는 의미에서 동학은 아직 끝나지 않은 혁명이라고 평가할 수 있을 것이다(5절).

1. 종교성과 혁명성 양립의 문제

"탐관오리의 죄목을 조사하여 엄징할 것, 횡포한 부호를 엄징할 것, 외적과 내통하는 자를 엄징할 것, 토지를 균등하게 나누어 경작할 것, 노비문서는 불태울 것, 관리 채용은 지벌을 타파하고 인재를 등용할 것." 이것은 봉건체제가 그대로 유지되던 조선조 말 동학도들이 제시한 12개조 폐정개혁안 중의 일부다.[1] 말을 조금 바꾸어 보자. "공무원 비리를 철저히 조사 처벌할 것, 재벌의 비리를 파헤쳐 처벌할 것, 국내자본의 해외 유출을 금할 것, 부동산 투기를 금할 것, 남녀차별적 호적제를 폐지할 것, 지연이나 뇌물 청탁에 의한 인사 비리를 조사 처벌할 것." 이

---

1 12개조 폐정개혁안은 1894년 동학혁명 과정 중 1차 봉기 이후 2차 봉기로 나아가기 전 집강소 설치 시기에 제안된 것이다. 그 개혁안을 통해 동학이 지향하는 비판적 사회혁신의 의지를 확인할 수 있다. 위에 열거한 6개 조목을 포함하여 12개조를 모두 나열하면 다음과 같다. 1. 도인과 정부와의 사이에 오래 끌어온 혐오의 감정을 씻어버리고 모든 행정에 협력할 것, 2. 탐관오리는 그 죄목을 조사해내어 일일이 엄징할 것, 3. 횡포한 부호들은 엄징할 것, 4. 부랑한 유림과 양반은 징습할 것, 5. 노비문서는 불태워 버릴 것, 6. 칠반 천인의 대우는 개선하고 백정 머리에 쓰는 평양립은 벗겨버릴 것, 7. 청춘 과부의 재가를 허락할 것, 8. 무명잡세는 모두 거둬들이지 말 것, 9. 관리의 채용은 지벌을 타파하고 인재를 등용할 것, 10. 외적과 내통하는 자는 엄징할 것, 11. 공사채는 물론하고 기왕의 것은 무효로 돌릴 것, 12. 토지는 평균하게 나누어 경작할 것(한우근, 『동학농민봉기』, 208쪽 이하에서 재인용).

것은 자유민주주의와 자본주의가 시행되고 있는 오늘날 우리들이 외치는 구호다. 국가 관리가 공정하고 가진 자가 횡포를 부리지 못하며 민족자본이 국외로 빼돌려지지 않은 상태에서 삶의 터전인 토지가 고루 배분되고 신분차별이나 지역차별이 없는 사회, 이것은 1세기 전 동학도들의 이상사회였으며, 오늘날 우리들의 이상사회이기도 하다. 결국 동학도가 요구하던 것은 오늘날까지도 아직 실현되지 않았다는 말이다. 오늘날에도 아직 실행되지 못한 것을 조선조 말 봉건체제 하에서 요구하며 그 요구의 관철을 위해 목숨을 걸고 투쟁했다는 것은 동학이 얼마나 급진적인 혁명사상 내지 혁명운동이었는지를 말해 주는 것이다.

그러나 그 발단을 보면 동학은 본래 교조 최제우의 신비체험에 입각하여 만인의 신령한 영성과 불생불멸의 혼을 일깨우고자 하는 종교였다. 전일(全一)의 절대자인 한울이 바로 나라는 것, '내 마음이 곧 네 마음' [吾心卽汝心]이라는 것, 우주 전체가 일기(一氣)로 통하고 인간 모두가 '동귀일체(同歸一體)'라는 것을 사각하고자 하는 깨달음의 종교다. 나아가 그러한 종교적 깨달음에 이르기까지의 내면적 수행으로서 '수심정기(修心正氣)'를 강조하며 일반 신도를 위한 주문과 영부(靈符)를 구비하고 포(包)와 접(接)의 교단 체계를 갖춘 종교다.[2]

---

2 동학이 수행 방법으로 택한 규정들은 다음과 같은 '道의 절차'로 설명되고 있다. "널리 많은 사람에게 도를 전코자 하여 도닦는 절차를 정하되 (1) 入道하는 처음에 입도식을 행하게 하니 이는 길이 도를 지키겠다는 맹서이며, (2) 淸水를 받들게 하니 이는 기도하는데 표준을 정한 것이오, (3) 주문을 무시로 외우게 하니 長生의 靈符心을 얻는 방법이오, (4) 무시로 心告를 하게 하니 수심정기를 실행하게 하는 것이오, (5) 의관을 정제하게 하고 길가면서 먹으며 뒷짐지는 버릇을 금하니 행실을 단정히 하게 함이요, (6) 惡肉(개고기) 먹는 것을 금하니 이는 道場의 청결과 人情을 養하게 함이오, (7) 유부녀를 防塞케 하니 음탕을 금함이오, (8) 누워 주문 외우기를 금하니 거만한 마음을 다스리게 함이고, (9) 사람 섬기기를 한울같이 하라하니 이는 사람을 한울과 같이 공경하고 사람을 평등으로 알게 함이었다"(이돈화 편술, 『천도교창건사』, I-21, 천도교중앙종리원, 1933). 청수를 갖춘 기도와 주문을 통한 명상 그리고 마음을 관하고 고백하는 과정이 중요한 내적 수행과정이었을 것이다. 이 밖에도 종교적

이와 같이 동학은 내적 자각의 종교이며 동시에 1894년 대대적으로 일어난 동학혁명이기도 하다. 종교성과 혁명성, 내적 깨달음과 외적 사회운동이 하나로 통합된 것이다. 그렇다면 그 통합은 어떻게 가능하며, 그 통합의 원리는 무엇이었는가? 이것을 문제삼게 되는 것은 흔히 종교성과 혁명성은 서로 별개의 것으로 간주되기 때문이다. 즉 내적으로 자아의 본질을 깨닫는 것과 외적으로 사회의 정의 구현에 이바지하는 것은 상반되는 길로 간주된다. 전자는 수행자나 구도자의 길로, 후자는 정치가나 사회운동가의 길로 여겨지는 것이다. 물론 구호상으로 유교는 자신의 내면을 닦는 내성(內聖)과 외적 세계를 의롭게 하는 외왕(外王)을 함께 주장하며, 불교 역시 내적 깨달음에 이르는 상구보리(上求菩提)와 뭇중생을 구제하는 하화중생(下化衆生)을 동시에 지향한다. 그러나 그럼에도 불구하고 현실에서는 마치 그 두 길이 상반되는 이율배반처럼 등장하며, 한쪽으로 치달으면 다른 한쪽이 결핍되는 양상을 보인다. 말하자면 조선시대 유교는 정치권력화하여 외왕의 길로 내닫고, 권력에서 소외된 불교는 개인 해탈에만 전념하는 산승불교로 그치고 만 것이다. 그리고 그런 현실은 오늘날도 마찬가지다. 흔히 외향적인 정치가는 내면을 등진 권력지향자로 간주되고, 내향적 구도자는 세계를 등진 자기도취자처럼 보인다. 물론 내면과 외면, 개인과 사회, 도덕과 법이 화합되지 않고 둘로 분리되어 나타나는 현실은 개탄스러운 것이며, 우리는 그러한 분리가 극복된 이상을 추구하게 된다. 그래서 내성의 완성이 곧 외왕의 길이라든가, 하화중생이 곧 상구보리의 길이라고 주장하지만, 그러나 그

의식 절차로서 매달 삭망에 돼지와 과실을 준비해서 조용한 산 속에 들어가 제단을 마련해 한울님께 제사하고 주문을 외우며 강신행사를 하여 신이 내리면 교조가 손에 木劍을 잡고 공중으로 뛰어오르는 劍舞를 행했다(한우근, 『동학농민봉기』, 131쪽 참조). 『용담유사』 중의 「劍訣」은 검무를 하며 외우는 글로 되어 있다.

것은 이상일 뿐이고 현실적으로는 둘의 분리만이 확인될 뿐이다.

반면 동학은 종교이면서 동시에 사회혁명이며, 그럼으로써 내면과 외면, 개인과 사회, 도덕과 법의 통합을 이상에서뿐 아니라 현실에서 구현하려 했다. 이러한 종교성과 혁명성의 통합은 어떻게 가능한가?[3] 이는 이상사회의 실현을 위한 혁명 자체가 동학의 본질적인 종교성의 발현이기에 가능한 것이었다. 혁명으로 이어지는 동학의 종교적 핵심은 바로 한울사상, 시천주(侍天主)다. 누구나 한울을 모시는 신령한 영적 존재라는 것, 그 점에서 누구나 동일하다는 동귀일체(同歸一體)의 평등주의인 것이다. 바로 이 평등사상이 모든 사회적인 현상적 차별화에 저항하는 혁명정신을 낳은 것이다.

물론 다른 종교나 사상도 이념적으로는 평등을 주장해 왔다. 그러나 그러면서도 대부분의 종교나 사상은 이념적 평등성과 더불어 현상적 차별성을 정당화하는 또 다른 이론적 장치를 갖는다. 유교에서는 보편적 태극[理]의 내재성에 입각하여 평등을 주장하면서도 현실적 차별성을 리

3 이 점이 확연히 밝혀지지 않는 한, 동학에 대한 연구도 종교성과 혁명성 중 어느 하나에 치중하면서 다른 하나를 비본질적인 것으로 도외시하는 경향을 띠게 된다. 천도교 측과 해방 전후까지 일본 측의 연구는 비록 전자가 동학을 순수 종교로, 후자가 유사 종교로 보는 차이를 보이지만 둘 다 종교성에만 치중하여 동학혁명과의 연관을 소홀히 다루었었다. 그에 반해 그 후 사학계의 연구는 주로 사회혁명성에 치중하여 종교를 혁명을 위한 구호 수단으로 간주하는 '종교외피설'을 주장하기도 했다. 예를 들어 김상기(1931)는 "최수운의 신교문 창건의 배경은 종교적이라기보다 차라리 서세 침입에 대한 호국정신에 있었다"고 말한다(김상기, 『동학과 동학란』, 34쪽). 종교외피설은 박경식(1953)에게서 처음 주장되었으며, 강재언(1954) 역시 그런 관점에서 동학사상과 혁명사상을 이해한다. 동학은 '동학당 지도층의 종교적 개량주의'와 농민 위주의 '동학 하층부의 혁명진영'으로 이원화되어 있었으며, 전봉준은 동학과 별개의 개혁사상가라는 것이다(한우근, 『동학과 동학란』, 375쪽 참조). 이런 관점이 김용섭에서는 더 극단화되어 동학이념과 동학혁명은 서로 무관한 것이 된다. 그러다가 1960,70년대에 들어서면서부터 동학의 이념 자체가 평등주의이며 민족주의로서 혁명의 사상적 기반이 된다는 것에 입각해서 둘 간의 내적 연관성이 강조되기에 이르렀다(김용덕, 「동학사상연구」, 『중앙대학교논문집』, 제9권, 1964 참조).

(理)와 구분되는 자연적 기(氣)의 차이로 간주함으로써 귀천, 남녀, 적서 등의 차별대우를 정당화한다. 불교는 보편적 불성(佛性)에 기반한 일체 중생의 평등을 강조하면서도 현실적 차별성을 개인적 업(業)의 보(報)로 간주하여 차별화된 현실 앞에 굴종하게 만든다. 이에 반해 동학은 기가 우주 전체의 일기(一氣)로 통해 있으며, 업은 사회 전체의 공업(共業)이라는 것을 간파했다고 볼 수 있다. 일체의 차별성은 개인의 자연적 기질이나 전생의 업의 탓에서 비롯되는 필연적 귀결이 아니라, 오히려 인위적으로 부과되고 사회적으로 강제된 부당한 차별임을 천명한 것이다. 그러므로 개인의 삶을 구속하고 살아 있는 혼을 질식시키는 차별, 인간의 근본적 평등성을 부정하는 차별의 철폐를 주장하게 된 것이다.

> 사람은 한울이라 평등이오 차별이 없나니 사람이 인위(人爲)로써 귀천을 분별함은 곧 천의에 어기는 것이니 제군은 일체 귀천의 차별을 철폐하야 선사(先師)의 뜻을 잇기로 맹서하라.[4]

이와 같이 철저한 인간 평등의 의식이 일체 차별의 철폐를 요구하는 혁명의 원동력이 된 것이다.[5] 우선 동학의 종교성의 핵심으로 시천주

4 이돈화 편술, 『천도교창건사』, II-7.

5 물론 차별의 철폐라는 것이 인간의 상이한 다양성의 부정을 의미하는 것은 아니다. 문제는 현상적인 차이, 신분, 남녀, 적서 등의 차이가 각자의 삶의 형태를 규정짓는 본질적 차이로 간주될 수 있는가 하는 것이다. 결국 문제는 인간의 본질을 무엇으로 간주할 것인가, 즉 현상적이고 경험적인 상이한 규정들 속에서 구할 것인가, 아니면 그런 경험적 차이를 넘어선 형이상학적 차원에서 구할 것인가의 문제가 된다. 인간을 형이상학적 존재로 본다면, 경험적인 형이하학적 차이로부터 그 인간의 삶을 규정하는 것은 인간 본질을 왜곡하는 것이 되기 때문이다. 형이상학적 차원에서의 인간의 근본적 평등성이 확보된다면, 일체의 차별은 비본질적인 우연적 · 인위적 차별이므로 부정되게 된다. 인간을 끊임없이 차별화하고 서열화하기 마련인 사회제도의 틀로부터 구해 내는 길은 인간을 자연이나 사회라는 현상 차원으로 환원 불가능한 형이상학적 본질로 간주하는 길밖에 없다. 그렇게 함으로써만 만인의

의 의미를 밝혀본다.

2. 동학의 종교성: 시천주(侍天主)

동학은 1860년 4월 5일 교조 최제우의 신비체험에서 비롯된 종교로서 그 해를 포덕(布德) 원년으로 삼는다. 최제우는 자신의 신비체험과 더불어 후천개벽(後天開闢)이 시작되었다고 선포하며, 그 깨달음의 내용을 '강령(降靈)의 글'로 칭해지는 21자 주문으로 표현했다.

> 지기금지원위대강 시천주조화정 영세불망만사지[6]

이 주문은 동학사상을 잘 간추린 것으로 그 핵심 개념은 시천주(侍天主)다. 시천주의 시(侍)를 최제우는 다음과 같이 풀이한다.

> 시(侍)는 안으로 신비한 영이 있고 밖으로 기화가 있으며 세상 사람 누구나 각각 깨달아 간직하는 것을 뜻한다.[7]

안에 '신령'이 있고 밖에 '기화'가 있으며 각자가 깨달아 간직한다는 것은 무엇을 의미하는가? 이에 답함으로써 동학의 종교성의 본질이

평등한 형이상학적 본질을 훼손하는 사회경제체제 내지 정치체제에 저항할 수 있는 기반이 확보될 수 있을 것이다.

6 「논학문」, "이제 [동학교단에] 이른 자에게 지극한 기〔至氣〕의 큰 내림이 있기를 기원하며, 천주를 모시고 필히 조화가 일어나 영세토록 잊지 말고 만사를 깨달을지어라(至氣今至願爲大降, 侍天主造化定, 永世不忘萬事知)."

7 「논학문」, "侍者, 內有神靈, 外有氣化, 一世之人, 各知不移者也."

밝혀질 수 있을 것이다.

1) 신령의 내재성: 내유신령(內有神靈)

최제우는 자신의 신비체험을 「논학문」에서 다음과 같이 묘사한다.

> 몸이 추워 떨리고 밖으로는 신령과 맞닿는 기운[接靈之氣]이 있고 안으로는 신비로운 가르침[降話之教]이 있었다. 보려 해도 보이지 않고 들으려 해도 들리지 않아 마음은 더욱 이상스러웠다. 마음을 지키고 기운을 바르게 하여[守心正氣] "어째서 이렇게 되었는가?" 라고 물었다. 말하기를 "내 마음이 곧 네 마음이다[吾心卽汝心]. 사람들이 어찌 이 진리를 알겠는가? 사람들은 천지는 알지만 귀신은 모른다. 귀신이 바로 나다." 라고 하였다.[8]

체험의 발단은 신체의 떨림 속에서 외적으로 영과의 접촉이 일어나고 내적으로 가르침, 즉 깨달음을 얻는 것이었다. 여기서는 영과 접하는 기운을 분명히 외적인 것으로 언급하고 있다. 그런데도 시천주의 시(侍)를 풀이하면서 신령이 안에 있다고 말한다. 영과의 맞닿음이 밖에서 발생하는 일이라면, 어떻게 그렇게 만난 신령을 안에 있다고 할 수 있는가?

외적으로 영과 접촉하는 기운이 있다는 것은 일상적으로 내면이라고 생각되는 한계를 차고 나가는 기운이 느껴지며 그 기운이 바깥에 있다고 생각되는 초월적 영과 접촉함을 감지한다는 말이다. 체험의 순간

---

8 「논학문」, "身多戰寒, 外有接靈之氣, 內有降話之教. 視之不見, 聽之不聞, 心尙怪訝, 守心正氣 而問曰: 何爲若然也. 曰: 吾心卽汝心也. 人何知之. 知天地, 而無知鬼神, 鬼神者吾也."

몸이 떨리고 놀라고 당황하게 되는 것은 나의 일상적인 의식의 한계 내에서는 파악될 수 없는 일이 발생한다는 말이다. 나의 일상적 의식 너머의 존재, 초월적 존재, 신비한 영이 내게 다가옴을 느낀 것이다. 신비한 영과 맞닿는 신비체험이 발생한다는 것은 현상세계의 존재근거, 인간과 우주의 근원이 단순히 추상적인 원리나 이치에 그치는 것이 아니라, 그 자체가 활동적인 영적 존재라는 것을 의미한다. 형이하의 현상세계를 가능하게 하는 근거인 형이상자, 우주의 근원을 성리학은 태극(太極) 또는 무극(無極)이라고 칭하며 그것을 단순한 추상적 원리, 무지(無知)·무위(無爲)의 무심(無心)의 존재로 간주한데 반해, 최제우는 우주의 근원을 단순한 추상적 원리가 아닌 그 자체 능동적인 정신적 활동성의 영적 존재로 체험한 것이다.[9]

이 초월적 영을 최제우는 우리말 표기의 『용담유사』에서는 모두 'ᄒᆞᆫᄂᆞᆯ님'이라고 칭하며 한문의 『동경대전』에서는 한역하여 '천주' 또는 '상제'라고 했다. 'ᄒᆞᆫᄂᆞᆯ님'은 '하나'와 '많음'의 의미를 지닌 전일(全一)의 뜻의 '한'에다 존경의 뜻의 '님'을 더해 만든 것으로 한님, 하느님, 하늘님 등과 같이 초월적 절대자에 대한 우리의 전통적인 칭호다.[10] 최제우는 이 하늘님을 원시유교에서의 천이나 상제 또는 귀신과 마찬가지라고 보았으며, 서학에서의 천주님과도 상통한다고 보았다.

그런데 최제우의 신비체험의 본질은 그러한 영과의 접촉에 그치는 것이 아니라, 그 접령의 순간에도 마음을 지키고 기를 바르게 하는 수심

9 이 점에서 동학은 유교와도 구분된다. 다만 태극을 활동적 주체로 인식하며, '心爲太極'을 주장한 퇴계 이황의 성리학은 중국 성리학과 달리 심학의 경향을 보이며 이는 동학의 통찰과 상통하는 면이 있다.

10 절대적 전일을 뜻하는 이 '한'이 한역으로 '韓'으로 표기되기도 하고 '桓'으로 표기되기도 했다. 환인, 환웅의 환이 한의 다른 표현일 뿐이라는 주장이 있다.

정기(守心正氣)를 행함으로써 새로운 세계를 직시하고 그에 대한 깨달음을 얻었다는 데에 있다. 즉 '내 마음이 곧 네 마음'이라는 영의 가르침을 받아 '영이 곧 인간 자신의 마음'이라는 것을 깨달은 것이다. 결국 최제우에게 영과 접촉한다는 것은 그렇게 함으로써 일상적인 안과 밖의 경계, 안의 나와 밖의 영의 경계가 허물어지면서, 안과 밖, 나와 영이 하나가 되는 것을 의미하는 것이다. 그러므로 영은 우주적인 초월적 존재이면서, 동시에 나와 분리되지 않은 바로 나 자신인 것이다. 인간 밖의 외적 초월자가 아니라 그 자체 인간 마음과 다를 바 없는 내적 초월자인 것이다.[11]

이렇게 해서 체험의 첫 순간에는 영과의 접촉이 외적 사건으로 서술되지만, 체험에서 얻은 '내 마음이 곧 네 마음'이라는 깨달음에 따라 '시천주'에서는 신령이 내적 존재로 간주되고 있다. 이는 신령의 존재론적 위상뿐 아니라, 그 신령과 동일시되는 인간 마음의 존재론적 위상도 현상적 경험적 존재에서 초월적 존재로 달리 이해되고 있음을 말해주는 것이다. 즉 우주적 초월자가 인간 마음에 내재되어 있다는 것은 극대의 무한(절대자/영)이 인간 개체의 극소의 마음으로 수렴하는 것이면서 또 동시에 극소의 인간 마음이 우주를 포괄할 만큼 극대의 우주 크기로, 무한(절대자/영)으로 확장하는 것이기도 한 것이다. 그리하여 인간의 마음과 우주적 신령이 하나가 되어 '내 마음이 곧 네 마음[吾心卽汝

---

11 바로 이 점이 동학과 서학을 구분짓는 점이다. 동학은 서학이 신을 대상화하여 외적 실재로 설정하는 데 대해 비판적이다. 최제우는 「도덕가」에서 "천상에 상제님이 옥경대에 계시다고 보는 듯이 말을 하니 음양이치 고사하고 허무지설 아닐런가"라고 말한다. 오지영 역시 시천주에서 가장 중요한 것이 신령의 내재성임을 다음과 같이 강조한다. "시천주라 함은 세상 사람들이 이른바 저 허공 중에 별개의 신을 두고 이름이 아니오, 사람 자체에 自在한 自神을 두고 이름이라"하며, 또 "인내천이라 함은 하느님이 저 허공 속에 있다고 하는 말을 부인한 것이요, 하느님이 우리 사람에게 있다고 인정한 말씀이다"라고 말한다(오지영 저, 이장희 교주, 『동학사』, 박영사, 1974, 4쪽과 6쪽).

心]'이며 '천심이 곧 인심[天心卽人心]'임을 깨닫게 된다. 내적으로 자각된 영 자체가 우주 전체를 포괄하는 마음이며 그것이 곧 내 마음이기에 이미 나와 너, 안과 밖의 구분이 무의미해지는 것이다. 결국 인간 마음 자체가 신비한 초월적 영과 하나인 초월적 존재, 신성한 존재이며, 이 점에서 '시천주'의 핵심은 바로 '인내천'인 것이다.[12]

2) 기화의 활동: 외유기화(外有氣化)

시천주라 함은 안으로 신령이 있고, 밖으로 기화가 있음을 뜻한다. 기화하는 주체는 바로 신령이다. 그렇다면 신령이 기로 화한다는 것은 무엇을 의미하는가? 신비체험에서 접촉한 신비한 영, 신령은 한울님으로서 우주 만물을 산출해 내는 존재의 근원이다. 이 우주 만물의 산출 과정을 최제우는 기화(氣化)로 이해한다.

유교에서는 현상세계를 형성하는 음양 이기(二氣)의 활동의 궁극적 근거를 태극으로 보고, 서학에서는 인간과 우주의 창조자를 신으로 본다. 최제우에게 한울은 태극의 추상성을 넘어선 활동적인 영적 존재이며, 서학적 신의 외재성을 넘어선 내적 초월성의 존재다. 이 한울은 인간 마음 속의 신령이며 스스로 기화해서 외적인 기의 현상세계를 형성해 내는 존재다. 신령의 기화는 내적 정신의 외적 현상화이며, 비가시적인 것의 가시화, 정신의 자연화, 영의 육화라고 볼 수 있다. 그렇다면 신

---

12 따라서 최제우의 '시천주'는 초월적 신관이고, 손병희의 '인내천'은 범신론적 내재 신관이라고 둘을 대비시키는 것은 동학의 핵심을 비켜간 것이 된다. 시천주 내지 인내천은 유교에서의 '인심즉도심', 불교에서의 '중생심즉진여심' 또는 『우파니샤드』의 '그것이 곧 너이니라'와 마찬가지의 통찰이다. 이렇게 보면 동양에서 신인합일의 경지는 결코 낯선 것이 아니다.

령이 화하는 기(氣)는 어떤 존재인가? 최제우는 주문을 설명하면서 기를 다음과 같이 풀이한다.

> 기는 허령(虛靈)하고 아득하여 기가 이르지 않는 사물이 없고 기가 명하지 않는 사물이 없다. 그러나 형태가 있는 듯하면서도 형용하기 어렵고 들리는 듯 하면서도 보기 어려운 것이니, 이것은 혼원(渾元)의 일기(一氣)다.[13]

기는 없는 듯 비어 있어 막힘이 없으면서도 영적 작용력을 가지는 허령(虛靈)의 존재이며 무한히 멀리 퍼져 아득히 창창(蒼蒼)한 것이다. 그러면서 바로 그 기가 온갖 사물에 이르고 온갖 사물을 명한다는 것은 일체 사물이 바로 그 기로 인해 생성하고 변화한다는 것을 의미한다.

이처럼 현상세계의 개별적 사물들을 기의 취합 결과물로 간주한다는 점에서 동학은 유교와 상통한다. 그러나 그렇게 개별화하는 기의 운동성을 신비한 영인 신령, 즉 한울의 작용으로 간주한다는 점에서 유교와 구분된다. 신령의 기화를 통해 도달하는 '혼원(渾元)의 일기(一氣)'는 지극한 기, '지기(至氣)'이며 신령의 기다. 인간에 내재된 신령의 기화를 통해 우주 만물이 생성되므로, 인간과 신령과 우주가 결국 하나의 기, 혼원의 일기, 지기로 융합되어 있는 것이다.[14]

---

13 「논학문」, "氣者, 虛靈蒼蒼, 無事不涉, 無事不命. 然而如形而難狀, 如聞而難見, 是亦渾元之一氣也."

14 최제우의 '至氣'의 논의를 근거로 동학의 존재론을 정주의 주기설이나 노장의 존재론과 동일시하는 학자들이 있다. 예를 들어 신일철은 "수운의 신유학적 존재론의 구상이 주리설을 멀리하고 주기설에 기울어지고" 있다고 말한다. 그는 "주리설은 理가 주재하는 상하 주종의 질서를 합리화하여 신분 차등의 세계관적 근거가 된다면, 주기설은 리에 의한 주재를 인정하지 않는다는 점에서 萬物齊一의 평등적 원리를 이끌어낼 수 있게 된다"고 말함으로써

인간 각자 안에 신령이 있고 일체 현상세계는 그 신령이 기화되어 나타난 것으로 간주하는 것은 인간과 신 그리고 현상세계를 하나의 존재로 간주하는 것이다. 인간 안의 신령의 존재는 인간과 신의 불이(不二)를 말해 주며, 신령이 외적인 기화 작용을 해서 현상세계를 산출해 낸다는 것은 신과 현상세계와의 불이를 말해 준다. 결국 일체는 하나이며, 전체 우주가 하나다. 인간은 안의 신령을 통해 신과 하나이고 밖으로 기화하는 활동을 통해 우주와 하나다. 천, 지, 인이 하나인 것이다. 이렇게 동학의 한울님은 신과 인간과 우주의 일체성을 담고 있는 전일(全一)의 존재다.

3) 한울의 깨달음: 각지불이(各知不移)

한울님, 즉 천주는 개체 안에 신령으로 존재하며 그 신령의 기화활동을 통해 현상세계가 형성된다. 이것이 '내유신령'이며 '외유기화'다. 그 천주를 모시는 시천주의 마지막 의미는 내 안의 신령과 그것의 기화활동을 자각해서 아는 것, 즉 '세상 사람 누구나 각각 깨달아 간직하는 것(一世之人, 各知不移)'이다. 안다는 것은 내적인 자각과 깨달음을 뜻한다. 이런 의미에서 시천주(侍天主)는 궁극적으로 각천주(覺天主)다.[15] 내적인 신령의 존재와 그 신령의 외적인 기화활동이 모든 생명체가 가

최제우의 평등 사상을 정주학의 주기설과 연결시킨다(신일철, 「최수운의 역사의식」, 이현희 편, 『동학사상과 동학혁명』, 청아출판사, 1984, 35쪽 참조). 그러나 성리학에 태극인 리가 본연지성으로서 일체 평등의 근거이며, 기는 오히려 기질지성으로서 만물의 차별화의 원리가 된다는 점은 차치하고라도, 동학의 지기는 신령 내지 한울님에서 비롯되는 기운이라는 점에서 정주나 노장의 자연주의적 지기와는 구분되어야 한다. 최동희 역시 바로 이 점을 강조하면서 동학의 지기에 대해 "한울에 주목하지 않고 무심히 지나치게 되면 …… 어느덧 정주학 또는 노장학 쪽으로 해석하게 된다"고 경고한다(최동희, 「해월의 종교사상에 대한 이해」, 동학연구소 편, 『해월 최시형과 동학사상』, 예문서원, 1999, 88쪽).

지는 영적 활동성이라면, 그 내적 활동성을 자기 자신으로 자각할 수 있는 것은 오직 인간뿐이다. 인간 안에서 비로소 한울님은 자기자각에 이른다. 그리고 그렇게 자신 안의 신령을 자각함으로써만 인간은 그 본래적 자기인 한울을 지키고 간직할 수 있다. 한울을 지키고 간직하는 것이 불이(不移)다.

자신 안의 한울을 자각하지 못할 경우, 그 한울의 영성을 자신 아닌 다른 어딘가로 옮겨놓는 이(移)가 발생한다. 자신의 영성을 자각하지 못하기에 내면적 신령의 기화활동은 무의식적 차원에서 진행되며 결국 의식이 그에 미치지 못하므로 인간은 자신의 신성인 한울을 자신과 무관한 것, 자신 밖의 것으로 간주하게 되는 것이다. 따라서 생명의 근원인 한울을 무의식적 물질이나 외재적인 신으로 떠올리게 된다.[16] 이것이 바로 자신 안의 영성을 지켜 간직하지 못하고 자신 밖으로 옮겨놓는 '이(移)'다. 자신 안의 한울을 자신의 형이상학적 본질로 자각하지 못하고 자기 밖의 존재로 외화하는 것이다.

---

15 그래서 손병희는 '시천주'가 궁극적으로 '각천주'임을 다음과 같이 강조한다. "시천주의 侍 자는 곧 覺天의 意요 천주의 主는 我心主의 의니 我心을 覺하면 상제 곧 아심이니라"(『천도교창건사』, III-103). 이돈화는 내유신령과 외유기화는 사실 인간뿐 아니라 모든 생명 있는 존재 일반의 공통적 특징이지만, 오직 인간만이 각지불이할 수 있는 것이라고 말한다. 자신 안에 내재하는 신령의 존재를 자각할 수 있는 것은 오직 인간뿐이라는 것이다. 인간과 동물의 차이는 바로 이처럼 자신의 존재에 대한 자각이 있는가 없는가, 혼이 깨어 있는가 잠들어 있는가 하는 生魂과 死魂의 차이인 것이다. "'각지불이'라는 知는 곧 覺을 가리켜 하는 말인데 사람은 自心이 한울인 것을 直覺하며 기화의 道를 知하며 나아가 제법의 묘용을 知하는 데서 인간 사회의 향상과 진화가 있다는 것이다. 요컨대 인간과 금수 기타 자연과의 구별은 내유신령과 외유기화에서는 어떤 정도까지 별로 차이가 없다 할 수 있으나, 知 즉 覺에서는 자연과 인간의 분기점이 현저히 달라진 것이니 그럼으로써 시천주의 侍 자는 곧 覺의 의라 결론해도 또한 무방한 것이다"(『천도교창건사』, I-25).

16 이처럼 대상적 사유라는 점에서 유물론은 유일신론과 통한다. 서양 중세 기독교의 유일신관이 근세의 경험주의적 유물론으로 나아가게 된 것은 우연이 아니다. 반면 인간 영성의 자각을 강조하는 신비주의 내지 영지주의는 유심론 내지 관념론으로 이어진다.

각자 안에 내재되어 일체 존재를 하나로 연결해 주는 한울이 인간 밖의 외재적 인격으로 대상화되면 인간 자신에게는 단지 현상적인 개체성만이 남겨지게 된다. 내적 한울의 자각이 자신 안의 형이상학적인 초월적 자아 내지 진아(眞我)를 눈뜨게 하는데 반해, 자신의 그러한 초월성을 부정하고나면 나와 너, 나와 세계는 각각 서로 분리된 현상으로만 간주된다. 절대자로부터 분리되면, 타인으로부터도 분리되고 우주 자연으로부터도 분리된다. 신으로부터의 소외는 사회로부터의 소외, 우주 자연으로부터의 소외를 가져온다. 이와 같이 자신 안의 신령을 지키지 못함에서 비롯되는 일체로부터의 분리와 소외는 자기자신을 고립된 자아로 여기게 하며, 결국 자기자신만을 위하는 이기적 마음인 '각자위심(各自爲心)'을 낳는다.

이에 반해 신령의 자각과 그 기화작용의 자각 그리고 그에 따르는 나와 한울, 우리와 우주가 하나라는 자각은 각자위심의 이기성을 극복하게 한다. 이와 같이 '내유신령'과 '외유기화'는 그것들의 자각 속에서 자신의 본질을 간직하는 '각지불이'로 완성된다. 이 내유신령, 외유기화, 각지불이가 시천주의 시(侍)의 의미이며 동학의 종교성의 핵심이다.

3. 동학적 이상사회: 양천주(養天主)

1) 동귀일체와 지상천국

내적 신령과 그 신령의 외화활동으로 존재하는 인간에게 중요한 것은 그러한 신령을 스스로 자각해서 그것을 자신의 본질로 깨닫는 것이다. 그러므로 최제우는 동학의 교를 내세우되, 교주를 믿고 의지할 것이 아니라 인간 누구나가 바로 자기 자신, 본래적 자기인 한울님을 믿고 깨달을 것을 강조한다.

> 나는 도시 믿지 말고 한울님만 믿어서라.
> 네 몸에 모셨으니 사근취원 하단 말가.[17]

자신 안의 신령을 자각하고 그 신령의 기화로 우주 자연이 생성된다는 것을 깨닫게 되면, 나와 신령과 우주가 하나로 통한다는 것을 알게 된다. 이는 곧 한울님을 모신 우리 모두가 하나의 우리, 한울이라는 것, 나아가 우리가 사는 이 우주세간 또한 한울님을 모신 우리가 모여 사는 하나의 울타리, 하나의 울, 한울이라는 것을 뜻한다.

> 무궁히 살펴 내어 무궁히 알았으면,
> 무궁한 이 울 속에 무궁한 내 아닌가.[18]

내적 신령의 자각은 우주만물을 신령의 기화작용으로 알게 하며, 인간 자신을 신성과 우주만물 존재를 품에 안은 무한한 우리, 무궁한 나로 자각하게 만든다. 따라서 우리 모두가 현상적으로는 각각의 개인으로 존재하지만 본질적으로는 모두 하나의 마음, 한울임을 알게 된다. 그러므로 동학은 우리가 모두 궁극적으로 하나에 속한다는 '동귀일체(同歸一體)'를 주장한다.[19] 동귀일체는 자신 안의 한울을 자각함으로써 깨닫게 되는 존재의 동근원성이다. 동귀일체이기에 나와 타인, 나와 자연

---

17 「교훈가」.
18 「홍비가」.

은 하나로 이해되며, 서로가 각자위심의 경계와 이기성을 벗어나게 된다. 각자위심의 자아가 현상적인 차별적 자아, 경험적 자아, 형이하의 자아라면, 최제우가 한울 및 동귀일체로 강조하는 것은 그러한 차별성을 넘어선 본질적 자아, 형이상의 자아다.[20]

이처럼 나를 신령의 한울로, 하나의 우리로 자각하면 그로써 일상적인 나와 타인, 나와 세계와의 분리 내지 경계는 소멸하게 된다. 따라서 깨달음 이후의 삶은 나이면서 동시에 너이고 자연이고 신이고 우주인 그런 삶이 된다. 각자위심의 소아를 버리고 동귀일체의 대아를 얻은 자가 바로 군자이며, 그 군자의 공동체가 바로 지상신선의 세계다.

---

19 인간 누구나 한울이며 따라서 동귀일체하리라는 것은 인간이 스스로 한울을 자각하고 깨달아야 알 수 있는 것이다. 최제우 역시 40이 다 되어 신비체험을 통해 비로소 그 자각을 얻게 되었음을 「교훈가」에서 다음과 같이 말한다. "한울님 하신 말씀 너도 역시 사람이다. 무엇을 알았으며 억조창생 많은 사람, 동귀일체하는 줄을 사십 평생 알았던가." 자신 안의 한울님의 자각이 곧 동귀일체인 하나의 우리, 한울의 자각이며, 우주 혼원일기의 자각이다. 내 안의 한울의 자각은 '신 즉 나'의 깨달음이며, 동귀일체로서의 한 우리, 한울의 자각은 '나 즉 우리'의 자각이며, 그 한울이 기화한 한 울타리로서의 우주일기의 자각은 '우리 즉 자연'의 자각이다.

20 자신을 개별적 고립적 자아로만 간주하면서 인간은 오로지 자신만을 위한 마음을 내는 각자위심하게 된다. 최제우는 「논학문」에서 "서인들은 말에 차례가 없고 글에 조리가 없으며, 도무지 천주를 위하는 기미가 없고 오직 자기 자신만을 위한 대책을 기도할 뿐이다"라고 서인을 특징짓는다. 각자위심하여 자기 자신만을 위한 대책, '自爲身之謀'를 짜내기에 바쁠 뿐이라는 것이다. 그리고 그들이 왜 그러한가를 서학 자체에서 찾는다. 최제우는 동학의 한울님이 서학의 신과 그 도에 있어서 상통하는 면이 있지만, 그 도를 이해하는 리에서는 서로 다르다고 보았는데, 그 가장 큰 차이점을 「논학문」에서 "몸에는 기화의 신이 없고 학에는 천주의 가르침이 없다(身無氣化之神, 學無天主之教)"는 것으로 지적한다. 즉 서학에서는 신을 인간 바깥의 존재로 옮겨놓아 대상으로 표상하므로 인간 자신 안에서 스스로 기화하는 신령, 氣化之神에 대한 자각이 없다는 것이다. 이는 결국 '천심이 곧 인심', '내 마음이 곧 네 마음'이라는 천주의 가르침, 한울의 깨달음이 없다는 말이다. 이처럼 각자를 하나로 묶고 일체를 한울로 깨닫게 하는 신령의 자각이 없으므로 결국 각자가 자신을 전체로부터 분리된 개인으로 여기고 자신만의 대책을 간구하게 된다는 것이다. 이 점은 최제우가 서학과 서인을 비판하는 것이면서 또 동시에 한울의 정신을 상실해버린 당대의 인간 그리고 오늘날의 우리에게까지도 적용될 수 있는 비판이다.

입도한 세상 사람 그 날부터 군자 되어,
무위이화 될 것이니 지상신선 네 아니냐.[21]

동학의 이상사회는 자신 안의 신령을 자각한 인간인 군자들이 모여 사는 세계, 신령이 기화하여 이룩된 세계, 한마디로 한울이 실현되는 사회다.[22] 그렇다면 이 이상사회에서 인간이 실행해야 할 것은 무엇인가?

2) 대인에서의 양천주: 사인여천

개인적 깨달음에 근거한 동학 교단이 갖는 사회적 실천성은 최제우를 이은 2대 교주 최시형의 사상 속에 잘 나타난다. 그는 시천주의 깨달음이 우리의 구체적 삶 속에서 어떤 방식으로 표출되고 완성되어야 하는가를 제시하는데, 그것이 곧 양천주(養天主)다. 자신 안의 신령의 자각인 시천주로부터 자신 밖의 타인이나 자연 우주에서도 그 안에 깃든 한울을 발견하고 그 한울을 모시고 기르는 것이 양천주다.[23]

양천주는 인간의 내적인 초월적 깨달음을 인간 서로 간의 윤리성, 사회성, 공동체성, 인간과 자연과의 유대성 등으로 확대해서 실현하는 것을 뜻한다. 최시형은 타인이나 사회 내지 자연을 향해 열려진 자세로 한울을 깨닫고 그 깨달음을 완성해 갈 것을 강조한다. 따라서 홀로 내면에 침잠해 있기보다는 다른 인간과 더불어 천지 만물과 더불어 일체가

21 「교훈가」.

22 최제우 이전의 조선인들이 생각한 이상사회의 모습에 대해서는 신일철, 「최수운의 역사의식」, 29쪽 이하 참조.

23 이런 의미에서 신일철은 최수운의 '경천사상'이 최시형에서 경인과 경물로 발전한 것이라고 평가한다. "최시형은 스승의 경천사상을 대인 접물의 경인, 경물사상으로 발전시켜 나갔다"고 말한다(신일철, 「해월 최시형의 侍와 敬의 철학」, 108쪽).

일기임을 깨닫고 더불어 기화할 것을 권한다.

> 군자의 덕은 스스로 고립되지 아니하고 사람으로 더불어 함께 크며 함께 자라나는 것이니 제군은 스스로 독선(獨善)하지 말고 사람으로 더불어 같이 기화하기를 도모하라.[24]

사람과 더불어 기화하는 이 양천주의 길을 최시형은 대인과 접물의 두 가지 방식으로 제시한다.

> 도는 먼저 대인(待人) 접물(接物)에서 시작되는 것이니 사람을 대하는 끝에서 세상을 기화할 수 있고 물건을 접하는 곳에서 천지자연의 리(理)를 깨달을 수 있나니라. 만약 사람이 있어 이 두 가지 길을 버리고 도를 구한다 하면 이는 허무에 가깝고 실지(實地)를 떠난 것이니 천만 권 법경(法經)을 외운들 무슨 필요가 있으리요.[25]

그렇다면 사람은 어떻게 대해야 하는가? 최시형은 그의 스승의 가르침을 '사람은 한울이다'라는 '인내천'과 '사람 섬기기를 한울같이 하라'는 '사인여천(事人如天)'의 교훈으로 해석한다. 사인여천은 서로를 한울로 대함으로써, 서로의 한울을 지키고 길러 이 세계를 한울이 실현되는 이상세계로 만들어 가는 것이다.

> 나의 스승은 무극대도를 창명하시니 이는 천지, 귀신, 조화의 근본을

---

24 『천도교창건사』, II-17.

25 『천도교창건사』, II-16.

들어 창명하신 것이다. 내가 꿈인들 어찌 선생의 유훈을 잊으리요. 선생이 말씀하시되 "사람은 한울이니라. 그러므로 사람 섬기기를 한울같이 하라" 하셨다. 내 비록 부인, 소아의 말이라도 이를 배우노라.[26]

자신을 한울로 자각한 사람은 타인 역시 한울임을 알고 그렇게 대하게 된다. 그것이 곧 다른 사람을 한울로 섬기는 사인여천이다. 이는 곧 인간 모두의 평등성을 의미한다. 현상 차원에서 성립하는 출생 신분상의 차별성, 반상, 귀천, 적서, 남녀 등의 차이를 각 인간의 본질적 차이로 간주한다거나 그로부터 차별적 삶의 방식을 강요해서는 안 된다는 것을 의미한다. 이처럼 사인여천은 만인의 평등성의 이념을 담고 있다.[27] 귀천이나 적서뿐 아니라 장유나 남녀의 차이도 그것이 각인의 인격적 평등성을 손상하는 차별적 대우로 이어져서는 안 된다는 것을 강조한다. 어린아이를 성인의 관점에서 미성숙한 자로 간주할 것이 아니라 어린아이 그 자체로서 이미 독립적 인격이며 한울님이라고 생각하고 대하라는 것이다. 어린아이를 부모의 소유로 생각하여 함부로 대해서는 안 된다는 것, 구타 등의 폭력을 행해서는 안 된다는 것을 말한다.[28]

일체 모든 사람을 한울로 인정하라. 손이 오거든 한울님이 오셨다 하고 어린아이를 때리지 말라. 이는 한울님을 치는 것이니라.[29]

---

26 『천도교창건사』, II-37-38.

27 동학에서는 인간의 평등성을 단지 구호로만 외치는 것이 아니라 1대 교조 최제우부터 몸소 실천했다. 그는 집에 있던 여자 노비 두 명 중 한 명은 자신의 며느리로 삼고 다른 한 명은 수양딸로 삼았다. 신분적 계층화와 차별화에 저항한 것이다.

28 최시형의 어린아이 존중사상은 동학의 기본 사상으로서 동학을 천도교로 개칭한 3대 교조 손병희에게도 이어진다. '어린이의 아버지'로 알려진 小波 方定煥(1899-1931)은 천도교 교인이었으며 손병희의 사위였다.

나아가 인내천의 동학은 여성을 남자의 짝이나 수단으로 간주하지 말고 그 자체 독립적 인격, 존엄한 한울로 대하라는 것 등을 말한다. 이는 당시 일반인들의 유가적 생각에 비추면 아주 급진적인 평등주의적 사고다.[30] 이런 평등사상은 동귀일체의 평등성에 입각한 것으로 일체의 차별화와 억압으로부터의 자유와 자주성의 이념을 내포한다.

3) 접물에서의 양천주: 이천식천

동학에 따르면 한울로 모시고 존중해야 할 존재는 인간만이 아니다. 우주의 일체 만물이 모두 한울의 기화 결과이므로 일체를 한울같이 여기고 존중해야 한다. 이것이 접물에서의 '이천식천(以天食天)'이다.

> 대개 천지, 귀신, 조화라는 것은 유일한 지기로 생긴 것이며 만물이 또한 지기의 소사(所使)이니 이렇게 보면 하필 사람뿐이 천주를 시(侍)했으랴. 천지만물이 시천주 아님이 없나니. 그러므로 사람이 다른 물건을 먹음은 곧 이천식천이니라. 그러니 제군은 일 생물을 무고히 해하지 말라. 이는 천주를 상함이니 대자대비하야 조화의 길에 순응하라.[31]

천지 자연 만물이 모두 신령의 기화의 결과이며 천주를 모신 시천

---

29 『천도교창건사』, II-40.

30 동학의 평등주의는 남녀 문제에서도 철저하므로 오늘날의 여성학적 관점에서 보아도 부족할 바가 없다. 남녀 평등의 문제가 서구 여성학적 관점이 도입되기 훨씬 전에 우리나라에서 자체적으로 논의되었다는 것은 주목할 필요가 있다고 본다. 동학의 여성관 및 여성 평등의 주장에 대해서는 김현옥, 「동학사상과 여성의 근대화」, 김춘성, 「해월 사상의 현대적 의의」 등을 참조할 것.

31 『천도교창건사』, II-36.

주이므로 인간은 자연을 무고히 해해서는 안 된다는 것을 강조한다. 살아남기 위해 자연 생물을 먹을 때에도 생각 없이 먹는 것이 아니라 한울의 인간이 한울의 자연물을 먹는다는 '이천식천'의 태도로 먹어야 함을 말하는 것이다. 우주 안에 인간만이 존귀한 존재가 아니라, 동물이나 식물 나아가 무생물까지도 모두 한울이 깃든 신령한 존재로 여겨야 한다는 것이다.

> 접물은 우리 도의 거룩한 교화이니 제군은 일초일목이라도 무고히 이를 해치 말라. …… 이천사천은 천지의 대법이라 물물(物物)이 또한 나의 동포(同胞)이며 물물이 또한 한울의 표현이니 물을 공경함은 한울을 공경함이요 한울을 양(養)하는 것이니 천지신명(天地神明)이 물과 더불어 추이(推移)하는지라. 제군은 물을 식(食)함을 천을 식(食)하는 줄로 알며 인(人)이 내(來)함을 천이 내(來)하는 줄로 알라.[32]

이와 같은 '여인사천'과 '이천식천'으로 대인과 접물의 이치를 밝힌 것은 시천주가 뜻하는 바 인간이 한울이고 우주 만물이 한울의 기화의 소산이라는 것에 기반한 것이다. 양천주는 시천주에 입각해서 한울을 사회와 자연 안에서 실현하려는 것이다. 인간 사회에서 만인을 서로 평등한 자로 공경하는 것이며, 우주만물에 있어 일개의 생명체, 일개의 자연 사물도 소홀히 다루지 않는 것이다.[33]

---

32 『천도교창건사』, II-18.

33 자연 사물까지도 한울로 모시는 이러한 敬物사상의 동학은 현대의 생태학적 위기를 의식한 환경론자들에게 새로운 주목을 받고 있다. 그러나 환경문제에 대해 동학으로부터 배울 것이 있다면 그것은 진정한 경물은 인간을 물리적 자연질서로 환원시키려는 자연주의적 사고로부터가 아니라 오히려 인간이 바로 신이라는 인내천의 사고로부터 가능하다는 것, 즉 인간 영성의 자각이 전제되야 한다는 것이다.

이처럼 누구나 서로를 여인사천하고 자연을 이천식천으로 대하는 세상이 바로 동학이 생각하는 이상사회다. 시천주로서 자신 안의 한울을 자각한 자만이 타인이나 자연에 대해서도 한울을 발견하고 존중하는 양천주로서 이상사회를 이룩하고자 할 것이다. 그러나 이것은 동학이 실현하고자 하는 이상사회의 모습일 뿐, 동학이 파악한 현실의 모습은 이와 달랐다. 현실은 오히려 그로부터 거리가 멀기에 그 차별적 현실을 개탄하며 그것을 만인이 평등한 이상사회로 이끌어 가고자 하는 염원이 동학도의 의식 안에 혁명성을 고취시켰을 것이다.

4. 동학의 혁명성

1) 역사변천의 원리: 후천개벽과 무위이화

최제우는 당시 사회를 평등과 자주성을 자각한 도덕적 군자들의 세계가 아니라 각자위심의 고립적 개인들이 서로 투쟁하는 비도덕적 세계로 파악했다. 그러나 말세는 곧 새로운 시대의 시작이다. 말세이기에 새 시대가 새로 시작될 수밖에 없는 순간, 그 새로 시작됨을 최제우는 '후천개벽'이라고 했다.[34]

말세 속에서 영이 새롭게 깨어나고 인간과 한울이 하나라는 메시지가 이 땅에 알려짐으로써 후천개벽은 이미 시작되었다. 최제우는 자신

34 말세 뒤에 개벽이 온다는 것은 쇠운이 다하면 성운이 시작된다는 순환적 時運觀이다. 최제우는 이를 '無往不復'이라고 하며, '하육갑이 지나고 [돌아오는] 상육갑 호시절'이라고 한다. 이처럼 동학에서 후천개벽과 동시적으로 주장되는 순환적 시운관은 따라서 자연필연성의 순환사관과는 구분되어야 한다.

이 신비체험을 가졌던 1860년 4월 5일을 후천개벽의 첫 날로 간주한다.[35] 그 후천개벽 이전의 선천 시기를 「포덕문」에서 세 단계로 구분하여 설명한다.

> 저 아득한 옛날부터 봄과 가을이 어김없이 갈마들고 계절이 다름없이 제 철을 만났다가 시들어간다. 이것도 한울님 조화의 자취가 천하에 뚜렷함을 말해 준다. 그러나 예전의 소박한 민중은 비오게 하고 이슬을 내려 주는 은혜를 알지 못하고 다만 모든 것이 저절로 그렇게 되어가는 줄로 알고 있었다(이상 선천 1기). 오제 때부터 성인들이 출현하여 해 달 별 천지 같은 자연계의 법칙을 글로 만들어 내서 영원히 변치 않는 천도의 이법을 규정지어 놓았다. 그리하여 마음의 하나하나의 움직임과 일의 하나하나의 성패를 모두 한울님의 뜻에 맡겼다. 이것은 한울님의 뜻을 공경하고 한울님의 질서에 따르기 때문이다(이상 선천 2기). …… 그러다가 근래에 온 세상 사람들이 제각기 제 마음대로 하고[各自爲心] 한울님의 질서를 따르지 않으며 한울님의 뜻을 돌보지 않는다. 이것이 언제나 내 마음에 걸려서 어찌할 바를 모를 지경이었다(이상 선천 3기).[36]

한울님의 조화가 있으나 범부들이 그것을 모르고 있던 때가 제1기며, 그 후 오제(五帝)와 성인이 출현해서 한울을 알아 천명과 천리를 밝혀 도덕을 완성한 시기가 제2기다. 그러나 이 시기도 아직 선천의 시기로서 한울을 알았어도 그 한울이 바로 자기 자신이라는 자각은 없었던

35 최제우는 자신의 득도의 날을 엄청나게 긴 선천의 세월 뒤 드디어 시작되는 후천개벽의 첫 날로 간주한다. 그만큼 그는 자신이 얻은 동학의 도를 '만고 없는 무극대도'이며 "금불문, 고불문, 금불비, 고불비"(「논학문」)의 도로 여기고 있는 것이다.

36 「포덕문」.

것이다. 그러므로 신은 외적으로 표상되고 도덕도 외향적이었다.[37] 그로부터 결과된 선천 제3기가 최제우 당시의 사회이며, 이제는 그 도덕마저 빛을 잃고 인간은 한울을 알지 못하고 자기 자신을 전체와 무관한 개체로 이해하여 각자위심하기에 이르렀다. 이러한 선천 말기의 위기를 극복하는 길은 다시 한울을 알되 그 한울을 자기 내면에서 자신의 본성으로 자각하는 길이다. 그렇게 함으로써 하나의 우리, 한울을 자각하고, 그 한울을 이 한 울의 세계 안에서 실현하게 되니 이것이 바로 후천개벽을 선포한 동학의 길이다.

이처럼 말세를 인정하는 것은 동학이 서학의 종말론적 말세관이나 불교적 말세사상과 상통하는 면이 있는 것처럼 보이게 하지만, 실제로는 근본적인 차이가 있다. 즉 말세라고 할지라도 서학에서처럼 신적인 심판이 있다거나 불교에서처럼 미륵의 하생이 있다고 주장하지 않는다. 선천에서 후천으로의 이행은 인간 자신의 각성, 자신의 내면의 한울의 자각에 있을 뿐이다. 그리고 말세도 이 지상의 삶이 완전 종결되는 것이 아니라 새로운 삶의 이상세계로 이어지게 되며, 나아가 말세를 끝내고 펼쳐질 이상사회도 서학의 천당이나 불교의 극락처럼 이 세상 너머의 피안에 다른 존재질서로서 설정되는 것이 아니다. 현실과 이상세계의 대립은 차안의 지상과 피안의 신국처럼 공간적 이원성이 아니라 오히려 선천과 후천, 즉 한울의 자각이 있기 이전까지의 과거(선천)와 한울의 자각에 입각해 한울을 실현해 가는 현재(후천)라는 시간적 이원성이 된다. 이렇게 해서 자신들의 현재를 후천개벽의 시기로 보는 동학도들은

---

37 최제우는 「수덕문」에서 유교의 '인의예지'의 도덕에 대해 '수심정기'는 자신이 새로 세운 도덕이라고 강조한다. "인의예지는 앞선 성인들이 가르친 덕목이지만, 수심정기는 오직 내가 새로 정한 덕이다(仁義禮智, 先聖之所敎, 守心正氣, 惟我之更定)." 인의예지보다 수심정기가 더 내면적 자각에 입각했다는 점에서 보다 근본적이고 근원적인 도덕이라고 볼 수 있다.

평등한 이상세계를 바로 이 땅 위에서 실현해야 한다고 여기게 된 것이다.

현상세계 변화가 신령의 활동이고 그 활동이 기를 움직이는데, 전체 기가 하나로 연결되어 있으므로 자각된 영에 의한 현실변화는 결국 현상세계 전체에 작용을 미칠 수 있게 된다. 그처럼 현상세계에서의 변화가 현상적인 물리적 질서에 따라서가 아니라 영적인 신령 내지 기의 힘에 따라 야기될 때, 우리는 그것을 기적 또는 조화(造化)라고 부른다. 한울 내지 신령의 작용으로 보는 것이다. 물리적 현상 차원에서 보면 아무 행함이 없는 것처럼 보이므로 무위(無爲)이지만, 그러나 그 결과는 나타나므로 행함이 없이 이루어지는 것, 무위이화(無爲而化)다.

> 조화(造化)는 함이 없이 이루어지는 것이다.[38]

깨달은 자의 영적 작용력이 전체 우주의 일기(一氣)를 타고 다른 사람이나 자연에 직접적인 작용력을 미치는 것이 조화다. 동학 교조로서의 최제우는 때때로 이러한 조화를 보여 주었다.[39] 그런데 최제우는 단

---

38 「논학문」, "造化者, 無爲而化也." 동학의 조화 내지 무위이화는 노자적 '무위자연'과는 구분되어야 한다. 무위이화는 노자적인 자연주의적 필연의 결과를 말하는 것이 아니다. 최동희는 "수운의 조화는 정주학파나 노장학파에서 쓰는 조화와는 다르다. 이것은 어디까지나 우리 민족이 써온 말임에 틀림없다"고 말한다(최동희, 「해월의 종교사상에 대한 이해」, 81쪽).

39 최제우는 멀리 떠나 있으면서도 삼촌의 사망을 천리안으로 알고, 병자를 고치기도 하고 죽은 자를 살리기도 하는 등 여러 기적을 행했다. 『천도교창건사』에는 그가 최시형에게 도법을 전하는 순간 보여 준 조화를 자세히 묘사하고 있다. "대선사(최제우) 인하야 묵념양구하시더니 좌우를 물리치고 홀로 최경상(최시형)을 불러 가까이 앉으라 하시고 눈을 들어 묵견하더니 갈으되 '그대 斂膝 平坐하라' 하고 다시 갈으되 '그대 수족을 이리로 굴신하여 보라' 함에 말이 마치는 순간에 최경상이 문득 정신이 활홀해지며 입으로 말을 발할 수 없고 수족을 또한 굴신키 불능한지라. 대선사 다시 갈으되 '그대 어찌 함이뇨' 함에 최경상이 그제야 비로소 몸을 동하고 정신이 여구한지라. 최경상이 그 이유를 물은즉 대선사 갈으되 '나의 마

지 조화를 부린 것에 그치는 것이 아니라 수심정기를 통해 그 조화가 어떻게 해서 가능한 것인지를 알고 설명했다. 그는 자신이 신비체험에서 깨달은 '내 마음이 곧 네 마음'이 모든 인간 마음에 적용된다는 것, 우주 만물이 혼원의 일기, 지기로 이루어져 있다는 것, 그러므로 무위이화의 조화가 가능하다는 것을 알았던 것이다.

최시형 또한 그러한 조화의 힘을 경험한다. 소식이 없어도 스승이 어디 있는지를 신통력으로 알아내고, 기름 반 종지로 21일 밤 등잔을 태우며 글읽기를 계속하기도 했다. 어린아이가 끄는 신발의 자극에 천지가 아프게 공명하는 것을 느낄 정도로 기의 감응을 통해 일체 존재의 미세한 변화까지도 감지했었다.

동학교단에 입문한 교도들은 동학의 가르침을 따라 우주가 분리된 개별 사물의 집합이 아니라 심층에서 서로 상통하는 일기(一氣)로 이루어져 있다는 것, 그 일기를 통해 우리가 서로에게 작용할 수 있으며, 우리는 근본적으로 하나의 마음, 하나의 우리, 한울이라는 것을 믿었다. 따라서 기도와 염력과 주문이 자연의 물리적 질서를 넘어서서 그 영적 작용력을 가질 수 있다는 것을 믿었으며, 그런 조화의 힘이 개인적 삶을 넘어 사회 전반에도 미칠 수 있다고 생각했다. 다시 말해 인간들의 정신력과 우주 전반의 기의 힘에 의해 역사를 변화시킬 수 있다고 믿었던 것이다. 따라서 혁명의 순간에도 그들은 정치적 힘이나 물리적 군사력이 아무리 부족하다고 해도 교조를 비롯한 지도자들의 조화의 힘을 통해

음이 곧 너의 마음이며 나의 기운이 곧 너의 기운인지라. 나의 마음먹은 바 그대에게 미침이니 이는 곧 천지만물이 唯一의 至氣로써 화생한 증거니라. 내 이 증거를 이제 그대에게 체험케 했으니 그대 이에 순응하라' 하시더라. …… 붓을 들어 수심정기 네 자를 써서 최경상에게 주며 같으되 '이것이 너의 장래이니 잘 간직해 두라' 하시고 이어 같으되 '금일 이후에는 道運이 너에게 돌아가고 道法이 너에게 전했으니 네 힘써 道中事를 확장하여 나의 뜻한 바를 어기지 말라' 했다"(『천도교창건사』, I-46).

사회변혁이 가능하다고 믿고, 혁명이 성공할 것으로 믿었다. 내적 신령의 힘을 통해 자유롭고 평등한 지상천국의 이상사회가 실현될 수 있으리라고 기대한 것이다. 그들은 현실을 어떤 모습으로 파악했기에 혁명을 시도하게 된 것일까?

2) 사회현실의 모습

인간 본질을 한울로 간주하는 시천주 정신에 따르면 인간은 누구나 평등하다. 그 이념에 따라 만인과 만물을 한울로 섬기는 양천주의 사회가 동학인들이 꿈꾼 이상사회다. 그렇지만 실제 동학이 태동하던 당시 1860년대 조선사회는 그런 이상사회와는 반대로 극히 혼란한 시기였다. 평등 대신에 차별이, 민족의 자주성 대신에 그것을 위협하는 외세의 침투가 일반 민중의 삶을 처절한 궁핍과 좌절로 몰아가고 있었다.[40] 동학은 인간의 신성한 평등성과 자주성을 저버린 그러한 사회정치 상황에 분개하며, 그런 현실을 변혁시켜 만인의 평등과 민족의 자주성을 회복하고자 했다.

---

40 동학의 포교가 시작되고 얼마 지나지 않은 1862년에는 홍경래의 난(1811년) 이래 최대 규모의 민란인 진주민란이 발생했으니, 당시 사회가 얼마나 혼란하고 민중이 궁핍했는가를 알 수 있다. 흔히 동학혁명이 일어나게 된 사회적 배경으로 조선왕조 봉건체제의 낡은 신분질서, 즉 양반 상놈의 신분차별, 적서차별, 남녀차별 등 온갖 차별이 논해진다. 최제우 자신이 몰락 유생 조암공 최옥이 63세 때 정처없이 떠돌아다니던 한씨 여인을 만나 낳은 자식이기에 출생에서부터 이미 서자로서 사회적으로 소외된 자였다. 따라서 그 자신 몰락 유생의 서자로서 사회의 불평등과 불합리에 민감하게 반응할 수밖에 없었을 것이다. 그는 「도덕가」에서 "우습다 저 사람은 지벌이 무엇이게 군자를 비유하며 문벌이 무엇이게 도덕을 의논하뇨"라고 말함으로써 지벌이나 문벌이 도덕이나 군자와는 무관한 것임을 강조한다. 그로써 양반적 신분제를 부정하는 것이다. 이와 같은 차별적인 봉건적 신분체제 이외에도 그에 기반한 국가 납세제도인 삼정의 문란과 그 과정에서의 탐관오리들의 수탈 등이 동학혁명의 사회경제적 배경으로 제시된다.

사람은 한울이라 평등이오 차별이 없나니 사람이 인위(人爲)로써 귀천을 분별함은 곧 천의에 어기는 것이니 제군은 일체 귀천의 차별을 철폐하야 선사(先師)의 뜻을 잇기로 맹서하라.[41]

일체의 차별은 인위적이며 천의를 어기는 것이므로 차별대우를 받고 있는 당사자들이 단결하여 그 차별에 맞서야 할 필요가 있음을 설파한다. 이는 곧 반봉건주의의 선포다.

나아가 당시 대외적 상황 또한 극히 불안정하고 위태로웠다. 서구 자본주의 열강들의 동아시아 침입으로 인해 조선은 위기의식을 느낄 수밖에 없었으며, 최제우는 그것을 다음과 같이 표현하고 있다.

경신년 사월에 온 세상이 어수선하고 민심이 야박하여 나아갈 길을 알지 못했다. 여기에다 또 야릇한 풍설이 세상에 떠돌아다니고 있어, "서양 사람들이 도덕을 뒤아서 체득함으로써 그 조화를 부림에 있어서는 못하는 일이 없고 그 쳐부수는 무기에는 당해내는 사람이 없어 중국이 망해 없어진다"는 것이다. 어찌 우리나라도 같은 운명에 빠질 우려가 없겠는가?[42]

중국이 서구의 세력에 밀리자 '서양은 싸우면 이기고 치면 빼앗는다'라는 두려움, 서구 세력이 중국을 망하게 하고 결국 조선에까지 미치리라는 것, 따라서 조선은 극히 위태로운 상황에 있다는 그런 위기감과 불안감이 전국에 팽배해 있었다.[43] 이러한 서구에 대한 경계와 저항 의

---

41 『천도교창건사』, II-7.

42 「논학문」.

식이 최제우로 하여금 자신의 깨달음을 서양에 대해 우리 조선을 지켜 줄 정신적 힘이 되어 줄 학이라는 의미에서 '동학(東學)'으로 이름짓게 한 것이다.[44]

외부세력에 대한 저항감은 서양에 대해서뿐 아니라 일본에 대해서도 마찬가지였다. 물론 최제우 당시에는 일본의 조선에 대한 세력 침투가 아직 본격화되지는 않았지만 그의 일본에 대한 거부감은 과거의 임진왜란 이래 지속되는 반일감정이었다. 그 반감은 서양에 대해서보다 더 노골적이었으며, 그것은 어쩌면 장차 조선에 미칠 일본의 불길한 세력을 미리 예감한 때문인지도 모른다.

기험하다 기험하다 아국 운수 기험하다.

---

43 중국은 서구의 강압적 세력에 못 이겨 1842년 8월 불평등한 남경조약을 맺은 후 1850년 태평천국의 난까지 일어났다. 1856년에는 영불연합군이 애로호사건을 일으켜 1858년 천진조약을 강요하고 양자강 연안 11개 항구를 개방하게 했으며, 1860년 10월에는 영불연합군이 북경에 침입해 중국을 굴복시키고 북경조약을 맺었다. 일본 또한 1854년 미영의 강압에 의해 개항을 하게 되었다.

44 최제우는 서양 무기나 기술 문명 등이 우연히 발생하는 것이 아니라 그것을 가능하게 하는 정신적 원동력이 있다고 믿었으며, 그것을 기독교 서학이라고 파악했다. "서양은 싸우면 이기고 치면 빼앗아 이루지 못하는 것이 없으니 천하가 멸망하면 입술 없어져 이빨 시리는 탄식이 일어나지 않겠는가. 보국안민의 계책이 장차 어디에서 나올 것인가"(「포덕문」)라고 고뇌했던 것이다. 따라서 이런 서양세력을 물리치기 위해서는 투쟁적인 서학보다 나은 정신력의 종교를 일으켜야 한다고 여겼으며, 그것을 추구하여 결국 동학의 도를 얻은 것이다. 이런 의미에서 동학은 서학을 의식하면서 그에 대립한다는 점에서, 나아가 외래의 지배를 배척한다는 점에서 '민족주의'라고 부를 수도 있다. 그러나 동학의 민족주의 정신은 평등주의에 기반하여 어느 민족이나 그 자신의 문화를 스스로 만들어 나갈 수 있고 또 그래야 한다는 것을 주장한다는 점에서 서구적 민족주의와 구분된다. 서구 민족주의는 처음부터 반평등적인 차별적 종족주의에 기반을 두고 자기 민족의 영토 확장과 경제적 富의 축적을 위해 제국주의적으로 다른 민족을 침범하는 경향을 가지고 있기 때문이다. 동학의 민족주의는 어느 민족이나 평등한 권리와 자유를 가진다는 평등주의적 주장이라면, 서구 민족주의는 종족 간에 우열을 매겨 스스로 우등한 종족으로서 인류 역사 전체를 뒤흔들려고 하는 차별주의적 논리인 것이다.

개 같은 왜적놈아　　너희 신명 돌아보라.
너희 역시 하륙해서　　무슨 은덕 있었던고.[45]

이처럼 당시의 사회현실은 우리 자신의 과거인 봉건체제에 의해 각인마다의 현재적 한울로서의 평등성이 부정되고, 외부의 제국주의적 침략에 의해 우리 자신의 자주성이 위협당하고 있는 처지였다.

최제우는 그와 같은 불평등하고 억압적인 현실을 타개할 수 있는 구체적인 방안을 마련하고자 했는데, 그는 그런 현실이 과거로부터 내려오는 단순한 이념체계에 의해 극복될 수 있는 것이 아님을 알았다. 과거 한때 살아 있는 정신을 담고 있었을 요순의 정치나 공자 · 맹자의 덕이라고 하더라도 또는 유교나 불교라 하더라도, 그것이 이미 생동성을 잃어버린 과거의 유물일 뿐이라면 그것으로부터 현실을 변혁할 수 있는 힘을 얻어 내기는 힘들다고 본 것이다.

아서라. 이 세상은 요순지치라도 부족이오, 공맹지덕이라도 부족언이라.[46]

유도 불도 누천 년에 운이 역시 다했던가.[47]

오히려 현실을 변혁시킬 수 있는 것은 우리 자신이 능동적으로 자신의 현재적 영에 눈뜨고 인간의 평등성과 자주성을 분명하게 자각해서 그것을 실현하려는 노력을 해야 한다고 본 것이다. 한울을 자각하고 그

45 「안심가」.
46 「몽중노소문답가」.
47 「교훈가」.

한울을 실현해야 하는 것이다. 나아가 만인이 평등한 이상사회를 이 세상 너머 피안에 설정하지 않고 후천개벽을 통한 지상천국으로 설정했으므로, 그 시운과 조화력에 의해 사회변혁이 가능하다고 본 것이다. 이 지상 위의 한울의 실현, 지상천국 실현이라는 동학적 이상이 실천적 사회운동으로서의 혁명을 불러일으켰다.

3) 혁명의 전개와 좌절

동학의 궁극 지향점은 어디까지나 모든 사람으로 하여금 자기 자신 안의 한울을 깨닫고 우리가 모두 한울인 것을 알아 한울의 지상천국을 이룩하는 것이다. 그러기 위해서는 일단 한울사상과 후천개벽을 알리는 동학이 개인적 신앙이나 집단적 모임 등에서 모두 허용될 수 있어야 하는 것이다.

그런데 동학의 평등주의와 자주적 민족주의는 차별적 세계관의 유학자들에게 처음부터 달갑지 않은 것이었다. 그들은 동학을 '빈부귀천의 차, 적서(嫡庶)노주(奴主)의 구별, 내외존비의 구별'을 부정한다고 오히려 비판하며, '국가의 역적, 유도(儒道)의 난적, 부자(富者)의 강적, 양반의 구적(仇敵)'이라고 비난했다.[48] 이렇게 해서 동학은 처음부터 서학과 마찬가지의 사교(邪敎)로 지목되어 탄압받았으며 그 후 개화파세력에 의해 기독교 및 천주교의 신앙 자유가 허용된 이후에도 유독 동학만은 계속 박해받았던 것이다.

동학도들은 동학의 신앙 자유를 얻기 위해 동학 교조의 명예를 회복시켜 줄 것을 요구하는 교조신원(敎祖伸冤)운동을 벌였다. 1892년부

48 한우근, 『동학농민봉기』, 211쪽 참조.

터 시작된 교조신원운동 진행 중 전라 감사 이경식에게 제출된 소장(訴狀)에 보면 종교적 신원운동이 좀더 구체적으로는 서학의 여파로 몰려 지방관리들의 토색(討索)의 대상이 되는 것을 막고자 한 현실적 이유 때문이기도 함을 알 수 있다.

> 우리의 스승 용담 최선생은 상제(上帝)의 명(命)을 받으시고 천인합일의 도로써 장차 덕을 천하에 전하고 창생을 익(溺)의 땅에서 광제코저 하시더니 불행히 사학(邪學)의 무(誣)로써 대구에서 순도(殉道)하시니 원통하도다. …… 각 읍(邑)의 수령과 재상이 오도를 서학 여파로써 지목하여 감옥에 가두고 재산을 취하며 학대하여 죽은 자 상한 자가 끊이지 않고 또 향리 부호가 침학(侵虐)하여 집안 망하고 재산 털리지 않은 곳이 없다. …… 우리가 성심수도하여 바라는 바는 오직 보국안민과 포덕천하의 원(願)뿐이다.[49]

그러나 사교로 지목한 것은 조정의 일이므로 지방 관리가 결정할 수 있는 일이 아니라는 답을 듣고는 1893년 초 국왕에게 호소하는 복합(伏閤) 상소(上疏)를 거행했으나, 유생이나 외국 관원들의 경계심만 자극한 채 실패로 끝났다. 이를 계기로 동학은 동학을 박해하는 세력이 차별적 세계관의 유학자들뿐 아니라 궁극적으로는 민족 자주성을 위협하고 있는 제국주의적 외세임을 자각하고 이 때부터 운동의 성격을 바꾸게 되었다. 즉 지금까지의 종교 차원의 운동을 정치적 민중운동으로 바꾸었으며, 소청이 아닌 항거 형식을 띠게 되었다. 이는 곧 종교운동을 좌절시킨 요인이 단지 종교적 이유가 아니라, 그 자체 대내외적인 사회

49 『천도교창건사』, II-46-47.

정치적 요인들이기에 그와 동등한 차원에서 맞서야 한다는 것을 알게 되었기 때문이다. 동학은 접주를 둔 포접의 조직망을 전국적으로 갖고 있었으므로 집회를 위한 전국적 결집력도 쉽게 얻을 수 있었다. 그리하여 1893년 3월 보은에 2만 여명이 집결하여 '척왜양(斥倭洋) 창의(倡義)'를 내세우며 20여 일간 항거했다. 그러나 다시 또 별 효과를 거두지 못하고 해산했다.

신원운동이 소기의 목적을 달성하지는 못한 채 오히려 동학도들에 대한 관의 박해만 가중시킬 뿐인 현실을 보며, 최시형은 '아직 때가 오지 않았다'고 판단하여 외적으로 신중한 자세를 취하며 내적으로 교단 조직을 다지기 위한 작업을 벌였다. 그러나 보은취회 이후 독자세력을 형성한 고부 지방의 동학접주 전봉준(全琫準, 1855-1895)은 1893년 11월 고부 농민들과 더불어 고부군수 조병갑에게 학정 시정을 요구하다가 오히려 곤혹을 치른 후, 기회를 엿보다가 1894년 1월 10일 고부 농민들과 함께 관아를 점령하고 무기고를 뒤져 무장하고 고부농민봉기를 일으켰다. 이러한 전봉준의 봉기 소식을 들은 최시형은 "이 또한 시운이니 금하기 어렵다"라고 하여 봉기의 정당함을 인정하면서도 "현묘한 기틀이 아직 드러나지 않았으니 마음을 급하게 먹지 말라 …… 운이 아직 열리지 않고 때가 아직 이르지 않았으니 망령되이 움직이지 말라"고 전했다.

최시형의 동의 없이 고부봉기에서 관군과 대치한 후 전봉준은 무장으로 가서 손화중을 설득해 전면적 봉기에 돌입했으며, 이로써 1894년 3월 20일 제1차 동학농민혁명이 시작되었다. 그들은 관아를 불태우고 무기고를 뒤져 소총 및 농기구로 무장해 전투를 벌였는데, 이 저항운동은 곧 삼남 일대로 번졌다. 이 때 전봉준이 제시한 행동강령은 그들의 목적과 자세를 잘 보여 준다.

① 사람을 죽이지 말고 재물을 손상하지 말 것

② 충효를 다하여 제세안민(濟世安民) 할 것

③ 왜이(倭夷)를 축멸하여 성도(聖道)를 밝힐 것

④ 병(兵)을 몰아 서울로 들어가 권귀(權貴)를 진멸할 것[50]

①과 ②는 비록 혁명을 일으켜도 생명과 질서를 존중하고 도덕을 중시하는 동학적 이념을 저버려서는 안 된다는 것을 말하며, ④의 권귀를 멸하고자 함은 평등의 실현을 위한 반봉건의 자세를, ③의 왜이를 축멸하고자 함은 민족 자주성의 확립을 위한 반제국의 입장을 말해 준다. 이렇게 해서 교조신원의 종교운동은 반봉건, 반제국의 혁명운동으로 바뀌어 갔다.

혁명과정에서 수많은 동학교도의 참살 소식을 들은 최시형은 1894년 4월 2일 각처의 동학접주들에게 통문을 보내어 집결해서 봉기에 참여할 것을 명했다.[51] 그 후 민비 시해사건, 갑오경장 그리고 청일전쟁 등의 소식을 들으면서 반일감정이 극도록 고조된 동학도들은 다시 각처에

---

50 한우근, 『동학농민봉기』, 172쪽 재인용.

51 그러면서도 최시형은 무력항거 자체에 대해 또는 그 시기나 적절성 등에 대해 적지 않은 고민을 했던 것으로 보인다. 물론 최시형이 원칙적으로 무력항거 자체에 대해 회의적이었는지, 혁명 발발의 시기에 대해 회의적이었는지에 대해서는 더 많은 연구 고찰이 필요할 것이다. 그러나 어떤 경우이든 전봉준을 중심으로 발발된 혁명에 대해 전적으로 반대하는 대립관점에 있었던 것은 아님이 분명하다. 이 점에서 최시형과 전봉준 또는 북접과 남접을 서로 대립되는 둘로 설정하는 것은 문제가 있다. 이런 고찰은 결국 동학사상과 동학혁명을 별개의 것으로 간주하는 오류를 낳게 된다. 이미 1차 봉기에서부터 남접과 북접, 전봉준과 최시형은 서로 연락되고 있었으며, 최시형은 그 때부터도 집결명을 내리고 있었던 것이다. 그 때 이미 최시형은 "호남의 교도들이 타살당하는 것을 좌시할 수 없으므로 교도들은 6일 청산 소사전으로 모이라"는 통문을 발하기도 했다. 金九(1876-1949)의 『백범일지』에 따르면 이 때 최시형은 "호랑이가 물자고 들어오면 가만히 앉아서 죽을까. 참나무 몽둥이라도 들고 나가서 싸우자"라고 했다고 한다(박맹수, 「동학농민전쟁기 해월 최시형의 활동」, 181쪽).

서 봉기함으로써 1894년 8월 제2차 혁명이 시작되었다. 이에 최시형은 북접의 각 포에 명하여 다음과 같은 글로써 남접과 더불어 혁명에 임할 것을 명했다.

> 인심이 곧 천심이라. 이는 곧 천운이 이른 것이니 여러분은 신자들을 동원하여 전봉준과 협력하며 선생의 원(冤)을 펴고 우리 도의 큰 뜻을 실현하라.[52]

이렇게 해서 동학혁명은 전국적으로 확대되어 치열한 전투를 벌였다. 그러나 당시 국내 개혁파와 보수파 간의 정치적 갈등 상황을 비집고 청군과 함께 조선에 군대를 배치한 일본은 오히려 동학혁명을 이 땅에서 민족주의적 동학을 말살시키는 기회로 삼았으며, 조선 관군과 더불어 끝까지 동학도를 수색 몰살했다. 이렇게 해서 최제우 사후 무수한 난관을 뚫고 그 세력을 확장해 온 동학은 다시금 혁명 과정에서 수많은 교도를 잃었으며 교주 최시형 또한 몇 년 후 체포되어 처형당했다.

동학혁명에서 북접 대표역할을 했던 손병희는 혁명에 패한 후 일본으로 건너가 사태를 파악하면서 일본에 의한 합병을 막고자 시도했으나 국내의 친일세력의 변절로 인해 실패했다. 그는 친일적 정치화의 음모로부터 동학을 지켜내기 위해 일단 정치활동과 종교활동을 분리시켜 동학을 순수 종교화하여 '천도교'로 개칭했다.[53] 그리고 포교 및 교육의 대

---

52 『천도교창건사』, II-7.

53 손병희는 동학혁명 후 숨어서 포교하다가 1901년 일본으로 가서 러일전쟁의 상황을 파악하면서 한국 내에 大同會를 조직했다가 다시 中立會로 개칭하며 조직력을 확대해 나갔다. 그 후 進步會로 개칭하며 독립의 기초를 닦는 데 주력했으나, 일본 측의 회유 포섭책에 넘어간 국내의 이용구가 一進會로써 진보회를 통합해 버렸다. 뒤늦게 이 사실을 안 손병희가 政敎

중적 운동에 치중했다. 그러면서 자신은 3 · 1운동을 주도했으나 그 역시 동학의 종교적 이념과 우리 민족의 소망을 전 세계에 알리는 역할만 했을 뿐 실제 정치사회적 변혁을 이끌어 내지는 못하고 말았다.[54]

이처럼 '천심이 곧 인심', '내 마음이 곧 네 마음'이라는 한울사상에 입각해서 만인의 평등성과 자주성을 존중하며 한울의 세계를 이 땅위에 실현시키고자 했던 최제우의 종교사상은 최시형에 이르러 그 한울의 실현을 막는 현실사회에서의 봉건주의와 제국주의에 대항하는 정치적 혁명으로 나아갔지만, 그 혁명은 결국 국내 봉건세력과 일본 제국주의 세력에 의해 좌절되고 말았다.

5. 맺는 말: 아직 끝나지 않은 혁명

인간은 누구나 그 마음에 한울을 간직하고 있으며, 따라서 그 마음에서 보면 우리가 모두 하나의 우리, 한울이고, 그 한울이 기화하여 형성하는 이 현상세계 역시 하나의 울, 한울이라는 동학의 천지인 일체의 한울사상은 동서 철학과 종교를 통틀어 그 심오함과 깊이에서 그에 견줄 만한 것이 없을 정도다.

또한 내면적 종교성에만 머무르지 않고 한울의 기화하는 힘이 이

분리를 시도하면서 '천도교'를 선포하고, 일진회 간부들을 퇴출시킴으로써 동학의 자주적 민족주의를 수호했다.

54 동학 내지 천도교의 교주는 3대 의암 손병희까지만 이어지고 그 이후에는 '공동 전수 심법'의 방식으로 평등화하여 특정 교주를 두지 않게 되었다. 그러나 이것은 이념적으로는 옳을지 모르지만, 이 현실에서 속세 인간들에게 파고들어 그들을 이끌기에는 너무 미약한 길인지도 모른다. 현실이 이상과 다르다면, 포교의 좀더 현실적인 적절한 방편이 마련되어야 할 것이며, 정신혁명의 완성을 위해서는 천도교의 새로운 조직화가 필요한 것인지도 모른다.

세상을 형성하는 기화의 조화력이라는 것에 입각해 현실세계 자체를 적극적으로 변화시키려는 노력까지 함께했다는 것도 동학의 의의를 더해주는 것이라고 본다. 종교로서의 동학사상이 혁명으로 이어질 수 있었던 것은 한울사상이 만인의 평등성과 민족의 자주성을 핵심으로 삼고 있었기 때문이다. 그러면서도 이 현실세계를 고정된 물질들의 세계로 보지 않고 신령이 실현되는 영적 세계로 간주함으로써 후천개벽의 시운과 조화에 입각해서 사회혁명을 완수하려 한 것이다.

그러나 갑오년의 동학혁명은 봉건세력과 제국주의 침략자 일본에 의해 실패하고 말았다. 왜 실패한 것인가? 최제우가 생각했던 후천개벽의 시운이 아직 오지 않았기 때문인가? 아직 오만 년 후천개벽기에서 보면 너무 이른 시기이기 때문인가? 자신을 신령으로 자각한 정신, 생혼들이 너무 적었기 때문인가? 그래서 우리의 과거와 외래의 세력들이 너무 강하게 우리를 얽어매고 있었기 때문인가?

그러나 동학혁명의 이상이 아직도 이 현실세계에서 우리가 실현해야 할 지상과제로서 유효한 한, 동학혁명은 아직도 끝나지 않은 혁명이다. 우리가 살고 있는 지금 이 세계는 존재의 근원을 물질로 간주하고 인간의 정신과 행동을 물리화학적 법칙에 따라 해명하는 유물론의 세계다. 서양의 유물론에 입각한 사회정치적 혁명은 이미 완료되었으며, 우리는 그 정신에 따라 물질세계 속에 살고 있다. 그러나 이 세계는 동학의 한울정신에서 보면 인간 내면의 신령이 감추어지고 사혼(死魂)이 지배하며 물이 심을 부리는 전도된 현실이며, 아직도 말세다. 동학은 우리 안에 감추어진 신령을 일깨우고 자각시켜 누구나 자신을 한울로 알고 또 우리 모두가 하나의 한울이라는 것을 깨달아 알아 이 지상세계를 모두가 평등한 한울의 세계로 만들어 나가자는 것이다.

동학혁명은 외적 폭력이나 정치적 투쟁을 통해서가 아니라 누구나 내적으로 자신을 한울로 자각하는 정신혁명 내지 의식혁명을 통해서만 완수될 수 있을 것이다. 자신을 한울로 자각하면서 그 기화의 힘에 따라 현실세계 속의 타인의 기와 마음에도 신비한 영적 영향을 미쳐 모두가 하나 되어야 혁명이 완수될 수 있을 것이다. 그러므로 동학혁명에서는 영적 자각력과 정신력 그리고 자각한 정신이 현상세계에 영향을 미치는 조화력이 원동력이 되는 것이다. 이러한 동학혁명은 아직도 본격화되지 않은 채 서서히 진행되고 있는 혁명, 그래서 아직도 끝나지 않은 혁명이다. 결국 한울의 우리 자신이 실현시켜야 할 혁명일 것이다.

5장

박종홍의 서양철학 수용

일제 강점 이후부터 그리고 해방 이후에도 여전히 우리는 공공 교육기관에서 주로 서양식 학문을 교육하고 교육받고 있다. 이는 국가의 경제적 부와 연관되는 자연과학이나 기술공학에서뿐 아니라 국가의 역사와 정신과 연관되는 인문학에서도 마찬가지다. 심지어 철학 분야에서도 마치 서양철학이 보편철학인 것처럼 받아들여지며 교육되고 있는 실정이다.

이제 해방 이후 한국의 많은 철학자들의 마음을 사로잡았던 서양의 실존철학이나 현상학이 한국에 도입되는 과정을 살펴보고자 한다. 그 과정의 대부분이 서양철학 연구자들이 생각하듯 우리가 단지 수동적으로 서양철학적 개념을 따라 그들의 철학적 사유방법과 사유체계를 배워온 것만이 아니라는 것, 즉 우리 자신의 철학적 사유방식과 통찰을 가지고 전통적인 철학적 개념의 틀에 따라 주체적으로 서양철학을 해석하려는 시도가 있었다는 것을 박종홍(朴鍾鴻, 1903-1976)을 통해 살펴볼 것이다.

우리가 이어갈 한국철학의 맥을 우리가 찾지 못하는 것은 그 맥이 없어서가 아니라 우리에게 그 맥을 바라볼 눈이 없고 그 맥을 읽어낼 정신이 없기 때문이라는 것, 무엇보다도 우리가 우리 정신의 맥, 철학의 맥을 찾아내고 이어가고 싶은 의지와 열정이 없기 때문이라는 것을 생각해 본다.

이하에서는 우리가 현대의 한국철학을 어떻게 읽어야 할 것인가라는 문제를 제기한 후(1절), 실존철학과 현상학의 수용 기반으로서 한국철학의 정신을 논하는 박종홍의 철학을 살펴본다(2절). 그리고나서 박종홍 이후 실존철학과 현상학을 수용하는 과정에서의 현대 한국철학자들을 크게 두 가지 관점으로 구분하여 조명해 본다(3절). 이어 아직도 논의되고 있는 현상학의 논쟁거리를 한국철학의 정신적 맥락을 따라 정리해 보며(4절) 글을 마치도록 한다(5절).

1. 현대 한국철학을 어떻게 읽을 것인가?

2000년을 전후해 지난 한 세기 동안 한국에서 수행된 학문의 역사를 반성하고 정리하는 많은 연구들이 이루어졌는데, 철학 분야 역시 예외는 아니다.

지난 한 세기는 해방을 기점으로 전반기에는 일제 식민통치 아래 또는 그에 저항하는 민족해방의 기치 아래, 후반기에는 한국의 근대화와 산업화 그리고 민주화의 구호 아래 서양의 과학기술과 정치경제체제 그리고 철학사상이 수용되었다. 일본의 강제에 의해서든 한국 스스로에 의해서든 서양식 정치경제체제와 과학기술, 교육체제와 철학사상 등이 한국에 수용 확산되는 과정은 그 이전까지 한국 역사 속에서 개인과 사회와 국가를 유지시켜 온 전통사회 체제와 사상을 무력화하고 대체하는 과정이기도 했다. 따라서 그 과정은 곧 전통과 현대, 동양과 서양, 한국과 외래가 서로 대립하고 갈등하면서 서로 배척하기도 하고 또 서로 제휴하기도 하는 그런 과정이었다.

이 시기의 한국에서의 철학을 우리는 과연 어떤 식으로 이해해야 하는 것일까? 서양철학 연구자들이 흔히 주장하듯 이 시기의 철학은 단적으로 '전통철학의 배제'이며, '서양철학의 수용사'이기만 한 것인가?[1] 낯선 서양철학적 개념들이 수용되고 번역·학습됨으로써 비로소 우리는 보편적인 철학적 문제제기와 논의를 할 줄 알게 되었고, 비로소 철학적 사고와 철학적 체계를 갖출 수 있게 된 것일까?[2] 현재 우리의 문화는 이미 서양적 언어와 서양적 사고를 따라 형성된 서양적 문화이기에, 그렇게 우리의 것이 되어버린 그 문화의 뿌리를 알기 위해, "오늘날 한국에서 주체적으로 철학하는 사람은 '서양' 철학을 할 수밖에 없다고 말하는 것이 더 합당"[3]하다고 할 것인가?

---

1 한국 현대학문의 철학분야 연구사에서 우리는 이러한 관점을 흔히 발견할 수 있다. 이진우는 『한국 인문학의 서양콤플렉스』(민음사, 1999, 172쪽)에서 "서양철학의 수용사와 다를 바 없는 한국 현대철학"이라고 말한다. 강영안은 『우리에게 철학은 무엇인가』(궁리, 2002)에서 "철학을 한다는 것은 곧 서양철학자들이 했던 방식으로 생각하고 글쓰는 일[이다]"(28쪽), "현재 한국철학은 서양철학 수용을 떠나서 생각할 수 없다"(175쪽)라고 말하며, 남경희도 「한국 현대철학의 문제의식과 서양철학의 수용」(『동아연구』, 제37집, 1999, 3쪽)에서 "20세기 한국 현대'철학'의 학문사[로서] 서구적 의미의 학문의 정착 과정에서 그 내용을 채우고 활동을 구성하는 것은 …… 서양의 철학이었다. 이런 성격으로 해서 한국 현대철학의 초기는 서양철학의 수용 과정이라 규정할 수 있다"라고 말하고 있다.

2 이런 관점에서 서양철학 연구자들은 다음과 같이 말한다. "동양인들은 서구인과는 언어가 다른 만큼 전혀 다른 사유틀을 지니고 있었을 수 있으며, 그들과는 문제제기의 방식이 다르고, 전혀 다른 시각에서 인간, 사회, 세계를 전망할 수 있다. 동양에서는 서양과는 달리 진리 개념이 그다지 중요하지 않을 수 있으며, 동양이나 한국의 철학을 논할 때 과연 서구적 의미의 존재론, 인식론, 의미론을 전개할 수 있는지 회의적이다"(남경희, 『동아연구』, 30쪽); "이 때의 철학은 한마디로 서양철학이었다. 문제의식과 문제제기 방식, 그것을 표현하는 언어와 사고, 글쓰기 방식이 모두 서양철학의 모범을 따라 규정되었다는 말이다"(강영안, 『우리에게 철학은 무엇인가』, 28쪽).

해방 이전부터 활동하기 시작하여 1970년대에 이르기까지 동서를 넘나드는 광범위한 철학 저술을 남긴 박종홍은 서양철학을 수용하되 민족의식을 갖고 주체적으로 철학함으로써 오늘날 우리로 하여금 현대 한국철학의 역사가 단순히 서구철학사의 수용에 그치는 것이 아니라고 말할 수 있는 기반을 제공한다.[4]

그것은 박종홍이 단지 철학적 문제들을 주체적 내지 능동적으로 사유했다거나 철학의 기반으로서의 '우리의 현실'을 강조했다는 것만을 말하는 것이 아니다.[5] 또는 그가 '우리는 한국 사람이므로 우리의 사상을 먼저 알아야 한다'라는 당위적 주장과 더불어 서양철학뿐 아니라 한국철학도 함께 연구했다는 것만을 말하는 것도 아니다. 오늘날 주요한 철학적 개념들이 모두 서양철학 용어의 번역이라고 주장하는 이가 많지만, 박종홍은 이에 대해 전혀 다르게 말한다.

> 현상학에서 쓰는 서양 술어를 번역함에 있어서 거의 모두가 불교에서 써온 학문 술어를 적용[한 것이었다].[6]

---

3 이것은 백종현이 「서양철학 수용과 한국의 철학」(『철학사상』, 제5집, 7쪽)에서 한 말이다. 『철학사상』은 서울대철학연구소에서 간행하는 잡지로 몇 년간에 걸쳐 한국철학 100년을 정리한 작업 결과가 실려 있는데, 그 중 독일철학 수용사는 백종현이 정리하고 있다.

4 이런 맥락에서 권용혁은 "그[박종홍]는 철학함의 역사를 서구 철학사의 수용사로 파악하기를 거부하면서, 식민지 시대에 주체적인 철학함의 새로운 시각을 제시하고 있다"고 말한다(「서구 철학의 수용과 '현실' 개념」, 『한국 현대철학 100년의 쟁점과 과제』, 362쪽).

5 단지 '우리의 현실'을 중시했다는 그런 소극적 의미만으로는 박종홍 철학이 가지는 주체적 사유의 깊이를 다 드러낼 수 없다고 본다. 박종홍을 언급하는 많은 사람들이 '우리의 현실'을 서양정신에 따라 근대화되고 서구화된 현실로 간주하면서, 그 현실의 문제들을 정확히 읽어내고 바르게 해결할 수 있기 위해서는 역시 서양철학적 개념이나 문제의식에 따라 사유해야 한다고 주장하며, 그것이 '주체적 사유'인 듯이 말하지만, 그것은 박종홍의 정신이 아니기 때문이다. 박종홍 철학의 주체성은 그가 우리의 현실을 사유대상으로 삼았다는 데에 있는 것이 아니라, 그 현실을 사유하는 사유개념과 사유방식과 사유체계에서 우리의 전통적인 사유체계와 단절이 아닌 연속을 이루면서 사유했다는 데에 있기 때문이다.

흔히 주장되듯 언어와 개념이 우리의 사유방식과 사상체계를 규정한다는 점을 감안한다면 위의 인용으로부터 다음과 같은 결론이 가능하다. 송대 성리학은 불교적 개념과 사유틀의 영향을 받았고 조선의 유학은 주희성리학의 한국적 수용과 전개이기에, 서양의 현상학을 불교적 개념으로 읽어내고 해독할 수 있다는 것은 곧 현상학 그리고 실존철학을 불교와 유학으로 이어지는 한국 전통사상의 기반 위에서 읽어낼 수 있다는 것이다.[7] 서양의 현상학적 또는 실존철학적 문제제기와 그 문제에 대한 사유방식은 우리의 전통사상을 형성하고 있는 불교 및 유학적 언어와 사상체계에 따라 그 연속성 위에서 이해되고 해석될 수 있다는 것이다.

이 글은 시기상으로는 해방 후부터 오늘날까지, 영역상으로는 서양철학 중 현상학과 실존철학에 국한해서 그 수용과 전개 과정을 살펴보는 것이다. 그런데 이 반세기 또는 이를 포함한 일세기 동안의 실존철학과 현상학의 수용과 전개 그리고 그 과정에서의 주요 논점들에 대해서는 이미 여러 학자들이 연구하고 정리해 놓았으므로,[8] 여기에서는 이미

---

6 박종홍, 『한국철학사』, 「지눌의 사상」(『박종홍전집』, 민음사, 1998년 증보판, 제4권, 190쪽).

7 하이데거, 사르트르, 메를로퐁티 등의 현대 실존철학은 후설 현상학의 영향 하에서 그 발전 및 비판으로 전개된 것이다. 따라서 현상학의 용어가 불교개념에 따라 번역되었다는 것은 곧 실존철학 역시 그러하다는 것을 말해 준다. 이 실존철학과 현상학은 한국에서 1980년대 마르크스주의가, 1990년대 포스트모더니즘이 한창 유행할 때에도 변함없이 대표적인 유럽의 현대사상으로 논의되고 연구되어 왔다.

8 이에 대해 지금까지 필자가 확인한 것만을 언급하자면 다음과 같다. 한전숙, 「한국에서의 현상학 연구」, 『현상학과 한국사상』, 철학과현실사, 1996; 김석수, 「맑시즘과 실존주의 수용에서 본 한국 현대」, 『동아연구』, 제37집, 1999; 이기상, 「한국의 해석학적 상황과 초월론적 자아: 현상학 · 실존철학의 수용과 한국철학의 정립」, 철학연구회 97년 춘계발표회; 백종현, 「독일철학의 유입과 수용 전개」, 『철학사상』, 제5집, 1995, 「독일철학의 유입과 그 평가」, 『철학사상』, 제6집, 1996, 「독일철학 수용과 한국의 철학」, 『철학사상』, 제7집, 1997; 강영안, 『우리에게 철학은 무엇인가』, 궁리, 2002; 김재현, 『한국 사회철학의 수용과 전개』, 동녘, 2002.

논의된 것들을 다시 반복할 필요는 없을 것이다. 문제는 그들이 실존철학 수용을 논하면서 어김없이 박종홍을 언급하고 그의 향내적(向內的) 현실읽기와 향외적(向外的) 현실읽기의 구분 및 종합을 논하지만, 아무도 그것을 불교나 유학의 한국 전통철학의 맥락 안에서 다루고 있지는 않다는 점이다.[9]

따라서 여기에서는 반세기에 걸친 실존철학과 현상학의 수용 및 전개를 논의하되 지금까지의 연구사 논의에서 제외된 부분을 기존의 연구사 서술방식과는 다른 방식으로 서술해 보기로 한다. 즉 우리의 전통철학적 개념과 사상체계, 불교나 유학적 문제제기와 사유방식에 입각해 서양 실존철학과 현상학의 수용 및 전개 과정을 살펴볼 것이다. 다행히 우리는 박종홍에서뿐 아니라 다른 몇몇 학자들의 비교철학적 글을 통해서도 그들이 어떤 동양철학적 개념과 사유틀을 가지고 실존철학과 현상학을 해석하고 있는지를 읽어낼 수가 있다. 놀라운 것은 그들의 비교철학적 작업에서 공통적인 문제의식, 유사한 문제제기의 틀이 발견된다는 것이다.[10]

---

9 박종홍에 대한 관심이 늘어나 많은 사람들이 그의 철학을 연구 · 분석하고 있지만, 그에게서 동양철학과 서양철학이 어떻게 연결되고 있는지, 서양으로부터 수용된 현상학이나 실존철학을 어떤 동양사상의 기반 위에 해석하고 있는지 등을 밝히는 작업은 아직 없다고 본다. 심지어 "박종홍의 철학방식도 서양철학과 다르지 않았다. 철학의 방법과 전형은 역시 그에게서도 서양철학이었다"(강영안, 『우리에게 철학은 무엇인가』, 33쪽)라는 말이 나올 정도다. 박종홍에 대한 본격적 연구서로는 1998년 열암기념사업회에서 출판한 『현실과 창조』와 김석수의 『현실 속의 철학 철학 속의 현실』(책세상, 2001)을 꼽을 수 있겠다.

10 이기상은 「한국의 해석학적 상황과 초월론적 자아: 현상학 · 실존철학의 수용과 한국철학의 정립」에서 현상학 · 실존철학과 동양철학을 비교철학적 관점에서 함께 논의한 고형곤, 전두하, 신오현의 연구 결과를 소개하고 있지만 그들의 책의 내용을 정리 요약하는 데 그쳤다는 점에서 이 글이 지향하는 방식과는 구분된다고 생각한다. 한전숙은 「한국에서의 현상학 연구」에서 현상학과 동양철학에 관한 더 많은 연구가들의 연구 성과물의 제목을 소개하고 있는데, 이 글에서 논의되지 못한 더 많은 비교철학적 연구성과는 그 제목 하에서 찾아볼 수 있을 것이다.

여기에서는 우선 실존철학과 현상학을 이해할 수 있는 해석학적 지평을 박종홍의 철학체계 내에서 찾아내어 그 기반 위에서 실존철학 및 현상학의 논쟁거리들을 논하기로 한다. 그렇게 함으로써 실존철학과 현상학의 해석이 크게 두 가지 관점으로 구분됨을 살펴보고, 이를 다시 여섯 명의 비교철학자들의 비교철학 작업의 검토를 통해서 확인해 볼 것이다. 그리하여 궁극적으로는 스스로 동양철학과의 연관성을 도외시한 채 오로지 순수 서양철학적 용어와 서양철학적 사유방식에 따라서만 철학할 수 있다고 생각하는 오늘날의 서양철학 연구자들의 현상학 논의조차도 실은 동양철학적 논의 지평 안에 포용되고 그 안에서 심화될 수 있다는 것을 밝혀보고자 한다.

2. 실존철학과 현상학 수용 기반으로서의 한국철학의 정신: 박종홍의 철학

한국에서 실존철학과 현상학이 어떤 사상적 기반 위에서 받아들여졌는지를 박종홍의 철학을 통해 살펴보기로 한다. 이는 박종홍이 한국에서 아주 이른 시기에 실존철학을 체계적으로 깊이 있게 소개하면서, 강의와 저술을 통해 한국철학계에 광범위한 영향을 미쳤다는 것 때문만이 아니라, 무엇보다도 그 스스로 실존철학의 문제를 한국철학 정신과의 연관 하에 사유하면서 그 둘 간의 공통점과 차이점 또한 분명히 제시하고 있기 때문이다.

우선 실존철학과 현상학은 그것이 '향내적(向內的)'이라는 점에서 불교와 일치한다.[11] 물론 박종홍에 따르면 향내적이라는 것은 철학의 한 우연적 특징이 아니라, 어떤 사유든지 그것이 철학이고자 하는 한 반드시 갖추어야만 하는 기본 요건이다.[12] 즉 그는 철학의 본질적 특징을 '주체의 자각'으로 본 것이다. 세상을 또는 자기 자신을 인식할 때 그 인식이 성립하기 위해서는 인식대상이 있어야 할 뿐 아니라, 그 대상을 객관화하여 바라보는 주체가 활동하고 있어야 한다. 바로 이 주체에 대한 자각이 철학이다.

> 이 [객관화하는] 작용으로서의 주체가 주체 자신을 주체적으로 파악하는 것이 다름 아닌 자각인 것이요, 이 자각을 통하는 주체적 파악을 가졌다는 점이 철학이 근본적으로 과학과 다른 특색이라고 하겠다.[13]

이처럼 의식대상을 향해 그 대상을 주목하는 것이 아니라, 평상시 대상화의 방식으로 작용하는 주체의 활동성 자체에 주목하는 것이 바로 향내적 현실파악이다. 그는 원효의 '귀일심문(歸一心門)'이나 지눌의 '반조(返照)', 나아가 현상학에서의 환원의 방법 등이 모두 그러한 향내성을 가진다는 점에서 상통한다고 본다.

---

11 박종홍의 철학의 중심개념이 되는 '향내적 현실파악'과 '향외적 현실파악'은 단순히 융(Carl G. Jung) 식의 심리학적 의미 또는 개인적인 관심방향의 의미만으로 해석되어서는 안 된다. 그 궁극적 의미는 향내의 '내'와 향외의 '외'가 무엇을 뜻하는지, 즉 그 두 현실파악 방식을 통해 박종홍이 이해한 현실이 과연 어떤 현실인지, 한마디로 박종홍의 존재론이 무엇인지가 드러남으로써만 그 풍부한 의미가 다 살아날 수 있는 것이다. 이하 이 절의 작업은 박종홍의 한국불교와 한국유학에 대한 이해를 분석함으로써 그의 존재론을 밝혀보는 것이다.

12 따라서 '향내성'을 갖추지 않은 채 대상세계로만 향한 탐구, 즉 오로지 '향외적인 현실 파악'은 그것이 자연적 대상으로 향한 것이든 사회적 대상으로 향한 것이든, 그 자체가 철학일 수는 없다. 그러므로 향외적 현실파악으로서의 과학철학이나 프래그머티즘 또는 마르크스주의 등은 그것이 실존철학적인 향내적 현실파악을 보완하고 완성하는 한에서만 엄밀한 의미에서 '철학적'이라고 말할 수 있는 것으로 간주된다.

13 박종홍, 『철학개론강의』, 『박종홍전집』, 제2권, 14쪽.

반조(返照)니 적조(寂照)니 하는 것, 정혜(定慧)라는 것까지도 현상학에 있어서 이른바 환원의 방법과 상통[한다.][14]

향내적 사유라는 점에서 "후설에 있어서 자연적 태도를 괄호치고 무력하게 한 후 다시 순수의식 속으로 환원한 것, 또는 하이데거에 있어서 대상적인 현존재나 유용성으로부터 본래성으로서의 귀환현시"[15] 등은 불교에서의 반조, 귀일심문과 상통한다고 보는 것이다.

그러면서도 박종홍은 그런 향내적 전환을 통해 무엇을 궁극적 현실로 발견하는가에 대해서는 불교와 실존철학 간에 다음과 같은 큰 차이가 있음을 주장한다.

근본적으로 가장 중요한 차이점이라고 지적하지 아니할 수 없는 것은 지눌에 있어서 보광명지의 밝음은 나 아닌 타자로부터 얻어진 광명이 아니다. 나 자신이 불(佛)이기에 불지(佛知)가 곧 나의 지요, 비춘다 해도 내가 나를 비추는 것이므로 밖을 향하여 나갔던 빛을 나 자신에게로 되돌리는 회광반조인 것이다. 동굴 밖에 태양이 따로 있어서 나에게 빛을 던지는 것도 아니요 빛은 본래가 나와 하나다. 지눌은 이체(二體)설을 철저히 배격한다.[16]

그는 한국철학의 근본 정신을 "광원은 다름 아닌 나 자신"[17]이라는 자각, 즉 현상 존재와 인식의 궁극적 근원이 바로 인간 자신이라는 자각

14 박종홍, 『한국사상사』, 『박종홍전집』, 제4권, 「불교사상편」 중 지눌의 사상, 190쪽.
15 박종홍, 『한국사상사』, 190쪽.
16 박종홍, 『한국사상사』, 191쪽.
17 박종홍, 『한국사상사』, 191쪽.

으로 간주한다. 그것이 한국불교와 한국유교의 특징이기도 하며, 바로 그 정신이 동학의 '인내천(人乃天)'으로 절정화되었다고 보는 것이다. 이에 반해 서양정신은 광원을 인간 너머의 신(神)이나 선(善)의 이데아 또는 존재 자체로 간주한다. 빛이 나 너머에서 나를 향해 다가오는 것으로 여기는 것이다. 철학이기에 향내적으로 인간 자신의 내면으로 향하는 것은 동서가 마찬가지이지만, 그 내면에서 다시 인간을 넘어서는 타자를 발견함으로써 인간 유한성의 확인으로 끝나는 실존철학과 그 내면에서 중생이 곧 부처이고 인심(人心)이 곧 도심(道心)이며 사람이 곧 하느님임을 깨닫는 한국정신 간에는 큰 차이가 있다고 보는 것이다. 박종홍은 이 차이가 결국 서양 기독교와 동양 내지 한국철학 정신의 차이가 된다고 본다.

> 순전히 사상적으로만 본다면 유불도 삼교를 융합 귀일시킨 동학사상과 신래의 천주교의 사상이 그 근본에 있어서 다르다고 할 점은 과연 무엇인가? 간단하게 다루기 힘든 문제이나 '사람 섬기기를 하느님과 같이 하라[事人如天]' 하며 '사람이 곧 하느님이다[人乃天]' 하는 동학사상과 인류의 원죄를 신앙의 밑받침으로 삼는 서학과는 서로 쉽사리 용납되기 힘든 점이 있었으리라. ……사람의 본성을 그대로 착하다고 보려는 유학의 가르침이라든가 더구나 일체 중생이 시방제불과 더불어 동일한 법성을 가졌고 모든 미혹은 실제로 있는 것이 아니라 몽환에 불과하여 누구나 깨치면 그대로 곧 불이라는 불교사상이라든가, 그런 것에 입각하여 귀천부귀를 막론하고 사람이 곧 하느님이라고까지 철저하고 대담하게 단적으로 외친 천도교의 사상이, 저 독생자의 속죄로써 비로소 구원을 얻게 되었다는 서학의 원죄사상과 대번에 융화되기는 곤란했을 것이다.[18]

이처럼 박종홍은 한국사상의 특징을 '인간의 평등한 존엄성'의 사상, 주체성의 사상으로 간주하며, 그 전형을 동학의 '인내천'으로 본다. 그리고 불교의 불성, 견성, 회광반조, 유교의 극기복례, 성기성물(成己成物), 이황의 리발(理發) 등을 다 그와 같은 맥락으로 이해한다. 현상의 궁극적 근원을 신이나 존재 자체나 물질 등 인간 너머의 타자로 설정하는 것이 아니라 그것이 바로 인간 자신의 내면의 빛이라는 것을 강조하는 것이다.

그렇다면 과연 인간 안의 무엇이 성인이나 부처의 성품, 존재를 밝히는 광원, 빛으로 파악된 것일까? 인간 내면의 빛은 곧 마음의 빛이다. 이 빛을 밝히기 위해 마음은 흔히 거울에 비유된다. 거울의 비유가 나오는 지눌의 『법집별행록절요병입사기』를 박종홍은 다음과 같이 요약한다.

> 진심본체에는 이종의 용이 있어서 첫째는 자성본용이요, 둘째는 수연응용이다. 동경에 있어서 동의 질은 이 자성체요 동의 명은 이 자성용이며, 명이 나타내는 바 그림자는 이 수연용이라 그림자는 곧 연을 대하면 바야흐로 나타나 그 나타남이 천 가지로 다름이 있으나 명은 언제나 명이라, 명은 오직 일미니 심상적은 이 자성체요 심상지는 이 자성용임을 비유한 것이다. 이에 능어언, 능분별 등은 이 수연용임을 알 것이다.[19]

이렇게 구분된 명경의 체와 용, 자성본용과 수연응용은 다음과 같이 정리될 수 있다.

---

18 박종홍, 『한국철학사상논고』, 『박종홍전집』, 제5권, 「반발 · 섭취와 민족적 자각: 이조에 있어서의 서양사상의 도입에 따른」, 542쪽.

19 박종홍, 『한국사상사』, 『박종홍전집』, 제4권, 「불교사상편」 중 지눌의 사상, 175쪽.

명경의 체 = 자성체: 심상적(心常寂)

용 ┌ 자성본용(自性本用): 거울의 명(明): 심상지(心常知) = 공적지(空寂知)
　 └ 수연응용(隨緣應用): 거울의 상(相): 언어 · 분별지

마음이 보는 일체의 것은 마음이라는 거울에 비친 상에 해당한다. 상은 여러 가지로 나타날 수 있지만, 거울 자체는 언제나 동일한 하나로 거기에 있다. 거울이 상을 포용하듯, 마음은 마치 빈 공간처럼 만물을 포용한다. 그러면서도 마음이 단순한 빈 공간으로서의 허공과 구분되는 것은 마음의 아는 작용 때문이며, 이것이 거울의 비침 또는 명(明)에 비유된 것이다. 그리고 거울에는 여러 가지 것들이 비쳐져 상이 나타난다. 거울의 상은 곧 마음이 대상을 아는 작용을 뜻한다.

그런데 여기서 중요한 것은 거울의 아는 작용은 연(緣), 즉 대상에 따라 거기 응해서 일어나는 수연응용 이외에 대상에 응함이 없이 그 자신의 본성에 따라 일어나는 본래적 용인 자성본용이 있다는 것이다. 거울은 거울 앞의 상인 대상만을 아는 것이 아니다. 거울 자체의 빛은 거울 자신에 대한 앎을 의미한다. 마음은 대상을 아는 것과는 전혀 다른 방식으로 이미 마음 자신에 대한 앎을 가지고 있다. 만물을 포용하며 비어 있는 고요한 허공과 같은 마음이 마음으로 불릴 수 있는 것은 바로 그 공적에 어둡지 않은 밝음, 자신에 대한 신묘한 앎이 있기 때문이다. 이를 '성자신해(性自神解)', '공적영지(空寂靈知)', '대지혜광명' 또는 모든 중생에게 이미 갖추어진 앎이란 의미에서 '본각(本覺)'이라고도 한다.[20]

---

20 박종홍, 『한국사상사』, 『박종홍전집』, 제4권, 「불교사상편」 중 원효의 철학사상, 112쪽 이하 참조. 거울에 상이 비치는 경우와 마찬가지로 무색의 맑은 구슬이 빛에 따라 다양한 색으로 드러나는 경우를 생각할 수 있다. 이 경우 구슬 자체의 투명한 빛과 다양한 색으로 드러난

이 공적영지, 대지혜광명을 자신의 빛으로 자각하지 못함이 무명(無明)이며, 이것이 곧 우리 중생의 불각(不覺)이다. 반면 스스로 자신의 마음을 깨쳐서 그 자신의 본각을 바로 그런 것으로 깨닫게 되는 것을 시각(始覺)이라고 한다. 시각은 자신 안의 본각을 바로 그런 것으로 자각하는 것이지, 새로운 빛을 만들어 내는 것이 아니다.[21] 이처럼 본래적 빛을 자기 자신의 빛으로 자각하고자 하는 활동을 회광반조(廻光返照) 또는 간단히 반조(返照)라고 말한다.[22] 회광반조하여 자신 안의 광원, 자신 안의 본각을 자각함이 곧 본성의 깨달음인 견성(見性)에 해당한다.[23]

구슬의 빛에 대해 다음 세 가지 관점이 구분 가능하다.

(1) 북점종: 구슬은 본래 공적의 무색일 뿐이므로, 일체의 빛은 허구일 뿐이라고 간주.

(2) 홍주종: 빨강, 파랑의 다양한 빛으로 구슬이 드러나므로 그 모든 빛을 다 구슬의 빛으로 간주.

(3) 하택종: 구슬 자체의 빛과 빨강, 파랑 등의 빛을 구분.

(1)에서는 공적의 체만 인정되고 일체의 용이 허구로서 부정되고 있다. (2)에서는 용이 인정되되, 수연응용만 인정되고 자성본용이 간과되고 있다. 둘 다 수연응용과 구분되는 것으로서의 자성본용을 알지 못하는 것이다. (3)만이 자성본용을 수연응용과 구분되는 차원의 것으로 인정하고 있다. 즉 마음이 자기 자신을 자각하는 見性이 가지는 知의 성격은 마음이 대상을 인식하는 識과는 질적으로 다른 것임을 강조하는 것이다. 여기에서 지눌은 신회, 종밀의 계통을 잇는다.

21 본각, 불각, 시각 등은 『대승기신론』에 등장하는 개념으로, 박종홍은 원효의 『대승기신론소』에 따라 제4권, 111쪽 이하에서 상세히 설명하고 있다.

22 반조, 회광반조 등은 지눌 철학의 핵심 개념이다. 박종홍은 『한국사상사』, 「불교사상편」, 지눌의 사상(『박종홍전집』, 제4권, 158쪽 이하)에서 상세히 설명하고 있다.

23 이하 계속 논의되는 바 광원의 빛 · 성자신해 · 공적영지 등은 중생 누구나의 심성 안에 이미 갖추어진 마음의 자기자각 능력으로서의 佛性 · 本覺을 의미하며, 반조 · 회광반조 등은 그 불성 또는 본각을 스스로 자각하고 확인하는 철학적 깨달음으로서의 見性 · 始覺을 의미한다. 전자가 인간 마음인 아뢰야식의 근본적 활동성, 자기자각적인 활동성으로서의 아뢰야식의 자증분에 해당한다면, 후자는 그 자증분의 활동을 다시 확인하여 자각하는 아뢰야식의 증자증분에 해당한다고 볼 수 있다. 이처럼 본성 내지 본각과 견성 내지 시각은 서로 구분되어 이해되어야 한다. 본각의 차원에서는 누구나 부처이지만, 시각의 차원에서 보면 부처와 중생은 하늘과 땅 차이이다. 그러므로 중생은 본각불이되 아직 시각불은 아닌 것이다. 평상심이 곧 도라고 간주하며 밥먹고 일하는 일상 행위 자체를 깨달음의 발현이라고 보는

박종홍은 바로 이와 같은 본각과 시각 내지 반조의 차원에서 후설(Edmund Husserl, 1859-1938) 현상학과 하이데거(Martin Heidegger, 1889-1976) 실존철학을 읽어낸다. 본각을 자각하고자 하는 지관의 수행, 회광반조 등을 현상학의 '환원의 방법', '자연적 태도를 괄호'치며 '순수의식 속으로 환원하는 것', 하이데거의 '본래성으로서의 귀환현시' 등과 비교하는 것이다. 그러면서도 박종홍은 '광원이 다름 아닌 나 자신'이라는 자각, '바로 네가 부처니라'의 깨달음은 서양정신, 특히 실존철학에는 결여되어 있는 것으로 본다. 그것이 바로 앞서 인용한대로 원죄 및 인간 유한성의 자각에서 출발하는 서양 형이상학과 불교와의 본질적 차이를 이루는 것이다. 그럼 이 차이는 어디에서 드러나는가?

후설의 선험적 환원은 객관세계를 그 자체 실재로 상정하는 '일반정립'의 부정, 즉 자연적 태도에서의 소박한 실재론의 부정을 의미한다. 다시 말해 객관세계 사물을 거울(의식)에 비친 상으로 간주하는 것이다. 우리가 인식하는 대상은 우리 의식에 대해 내상으로 존재하는 것, 대상으로 현현하는 것이다. 거울은 상을 가지며, 상은 거울을 떠난 존재가 아니다.[24] 의식과 의식대상, 주관과 객관은 불가분리의 본질적 연관 속

마조 도일 이후의 임제선 또는 默照의 수행 행위 자체를 깨달음의 발현으로 보는 묵조선 등은 본각불의 관점에 선 본각문이라면, 본각에도 불구하고 그것을 가리고 있는 미혹으로 인해 중생심이 不覺 상태에 있음에 주목하여 마음공부(화두선)를 통해 비로소 미혹이 제거된 깨달음(시각)에 이를 수 있다고 보는 화두선은 시각불의 관점에 선 시각문이 된다. 전자에서는 수행 자체가 깨달음의 표현이고 발현인데 반해, 후자에서는 수행은 깨달음에 이르기 위한 수단이고 방편일 뿐이다.

24 거울의 상과 구분되는 거울 앞의 사물 자체가 있지 않은가? 이런 생각에서 사물 자체의 존재를 그대로 인정한 후에 의식을 거울로 비유한다면, 그것은 소박한 실재론에 기반한 '모사론'에 지나지 않는다. 그러나 의식 또는 마음을 거울로 비유하는 진정한 의미는 우리가 인식하는 대상세계 자체를 거울의 상으로 간주하는 것이다. 의식과 의식대상 간의 지향성을 말할 때, 그 대상은 우리가 지각하는 사물 자체를 의미하지 그 사물의 심리적 상을 뜻하는 것이 아니기 때문이다. 우리가 일상적으로 사물 자체로 간주하는 것이 그 비유에 있어 거울

에 있다. 이것을 '의식의 지향성'이라고 한다. 의식은 대상이 있는 한에서만 의식이며, 의식으로 작용한다. 의식이 의식 자신을 의식할 때도 그 자신을 대상화해서 주객의 지향적 관계에 들어섬으로써만 의식으로 작용할 수 있는 것이다. 대상이 없는 의식, 무엇을 의식하는가에 있어 그 무엇이 없는 의식, 그것은 의식이 아니다.

지향적 의식의 활동방식은 개체적 사물을 시공간 내 사물로 고정화해서 고찰하는 객관화방식일 수도 있고, 그런 개체에 주의집중하기 이전 전체적 지평을 총체적으로 의식하는 지평적 의식방식일 수도 있다. 전자의 지향적 의식에서의 의식대상은 객관적 자연세계이며, 후자의 지향적 의식에서의 의식대상은 일상적인 생활세계가 된다. 후설 현상학 전기 사상은 주로 전자의 의식활동의 분석에 치중했다면, 후기 현상학에서는 생활세계가 분석대상이 된다.

여기서 의식의 지향성을 주-객의 본질적 상호연관성으로만 해석하면 대상을 가지지 않은 의식활동은 부정될 수밖에 없다. 결국 마음의 수연응용만 인정되고, 대상 없이 마음 자체를 자각하는 자성본용은 부정되는 것이다. 그러나 지향성이라는 것을 의식과 의식대상의 본질적 연관관계의 의미만으로 읽지 않고, 의식에 의해 의식대상이 구성되는 능동적인 의식활동의 의미로 읽을 경우, 의식의 지향적 구조를 통해 후설 현상학이 밝히고자 하는 핵심은 마음의 수연응용을 넘어 자성본용을 본질로 하는 초월적 주관성의 해명이 된다. 물론 그럴 수 있으려면 의식의 대상구성적 활동이 단지 의식의 형식구조에 따른 무의식적 활동으로 간

의 상으로 간주되는 것이다. 따라서 거울의 상 너머에 다시 사물 자체를 설정한다면, 세계의 이중화가 될 뿐이다. '존재정립'의 괄호치기를 사물 존재를 괄호 바깥에다 계속 인정하고 단지 그 의미만을 문제삼는 것이라고 읽으면, 즉 환원이 존재론적 논의가 아니고 단지 인식론적 논의일 뿐이라고 읽으면, 핵심을 놓친 것이 된다.

주되어서는 안 되고, 인간 스스로 그 마음의 활동을 자각할 수 있는 허령불매의 영지(靈知)로 이해되어야 하는 것이다. 그리고 이는 곧 의식의 지향적 구성의 가장 근본층을 이루는 지향적 시간구성에 있어 구성의 주체로서의 주관성의 활동을 지평초월적인 생생한 현재적 활동성으로 인정하는 것이 된다.

이처럼 의식 지향성의 의미를 어떻게 이해하는가의 문제는 의식활동에서 수연응용 이외에 자성본용을 인정하는가 아닌가의 문제가 되며, 이는 곧 지향된 대상세계 및 생활세계에 대해 구성주체로서의 자아의 초월성을 인정하는가 아닌가의 문제가 된다. 이렇게 해서 현상학을 대상세계 및 생활세계 지평을 구성하는 '초월적 주관성의 학' 내지 '초월적 관념론'의 체계로 볼 것인가, 아니면 주관 자체도 생활세계 내에서 형성되는 산물로 간주하는 '생활세계의 학'으로 볼 것인가의 두 가지 관점이 성립하게 된다. 전자가 후설 자신의 현상학적 관점이라면, 후자는 현상학을 단지 방법론적으로만 수용하면서 오히려 주관과 객관, 주체와 세계의 공속성을 강조하는 실존주의적 관점, 나아가 주체의 해체 또는 죽음을 주장하는 포스트구조주의적 관점이라고 볼 수 있다.

실존주의자들처럼 의식의 지향성을 단지 주관과 객관의 본질적 상호연관성, 자아와 세계와의 공속성 내지 동근원성으로만 이해한다면, 결국은 그 둘을 포함하며 그 둘을 발현시키는 하나의 절대적 근원이 자아 너머의 절대적 타자로서 설정되게 된다. 따라서 '실존'이란 인간 내면에서 그와 같은 절대 타자와 직면하여 인간 자신의 유한성과 피규정성을 확인하는 과정이 될 뿐이다. 이러한 실존철학의 정신을 조가경의 『실존철학』에서 그대로 확인해 볼 수 있다.

> 실존은 근원적으로 초월하는 행위인 것이다. 그것은 세계적인, 즉 자

연적 · 직접적인 현존재의 상태를 항상 벗어나며 자기 자신에 대하여 자각적으로 반성하는 태도를 취하는 모습으로 나타난다. 그러나 자신과의 관계에만 끝내 머물고 만다면 실존은 '넘어서는' 행위라고 말하기 어려울 것이다. 실존 자체를 넘어서, 나 자신인 실존을 초월해 있는 절대자와 궁극적으로 부딪히게 되는 초월의 행위에서부터 비로소 실존은 그의 필요충분조건을 부여받는다. 실존과 이에 대한 타자인 초월은 마치 동일한 공간 속에 우연히 병존하는 두 개의 실체처럼 서로 무관한 위치에 있는 것이 아니다. 실존 역시 자기를 넘어서는 하나의 관계개념이다. 따라서 실존에는 항상 타자와 상관관계가 따른다. 그 타자는 키에르케고르(Sören A. Kierkegaard, 1813-1855)에게는 신이었고, 야스퍼스(Karl Jaspers, 1883-1969)에게는 일반적으로 '초월'이라고 불리는 것이었으며, 하이데거에게도 모든 존재자와는 구별되는 '단적인 초월'로서의 '존재' 자체였다.[25]

이처럼 조가경에게 실존의 진정한 의미는 나를 넘어선, 나 아닌 타자와의 부딪침에 있다. 실존은 ① 일상적 자아를 넘어서는 초월이면서, ② 다시 실존을 초월한 타자와의 부딪침이라는 것이다. 그리고 그 타자는 신, 타인, 존재 자체 등이 된다. 조가경은 이런 타자와의 부딪침을 초월의 본질적 의미라고 보지만, 그러나 이는 조가경 자신이 서양 실존철학적 관점에서 사유하기 때문이다.[26] 그리고 여기에는 박종홍이 강조하

25 조가경, 『실존철학』, 박영사, 1995년 개정판, 89-90쪽. 한국의 실존철학 연구자들에게 많은 영향을 미쳤다고 평가되는 이 책은 1961년에 초판이 나왔다.

26 실존의 의미를 조가경처럼 이런 식으로 규정하면 한국사상에 그런 의미의 실존사상이 없는 것은 오히려 당연한 것이 된다. 자성본용의 공적지를 논하며 인내천을 주장하는 한국정신에서 인간 너머의 절대적 객관 존재, 절대 타자는 존재하지 않기 때문이다. 그는 그의 『실존철학』에서 "학문의 성격이 추론적이라는 사실을 깨닫는다면 우리는 아직도 많은 보행연습이 필요하다. …… 자기 자신을 올바로 인식하려면 일단 자기 자신을 벗어나야 한다"고 말

는 바와 같은 인간 자신이 광원이라는 자각, 허령불매의 공적지 내지 본각(本覺)에 대한 의식, 회광반조의 흔적은 찾아보기 힘들다.[27]

그러나 향내적 회광반조에 투철한 한국인의 정신에서는 항상 그 광원이 빛나고 있었기에, 문제가 되는 제일의 화두는 언제나 인간 자신의 마음이었다. 수연응용을 넘어서는 마음의 자성본용, 허령불매의 공적지를 인정하느냐 아니냐의 문제는 조선시대에 와서 유교적 개념으로 바뀌어 다시 본격적으로 논의된다.[28] 마음의 수연응용은 마음이 대상에 감(感)하고 응(應)해서 발(發)하는 것을 의미한다. 대상에 감하고 응하는

함으로써 우리에게 필요한 보행연습은 곧 우리의 바깥, 동양철학 바깥으로 나아가는 것이라고 주장한다. 반면 서양철학은 "정신이나 의식의 자기반성으로서의 추론과정과 그 활동의 전체성을 기반으로 하지 않는 한 진리의 타당한 표준을 세울 수 없다고 생각"하여 그들 스스로 대상인식을 위해 자기 밖으로 나아가는 보행을 감행하고 다시 자신으로 되돌아와 자신을 "풍부하고 완전하게" 규정해 왔다고 보는 것이다. 그에 반해 동양의 도가는 "분석보다는 종합으로, 사유보다는 직관으로 흘렀던 동양의 옛사상"으로서 "무의 원리"에 따라 "자아를 무규정성 내지 불가규정성의 차원 속에 침잠"시킬 뿐이었으며, 따라서 "그러한 입장에 머물러 있는 한 우리는 우리 자신의 근원에 대해 참된 인식을 가질 수 없다"고 주장한다. 결국 "현대 구라파의 지배적인 사조들을 검토하는 것은 …… 우리 자신을 발견하는 데에 필요한 타산지석으로 생각된다"고 결론내리는 것이다. 어쩌면 조가경은 자신이 걱정한 대로 이미 오래 쓴 "색안경" 때문에 "본래의 자기자신의 모습을 발견하기가 아예 불가능"했는지도 모른다. 이상의 인용은 모두 『실존철학』, 16-17쪽에 실려 있다.

27 이 점에서 보면 조가경을 박종홍 철학정신의 계승이라고 평가하는 것은 근본을 놓친 평가다. 그의 박사학위 논문이 하이데거와 노자를 비교한 것에서도 볼 수 있듯이 그가 동양철학 중에서도 주체성과 자각능력을 강조하는 불교나 유가사상이 아니라, 자연주의적 사고가 지배적인 도가사상 연구로부터 출발하여 거기에 머물러 있었다는 것이 박종홍 식의 주체성의 자각으로부터 멀어지게 된 원인인지도 모른다.

28 중국 송대 유교는 외래 종교인 불교 형이상학의 자극을 받아 원시유교를 형이상학화한 체계인데, 유학자들은 불교에 대해 유교와의 공통점보다는 차이점을 강조해 신랄하게 비판한다. 그들이 가장 큰 차이로 강조하며 비판하는 것은 불교가 空寂에 빠진 허무의 가르침이라는 것이다. 그와 더불어 인간 심이 가지는 공적의 자각으로서의 공적지 또는 그 공적지에 이르려는 지관이나 無心의 수행 등을 비현실적인 공부방식이라고 비판한다. 심원으로의 보다 철저한 복귀는 양명학에서 비로소 이루어지지만, 처음부터 일심의 허령지를 인간 본질로 자각하여 알던 한국인은 유교를 받아들이면서 다시 그 문제를 신중히 토론했는데, 그것이 곧 사단칠정론으로 전개되는 리발기발 논의다.

것은 마음의 기(氣)다. 따라서 수연응용의 작용은 곧 기발(氣發)이다. 만일 대상세계와 감응하지 않은 상태에서의 마음작용이 있다면 그것은 기발이 아니고, 마음의 자성 자체의 자각적 활동일 것이며, 이는 곧 마음의 성(性)인 리(理)의 활동이란 점에서 리발(理發) 내지 리조차도 발하지 않은 미발(未發)이 된다.

따라서 문제는 특정 상황에서 마음이 대상에 감응하여 발하는 기발 이외에 마음 자체의 자기자각, 리의 활동성, 리발이 과연 있는가 또는 미발지각이 있는가의 문제가 된다. 구체적 대상이 의식내용으로 떠오르지 않은 무념(無念) 상태, 특정한 일이 발생하지 않은 무사(無事) 시에도 마음은 자기 자신을 회광반조하여 자각할 수 있는가? 리발을 인정하는 것이 퇴계 이황이고, 리발을 부정하는 것이 율곡 이이다. 박종홍은 다음과 같이 말한다.

> 주기론적 경향과는 달리 리(理)도 발하는 것이라고 하여, 리의 자발적인 능동성을 분명히 주장한 이는 이퇴계다. …… 마음공부로부터 성리학에 들어간 것이요, 그것이 경(敬)사상을 중심으로 전개된 것이다. …… 따라서 능동적인 리발을 주장한 것[이다].[29]

이황은 리발을 긍정하므로 리발 결과의 정(情)인 사단(四端)과 기발 결과의 정인 칠정(七情)을 본질적으로 서로 다른 정으로 구분한다. 반면 이이는 리발을 부정하고 기발만을 인정함으로써 사단과 칠정을 본질적으로 같은 유(類)의 것으로 간주한다. 어떤 근거에서 이이가 리발을 부

29 박종홍, 『한국사상사』, 『박종홍전집』, 제4권, 「유학사상편」 중 「한국유학의 역사적 추이와 그 영향」, 225쪽.

정하는가를 박종홍은 다음과 같이 정리한다.

> [율곡은] 사단도 기발이리승지(氣發而理乘之) 이외의 것이 아니라는 것이니, 가령 맹자가 인용한 예로서 어린애가 우물에 빠짐을 보고 측은한 마음을 내는 것은 사단 중의 하나인 인지단이라 한다면 이미 외물에 감하여 움직이는 것, 즉 기발이다. 감함이 없이 흉중으로부터 자발하는 정이 천하에 있을 수 있단 말인가. 성인의 마음이라도 감함이 없이는 자발할 수 없을 것이다. 따라서 리 자신이 홀로 속으로부터 발하는 것이 아니라, 발하는 것은 외물에 감하는 기일 뿐, 거기에 리가 타는 것이라고 한다. 리지발이니 리발이기수지니 하는 것은 성립할 수 없다. 발하는 것은 기요, 발하는 까닭은 리다. 사람의 마음만이 그런 것이 아니라 천지의 조화가 또한 그러한 것이라고 했다.[30]

이 두 가지 설에 대해 박종홍은 리의 능동성을 인정하는 이황의 리발설을 타당한 것으로 인정한다.

> 이퇴계뿐만 아니라 대체로 유학사상이 인간관계, 나아가 내면적인 마음공부로부터 출발한 것이 사실이라면, 리(理)의 능동성을 주장함이 타당하다고 인정된다.[31]

리의 능동성을 인정해야 그 마음의 활동성인 허령지 또는 본각을 인간 자신의 광원으로 자각하는 것이 가능해지기 때문이다. 진정한 철

30 박종홍, 『철학개설』, 『박종홍전집』, 제2권, 344쪽.

31 박종홍, 『한국사상사』, 『박종홍전집』, 제4권, 「유학사상편」 중 「한국유학의 역사적 추이와 그 영향」, 225쪽.

학 또는 진정한 마음공부는 마음 안에서 바로 그 광원을 자기 자신으로 발견하는 것, 인간 심에 내재된 하늘, '한울, 한울님, 하느님'을 자신으로 발견하는 것이기 때문이다. 박종홍은 바로 이것을 한국정신으로 규정한다.

> 한국의 유학으로써 볼 때 …… 인간을 중심으로 마음공부에 의해 천인합일의 경지를 생각하려는 경향이 강했고, 따라서 천을 밖에서 찾는다기보다는 내면적인 계신(戒愼)에서, 그리고 경(敬)에 있어서 찾으려고 한 것이 대체로 본 주류였다고 할 수 있다.[32]

그리고 바로 이 정신이 천도교로 이어졌다고 보는 것이다.

> 하늘을 밖에서 찾는 것이 아니라, 사람 자신에게서 찾으려는 것이 동학의 근본 사상이다. 하늘의 마음이 곧 사람의 마음인 것이요, 따라서 타력에 의지하려 함이 아니라, 어디까지라도 자력으로 수행하며 깨치려는 사상이다.[33]

이처럼 반조하여 인간 자신의 마음이 곧 하느님의 마음임을 깨닫는다면, 즉 인간 자신 안에서 광원을 발견한다면, 그로써 향내적 사유는 궁극에 이른 것이다. 궁극에 이른 것은 다시 되돌아가게 된다. 근원에 이르지 않고 어떻게 되돌아올 수 있으며, 심연에 맞닿지 않고 어떻게 회향할 수 있겠는가. 향내가 충실히 완성됨으로써 비로소 다시 향외로 전

---

32 박종홍, 『한국사상사』, 226쪽.

33 박종홍, 『철학개설』, 『박종홍전집』, 제2권, 353쪽.

환할 수 있는 것이다.

이로써 박종홍은 "향내적인 자각을 통하여 무에 부딪쳐 다시 향외적으로 돌아오는 창조의 길"[34]을 강조한다. 철학의 출발점은 향내적 사유이되 철학의 완성은 향외적 실천이 되는 것이다. 이와 같이 추구되는 바는 결국 향내와 향외의 종합이다. 향내는 일상적인 대상적 사유의 부정으로서 내적 근원으로 향함이라면, 향외는 도달된 그 근원으로부터 다시 현상으로 되돌아옴이기에 '부정의 부정'이 된다.[35] 향내적 부정이 일상의 색을 부정하는 '색즉시공(色卽是空)'이라면, 향외로서의 부정의 부정은 다시 일상의 색을 긍정하는 '공즉시색(空卽是色)'이 된다. 이로써 색은 공의 실현, 근원의 현현, 광원의 빛 속에 피어나는 현상, '진공묘유(眞空妙有)'가 된다.

결국 진정한 의미의 향외는 향내가 완성됨으로써만 가능한 것이다. 실존철학은 불교에 비해 그 향내성에서 투철하지 못하다. 따라서 향외적 실천력이 결할 수밖에 없는 것이다. 현상의 근원이 인간 자신이 아니고 타자라면, 현상을 완성시키는 힘은 인간 밖의 타자로부터, 신이나 자연 또는 존재 자체로부터 오는 것으로 간주되며, 인간의 향외적 실천의지는 약화될 수밖에 없는 것이다.

향내와 향외의 진정한 종합을 박종홍은 유교에서 발견한다. 유교는 불교와 더불어 향내에 충실하지만 불교처럼 공적에 머무르지 않고 부정의 부정, 물극필반(物極必反)의 정신에 투철하다고 본 것이다. 유교의 극기복례(克己復禮), 내성외왕(內聖外王) 등이 향내와 향외의 종합을 말해 준다. 박종홍은 특히 『중용』에 나오는 성(誠)에 입각한 성기성물

34 박종홍, 『철학개설』, 368쪽.

35 1939년 「현실파악」이라는 글에서 이미 이러한 '부정의 부정'의 운동성을 말하고 있다. 『박종홍전집』, 제1권, 425쪽.

(成己成物)의 정신에서 그 종합의 완성을 본다.

> 오직 천하 지성이라야 능히 그 성을 다하나니 능히 그 성을 다하면 능히 사람의 성을 다하고, 능히 사람의 성을 다하면 능히 물의 성을 다하고, 능히 물의 성을 다하면 가히 천하의 화육을 도울 것이요, 가히 천지의 화육을 도우면 가히 천지와 더불어 나란히 셋이 된다.[36]

향내적 자기통찰 및 자기수양이라고 할 수 있는 성(誠)으로써 자신을 완성하면, 그것이 곧 자신 이외의 만물을 완성하는 것이 되고, 그것이 곧 천지의 화육을 돕는 것이 된다는 것이다. 천지의 화육을 도우면 천지와 더불어 셋이 된다는 것은 천 · 지 · 인(天 · 地 · 人)이 나란히 하나가 된다는 것을 의미한다. 이처럼 "성인의 도가 양양하게 만물을 발육하여 놓음이 하늘에 극한다" 고 보는 유교사상에 대해 박종홍은 "서양 실존철학에 비해 얼마나 그 스케일이 크고 철저한 것인가"[37]라고 감탄한다. 그는 유교적 성실의 성(誠)이 실존의 실(實)과 통하기는 하지만, 그것이 향내의 극에 달하여 향외로 전향함으로써 만물과 천하로 확장되는가 아니면 그렇지 않고 단지 내적 고독과 한계의식 안에 머물러 있는가에서 큰 차이가 있다고 본다.

> 성을 밑받침으로 하는 사상인 점에서 실존철학은 동양의 유학사상과 공통된 점이 있음을 …… 짐작할 수 있거니와 동양사상은 그 성을 자아의 고독한 실존문제에서만 보는 데 그치지 않고 다시 확충하여 만물에

36 박종홍, 『철학논고』, 『박종홍전집』, 제2권, 「실존철학과 동양사상: 특히 유가 사상과의 비교」, 503쪽.

37 박종홍, 『철학논고』, 503쪽.

까지, 아니 천하에까지 이르는 점이 더욱 철저하다.[38]

박종홍에 따르면 실존철학은 불교에 비해 향내적 자각이 덜 철저하고, 유교에 비해 향내적 자각에 기반한 향외적 실천이 부족한 것이 된다.

이상은 서양의 현상학과 실존철학을 수용함에 있어 한국적 철학정신의 바탕은 어떠한가를 박종홍을 따라 살펴본 것이다. 이는 곧 현상학과 실존철학이 어떤 기반 위에서 어떤 방식으로 수용되었는가를 말해주는 것이기도 하다.

3. 실존철학과 현상학 수용의 방향을 결정짓는 두 가지 관점

현상학이나 실존철학을 이해하고 해석하며 수용하는 데 중요한 것은 해석자 자신이 인간에 대해 그리고 인간을 논하는 철학에 대해 어떤 관점을 가지고 있는가 하는 것이다. 원효적 일심(一心)의 철학이 강조하는 대로 인간의 성불가능성을 기약하는 성자신해 · 허령불매의 본각 · 공적지를 인정하는가 그렇지 않은가, 이황의 유교적 심학(心學)이 내포하는 인간 본성인 리(理)의 자발성, 즉 스스로 발할 수 있음, 또는 기(氣)적인 대상연관성을 넘어서는 리의 근원적 활동성을 인정하는가 아닌가가 외래 사상을 수용함에 있어 그 해석의 틀을 규정하는 것이다.[39]

---

38 박종홍, 『철학논고』, 502쪽.

39 물론 이는 외래 사상을 수용하기에 앞서 한국철학사상을 먼저 공부하여 철학에서 도대체 무엇이 문제가 되는 것인가를 제대로 알고 있을 경우에 해당할 것이다. 대개는 이 문제의식이 없다. 그러면서 진정한 의미의 철학적 문제의식, 보편적인 철학적 사유 등이 서양철학을 통해 비로소 우리에게 전해졌다는 듯이 말하며 그런 식으로 현대한국철학의 연구사를 기술

본각을 인정하는 관점에 서면 후설 현상학은 전·후기를 막론하고 초월적 주관성의 지향작용에 의한 현상세계의 구성을 논하는 초월적 관념론의 학으로 해석된다. 반면 그것을 인정하지 않는 관점에 서면 후설의 후기 현상학은 전기의 초월적 관념론과 달리 초월적 주관성 자체를 생활세계 내에서 역사적으로 구성되는 산물로 간주하는 생활세계 현상학으로 방향전환한 것이 되며, 이런 의미에서 세계내적 존재로서의 인간의 피규정성, 유한성을 강조하는 실존철학이 오히려 인간 존재에 대한 설득력 있는 통찰로 간주된다.

이는 또한 인간 의식활동에 관한 현상학적 논의를 형이상학 내지 존재론적 차원의 논의로 받아들이는가 아니면 존재 자체는 인간 의식 너머의 객관 실재로 남겨 놓으면서 단지 세계의 의미 또는 존재의 의미만을 논하는 인식론적 논의로만 받아들이는가의 차이가 되기도 한다. 이는 곧 주관과 객관의 상호연관관계로서의 현상적인 의식지향성에 대해 그 지향적 관계의 근원을 주체의 지향적 구성작용에 두는가 아니면 주객을 포괄하는 제3자적인 신(神) 또는 주객미분의 질료 등 타자에다 두는가의 문제다. 다시 말해 현상세계에 대해 초월적 관념론의 입장을 취하는가 아니면 실재론의 관점을 취하는가의 문제가 되는 것이다.

이하에서는 인간의 마음을 현상의 근원으로 보면서 그 마음의 본질적 작용으로서 공적영지(空寂靈知) 또는 리발(理發)을 인정하는 전자의 관점을 자성본용(自性本用)의 관점이라고 하고, 반대로 그러한 마음의 공적영지 내지 리의 활동성을 부정하면서 인간의 마음작용을 오직 대상세계와의 연관 속에서만 깨어 있는 것으로 간주하는 후자의 관점을 수

한다. 철학의 역사는 철학해석의 역사다. 바로잡지 않는다면, 그게 당연시되면서 역사는 그런 식으로 고정될 것이다. 그러나 우리가 왜 그런 식으로 우리 정체성을 스스로 부정한단 말인가?

연응용(隨緣應用)의 관점이라고 칭하기로 한다. 자성본용의 관점에서 현상학과 실존철학을 수용하고 소개하는 철학자로 전두하, 신귀현, 신오현을 들 수 있으며, 수연응용의 관점에서 현상학과 실존철학을 수용하고 소개하는 철학자로 고형곤, 김형효, 신옥희를 들 수 있다.

1) 자성본용의 관점: 전두하, 신귀현, 신오현

(1) 전두하

전두하의 서양철학에 대한 관심은 현상학 내지 실존철학에만 국한되어 있지 않다. 900쪽이 넘는 방대한 양의 비교철학 저서 『한국사상과 독일철학』은 크게 두 부분으로 나뉘는데, 전반부에서는 이황과 헤겔이 비교되고, 후반부에서는 이이와 하이데거가 비교된다. 이황과 헤겔, 이이와 하이데거가 각기 동일 지평 위에 놓일 수 있는 근거를 그는 다음과 같이 정리한다.

> 대체로 이퇴계의 리기론이 리와 기의 '대립적 측면'을 강조한다는 점에서 헤겔의 논의와 대비할 수 있는 것이라면, 이율곡의 리기론은 리와 기의 '융합적 측면'을 역설한다는 점에서 하이데거의 논의와 대비할 수 있는 것[이다].[40]

리와 기가 대립적 측면을 가진다는 것은 인간 심성에 있어 리가 단지 기의 활동의 추상적 원리로서만 작용하는 것이 아니라 리 자체가 기의 작용과 독립적으로 스스로 발하는 자발성을 가지고 그 자체로 자각

40 전두하, 『한국사상과 독일철학』, 정훈출판사, 1992, 580쪽.

됨으로써, 리발의 결과와 기발의 결과가 서로 다른 것으로 인지된다는 것을 의미한다. 리발은 기의 활동에 근거한 대상적 인식 차원으로 환원될 수 없는 주체의 자발적인 자기자각을 의미하며, 이 점에서 마음의 수연응용이 아닌 자성본용을 의미하는 것이다.

이렇게 이해된 자성본용의 마음은 현상세계를 구성하는 후설 현상학의 초월적 주관성의 활동성과 비교될 수 있지만, 전두하는 후설에 앞서 초월적 주관성의 능동적 활동성을 가장 철저하게 분석하여 절대적 관념론의 체계를 완성한 헤겔에게서 그 전형을 발견한다. 즉 이황의 리의 자발성 내지 공적영지는 헤겔에 있어서의 절대자의 자기인식 내지 절대지와 비교된다. 리의 자발성은 리가 단지 추상적 원리에 그치는 것이 아니라, 그 자체로 개체적 인격의 활동적 원리로서 자각된다는 것이다. 인간의 마음이 단지 그 안에 각인된 추상적 이치에 따라 움직여지는 수동적 존재에 그치는 것이 아니라, 스스로 그 이치를 자각하고 자발적으로 활동한다는 것은 곧 그 마음 자체가 리의 근원이 된다는 것을 의미한다. 즉 마음을 떠나 리가 따로 있는 것이 아님을 의미한다.[41] 이 점에서 인간의 마음 내지 이성은 신적 마음, 절대자의 모습을 띠게 되며, 바로 여기에서 이황의 심학과 헤겔의 절대관념론이 통하는 바가 있

41 이것은 곧 '성즉리'의 유가사상이 심학으로 발전할 때 당연하게 귀결되는 '심즉리'의 원리이기도 하다. 중국에서 주희성리학이 '심즉리'의 양명학으로 전개되었다면, 한국에서도 그와 마찬가지의 '심즉리'적 함의를 갖는 퇴계의 심학으로 발전했다고 볼 수 있다. 이는 또한 신유학이 불교와 대립하여 심 너머의 객관적 리를 강조하면서 도가적인 자연주의에 더욱 가까워진 것이라면, 양명학 내지 퇴계적 심학은 그와 같은 객관주의 또는 자연주의로부터 다시 유심론적 사고로 방향 전환한 것이라고 볼 수 있다. 하늘이 부여한 성을 추상적인 우주적 이치로서 심 너머에 설정하는 유학적 성즉리의 관점이 심 너머의 객관 이치를 부정하며 일체를 심으로부터 설명하는 심학적인 심즉리의 관점을 배척하는 것은 서양 중세 스콜라철학에서 유한한 세계 너머에 절대 무한인 신을 객관 실재로서 상정하는 정통 기독교가 무한을 유한자의 영혼 안에 내재화시키면서 유한과 무한, 상대와 절대의 이원론을 철폐하고 인간 모두의 神性과 靈知를 주장한 신비주의를 이단으로 배척한 것과 상통한다.

게 된다.

> 퇴계의 생각처럼 리(理)가 '스스로 발하는 것'이라면, 그것은 존재론적 측면에서 보면 이미 논리적 합법칙성이 아니라 이를테면 절대자인 헤겔적 이성에서 그 원형을 찾을 수 있는 형이상학적 실재일 것이고, 인성론적 측면에서 보면 사람의 이성으로서 나타난 헤겔적 절대자의 여러 면모일 것이다.[42]

반면 리와 기의 융합적 측면은 인간 심성에서 리는 이미 개체적 기질 속에 떨어져 기의 작용과 더불어 기의 원리로서만 작용할 수 있다는 것을 의미한다. 이 경우 개체에 있어 리는 단지 기의 원리 내지 형식으로서 기와 분리되지 않은 융합된 하나로 간주되며, 따라서 기 독립적 리의 자발적 활동성인 리발은 인정되지 않는다. 리와 기, 주관과 객관의 "상호 매개적 동일"은 오히려 "객관=실제, 기, 현상의 전체, 인간을 매개로 하는 초월적인 것, 자연 및 세계의 근거"[43] 등에서 구하게 되는 것이다. 이런 근거에서 전두하는 이이의 리기 불리(不離)의 관점을 하이데거의 존재와 비교한다.

> '리와 기를 완전히 하나에 합쳐서 본다면', 율곡의 '리기'란 하이데거의 후기의 '존재'와 유사한 것이 되지 않을 수 없다.[44]

"'주객이 아직도 갈라지기에 앞서서 있는 것'으로서의 하이데거의

42 전두하, 『한국사상과 독일철학』, 176쪽.
43 전두하, 『한국사상과 독일철학』, 601쪽.
44 전두하, 『한국사상과 독일철학』, 702쪽.

존재와 율곡의 리기"라는 제목의 장에서 전두하는 이이의 리기와 하이데거의 존재를 "인간과 세계가 혼연일체가 되어 있는 경지"[45]로 해석한다. 바로 이 근원적 존재로부터 인간과 세계, 주관과 객관이 생성된다고 보는 것이다. 즉 주객미분적 근원은 인간 너머의 어떤 것, 혼연일체의 어떤 것이며, 그것은 또한 "성스러운 혼돈"[46]으로 칭해지기도 한다.

> 리(理)는 리일분수로서의 이치며 기는 물리학적 에네르기, 생명력 등등을 포괄한 형이상학적 기운[이다] …… 율곡은 이런 의미의 리와 기에서 인간도 생겼고 사물도 생겼다고 한다. 따라서 '리와 기를 하나에 합쳐서 본다면' 율곡의 리기란 그것에서 사람과 사물 즉 주체와 객체가 나올 수 있는 근원이다. 이에 대하여 하이데거의 존재란 주객이 갈라지기에 앞서서 있는 통일이다. 그러므로 여기에서 우리는 하이데거의 '존재'와 ('리와 기를 하나에 합쳐서 본다면') 율곡의 '리기'가 지극히 흡사한 것임을 알 수 있다.[47]

이상과 같이 전두하는 인간 마음의 작용에서 현상세계의 인식 차원을 넘어선 심성 자체의 자기자각인 자성본용의 측면과 현상세계 인식상에서의 마음작용인 수연응용의 측면을 구분하면서, 전자를 인정하는 이황을 헤겔과 비교하고, 전자를 배제하고 후자만을 인정하는 이이를 하이데거와 비교하고 있다.

---

45 전두하, 『한국사상과 독일철학』, 834쪽.
46 전두하, 『한국사상과 독일철학』, 846쪽.
47 전두하, 『한국사상과 독일철학』, 702쪽.

(2) 신귀현

신귀현은 「퇴계의 거경궁리의 성리학과 후설의 본질직관의 현상학에 관한 비교고찰」이라는 논문에서 이황의 경(敬) 사상에 입각해 후설 현상학을 해석한다. 그는 이황을 인용하여 성(性)과 명덕(明德)을 설명하면서, 그러한 명덕을 갖춘 인간 마음이 발할 때 사단과 칠정이 구분됨을 다음과 같이 논한다.

> 성은 사람과 사물이 부여받은 공평하고 공통적이며 깊고 미묘한 이치이며, 밝은 덕은 사람이 얻은 신령스럽고 밝으며 모든 것을 포괄하는 명칭을 가리키는 것[이다].[48]

> 마음은 허령하면서도 지각활동을 하고 있으며 그 본체는 발하지 않은 리이며 그 작용은 발한 정이다. 이러한 마음이 일신을 주재하는데 그것이 발하여 사단과 칠정이 된다.[49]

이상 내용은 다음과 같이 정리될 수 있다.

심체(발하지 않은 리)		– 성
심용(발한 정)	리(理)가 발하면 = 사단	– 명덕: 허령한 지각활동
	기(氣)가 발하면 = 칠정	

이는 곧 앞서 지눌에 따라 구분했던 대로 자성체로서의 심체와 자

48 신귀현, 「퇴계의 거경궁리의 성리학과 후설의 본질직관의 현상학에 관한 비교고찰」, 현상학회 편, 『현상학과 한국철학』, 철학과현실사, 1996, 38쪽.

49 신귀현, 「퇴계의 거경궁리의 성리학과 후설의 본질직관의 현상학에 관한 비교고찰」, 39쪽.

성본용과 수연응용으로 구분되는 두 가지 심용의 구분과 일치한다. 여기에서도 중요한 것은 역시 기발의 칠정과 구분되는 리발의 사단이 존재하며, 그것이 바로 심의 허령한 지각활동이라는 것이다. 이것이 곧 명덕에 해당하는 리발이다. 심의 용이 이처럼 두 가지 차원으로 구분되기에 이에 따라 마음공부 역시 두 가지가 있는데, 인간의 본성에 따른 공부인 본원공부와 인간의 기질에 따른 공부인 심지공부가 그것이다. 전자는 인간 본성(본연지성)의 실현을 위한 공부라고 할 수 있으며, 후자는 기질(기질지성)의 순화를 위한 공부라고 할 수 있는데, 이황이 강조하는 마음공부는 본원공부이며, 이 본원공부가 곧 마음의 허령한 지각활동에 이르기 위한 공부, 명덕을 밝히기 위한 명명덕의 공부, 한마디로 경(敬)공부다. 경 공부에 대한 이황의 설명으로부터 우리는 이황의 경공부가 지눌의 회광반조하는 무심(無心)의 수행법과 다르지 않다는 것을 확인할 수 있다.

> 경(敬)은 …… 마음을 거두어들여서 하나의 잡념도 그 속에 들어오지 못하게 하는 것을 의미한다. …… 항상 마음이 또렷또렷하게 깨어 있는 상태다. 이 상태는 평상시에 아무 일이 없을 때의 마음의 상태인데 이것은 우리가 마음의 근본 뿌리를 기르는 곳이다. 아무 일이 없는 평상시에 우리는 마음을 잡아 두고 기르는 존양을 필요로 한다.[50]

마음을 거두어들여 하나의 잡념도 마음 속에 들어오지 못하게 한다는 것은 마음 안에 마음이 사념하거나 느낄 수 있을 마음의 대상을 하나도 남겨놓지 않는다는 것, 즉 무념(無念)이 되는 것을 의미한다. 의식으

50 신귀현, 「퇴계의 거경궁리의 성리학과 후설의 본질직관의 현상학에 관한 비교고찰」, 45쪽.

로부터 의식의 대상을 지우는 것이다. 대상이 없는 의식, 후설 식의 지향적 의식상태를 넘어서는 것이다. 그런 의식이 과연 가능한가? 지향성이라는 규정에 충실하면, 의식대상이 없는 의식은 더 이상 의식이 아니며, 의식은 멎어 버리게 된다. 의식이 멎는다는 것은 의식이 더 이상 깨어 있지 않고 잠든다는 것을 뜻한다. 생각하지 않고 느끼지 않는 의식은 잠든 의식이다. 그런데 경공부에서는 마음이 무념이 되되 잠들지 않고 또렷또렷하게 깨어 있어야 한다고 말한다. 바로 이것이 고요하되 깨어 있기를 유지하는 수행법, 즉 '적성등지문(寂惺等持門)' 또는 무심법이다. 이와 같이 경공부는 마음의 허령자각에 이르고자 하는 공부이며, 이는 곧 수연응용을 넘어선 마음 자체의 자성인 본연자성을 깨닫고자 하는 공부인 것이다.

인간 마음의 자성본연과 그것의 각성을 위한 경공부에 입각해서 신귀현은 후설 현상학을 수용함에 있어서도 그 근본 정신을 바로 그러한 인간 심성의 초월성에 대한 자각으로 간주한다. 즉 현상학을 절대적 주관성을 논하는 초월적 관념론의 철학으로 해석하는 것이다.

> [후설에 따르면] 세계존재는 지양할 수 없는 우연성을 지니고 있는 반면, 자아존재는 어떤 회의에도 부정될 수 없는 명증성과 필증성을 지니고 있다. 따라서 엄밀한 학문으로서의 철학의 단초는 우리의 의식과 그 근거를 이루는 자아존재의 절대적 주관성이어야 한다. 그런데 이러한 의식과 주관성을 자연화하지 않고 그 선천적인 본질구조를 탐구하는 학문은 바로 현상학이다.[51]

51 신귀현, 「퇴계의 거경궁리의 성리학과 후설의 본질직관의 현상학에 관한 비교고찰」, 60쪽.

(3) 신오현

진정한 철학은 주체성의 철학이며 절대의 철학이어야 한다는 것을 철저하게 자각하고 그 관점에서 동서를 섭렵하고자 하는 신오현에게서도 주체란 바로 공적영지의 주체, 자성본용의 마음 이외의 다른 것이 아니다. 대상세계를 인식하는 자아가 그 자신을 대상적이 아닌 직접적 방식으로 따라서 명증적으로 자각할 때, 그 자아가 곧 주체다. 이 주체의 자각이 곧 자신 안에서 광원을 발견하는 깨달음에 해당한다. 그가 「한국철학사상 연구의 방법론적 반성」에서 제시하는 철학의 방법은 바로 그와 같은 주체의 자기자각을 의미한다.

> '주체성의 진리'는 '주체에 관한 진리'나 '주관적 진리'와는 엄격하게 구별되어야 한다. 주체가 자기 자신을 대상적으로 파악하거나 자기체험을 자신의 것으로 소유하고 있다면 여기에서는 주체 속에 다시 주관과 객관이 구별되어 있는 것이며, 이러한 진리는 정신분석학이 보여 주듯이 결코 자기명증적인 절대확실성을 보유할 수 없다. 주·객 분리의 극복은 주관이 자신의 시선을 자기 밖의 대상으로부터 전향하여 자기 내부로 향하는 데서 성취되는 것이 아니라 오히려 규정과 내용을 가진 자기존재에서부터 완전히 벗어나서 자기 자신을 비추는 빛이 바로 자기 자신이며 동시에 모든 존재가 그 빛 속에 함께 드러나는 '위대한' 만남에서 이루어진다.[52]

주관과 객관, 사유와 존재가 일치하는 위대한 만남이란 곧 주체의

52 신오현, 「한국철학사상 연구의 방법론적 반성」, 심재룡 외 저, 『한국에서 철학하는 자세들』, 집문당, 1986, 66-67쪽.

직접적 자기자각을 의미한다. 그것은 서양철학에 있어서 현상세계의 존재사실과 존재방식에 대해서는 의심하되 그렇게 의심하는 자기 자신의 존재만은 의심 불가능한 확실성으로 깨닫는 초월적 자아의 자기자각이며(데카르트), 주관과 객관, 자아와 비아의 현상적인 대립과 갈등에 대해 그 현상성을 넘어서는 절대적 자아의 자기직관 내지 지적 직관이다(피히테). 이 절대적 자아에 대한 철학적 직관을 신오현은 다음과 같은 불교적 개념으로 설명한다.

> 무명에서 비롯되는 연기에서 해탈하여 아집이 낳은 망경계와 이 현상계와 주 · 객을 이루는 생멸심의 식상(識相)이 멸진되어, 일심진여의 심원(心源)으로 귀입하여 진아와 법이 여일한 보리를 증득하는 것을 철학적 직관이라 부를 수 있을 것 같다.[53]

일심진여의 심원으로의 귀입은 곧 원효의 귀일심문이며 그렇게 회귀하여 깨닫는 것이 바로 주 · 객, 능 · 소의 분별을 넘어선 허령불매의 공적지이다. 이러한 공적지와의 위대한 만남인 회광반조에서 무명이 멸하여 명(明)이 되며, 이것이 바로 자신의 본성을 자각하는 견성(見性)이다.

신오현은 『절대의 철학』에서 성(誠) 개념을 통해 그 위대한 만남을 마음의 자기자각으로 설명한다. 즉 성(誠)을 그 글자 중의 언(言)이 아(我)의 의미로 사용될 수 있다는 점에 근거해서 '아(我)+성(成)', 즉 자아 · 자기의 완성으로 해석하며, 이를 장자에 따라 "견을 견하고 문을 문하는 자견자문의 자지(自知)", 곧 "명(明)"으로 해석한다. 나아가 "주자

53 신오현, 「한국철학사상 연구의 방법론적 반성」, 67쪽.

는 명을 '무불조자(無不照者)'라 주석했거니와, 이는 곧 자조자 즉 자기 반조에 다름 아니다"[54]라고 하여, 성(誠)을 명(明) 내지 자조(自照)의 활동으로 밝히는 것이다.

이러한 자지, 명, 자기반조의 주체는 '형이상학적 주체'이고 '철학적 자아'다. 신오현은 비트겐슈타인(Ludwig Wittgenstein, 1889-1951)을 따라 "철학적 자아는 인간도 아니며 사람의 몸도 아니며 심리학의 대상인 바 사람의 영혼도 아니고, 형이상학적 주체이며 세계의 일부가 아닌 세계의 한계다"[55]라고 강조한다. 반조를 통해 밝혀지는 철학적 자아는 처음부터 세계의 한계에서 세계를 바라보며 세계를 의식하고 있는 주체이며, 이는 곧 세계 내에서 보여지는 현상적 자아로 다시 환원될 수 없는 절대적 주체인 것이다.

이처럼 일상적 현상세계 속에서 객관을 필요로 하는 주관으로서의 현상적 자아와 구분하여 주객분별을 넘어서는 절대적 주체, 현상적 세계지평을 넘어서는 초월적 주체를 진정한 철학의 주체로 간주하고 있기에 신오현에게 현상학은 바로 이러한 절대적 자아의 철학이며 초월적 관념론의 철학이다.

> 선험적 · 절대적인 주체성을 해명하는 선험현상학 또는 현상학적 철학은 모든 상반되는 철학적 입장을 극복할 수 있다. 왜냐하면 전래의 모든 철학은 상대적인 것을 절대적 · 궁극적인 것으로 잘못 보는 자연적 태도 아래 머물러 있기 때문이다. 현상학적 · 선험적인 환원을 거치지 않고는 일체를 현상화하고, 일체에게 존재 의미와 존재 타당성을 부여하는 주

---

54 신오현, 『절대의 철학』, 문학과지성사, 1993, 191쪽.

55 신오현, 「한국철학사상 연구의 방법론적 반성」, 221쪽.

체인, 항상 자아 · 정신 · 의식으로 존재하면서 선험적 직능을 수행하는 주체인, 수행하고 가동하는 절대적 자아를 명증적 · 필증적으로 증득할 수 없겠기 때문이다. 선불가적 표현을 빌자면, '직지인심(直指人心)' 또는 '직지인심(直旨人心)'하지 않고는 '견성성불'할 수 없겠기 때문이다.[56]

이상은 인간의 본질을 허령불매의 공적지, 마음의 자성본용으로 간주하는 철학자들에게 현상학과 실존철학이 어떤 의미로 수용되고 해석되는지를 살펴본 것이다. 이제 이와는 달리 초월적 자아를 인정하지 않는 경우, 즉 인간 심성을 오로지 대상연관성, 세계와의 지향적 상관관계로서만 이해하여 마음의 자성본용은 간과한 채 수연응용만을 인정할 경우, 실존철학 내지 현상학이 어떤 의미로 받아들여지는지를 살펴보기로 한다.

2) 수연응용의 관점: 고형곤, 김형효, 신옥희

(1) 고형곤

박종홍의 철학이 일상적 자신에서부터 출발하여 그것의 부정으로 자신의 내면으로 향했다가(향내) 다시 그 부정의 부정으로 외적 현실 세계로 향하는(향외) 이중 부정의 운동을 보이듯이, 고형곤의 『선의 세계』도 깨침이 없는 '미혹의 세계'에서부터 출발하여 그것의 부정으로서 '적멸의 세계'로 나아가는 과정과 다시 그러한 부정의 부정으로서 선의 궁극적 경지인 '적조(寂照)의 세계'[57]로 나아가는 과정을 이중 부정의 운동으로 묘사하고 있다.

---

56 신오현, 「한국철학사상 연구의 방법론적 반성」, 270쪽.

57 고형곤, 『선의 세계』, 삼영사, 1976, 16쪽.

미혹의 세계는 일상적인 상식의 세계와 그런 경험을 일반화하고 수리논리화한 과학적 세계를 포괄하는데, 고형곤은 이를 『경덕전등록』에 따라 "산은 산이요, 물은 물이다"의 세계로 표현한다. 그 다음 적멸의 세계는 아공과 법공을 깨달아 철저한 무념(無念)을 실행함으로써 "산은 산이 아니요, 물은 물이 아니다"가 통하는 세계이며, 다시 그 다음의 적조의 세계는 현실적으로 현전하는 '적조현전의 현행', '일제평등'의 세계로서 여기에서는 다시 "산은 산이요, 물은 물이다"가 인정된다.

이렇게 이중 부정에서 그 첫 번째 부정은 일상적 망집의 주·객 분리로부터 내적 적멸의 세계, 무념의 경지로 나아가는 것임에도 불구하고 여기에서는 고형곤의 철학을 자성본용이 아닌 수연응용의 관점으로 분류한다. 이는 불교에서 마음의 자성본용이 뜻하는 바 성자신해, 허령불매의 공적지는 현상적인 주와 객, 자아와 세계의 분별을 넘어선 차원에서의 마음의 활동성, 마음 심층의 광원에 대한 자기자각을 의미하는데 반해, 고형곤에게서는 그처럼 존재 근원에 이르러 그것을 자기 자신으로 자각하는 마음의 활동성은 인정되고 있지 않기 때문이다. 이는 고형곤이 현상존재의 근원을 마음 또는 초월적 주체성이 아니라 마음 너머의 현실세계, 자연적 존재 자체로 간주하고 있기 때문이라고 본다.

현상적 대상세계로 향한 일상적 자아의 부정으로서 심원(心源)으로 향할 때, 자성본용을 주장하는 관점에서의 심원은 현상세계의 인식과 존재를 가능하게 하는 최후의 근원으로서의 심원이다. 따라서 그것은 존재를 비추는 빛의 광원이고, 우주의 이치가 그 안에서 자발적으로 활동하는 근원이며, '네 마음이 곧 내 마음이다', '인간이 곧 하느님이다'라고 말할 수 있는 궁극 근원인 것이다. 일체 현상세계가 구슬에 비친 다양한 상들이라면, 그런 상들을 가능하게 하는 구슬 자체의 빛, 밝음은 그 안에 그려지는 상들로부터 독립적으로 존재하며, 또한 그 밝음 자체가 마음의 빛이기에 그 자체로 자각될 수 있는 것이다. 수연응용으로서 존재하는 구슬의 상은 우리가 경험하는 실재 현상세계이며, 자성본용으로서의 구슬의 빛은 바로 그 세계를 가능하게 하는 존재론적인 궁극 근원인 것이다.

이에 반해 고형곤에게서는 인간의 마음작용과 독립적으로 '현전하는 현실세계'가 따로 존재한다. 일체 평등의 여여한 자연세계를 마음 바깥의 실재 자체로 상정하고 있는 것이다. 따라서 일상적 미혹의 세계는 현상적 자연세계를 그 자체로 인식하지 못하고 그 사물들에 대한 주관적 마음의 상[心緣相]을 만들어 인식하는 것이고, 그것의 부정으로서의 참된 적멸의 세계는 그러한 심연상이 세계 자체가 아니라 주관적 허구이며 공(空)이라는 것을 깨달아 아는 경지를 말한다. 그리고 다시 되돌아오는 궁극적 실재로서의 적조의 세계는 세계를 바로 있는 모습 그대로 여여하게 아는 것을 뜻하는 것이다. 고형곤은 이 3단계를 다음과 같이 정리한다.

> 첫째 경우는 주객대립에서 그때그때 의식에 의해 허구된 대상 사물을 항구불변의 자성을 가지고 실재하는 양 망령되이 믿는 상집이요, 둘째 경우는 대상 일체의 세계는 허구에 불과한 것이라 하여 멸단하는 것까지는 좋으나, 현실적 세계까지도 통틀어서 허무화하고 다만 무념무위의 적멸에만 침잠하는 단집인데 대하여, 셋째 경우는 현실을 현실 있는 그대로 여실하게 보는 요오(了悟)의 경지다.[58]

이처럼 적멸 너머에 존재하는 적조의 세계로서 '현실적 세계' 자체

58 고형곤, 『선의 세계』, 55쪽.

를 상정하고 있으므로, 일상의 부정으로서의 적멸 내지 공의 깨달음은 진정한 아공과 법공의 깨달음이 아니라, 단지 실재 세계에 대해 잘못된 허상을 만들어 내는 주관적인 마음작용에 대한 자각일 뿐이다. 결국 고형곤이 도달한 심원(心源)은 진정한 공관(空觀)에서 밝혀지는 우주의 근원으로서의 존재론적 심원이 아니라, 단지 주관적 허상을 만들어 내는 근원, 심리적 또는 인식론적인 심원일 뿐이다. 그러므로 현실세계는 그 심원 바깥에 그 자체로 존재하는 것이 되며, 우리는 단지 인식상의 허상인 주관적 · 관념적 허구만 멸하면 되는 것이다.

> 무념-적멸은 관념적 허구인 대상의 세계를 단멸한다는 것을 의미한 것이요, 결코 현실적으로 생동하는 우리의 현실적 세계를 말살하는 것을 의미하는 것은 아니다.[59]

이것은 유심론적 깨달음의 불교가 중국에서 자연주의적 도교에 의해 지나치게 자연주의화되어 나타난 모습, 선(禪)의 일면일 것이다. 이런 관점은 심 너머에 현실적 실재 세계를 설정하면서, 주관적 분별의식만 없애면 그 때 비로소 세계는 그 자체로 비대상적으로 현전하게 된다고 보는 소박한 실재론과 상통한다. 주객대립의 의식과 주객대립의 심연상이 제거된 뒤, "생멸이 멸진해 버린 뒤에 적조(寂照)가 현전한다"[60]는 것이다. 현실이 그 자체로 의식에 현전하며 의식은 그것을 '비대상적으로 아는 지'가 된다고 보며, 이를 '반야'라고 해석한다. 이는 "개별적인 대상을 분별하는 지가 아니며 대상을 표상하는 지가 아니"[61]라는 것이다.

59 고형곤, 『선의 세계』, 38쪽.
60 고형곤, 『선의 세계』, 40쪽.

그럼에도 불구하고 지(智)와 경(境)은 따로 있단 말인가? 이에 대해 그 둘은 둘도 아니고 하나도 아니라고 말해질 뿐이다. 주객대립이 없는 비대상적 지를 "내지적적(內智寂寂) 외경여여(外境如如)"라고 하며, "내지적적을 무연(無緣)의 지 즉 대상을 반연(攀緣)(지향)하지 않는 지로서 무연상지(無緣常智)라 하고, 외경여여를 심연상을 떠난 불생불멸의 무상상경(無相常境)이라고 한다"[62]고 설명한다. 대상을 연하지 않는 지, 상이 없는 경, 그렇다면 지와 경이 과연 따로 있는 것인가, 아닌가? 이를 주객대립이 없는 경지로서 "경지명일(境智冥一)의 묘존(妙存)"[63]이라고 답한다.

그러나 이는 주객의 인식 자체를 우리 심성이 빚어내는 허구적 분별로 보면서, 그러한 분별적 인식에 대해 무분별적 존재 자체를 대립시키는 것이라고 볼 수 있다. 즉 지와 경을 불일불이로 설명하되, 우리 마음 속의 인식과 마음 밖의 존재는 서로 별개의 것으로 대립시키는 것이다. 따라서 인간은 마음이나 의식작용으로써 존재를 인식하려 하는 한, 자기모순적 분별에 빠질 수밖에 없으며, 분별적 마음작용 없이 그냥 존재할 때, 무분별적 존재와 일치하는 것이 된다. 부정되는 세계는 우리 마음의 작용에 따라 주객대립으로 이원화된 표상세계일 뿐이며, 그 주객대립을 넘어선 세계 자체는 바로 그런 것으로서 우리에게 현전한다는 것이다. 세계는 그 자체로 현전(現前) 또는 현행(現行)한다. 그것은 "여실한 세계", "심경일여"로서 현전하는 "현실적 세계"[64]인 것이다.

---

61 고형곤, 『선의 세계』, 43쪽. 고형곤이 말하는 현전세계의 지는 불교식으로 말해 근본 無分別智 이후 현상적 차별상을 인식하는 후득분별지를 의미한다고 볼 수 있다. 여기서 강조하고 싶은 것은 후득지로써 근본 무분별지의 의미를 약화시켜서는 안 된다는 것이다.

62 고형곤, 『선의 세계』, 55-56쪽.

63 고형곤, 『선의 세계』, 57쪽.

이처럼 인간 심성 너머에 설정된 궁극 실재에 대해 인간은 단지 수동적이고 피규정적일 뿐이다. 바로 이런 이유에서 고형곤은 선의 사유를 "존재와 인간은 상호공속의 일체다"[65]라고 주장하는 하이데거 사상과 연관짓는다. 하이데거가 전통적 형이상학의 대상적 사유를 비판하며, 존재와 사유가 일치하는 비대상적 사유로서 '본질적 사유'를 강조한 것에 대해 고형곤은 그 본질적 사유를 심경일여의 현전으로 해석하는 것이다.

인간 마음의 활동성에서 존재 근원을 발견하려 하는 독일관념론 내지 후설의 초월적 관념론에 대해 하이데거는 그것을 '관념적 태도'라고 비판하며, "이러한 태도는 자재의 사물을 솔직하게 받아들이지 않고, 인간 자신의 목적지향을 기준하여 조정하는 것이요, 이 때의 사물은 목적지향의 투영도인 표상 형태 이외의 아무것도 아니다"[66]라고 말한다. 하이데거는 자연을 인간 마음과 독립적으로 존재하는 '자재하는 사물'로 보기 때문이다. "자재의 존재사물은 제 스스로 현발하여 스스로를 개현(開顯)하는 것"[67]으로서 이것이 곧 '개현으로서의 피시스(physis)'다.

> 피시스는 존재 그 자신이다.[68]

고형곤은 이처럼 현상의 근원을 마음의 활동성 또는 초월적 주관성이 아닌 존재 자체 또는 자연 자체로 간주하며 따라서 현실세계를 그 자

---

64 고형곤, 『선의 세계』, 54쪽.
65 고형곤, 『선의 세계』, 63쪽.
66 고형곤, 『선의 세계』, 86쪽.
67 고형곤, 『선의 세계』, 88쪽.
68 고형곤, 『선의 세계』, 93쪽.

체 자명한 실재 세계로 인정하는 관점에 서서 불교도 그 방식으로 이해하고 바로 그 관점에서 불교와 하이데거 철학과의 공통점을 찾아내고 있는 것이다.

(2) 김형효

김형효는 세계와 자아, 몸과 마음, 보이는 것과 보이지 않는 것이 내적으로 서로 교차하고 얽혀 있는 방식으로 존재를 이해한다. 우리는 세계를 통해 자아를 보고, 몸을 통해 마음을 읽을 수 있을 뿐이지, 자아를 자아 자체로, 마음을 마음 자체로 경험할 수가 없다는 것이다. 따라서 그의 생각과 일치하는 철학자는 리발을 주장하는 이황이기보다는 기발만을 인정하는 이이이며, 초월적 주관성의 후설이기보다는 몸과 모호성의 철학자인 메를로퐁티(Maurice Merleau-Ponty, 1908-1961)다. 「율곡 이이와 메를로퐁티」라는 글에서 그는 그 둘의 공통점을 다음과 같이 요약한다.

> 그[율곡]의 리기론은 사유하는 인간이 순수하고 선험적인 주체로서 살아가지 않고, 그를 둘러싸고 있는 세계 속에 짜여져 있고, 그가 살고 있는 세계라는 직물과 함께 엉켜 있음을 말하고 있다. 즉 그의 리기론은 메를로퐁티가 말한 사이세계의 현상을 뜻하기에, 그 리기론은 동시에 리와 기의 '사이세계'를 표현하는 관계론일 수밖에 없다.[69]

이이가 순수한 초월적 주체를 부정하며 인간을 세계 속에 짜여진

69 김형효, 「율곡 이이와 메를로퐁티」, 한국현상학회 편, 『현상학과 한국사상』, 철학과현실사, 1996, 87쪽.

존재로 이해했다는 것은 이이가 리발을 부정하고 기발만을 인정하는 것에 대한 해석이다. 리는 기의 작용을 따라서만 기의 의미로서 드러날 수 있을 뿐, 그 자체는 활동적이지 않고 현상화되지 않으며 따라서 경험될 수 없는 것이다.

> 리와 성이 스스로 자가 발전을 할 수 없다는 것이 이이의 입장이다. 언제나 발하는 것은 기의 작용에서 가능해진다.[70]

그러나 이이가 유학자로서 '기질지성'과 '본연지성'을 구분하고 '인심'과 '도심'을 구분해 말할 때는 본연지성인 리의 직접적 자각으로서의 도심을 말한 것이 아닌가, 결국 리의 직접적 자각을 인정한 것이 아닌가라는 물음이 가능하다. 이에 대해 김형효는 '사실의 차원'과 '법적 차원'을 구분함으로써 이 문제를 해결한다. 즉 사실의 차원을 분석하는 철학자로서의 이이와 법적 차원에서 윤리적 당위성을 말하는 도학자로서의 이이를 구분하는 것이다.

> 본연지성과 본연지리 그리고 심지미발의 개념들은 그의 성리학의 도학적 관할에 속하고, 기질지성, 유행지리(또는 승기지리)와 심지이발의 개념들은 철학적 또는 현상학적 영역에 배속된다.[71]

다시 말해 본연지성, 리, 리의 자각으로서의 도심 등은 우리가 구체적으로 지각하고 경험할 수 있는 사실 차원의 것이 아니라는 것이다. 그

---

70 김형효, 「율곡 이이와 메를로퐁티」, 96쪽.

71 김형효, 「율곡 이이와 메를로퐁티」, 97쪽.

것은 단지 윤리적 차원의 당위로서 개념적으로만 구분 가능한 것이지, 사실 차원에서는 본연지성이 기질지성과, 리가 기와 얽혀 있고 도심이 인심과 섞여 있기에, 후자 없는 전자만의 자발적 활동성 또는 의식적 자각이란 있을 수 없다는 것이다. 이는 곧 마음은 대상세계와의 상호관계성 안에서 대상을 연함으로써만 마음으로 작용할 수 있을 뿐이지 마음 자체의 본성에 대한 자기자각은 있을 수 없다는 것을 의미한다. 즉 마음의 수연응용만을 인정하고 자성본용은 부정하는 것이다. 마음이 일체 현상세계를 포괄하는 적연부동의 공이면서도 그 스스로 자기 자신을 자각하는 성자신해의 일심, 허령불매의 공적지임을 인정하지 않는 것이다. 김형효는 현상학의 지향성 개념에 입각하여 그러한 부정을 정당화한다.

> 본연지성은 기질지성과 달라 사실의 문제가 아니기에 현상학적으로는 의식의 활동성에 실존할 수가 없다. 현상학적으로는 인간의 의식은 언제나 어떤 것의 의식인만큼 그것은 그 어떤 것에로 향하는 지향성일 수밖에 없다. 그러므로 의식의 세계에서 성리학이 말하는 '심지미발'로서의 '적연부동'은 성립되지 않는다. 인간의 의식은 그것이 살아 있는 한에서 잠시라도 적연부동의 휴지 상태에서 잠을 자지 않는다.[72]

이렇게 해서 김형효에게서는 대상에 의해 촉발되어 내용적으로 규정된 경험적 자기의식과 구분되는 허령한 빈 마음으로서 자신을 자각하는 초월적 자기의식이 부정되고 있다. 우리로 하여금 대상세계에 완전 매몰되지 않게 하고, 경험적 규정성을 넘어설 수 있게 하는 자유와 자발성의 깨어 있는 의식이 부정되는 것이다.

---

72 김형효, 「율곡 이이와 메를로퐁티」, 97쪽.

우리가 경험하는 현상세계가 연속적인 시간적 지평, 파지와 예지의 지향성으로 구성된 시간적 지평 위의 현상이라면, 그처럼 지향적 시간 지평을 구성하되 그 자체는 비시간적 비연속적 찰나, 근원현재의 순간으로서 작용하는 구성자 자신은 바로 현상초월적인 '초월적 주관성'이다. 그것은 현상세계 전체를 바라보는 주체이기에 현상 속에 보여지는 경험적 자아와는 구분되는 것이다. 따라서 초월적 주관성을 부정하는 것은 곧 세계를 보는 눈은 자기 자신은 볼 수 없다고 말하는 것이 된다. 세계 내의 사물을 바라보는 경험적인 감성적 직관과는 다른 방식으로 자신을 볼 수 있는 가능성, 지적 직관의 가능성을 부정하는 것이다. 이렇게 해서 김형효는 '리(理)의 자가발전적 측면을 거부'하고 있다.[73]

> 보는 자는 자기를 보지 못한다. 이처럼 보는 것과 보이는 것과의 사이에 시간적 차이가 생기고 공간적 거리가 있다. 이것은 존재의 세계에서 안 보이는 것과 보이는 것, 보는 것과 보이는 것과의 사이에 지울 수 없는 시공적 어긋남이 존재세계의 운명으로서 이미 개재되어 있음을 뜻한다.[74]

초월적 주관성 또는 마음의 자성본용으로서의 공적지를 부정하며 마음은 오로지 수연응용으로서만 작용한다는 관점에 있기에 김형효는 『하이데거와 마음의 철학』에서 하이데거의 철학을 유식(唯識)과 비교할 때도 유식에서의 아뢰야식의 식 자체분인 자증분(自證分)이나 증자증분(證自證分)을 고려하지 않고, 오히려 견분(見分)과 상분(相分)에 입

73 김형효, 「율곡 이이와 메를로퐁티」, 118쪽.
74 김형효, 「율곡 이이와 메를로퐁티」, 121쪽.

각해서 자아와 세계, 주관과 객관의 상호연관성, 상호결속성만을 강조하고 있다.

> 유식학적으로 마음의 견분으로서의 연려심의 반연(攀緣)이 없으면 상분으로서의 세상이 성립하지 못하듯이, 하이데거의 사상에서도 현존재의 관심으로서의 초월이 없이는 세상이 존재할 수가 없다.[75]

그러나 우리가 자아라고 집착하는 견분과 세계라고 집착하는 상분은 유식에 따르면 아뢰야식 자체분이 현상화해서 드러난 변현(變現)의 결과일 뿐이며, 현상적 자아와 현상적 세계의 공통 근원으로서의 식 자체분은 이미 그 자체 자증(自證)적으로 알려져 있고, 그 자증성은 다시 한 번 더 반조하여 증자증분으로서 확인될 수 있는 것이다. 이와 같이 인간 마음의 주체적 자각을 강조하는 유심론적 유식에서의 핵심 부분인 아뢰야식의 자증분과 증자증분을 제외시키고서, 단지 일상석인 경험적 의식이 자아와 세계로 분별 집착하는 견분과 상분만을 취해 그 둘이 불가불리의 상호연관관계 속에 있다는 것만을 강조하는 것은 편파적 독법이다. 자아와 세계, 견분과 상분의 공통 근거로서의 아뢰야식의 자체분 내지 증자증분까지 이르지 못했기에, 현상의 근거를 주객 너머의 제3자로서 신이나 존재 자체, 자연이나 순수 질료 등으로 간주하면서 유식을 하이데거 식으로 해석한 것이라고 본다.

만일 철학을 "견분의 학"[76]으로 이해하지 않고, 우리 마음의 자성본용에 해당하는 '자증분'을 스스로 회광반조하여 자각하고자 하는 '증자

75 김형효, 『하이데거와 마음의 철학』, 청계, 2000, 82쪽.

76 김형효, 『하이데거와 마음의 철학』, 27쪽.

증분의 학' 으로 읽는다면, 유식으로부터 그리고 현상학으로부터 더 많은 것을 얻을 수 있을 것이다.

(3) 신옥희

박종홍은 한국철학의 정신을 주체성의 자각으로 보며 동학의 '인내천' 에서 그것의 절정을 발견한다. 그것은 곧 원효의 일심(一心)에서 빛나는 성자신해이고, 지눌의 회광반조로 드러나는 공적지이며, 이황의 경(敬)으로 닦여야 할 리발(理發)의 사단(四端)이다. 한국철학 정신에서 이러한 주체성의 자각을 빼버린다면 무엇이 남겠는가?

현상세계 일체를 포괄하는 적연부동의 공(空)을 그냥 무정의 허공이라고 하지 않고 일심이라고 하는 것은 그것이 자기 자신의 본성을 스스로 자각하는 성자신해의 영지(靈知)를 가지고 있기 때문이다. 그 주체적인 자기자각성이 인간 각자의 현상적 차별성을 넘어선 인간 모두의 보편적 본질이기에 하나의 마음, 일심이라고 하는 것이다. 따라서 한국적 사유에서 인간 각자는 하나의 개체이면서 동시에 보편이다. 바로 이 보편적 일심에 근거해서 나와 너의 마음이 하나의 마음이 되고, 나의 세계와 너의 세계가 하나의 세계가 되는 것이다.

그러므로 나와 너, 주관과 객관이 이원적 대립이 아닌 융합된 하나로 이해될 경우에도 그 융합의 근거는 어디까지나 일체를 포괄하는 일심 내지 일심의 주체적 자기자각이어야 하는 것이다. 이 자각의 측면이 간과되면, 남는 것은 무차별적이고 무자각적인 자연주의적 동일성이 되며, 이는 한국적 주체성의 철학정신과는 거리가 먼 것이다. 불교를 이와 같은 자연주의적 범신론으로 읽는 경우를 신옥희에게서 발견할 수 있다.

> 불교에서는 인간 존재의 차원은 우주적 존재 전체의 차원 속에 흡수되고 인간과 자연 사이의 이원론적 대립이 없다. 불교에서 실존적 · 인격적 자아는 우주적 지평 속에 해소되고 있다. …… 결국 불교는 '천지동근 만물일체 물아일여'를 말하는 동양적 신비주의에 속하는 것이다.[77]

이와 같이 신옥희가 원효의 일심사상을 "인간과 자연의 원초적 미분화 상태, 즉 자연이라고 하는 모태로 인간을 돌려보내는 불교적 우주론"[78] 또는 "인간의 자유와 초월이 절대적 동일성 속에 해소되어 버리는 신비적 합일"[79] 등으로 규정하는 것은 일심사상에서 일심이 가지는 성자신해와 공적영지의 측면, 즉 마음의 본성에 대한 자기자각으로서의 자성본용의 측면을 간과하기 때문이다. 마음의 자성본용, 허령불매의 공적영지를 보지 못하고 마음을 오로지 대상세계와의 연관관계 안에서만 발하는 수연응용으로만 간주할 때, 마음내용 없는 마음 자체, 무념의 마음, 무심지심의 경지, 그 지극한 주체성의 자각은 간과되고 마는 것이다.

적연부동 허령불매의 공적지인 자성본용은 우리의 일상적인 수연응용의 마음작용을 넘어선 것이며 따라서 일체의 현상세계를 넘어선 초월적 주체성을 의미한다. 그것을 자각하는 것이 곧 개체의 인격적 자유의 의식이고 일체 평등의 의식이다. 이처럼 한국철학 정신에서의 초월성은 인간 마음의 현상초월성을 의미하며, 이는 곧 '내적 초월성'이라고 말할 수 있다. 이것은 서양적인 '외적 초월성', 즉 인간 심성 너머에서 현상의 근원을 구해 그것을 신이나 물질 또는 존재 자체라고 칭하는 그

---

77 신옥희, 『일심과 실존』, 이화여자대학교출판부, 2000, 160쪽.

78 신옥희, 『일심과 실존』, 162쪽.

79 신옥희, 『일심과 실존』, 177쪽.

러한 외적 초월과는 구분되어야 한다.

외적 초월의 서양적 관점에 따르면 실존은 단지 일상적 자아를 벗어나 자신의 내면에서 자기와 대립된 또 다른 타자를 직면하고 그 앞에서 자신의 유한성과 한계성을 확인하기 위한 과정에 지나지 않는다. 서양 실존주의는 신옥희의 말대로 "인간 실존의 유한성과 제한성을 나의 운명으로 받아들이는 적극적 관심"[80] 이외의 다른 것이 아닌 것이다. 그리고 여기에서 다시 우리는 박종홍이 말한 대로 원죄의식에서 출발하는 서양적 사고와 '인내천'을 주장하는 한국적 사유의 근본적 차이를 발견할 수 있는 것이다.

4. 한국철학 정신에 따라 살펴본 현상학의 논쟁거리

한국에서의 현상학 수용과 그 연구 및 전파에 큰 기여를 한 한전숙은 「한국에서의 현상학 연구」라는 글에서 한국에서 현상학 연구가 본격화된 후 연구자들이 전념한 주요 물음을 후설 현상학이 과연 정초주의인가 아닌가, 그리고 후설의 후기 현상학도 전기 현상학과 마찬가지로 '초월적 관념론'인가 아닌가의 문제로 정리한다.

> 정초주의란 문자 그대로 모든 인식을 최후적인 기초, 절대 명증적인 기초로까지 소급해 가서 정당화하는 것을 말한다. 이런 '모든 인식 형성의 궁극적 원천에로 되돌아가려는 동기'를 후설은 '선험적(transzendental)'이라고 불렀다. 따라서 이 '궁극적 원천'인 주관은 선험적 주관이

80 신옥희, 『일심과 실존』, 166쪽.

며 이 주관에 의해서 모든 것이 설명되므로 후설의 현상학은 선험적 관념론이 되는 것이다. 후설에서의 정초주의를 옹호하는 사람들은 대체로 후설 현상학을 선험적 관념론 체계로 생각한다.[81]

정초주의는 초월적 관념론으로서 가능하므로, 위의 두 물음은 결국 하나의 물음이 된다. 정초주의 내지 초월적 관념론의 관점에 설 경우 후설 후기의 생활세계 역시 초월적 주관성에 의해 구성된 지향적 지평으로 간주된다. 지향적 지평을 형성하는 초월적 주관은 그 지평 안에서 영향받는 경험적 · 역사적 측면을 가지지만, 구성된 지평 내용으로 다 환원될 수 없는 지평초월적 본질을 가지는 것이다. 그리고 현상학이란 궁극적으로 바로 그러한 경험지평 초월적인 또는 세계현상 초월적인 인간의 초월적 주체성을 밝히는 학이 된다.

생활세계는 …… 소박한 자연적 태도에 미물러 있으므로 다시 그 구성원천으로 되돌아가서(현상학적 환원) 선험적 주관에 의해서 구성된 세계임이 밝혀져야 한다. 선험적 관념론의 이런 체계에서는 생활세계는 '현상학적 철학함'의 종착점이 아니라 중간 통과점이다.[82]

반면 후설 현상학을 전후기로 구분해 후기 사상은 초월적 관념론이

81 한전숙, 「한국에서의 현상학 연구」, 한국현상학회 편, 『현상학과 한국사상』, 철학과현실사, 1996, 337쪽. 그는 이 글에서 다른 현상학 연구자들과 마찬가지로 '초월적 관념론' 대신 '선험적 관념론'이라는 개념을 사용한다. 초월적 내지 선험적은 transzendental의 번역이다. 본서에서는 이 개념을 계속 '초월적'이라고 말해 왔으므로 여기에서도 초월적 관념론이라고 하기로 한다. 물론 이 때의 초월이란 인간 내면성 안의 현상초월성이란 의미에서 내적 초월을 뜻할 뿐이지, 그 단어를 피하고자 하는 자들이 염려하듯이 인간의 지향적 의식영역 너머의 외적 실재를 향한 외적 초월을 의미하는 것이 아니다.

82 한전숙, 「한국에서의 현상학 연구」, 338쪽.

아니라고 보는 관점은 생활세계에 대해 그것을 초월적 주관성에 의해 구성된 것으로 보지 않고, 그것을 더 이상 어떤 다른 근원으로 환원될 수 없는 궁극적인 것으로 간주한다.[83]

> '모든 과학에 앞서 직접적 경험에서 언제나 이미 체험되고 주어져 있는 세계'로서의 생활세계를 그 이상 더 소급해서 올라갈 수 없는 종착점이라고 해석한다.[84]

그러나 이처럼 생활세계 자체를 궁극적인 것으로 간주하는 것은 현상의 근거를 자연이나 존재 자체 또는 순수 질료 등으로 간주하는 객관주의적 또는 자연주의적 관점과 상통하는 면이 있다. 특히 후기 현상학이 전기의 지향적 구성에서 남겨 놓았던 질료를 문제삼음으로써 전개된 사상이라는 점을 고려한다면, 인간의 자연적 본능, 신체적 경험 등과 연관되는 생활세계를 궁극적인 것으로 간주하는 것은 곧 순수 질료 또는 최초의 혼동 등을 현상세계의 근거로 간주하려는 서양적 유물론 내지 자연주의적 사고의 귀결이라고 볼 수 있다.

> 질료의 발생을 추구하여 결국 선술어적인 수동적인 원초적 작용으로 소급해 간다. 이 원초적 영역은 바로 신체적 주관이 직접 체험한 세계요 이것이 생활세계다.[85]

---

83 한전숙 자신은 바로 이런 관점을 취한다. 그는 현상학을 동양사상과 연관시켜 논의하지 않지만, 만약 그의 사상을 앞에서의 개념틀에 따라 판단해 본다면 수연응용의 관점에 선다고 할 수 있겠다.

84 한전숙, 「한국에서의 현상학 연구」, 338쪽.

85 한전숙, 「한국에서의 현상학 연구」, 339쪽.

초월적 주관성을 궁극적 근원으로 볼 것인가 아니면 그 주관성이 몸담고 있는 생활세계를 궁극적 기반으로 볼 것인가의 문제는 생활세계와 지향적 관계에 있는 우리의 의식 내지 마음에 대해 그 마음 자체의 자기자각을 인정할 것인가 아닌가의 문제가 된다. 마음은 세계 내 대상에 의해 촉발됨으로써만 발하는 대상연관적 존재일 뿐인가, 아니면 그렇게 대상연관적인 지향적 지평을 구성하는 주관으로서 활동하면서 그 활동성 자체를 스스로 자각할 수 있는 지평초월적 존재인가 하는 것이다.

이러한 초월적 주관성의 활동성이 바로 일체 현상세계를 거울의 상(像)으로 비유할 때 거울의 밝음 또는 빛 자체에 해당하는 것이다. 경험적 주관(견분)과 경험적 현상세계(상분)와의 본질적 연관성인 지향적 관계는 바로 마음의 수연응용에 해당한다. 그런데 그러한 지향적 지평 자체는 마음의 근원적 작용인 자기직관력, 빛의 방출, 자성본용에서 비롯되는 것이다. 생활세계를 포괄하는 공으로서의 마음의 자기지관력이 바로 허령불매의 공적영지, 관조의 빛이다. 이 허령지는 생활세계와의 연관관계 안에서 기(氣)의 작용에 따라 촉발되는 마음작용과는 독립적으로 마음 자체의 본성인 리(理)의 활동성, 마음의 자발적인 능동적 활동성이다.

이런 의미에서 이종관은 「마지막 탱고가 끝난 후: 주체의 에로틱 - 현상학적 정초주의의 옹호」라는 글에서 현상학적 정초주의를 옹호하기 위해 '주관적 인식행위의 투명성'을 강조한다. 그는 탈근대주의 철학자들이 그러한 주체의 자기인식의 투명성을 부정하는 것에 대해 비판적이다. 주체의 자기투명화 능력은 곧 주체적 자아의 경험적 규정 불가능성, 현상초월성, 한마디로 자유를 의미하기 때문이다.

> 자아의 자기투명화 능력을 전제하는 것은 자아에는 자아를 결정하고 있는 것으로부터 스스로 벗어나 자신을 들여다보고 투명하게 명증적으로 인식할 수 있는 초월적 차원이 잠재하고 있다는 자아의 중층적 구조를 인정하는 것이다.[86]

후설의 지향성개념이 흔히 이러한 주체의 자기활동적 자각능력을 부정하고 자아와 세계와의 본질적 상호의존성을 증명하기 위해 동원되는 데에 반해, 이종관은 후설이 의식의 지향성을 논하는 근본의도는 오히려 지향적 구성작용의 주체로서의 초월적 자아의 자기인식의 투명성에 있다는 것을 강조한다. 대상연관성으로서의 의식지향성에 해당하는 마음의 수연응용을 넘어서서 자기인식의 투명성에 해당하는 마음의 자성본용을 주장하는 것이라고 볼 수 있다.

> 우리의 일상적 의식은 그 자신이 갖고 있는 지향적 구조에 의해 필연적으로 자신을 잃어버리는 객관주의적 도그마에 빠져 그 자신이 아닌 다른 많은 것에 의해 조작당한다. 그러나 의식에는 자기인식의 투명성이 원리적으로 배제된 것이 아니라 실현 가능한 것이라는 점을 후설은 보여주고 싶은 것이다.[87]

마음의 현상초월성과 자기자각성을 인정하는 초월적 관념론과는 반대로 일상의 실재론적 관점은 의식의 활동성 안으로 다 포섭될 수 없는 객관적 실재, 의식을 촉발하는 선소여의 영역을 '형식 없는 재료'인

---

86 이종관, 「마지막 탱고가 끝난 후: 주체의 에로틱 - 현상학적 정초주의의 옹호」, 한국현상학회 편, 『현상학의 근원과 유역』, 철학과현실사, 1996, 133쪽.

87 이종관, 「마지막 탱고가 끝난 후: 주체의 에로틱 - 현상학적 정초주의의 옹호」, 133-134쪽.

'순수 질료'로 남겨놓으며 그것을 자연 자체, 존재 자체 내지는 생활세계적 실재로 간주한다. 그리하여 실재론적 객관주의나 자연주의 또는 물리주의를 주장하게 된다.

이에 대해 이선관은 「'현상학적으로 사유함'이란 무엇을 말하는가」라는 글에서 그와 같은 순수 객관으로서의 선소여 내지 '형식 없는 재료'의 개념을 비판한다. 그것 역시 의식과의 연관성, 나아가 의식의 현상구성적 종합기능을 벗어나 있는 것이 아니라고 보는 것이다.

> 선소여라는 것 역시 실은 이미 '의식된 선소여'로서만 가능하다. 달리 표현하면, 수동적 선소여도 '의식의 형식에서' 비로소 선소여로서의 의미를 가질 수 있으며, '의식의 매개' 없는 선소여란 사실 생각할 수 없다. '형식에 의해 형성되지 않은 채 앞서 주어져 있는' 혹은 '형식 없는 재료'라는 표현은 엄밀한 의미에서 난센스에 속한다. 후설의 현상학에서 촉발이라는 개념은 '의식적 자극'이며, 그리고 선소여란 이제 의식의 연관성 안에서 의식된 것으로서 자아(능동적 자아)를 독특한 방식으로 끄는 것을 의미한다. 이렇게 촉발하는 대상성으로서의 수동적 선소여의 문제와 관련해서, '수동적 의식' 혹은 '수동적 지향성'의 선구성적 종합기능이 중요한 의미를 가지게 된다.[88]

이처럼 이선관은 후설 후기 생활세계현상학에서의 '수동적 지향성' 논의를 소위 선소여적 대상도 의식의 지향적인 구성작용을 벗어난 것이 아님을 논하는 초월적 현상학의 확립으로 해석한다. 따라서 후설

88 이선관, 「'현상학적으로 사유함'이란 무엇을 말하는가」, 한국현상학회 편, 『현상학의 근원과 유역』, 철학과현실사, 1996, 51-52쪽.

현상학은 전후기를 일관하여 순수 초월적 주관성의 학이라는 것이다.

> 후설의 현상학은 모든 객관적인 의미형성과 존재타당성의 원천적 장소로서 선험적 주관성에로 소급해 가는 철학이다. 현상학에서 '선험적'이라는 말은 '가능한 인식의 목표와 인식의 길에 대한 인식주관의 가장 근본적인 자기성찰에 의거해서, 모든 의미의 부여와 자아의 작용의 근원인 순수한 주관성에로 소급하는 연구'를 지칭한다.[89]

이남인 역시 후설 전·후기 사상이 분명히 구분됨에도 불구하고, 두 시기 모두 현상학의 근본 관점인 초월적 관념론으로 해석되어야 함을 강조한다. 전기의 정적 현상학에서 의식의 지향적 작용 안에 포섭되지 못하고 남겨져 있었던 질료가 후기 발생적 현상학에서 수동적 지향성을 통해 의식작용 결과로 설명됨으로써, 오히려 초월적 현상학적 관념론이 더욱 철저화된다고 보는 것이다. 「발생적 현상학과 지향성 개념의 변화」라는 글에서 그는 이 점을 다음과 같이 설명한다.

> 정적 현상학의 "파악 작용-감각 내용의 도식"에 의하면 감각내용은 파악작용이 가해지기 이전에는 자기동일적 대상과 어떤 관계도 가지지 못하는 단순한 질료적 체험으로 간주되었다. 그런 한에서 감각내용은 자기 동일적 대상과의 의식적 관계를 형성시켜 주는 지향적 체험과는 구별되는 비지향적 체험으로 분류된다. 그러나 이미 살펴보았듯이 발생적 현상학의 분석이 심화되면서 감각내용은 단순한 비지향적 체험이 아니라 이미 대상적인 내용을 포함하는 감각자료와 그를 향한 수동적인 형태의

89 이선관, 「'현상학적으로 사유함'이란 무엇을 말하는가」, 58쪽.

지향성의 통일체임이 드러났다.[90]

전기의 정적 현상학이든 후기의 발생적 현상학이든 현상학이 의식과 세계, 주관과 객관의 상호연관성을 의식지향성으로 논하는 것은 궁극적으로 그와 같은 지향적 구성작용의 주체를 초월적 주관성으로 밝혀내기 위한 것이며, 이는 곧 초월적 주관성의 자기자각의 투명성을 확보하기 위한 것이다. 이것이 바로 원효가 일심의 성자신해로, 지눌이 일심의 자성본용으로, 이황이 리발의 활동성으로 밝히고자 한 것이며, 바로 그러한 주체성의 자각이 동학의 인내천으로 표현된 것이다.

5. 맺는 말

한국에서의 현상학과 실존주의라는 서양철학의 수용과 전개과정을 이처럼 한국철학 내지 동양철학의 개념과 사유틀에 따라 읽어보는 것이 무슨 의미가 있을까? 세계가 하나로 통하며 철학이 보편을 지향하는 이 시대에 굳이 한국철학의 정신을 찾아내야 할 이유가 무엇인가?

여기에서 논한 한국철학의 정신이라는 것도 결국은 인도에서 전해온 불교 또는 중국으로부터 수입된 유가나 도가사상이기에 그와 마찬가지로 서양으로부터 들어온 서양철학에 대해서만 굳이 외래사상이라고 달리 규정할 필요는 없을 것이다. 동양 전통사상이라고 해도 그것이 과거의 것이라는 점에서 현재의 우리와 다르므로, 서양사상이 서양의 것

90 이남인, 「발생적 현상학과 지향성 개념의 변화」, 한국현상학회 편, 『세계와 인간 그리고 의식지향성』, 1992, 279쪽.

이라는 점에서 현재의 우리와 다른 것과 별 차이가 없을 수도 있다.

그러나 굳이 본질적 차이를 찾는다면, 하나는 이미 우리의 역사를 형성하고 있기에, 그것을 취하면 그 안에서 우리 사상사의 정신적 연속성을 찾을 수 있지만, 다른 하나를 취할 경우에는 우리 정신의 흐름에 단절이 발생한다는 것이다. 만일 우리 자신의 정신적 연속성 안에서는 결코 발견할 수 없는 위대한 사상이나 절대적 진리가 그 다른 하나 안에 들어 있어서 그러한 단절을 통해 오히려 우리 자신이 다른 모습으로 성장하고 발전할 수 있는 것이라면, 물론 그러한 과감한 단절과 비약이 우리 자신을 위해서도 바람직한 것일 수 있을 것이다.

그러나 과연 그런가? 과연 서양의 철학정신 안에 동양 내지 한국인이 2000년 넘도록 결코 생각하지 못했던 인생과 존재 전반에 대한 보다 근원적인 통찰, 진리와 삶의 의미에 관한 보다 명료한 철학적 자각이 들어 있단 말인가? 도대체 과연 그런지 아닌지에 대해서 우리가 신중히 판단한 적이 있는가? 그 판단을 위해서라도 우리는 우리 자신의 전통적 사상을 제대로 알아야만 한다.

우리의 전통사상이 물론 완벽하지 않을 수도 있을 것이다. 어딘가에서 새로운 역사 창조를 위한 새로운 비약이 절실히 요구될 수도 있을 것이다. 그러나 어디에서 어떤 방식으로 새로운 비약을 감행할 것인지를 판단하기 위해서라도 전통사상을 알아야 하는 것이 아닌가? 그 연속성 위에서만 우리는 주체적으로 사유할 수 있다. 동양철학 개념으로 서양철학을 읽어내면 그것은 격의(格義) 서양철학이 될 것이다. 그러나 그것은 우리가 우리말로 우리 사상의 전통 위에서 사유하고자 하는 한 피할 수 없는 것이며, 피해서도 안 되는 것이다. 그것이 서양전통 안에서의 서양철학과 구분되는 한국 사유전통 내에서의 주체적 사유일 것이기 때문이다.

한국철학을 이미 끝난 사상, 현실과 무관한 공론으로 간주하며, 보편적인 철학의 중심문제에 이르지 못한 변방적 담화 정도로 여기는 한국의 철학자들, 그래서 인생을 다바쳐 오로지 서양철학 배우기에 일이관지(一以貫之)하는 그들에게 박종홍은 다음과 같이 말한다.

> 동양사상에 관하여 별로 공부해 본 일도 없이 처음부터 얕잡아 헐뜯기만 하는 것은 삼가야 할 것이다. 우리는 서양 것을 배우는 데 허비하는 시간과 노력에 비해 우리의 것을 알기 위해 도대체 얼마나 힘을 들여본 일이 있었던가. 우리는 한국 사람이다. 동양 그 중에서도 우선 우리 한국의 것을 먼저 알아야 하겠다. 우리의 선인들은 어떤 사상을 가지고 살았던가. 무엇을 알려고 애써 왔던가. 그리하여 어떤 면에서 어느 정도로 그들의 특색을 발휘했던가.[91]

그런데 이 말은 그 후 수십 년이 지난 오늘의 우리에게도 그대로 적용될 수 있을 것이다. 그래도 "나는 이렇게 생각했다. '내가 전혀 이해할 수도 상상할 수도 없는 사유를 선인들이 창안했을까? 더구나 그 사유를 놓고 조선의 전 지적 에너지가 진지하게 투입됐을 리는 없다. 다만 내가 그 입구를 찾지 못하고 헤매고 있을 뿐이다'"라고 고백하는 동양철학자가 있고, 또 "나는 이렇게 생각했다. 인생에서 한 번은 데카르트를 읽었을 때만큼의 열정과 수고를 우리나라의 고전에 바치리라"라고 다짐하는 서양철학자도 있기에,[92] 우리 한국의 철학정신은 언젠가 그 깊이와 폭이 다 드러나 결국은 하나의 맥으로 이어지는 사상 흐름으로, 하나

91 박종홍, 『철학개설』, 『박종홍전집』, 제2권, 328쪽.

92 앞의 동양철학자는 『주희에서 정약용으로』(세계사, 1996)를 쓴 한형조이고, 뒤의 서양철학자는 『풍자와 해탈 혹은 사랑과 죽음』(민음사, 2000)를 쓴 김상환이다.

의 한국철학사로 밝혀질 날이 있을 것이다. 다만 그것이 너무 먼 훗날이 아니기를 바랄 뿐이다. 우리가 사는 이 시기에 그 철학 흐름이 끊어져 버린다면, 그것은 결국 우리 철학하는 자들의 책임이 아니겠는가.

참고 문헌

■ **원전류**(시대 순)

일연, 「檀君神話」, 『三國遺事』(『韓國佛教全書』, 卷6).

최치원, 「鸞郎碑序」, 『三國史記』.

원효, 『大乘起信論疏記會本』(『韓國佛教全書』, 卷1), 은정희 역주, 『원효의 대승기신론소 · 별기』, 일지사, 1991.

의상, 『華嚴一乘法界圖』(『韓國佛教全書』, 卷2), 이기영 역, 『한국의 불교사상』, 삼성출판사, 1990.

작자 미상, 『法界圖記叢髓錄』(『韓國佛教全書』, 卷6), 이기영 역, 『한국의 불교사상』, 삼성출판사, 1990.

지눌, 『法集別行錄節要幷入私記』(『韓國佛教全書』, 卷4), 김달진 역주, 『보조국사전서』, 고려원, 1988.

_____, 『牧牛子修心訣』(『韓國佛教全書』, 卷4), 김달진 역, 『보조국사전서』, 고려원, 1988.

_____, 『圓頓成佛論』(『韓國佛教全書』, 卷4), 김달진 역, 『보조국사전서』, 고려원, 1988.

정도전, 『佛氏雜辨』(『韓國文集叢刊』, 卷5), 민족문화추진회 편, 『고전국역총서』,

권120, 『국역 삼봉집』.
_____, 『心氣理篇』(『韓國文集叢刊』, 卷5), 민족문화추진회편, 『고전국역총서』, 권120,『국역 삼봉집』.
기화, 『顯正論』(『韓國佛敎全書』, 卷7).
작자 미상, 『儒釋質疑論』(『韓國佛敎全書』, 卷7), 송재운 역, 『유석질의론』, 동국대 역경원, 1984.
권근, 『入學圖說』, 권덕주 역, 『입학도설』, 을유문화사, 1974.
이황, 「答奇明彦」, 『退溪先生文集』, 卷16(『韓國文集叢刊』, 卷29), 퇴계학연구원 편, 『국역 퇴계전서』, 권5.
_____, 「答奇明彦論改心統性情圖」, 『退溪先生文集』, 卷18(『韓國文集叢刊』, 卷29), 퇴계학연구원 편, 『국역 퇴계전서』, 권5.
_____, 「天命圖說後叙」, 『退溪先生文集』, 卷41(『韓國文集叢刊』, 卷30), 퇴계학연구원 편, 『국역 퇴계전서』, 권5.
_____, 『聖學十圖』, 이광호 역, 홍익출판사, 2001.
기대승, 「兩先生四七理氣往復書」, 『高峯集』, 卷3(『韓國文集叢刊』, 권40), 민족문화추진회 편, 『고전국역총서』 권249, 『국역 고봉집』.
이이, 「答成浩原」, 『栗谷全書』, 卷10, 한국정신문화연구원 편, 『국역 율곡전서』, 권3.
김창협, 「答閔彦暉」, 『農巖集』, 卷14(『韓國文集叢刊』, 卷162).
이익, 「心統性情圖」, 『星湖全書』, 卷1, 驪江出版社.
_____, 「四七新編」, 『星湖全書』, 卷7, 驪江出版社.
_____, 「答沈判事」, 『星湖先生全集』, 上卷.
_____, 「跋天主實義」, 『星湖先生全集』, 下卷, 송영배 등 역, 『천주실의』, 서울대 출판부, 1999.
안정복, 『天學問答』, 한국학데이타베이스연구소 편, 『국역 순암집』 CD.
신후담, 『西學辨』, 「靈言蠡勺」, 이기경 · 이만채 편, 『闢衛編』, 김시준 역, 『벽위편』, 명문당, 1987.
_____, 『西學辨』, 「天主實義」, 이기경 · 이만채 편, 『闢衛編』, 김시준 역, 『벽위

편』, 명문당, 1987.

황사영 저, 김영수 역, 『황사영 백서』, 성 · 황석두루가서원, 1998.

정약용, 「辨謗辭同副承旨疏」, 『與猶堂全書』, 卷2, 민족문화추진회 편, 『국역 다산시문집』, 권4.

_____, 「心經密驗」, 『與猶堂全書』, 卷4, 전주대호남학연구소 역, 『국역 여유당전서』, 권1, 전주대학교출판부, 1986.

_____, 「中庸講義」, 『與猶堂全書』, 卷4, 전주대호남학연구소 역, 『국역 여유당전서』, 권1, 전주대학교출판부, 1986.

_____, 「中庸自箴」, 『與猶堂全書』, 卷4, 전주대호남학연구소 역, 『국역 여유당전전서』, 권1, 전주대학교출판부, 1986,

_____, 「孟子要義」, 『與猶堂全書』, 卷4, 이지형 역주, 『국역 다산 맹자요의』, 현대실학사, 1994

최제우 저, 최시형 편, 『東經大全』, 최동희 역, 『동학경전』, 고우사, 1961.

_____, 『용담유사』, 『동학경전』, 고우사, 1961.

이돈화 편술, 『天道敎創建史』, 천도교중앙종리원, 1933.

박종홍, 「對西歐的 세계관과 茶山의 洙泗舊觀」, 『근대사상편』(『박종홍전집』, 권5), 민음사, 1982.

_____, 「천주교의 도입 비판과 섭취」, 『근대사상편』(『박종홍전집』, 권5).

_____, 『철학개설』(『박종홍전집』, 권2).

_____, 『한국철학사』(『박종홍전집』, 권4).

■ **연구서**(가나다 순)

강영안, 『우리에게 철학은 무엇인가』, 궁리, 2002.

고형곤, 『선의 세계』, 삼영사, 1976.

금장태, 『다산실학탐구』, 소학사, 2001.

_____, 『한국 유학의 심설』, 서울대출판부, 2002.

_____, 『조선 후기 유학과 서학: 교류와 갈등』, 서울대출판부, 2003.
김두진, 『한국 고대의 건국신화와 제의』, 일조각, 1999.
_____, 『의상, 그의 생애와 화엄사상』, 민음사, 1995.
김상기, 『동학과 동학란』, 춘추문고, 1975.
김상환, 『풍자와 해탈 혹은 사랑과 죽음』, 민음사, 2000.
김석수, 『현실 속의 철학 철학 속의 현실』, 책세상, 2001.
김영일, 『한국무속과 신화의 연구』, 세종출판사, 2005.
김재원, 『단군신화의 신연구』, 탐구당, 1947.
김재현, 『한국 사회철학의 수용과 전개』, 동녘, 2002.
김태곤, 『무속과 영의 세계』, 한울, 1993.
김형효, 『하이데거와 마음의 철학』, 청계, 2000.
박일영, 『한국 무교의 이해』, 분도출판사, 1999.
백세명, 『동학사상과 천도교』, 동학사, 1956.
_____, 『하나로 가는 길』, 일신사, 1968.
송영배, 『동서철학의 교섭과 동서양 사유방식의 차이』, 논형, 2004.
신오현, 『절대의 철학』, 문학과지성사, 1993.
신옥희, 『일심과 실존』, 이화여자대학교출판부, 2000.
열암기념사업회 편, 『현실과 창조』, 1998.
오지영, 이장희 교주, 『동학사』, 박영사, 1974.
유동식, 『한국무교의 역사와 구조』(1975), 연세대출판부, 1997.
이돈화, 『신인철학』(1923), 한국사상연구회, 1963.
이을호, 『다산경학사상연구』, 을유문화사, 1966.
이진우, 『한국 인문학의 서양콤플렉스』, 민음사, 1999.
전두하, 『한국사상과 독일철학』, 정훈출판사, 1992.
정병삼, 『의상 화엄사상 연구』, 서울대학교출판부, 1998.
정옥자, 『조선 후기 지성사』, 일지사, 1991.
_____, 『조선 후기 조선중화사상연구』, 일지사, 1998.
조가경, 『실존철학』, 박영사, 1995.

최동희, 『서학에 대한 한국실학의 반응』, 고려대학교출판부, 1988.
한영우, 『정도전 사상의 연구』, 서울대학교출판부, 1983.
한우근, 『조선시대사상사연구논고』, 일조각, 1996.
_____, 『동학농민봉기』, 세종대왕기념사업회, 1974.
_____, 『성호이익연구』, 한국학술정보, 1980.
한형조, 『주희에서 정약용으로』, 세계사, 1996.
달레 저, 안응렬 · 최석우 역, 『한국천주교회사』(1874), 한국교회사연구소, 1990.

■ 연구 논문(가나다 순)

권용혁, 「서구 철학의 수용과 '현실' 개념」, 『한국 현대철학 100년의 쟁점과 과제』.
금장태, 「남명 조식의 『하기도』와 도학체계」, 『남명 조식』, 예문서원, 2002.
김경재, 「최수운의 신개념」, 천도교중앙총부, 『동학사상논총』, 제1권, 1982.
김석수, 「맑시즘과 실존주의 수용에서 본 한국 현대」, 『동아연구』, 제37집, 1999.
김열규, 「신흥종교와 민간신앙」, 『한국학보』, 제4권, 1976.
_____, 「한국 무속신앙과 민속」, 고대 민족문화연구소 편, 『한국무속의 종합적 고찰』, 1982.
김용덕, 「동학사상연구」, 『중앙대학교논문집』, 제9권, 1964.
김현, 「귀신: 자연철학에서 추구한 종교성」, 『조선유학의 개념들』, 예문서원, 2002.
김형효, 「율곡 이이와 메를로뽕띠」, 한국현상학회 편, 『현상학과 한국사상』, 철학과현실사, 1996.
남경희, 「한국 현대철학의 문제의식과 서양철학의 수용」, 『동아연구』, 제37집, 1999.
문석윤, 「조선 후기 호락논변의 성립사 연구」, 서울대학교 철학과 박사학위논문, 1995.

_____, 「퇴계에서 리발과 리동, 리도의 의미에 대하여」, 『퇴계학보』, 110집, 2001.
_____, 「다산 정약용의 새로운 도덕이론: 마음에 대한 새로운 이해」, 『철학연구』, 제90집, 2004.
백종현, 「서양 철학 수용과 한국의 철학」, 서울대철학연구소 편,『철학사상』, 제5집, 1995.
_____, 「독일철학의 유입과 그 평가」, 『철학사상』, 제6집, 1996.
_____, 「독일철학 수용과 한국의 철학」, 『철학사상』, 제7집, 1997.
서영대, 「한국사상의 원천, 단군신화」, 한국사상사학회 편, 『한국사상사입문』, 서문문화사, 2006.
손영식, 「남명 조식의 주체성 확립 이론과 사림의 정신 I」, 『남명 조식』, 예문서원, 2002.
_____, 「존재물음에 내몰린 '퇴계학', 겨우 존재하는 리」, 『오늘의 동양사상』, 11호, 2004.
송영배, 「『천주실의』의 내용과 그 의미」, 서울대철학사상연구소 편, 『철학사상』, 제5집, 1995.
신귀현, 「퇴계의 거경궁리의 성리학과 후설의 본질직관의 현상학에 관한 비교고찰」, 현상학회 편, 『현상학과 한국철학』, 철학과현실사, 1996.
신오현, 「한국철학사상 연구의 방법론적 반성」, 심재룡 외 저, 『한국에서 철학하는 자세들』, 집문당, 1986.
신일철, 「최수운의 역사의식」, 이현희 편, 『동학사상과 동학혁명』, 청아출판사, 1984.
_____, 「최수운의 민족사상」, 한국동학학회 편, 『동학연구』, 제2집, 1998.
윤사순, 「실학 의미의 변이」, 한국사상사연구회 편, 『실학의 철학』, 예문서원, 1996.
이기상, 「한국의 해석학적 상황과 초월론적 자아: 현상학 · 실존철학의 수용과 한국철학의 정립」, 철학연구회 97년 춘계발표회.
이남인, 「발생적 현상학과 지향성 개념의 변화」, 한국현상학회 편, 『세계와 인간 그리고 의식지향성』, 1992.
이봉규, 「송시열의 성리학설 연구」, 서울대학교 철학과 박사학위 논문, 1996.
이부영, 「최수운의 신비체험: 융 심리학의 입장에서」, 『한국사상』, 제11권, 1974.
이상은, 「사칠논변과 대설 · 인설의 의의: 퇴 · 고 논쟁의 초점을 찾아서」, 윤사순 편저, 『퇴계 이황』, 예문서원, 2002.
이선관, 「'현상학적으로 사유함' 이란 무엇을 말하는가」, 한국현상학회 편, 『현상학의 근원과 유역』, 철학과현실사, 1996.
이영춘, 「정도전의 배불론과 그 성격」, 『한국사상과 문화』, 창간호.
이을호, 「다산학의 전통성과 근대의식」, 다산학연구원 편, 『다산학보』, 제5집, 1983.
이종관, 「마지막 탱고가 끝난 후: 주체의 에로틱 - 현상학적 정호주의의 옹호」, 한국현상학회 편, 『현상학의 근원과 유역』, 철학과현실사, 1996.
이혁배, 「천도교의 신관에 관한 연구: 그 역사적 변천을 중심으로」, 『종교학연구』, 제7권, 1988.
이현희, 「수운의 개벽사상연구」, 이현희 편, 『동학사상과 동학혁명』, 청아출판사, 1984.
천관우, 「환웅족의 등장」, 『신동아』, 1972.
최남선, 「稽古箚存」(1918), 『한국사 II』(『육당 최남선전집』, 권2), 현암사, 1974.
_____, 「不咸文化論」(1925), 『한국사 II』(『육당 최남선전집』, 권2), 현암사, 1974.
_____, 「檀君論」(1926), 『한국사 II』(『육당 최남선전집』, 권2), 현암사, 1974.
최동희, 「수운의 인간관」, 천도교중앙총부 편, 『동학사상논총』, 1982.
_____, 「동학의 신앙대상」, 『아세아연구』, 8-2, 1965.
_____, 「해월의 종교사상에 대한 이해」, 부산예술문화대학 동학연구소 편, 『해월 최시형과 동학사상』, 예문서원, 1999.
최석우, 「정약용과 천주교의 관계: 더블뤼의 비망기를 중심으로」, 다산학연구원 편, 『다산학보』, 제5집, 1983.
_____, 「다산 서학에 관한 논의」, 1993년도 다산문화제 기념논총, 『다산 정약용의 서학사상』, 다섯수레, 1993.

한우근, 「다산사상의 전개」, 『정다산연구의 현황』, 민음사, 1985.
_____, 「동학사상의 본질」, 『조선시대 사상사연구논고』, 일조각, 1996.
한전숙, 「한국에서의 현상학 연구」, 한국현상학회 편, 『현상학과 한국사상』, 철학과 현실사, 1996.
한형조, 「주희와 정도전의 배불론」, 한국철학회 편, 『철학』, 제61집, 1999.

찾아보기

[인명]

[일반 사항]